书系

| 德国著名企业只做小说的秘密 |

Die Neckermanns

涅克曼家族

德国邮递百货巨擘的荣耀与耻辱

[德] 徐菲·施莱克 / 主编

[德] 托马斯·维斯泽利斯 / 著

[德] 徐菲·施莱克　江楠 / 译　[德] 徐菲·施莱克 / 校译

贵州出版集团
贵州人民出版社

图书在版编目（CIP）数据

涅克曼家族：德国邮递百货巨擘的荣耀与耻辱 /
(德) 托马斯·维斯泽利斯著 ； 徐菲·施莱克，江楠译. —— 贵阳：
贵州人民出版社， 2018.12
（open·世界工匠精神书系）
ISBN 978-7-221-14983-1

Ⅰ.①涅… Ⅱ.①托… ②徐… ③江… Ⅲ.①企业家
—家族—史料—德国 Ⅳ.①K835.160.9

中国版本图书馆CIP数据核字(2018)第285146号

著作权合同登记图字：22-2017-10号

涅克曼家族：德国邮递百货巨擘的荣耀与耻辱

著　　者：[德]托马斯·维斯泽利斯（Thomas Veszelits）
译　　者：[德]徐菲·施莱克　江楠
校 译 者：[德]徐菲·施莱克
组稿编辑：谢丹华　黄筑荣
组稿编辑助理：何文龙
责任编辑：周湖越
特约编辑：阮　峻
出版发行：贵州出版集团　贵州人民出版社
地　　址：贵阳市观山湖区会展东路SOHO办公区A座
邮　　编：550081
装帧设计：贵州创世天际印务设计有限公司
印　　刷：贵阳精彩数字印刷有限公司
开　　本：880毫米×1230毫米　1/32
印　　张：15.5　字数：350千字
版次印次：2018年12月第1版　2018年12月第1次印刷
书　　号：ISBN 978-7-221-14983-1
定　　价：49.00元

本书获2016年贵州省出版传媒事业发展专项资金资助

出版说明

近年来，无论是"一带一路"倡议、亚投行，还是"中国制造2025"，无不昭示着新时代的中国正以开放、发展、创新、合作的姿态面向世界。我们策划的这套"open·世界工匠精神书系"正是立意于此，旨在向中国读者介绍世界优秀企业和企业家以及在他们身上所体现出来的"工匠精神"。而说到"工匠精神"，"德国制造"世界闻名，其代表，如汽车领域的奔驰、电气领域的西门子、化学领域的拜耳，等等，无不享誉世界，有口皆碑，诠释着一丝不苟、兢兢业业、锐意臻美的工匠精神。

他山之石，可以攻玉。本书系选取了德国最具代表性的一些家族企业和人物的传记进行译介出版。通过这套书，读者能够更深入地了解严谨理性的日耳曼民族是如何在工作中践行标准主义、完美主义、精准主义、专注主义和实用主义的，而这些文化特征又是如何成就了"德国制造"，成为百年传承的根基的。而在此基础上，读者必将会对"工匠精神"有更深入的思考和理解。

此次出版的"open·世界工匠精神书系"共有6种书，分别是：《摩恩家族——德国贝塔斯曼出版公司的掌舵人》《弗利克家族——德国经济发展史上的传奇色彩》《涅克曼家族——德国邮递百货巨擘的荣耀与耻辱》《厄特克尔家族——德国食品王朝的生意奥秘》《蒂森家族——德国钢铁世家的悲剧》《格茨·维尔纳——德国dm企业创始人的成功奥秘》。除《格茨·维尔纳——德国dm企业创始人的成功奥秘》一书是个人传记外，其余5本均为家族传记，主要讲述了摩恩、弗利克、涅克曼、厄特克尔、蒂森五大家族和格茨·维尔纳的创业史，并揭露了许多不为人知的企业和家族内幕。

这6种书是由本套丛书的主编德籍华人徐菲·施莱克女士选定的。徐菲主编长期在德国工作和生活，对德国的文化和国情都十分熟悉，她选择的这些作品所介绍的企业或家族，在德国乃至全世界都有着很强的影响力，能够充分诠释出"德国制造"的内涵。而且，这些作品都侧重纪实性，内容深入浅出，在德国面世以来广受读者欢迎。而在作者方面，本套丛书除了《格茨·维尔纳——德国dm企业创始人的成功奥秘》是由企业家为自己作传以外，其余5本均由德国知名报刊的记者或专栏作家执笔，而翻译则是由主编组织精通德文的译者来进行，足以保证本译丛内容的权威性和可读性。

"open·世界工匠精神书系"是一套体现创业创新精神的学习型丛书，其视野是开放的、全球性的、面向未来的，其姿态是积极的、进取的。我们希望这套丛书能够让广大读者开拓视野，有所收获。

Contents | 目 录

最佳的探险旅行是用不同以往的目光观察世界。

——马塞尔·普劳斯特

序 言
没有贵族头衔的贵族

第一次听到涅克曼这个名字时，我刚好15岁。那时候，我们还生活在政治的铁拳之下。我至今仍清楚地记得母亲那天的样子。那天，她手里拿着一本厚厚的东西进了家门，那是一本《涅克曼商品目录画报》。相对于商品目录的实际内容，"涅克曼画报"听起来就要响亮得多了。我母亲荣光满面，好似自己亲眼看到了天堂。

那时，我们住在马里昂巴。20世纪60年代初，冷战在"古巴导弹危机"过后迎来了一个短暂的间歇期，这期间，每逢周末就能看到一些从联邦德国过来的人，他们来到这个位于波西米亚绿色森林中风景如画的疗养地度假。这些联邦德国人把他们的大众甲壳虫、欧宝和博格瓦德汽车停在疗养地乐队演奏施特劳斯的《华尔兹》

《莱哈尔圆舞曲》的长廊前面。

在皇宫酒店门前停着一排排尼奥普兰旅游大巴。那时，还是孩子的我们深深地被那透明车顶和车身上用铬镶得铮亮而闪闪发光的线条所吸引。从这些"玻璃大巴"中下来的人都身穿特雷维拉防皱面料制作的西服和白色纳尔特斯衬衫。衬衫领子硬邦邦地在脖子两旁翘起，看上去就像一个餐盘的圆边。马里昂巴上上下下都惊愕于这些陌生人的到来，好像他们是天外来客似的。那时大家怎么称呼他们来着？"涅克曼的男人们！"

实际上，还真可以说他们是来自另一个星球的人，是来自那个奢靡消费的奇幻世界。在进入我们这个绝对密封的、严谨看守的世界时，他们被我们警觉的边防战士们彻彻底底地搜查了一遍。寻找的对象是那些名为《Quick》《Bunte》或《Neue Revue》的画报和杂志，如果被查到了，就会被严厉地没收。联邦德国的旅行社明确地警告他们的游客千万不能把类似《明镜周刊》或《明星周刊》的杂志带在身上，但是对于旅客来说，怎么打发这路上五六个小时的时间呢？那只有是带上最新一期的《涅克曼商品目录画报》了。这样，《涅克曼商品目录画报》就成了"通往西方的窗户"，在我们这儿成了收藏品。

我母亲像一只鹰一样看守着她的这些宝贝，没有她在场，我是绝对不被允许独自翻阅这些画报的。我母亲担心我会悄悄地撕下一页带到学校去到处炫耀。她真是想多了，我这么一个受着良好教育的乖孩子怎么会干这种事呢？后来，这事不知为什么被泄露了，说我们窝藏着"帝国主义的宣传材料"，国家秘密警察直接就来造访了我们，父亲当天就被逮捕了，到了晚上很晚时才被放回来。事后他又多次被传讯。此时，我心里开始滋生出对这种绝对监控的厌恶。《涅克曼商品目录画报》在我心中也激起了对那个"涅克曼国家"的向往，在那里似乎陈列着无穷无尽的商品。

1968年，我当时正是布拉格音乐学院的一名学生。利用这个机会，我给自己申请了一个护照，然后跑到大使馆拿到了签证，坐上了一列开往联邦德国的火车。我身上仅带了20马克，这20马克是我在温策尔广场用令人"眩晕"的兑换率换来的。随着火车，我来到了慕尼黑，此时，我首先要做的事就是为自己找到一份工作。抱着极大的希望，我想到涅克曼那儿去试试运气——涅克曼真的会给我提供一份工作吗？

涅克曼百货大楼在慕尼黑的分店位于新屋大街。在去的路上，我在卡尔百货大楼的人事处门口看见了招聘广告，写着"招聘广告刷贴人"。哪个布拉格人不会干这个！说到底，我们这些人不都曾在卡尔大桥上尝试过做毕加索的模仿人吗？我立刻就得到了这份工作，一个月下来，460马克就装进了我的腰包里，我带着这460马克去了涅克曼百货大楼，想看看那儿有什么比卡尔百货更便宜的东西。

如果我生活在德国，我就是一个涅克曼人

后来，我在慕尼黑晚报当记者时，曾有机会认识约瑟夫·涅克曼。之前我常常在一些运动会的开幕式上及一次花花公子杂志于慕尼黑举办的派对上见过他。1981年，我参加了一场在美因茨莱茵金色大厅里举办的体育舞会，会上我一时兴起就找他聊上了。约瑟夫当时是联邦德国体育援助会的主席，组织各种聚会。那次德国各大企业和媒体的名人们都聚集一堂，会上，你几乎可以玩"名人对号入座"的游戏了。约瑟夫认识他们每一个人，只要他一招呼，所有人都会来。

要找到约瑟夫不用花费很长时间，你只要往扎堆的地方看去，就能看到他那个苦行僧似的脑袋像一座灯塔一样在那里闪闪发光。他喜欢呼朋引伴，四处挥洒自己的魅力，双脚时时翩翩起舞，从华尔兹到伦巴他样样都会，他那屁股摆动的姿势几乎可以让你想起著名歌者猫王（Elvis Presley）。

要跟约瑟夫搭上一分钟话可不是一件容易的事，这人可是一个传奇似的人物。在他生命的高峰期，他曾是德国第三大邮递百货商家、第二大旅游公司以及最大的预制房屋公司的总裁；他出售投资基金和保险，还把预制房屋卖给在地中海经营度假村的商家们；作为花样马术骑手，他曾多次拿到过欧洲和世界的冠军，曾被视为最有希望拿到奥运会金牌的人。一如往常，舞会上，他身边簇拥着熟人、官僚、记者、影视演员，自然也有运动员。总是不断有人跟他打招呼，这个拉拉他的胳膊，那个拍拍他的肩膀。

为了能跟他搭上话，我屁颠屁颠地追上这个把自己揶揄地称为"国家乞丐"的人，大声地问道："您好，涅克曼先生，您知道'汗脚'吗？它是斯瓦本地区的摇滚乐队。"

约瑟夫在人流中停下了脚步，用他锐利的目光注视了我片刻，说道："您为什么问这个？"

"因为这个叫"汗脚"的乐队有一首歌唱道：如果我在德国，我就是一个涅克曼人；如果我是涅克曼人，我就不认曼内斯曼。"

这首歌的歌词真正意思当时谁也搞不懂，话题跟外籍工人有关。在欧洲南部，德国人都被叫作"涅克曼人"，谁要是从罗马以南的地区或从保加利亚、安纳托利亚地区来到德国，只要他们开始挣马克了，便被视为涅克曼人。曼内斯曼当时是大企业的代名词，与涅克曼谐音。如此这般就让专栏作家们（我也在其中）挖空心思地去解读歌词中的隐晦含义。当然，当时我压根就没时间跟约瑟夫解释这些，我只想知道他对此会有什么样的反应。

"您喜欢这样的歌词吗？"我继续追问下去。

这位邮递百货大王咧开嘴笑了，问道："您跟我的侄女玛勒娜聊过了吗？她最近刚送了我一张这个乐队的唱片。"

我们就这样用音乐打开了话题。"我觉得弗莱迪·奎恩乐队更好一些！"约瑟夫向我承认。他还向我透露自己是汉斯·阿尔贝斯、鲁迪·舒尔克和彼得·克劳斯的粉丝，但是他最欣赏的还是弗兰茨·蓝贝特乐队，这支乐队每次都会在美因茨莱茵金色大厅里举办的体育舞会上用电子琴于门厅演奏。

约瑟夫邀请我去聆听蓝贝特乐队的演奏，"跟我来，你肯定还从来没听过这样的音乐！"我由此就变成了约瑟夫的尾随者。可是要跟上约瑟夫并不容易，他走路时不是在加快步伐，而是在小跑，好像是在赶最后一班火车一样。在拥挤的人堆里我很快就跟丢了他，等我再找到他时，他已另有新欢，他正在邀请联邦德国总理卡尔·卡斯滕斯和他的太太维罗尼卡去听蓝贝特乐队震耳欲聋的电子琴演奏。约瑟夫焦躁、急促的性格给我留下了很深的印象。直到午夜，他依然精力充沛、容光焕发。后来我跟他一起站在门厅前搭的啤酒棚前，这位体育资助会主席周围挤满了德国经济方面的头头脑脑，大家正品味着5马克1份的下酒香肠。约瑟夫吃香肠时不要面包，看来他很在意自己的体重，但是他却要了辣芥末。这次举办的体育舞会如第二天各方媒体报道的，用抽奖的形式筹集了整整220万马克，其中100万来自个人捐款。

维尔茨堡和法兰克福的涅克曼家族

1995年，我与邮递百货大王的侄女玛勒娜·涅克曼的接触逐渐增多。她是约瑟夫的弟弟瓦尔特·涅克曼的女儿。瓦尔特在他哥哥约瑟夫去开发更大的生意市场时留在了他们出生的城市维尔茨堡，为家族继续打理煤矿生意。玛勒娜曾在慕尼黑艺术学院就学，被视为家族中的另类。从前，作为备受关注的情色画家，她活动于能量很大的图恩和塔克斯侯爵集团中。玛勒娜，这位马术爱好者在后来拯救了125年以来陈旧和传统的煤矿燃料业，建立了一个新能源供给方面的启动公司，如今她在柏林为新的联邦议会的供暖提供用菜油制作的生物柴油。

　　那时候，我找她是因为一篇报道她企业的文章。跟她的联系也就一直保持到了今天。

　　第一次见到她还得追溯到1982年。那时我的朋友迪特·海斯希——一个在国际影视行业很有天赋的公关专家——向我介绍了他的"新旗帜"玛勒娜，并提议我写一个情色画家玛勒娜的故事。玛勒娜当时表现出来的羞涩和含蓄让我感到很惊讶。

　　在某个时候，觉得是时候该写一本有关这个复杂家族的书时，我开始收集有关材料。玛勒娜这时帮助我跟法兰克福的涅克曼家族取得联系。"法兰克福的涅克曼家族"这个称呼要追溯到约瑟夫·涅克曼的搬迁。二战后，约瑟夫感到继续待在维尔茨堡对他新的发展很不利——这也是因为他将一家犹太大百货商店据为己有从而成为一名臭名昭著的"犹太财产掠夺人"的关系，《美因茨日报》简单明了地将他称作"纳粹的受益人"。

　　1942年在柏林出生的约瑟夫·涅克曼的儿子约翰内斯·涅克曼在与我通了几次邮件后，表示愿意接受我的采访。他提议，我们在拜罗伊特的瓦格纳艺术节上会面。他提议的这个会面场地真让我吃惊不小，原因在于涅克曼家族过去跟纳粹党卫军曾有过多方面的纠缠。[1]

　　如今生活在美国纽约舒勒湖畔的约翰内斯，在那次我们会面时身穿一件精美的米棕色夹克，看上去像一件美国货，但这件弹性很好的羊绒外套实际上就在《涅克曼商品目录画报》之中。至今，约翰内斯依然保持着这个传统，

---

[1] 希特勒视瓦格纳的音乐为宗教。瓦格纳反犹太的观点与希特勒的纳粹思想不谋而合。拜罗伊特在希特勒执政期间就是上演瓦格纳歌剧之地。——译者注。

他常常让人将目录寄到美国去，他说："在这个商品目录里总有一些在别的地方看不到的东西，我会时不时地订购一些。"

那次采访很是愉快。本来约定的只是1小时，后来却变成了我跟这个爱瓦格纳如命的人度过了长长的一个下午。最后我们还一起在位于上普法尔茨地区奥尔巴赫的一家名叫"金狮"的客栈共进了晚餐，在这家客栈的餐馆里有一张为涅克曼家族世代保留的餐桌。在下午的交谈中，我们也谈及了党卫军的话题。约翰内斯表示："有关这一时期所有的话题，我父亲在他写的回忆录中都谈到了。他在书中的立场也是我们涅克曼家族的立场。"后来只要我在材料的准备中就涉及纳粹的话题而问到他时，他都会把他父亲的回忆录当作挡箭牌。他父亲的回忆录他几乎能倒背如流，而且对它所有的内容深信不疑。

我很快就发现，法兰克福这边的涅克曼家族是一个紧紧抱在一起的团体，要是没有作为传统意义上一家之主的约翰内斯·涅克曼的帮助，我是根本不可能跟家族中的任何一个人或是跟以前为家族做过事的人取得联系的。"我们涅克曼家族就像一座城堡一样发挥它的作用，我们是没有贵族头衔的贵族"，约翰内斯说道。他最终决定帮助我收集资料大概也是出自他的"骑士精神"吧。在这之后，他竟然没有在这本书印刷之前要求先读读书稿。

通过他的牵线我得以拜访了在涅克曼家族干了30年的仆人克拉拉·鲁普。在拜访住在美因河畔格明登的克拉拉·鲁普时，我所见到的一切真让我目瞪口呆。这位已84岁却仍矫捷的法兰克福人的房间简直可以说是一个涅克曼家族的博物馆。在她宽敞的三室一厅的房间里放的全是与其前"老板"和"老板娘"品位相同的家具——据说这些都是在1951年至1955年间请一个法兰克福的高级木匠比着尺寸做的。

这些家具不是用深色的枫树木、樱桃树木就是用桃花心木做的，款式粗壮笨拙。我坐在一张可活动的圆餐桌旁，四周是各种大小不一的柜子。其中有一个是带玻璃门的柜子，里面放着水晶杯，引起了我的特别注意——水晶杯是按照叶卡捷琳娜大帝的水晶杯款式做的。"我的女主人（她指的是安娜玛丽·涅克曼）在一次全家到圣彼得堡旅游时见过这种杯子的真品，回来后就请人按照它的样子复制了一个"，"克勒琴"讲述道，涅克曼一家人当时都用这个昵称称呼她。

鲁普老太太的畅所欲言令人感到愉快。如今已84岁的她从未出嫁，是一个虔诚的天主教徒，性格刚正不阿。我问她："约瑟夫·涅克曼在自己家中是怎么样的？"老太太直言不讳地答道："我对男主人十分敬畏，也有点怕他；我的女主人从不发脾气，她每天都是心平气和的，这也是为什么我能在涅克曼家一干就是30年且从未有过麻烦的原因。"

涅克曼家当时每天的主食是小面包加肉肠。这不等于说约瑟夫·涅克曼是一个没有幽默感的人。墙上有一张照片，上面有两条狗，它们直直地瞪着我，一条叫"阿克塞尔"，一条叫"索尼"，狗的照片是在涅克曼家花园里拍的。"涅克曼家很大方"，鲁普老太太对我说道，"我退休离职的时候，除了退休金，他们还一下子给了我3万马克的现金，每年还加1000马克，这样使得我能够无忧无虑地度过我的晚年。我这一生最大的幸运是到涅克曼家就职。"

最终通过约翰内斯搭桥，我得以会见她的妹妹爱娃-玛丽亚（昵称艾薇）。艾薇曾在1982年韩国花样马术大赛上拿到过铜牌，1986年以后生活在加拿大。她曾是父亲最宠爱的孩子，父亲让她用她娇贵的小手为自己选马。2004年，她来到缇甘湖，看望在一次车祸中受伤后坐在轮椅上的哥哥彼得。

我们的访谈是在公园宅邸酒店一处安静的角落进行的，爱娃-玛丽亚表示愿意讲述有关涅克曼家族的情况。在她的讲述中，特别有趣的一件事是她聊到涅克曼家族中的迷信。约瑟夫·涅克曼在每次比赛的时候都要把一本袖珍《圣经》放在一个小小的银盒子里，然后揣在兜里，带在身上，而他的夫人安娜玛丽要在他的马靴上吐一口唾沫。一次，爱娃-玛丽亚在比赛前警告约瑟夫说："没人会穿着一条崭新的裤子去比赛。"约瑟夫·涅克曼没听女儿劝，比赛时一下子从马上摔了下来。爱娃-玛丽亚就狠狠地奚落他说："你瞧瞧，我不是告诉你不要穿新裤子骑马吗？"她瞧着约瑟夫，他那样子让她这一辈子都难以忘却，"他差一点就给了我一大巴掌。"爱娃-玛丽亚给我讲述了她们家以前的一个又一个趣闻，一个下午的时间就这样在不知不觉中过去了。

传奇人物依然活在当下

自从我开始积极地收集有关涅克曼家族的材料以来，

我比以前更常听到涅克曼这个姓氏。几个月以前，我去香港为一家旅游杂志写一篇报道。当我正在天星码头等船时，一群小学生从一辆大巴里叽叽喳喳地下来，跟着一个手里拿着一面小旗子的老师前行，那面旗子上印着"涅克曼"。毫无疑问，这个说萨克森方言的家族展现了世界旅游的起源。

"您是随同涅克曼旅行社来的吧？"我这样问一个从莱比锡来的阔太太。她顿时满脸发光，好似得到了赞美一样地答道："对，对，对。您也是吧？"

带着香槟酒似的兴奋，她马上问我："明天出去参观时我们还会见面吗？"她似乎觉得每一个在香港的德国人都理所应当是涅克曼旅行社的旅客。她在那群人中欢快地对我喊道："明天见，随涅克曼一起去参观。"

在回法兰克福的飞机上，我坐在一个年轻的经理旁边，他从他的Gucci文件箱里拿出了一本杂志《名人论坛——马术爱好者》。我用眼睛瞟了一眼内容，上面写着："约瑟夫·涅克曼博士……促成了体育资助会和马术运动间卓有成效的关系……这是一个不可忽略的里程碑……我们有责任对此表示感激。"

再次回到德国后，我被邀请去参加一场结婚典礼。在被邀请的人中有好几个是我在原民主德国的老朋友，我们在一起聊起过去的时光，当聊到《涅克曼商品目录画报》时，我已故的母亲那副幸福的模样又重现在我脑海里。人们当时不再去谈论老纳粹、新法西斯主义和复仇主义，只要他们手里拿着一本《涅克曼商品目录画报》，一翻开它，整个世界就会在这一刻变得井然有序，消费的愿望和幻想的幸福感这时就将东西方合为一体。涅克曼家族及其企业虽然经历了无数次沉浮，但是它的光环依然存在，它就是德国的一个神话。

第一章　拥有赛艇的速度和在政治上的良好关系
——涅克曼家族社会地位的提升

在维尔茨堡附近有一处叫美因河谷的地方，"徒步郊游的人们，你们会经过这里，在碧绿的山丘上，你们能看到美好的景色，爽快，寂静！"这段文字写在一张1890年的明信片上。此处的田园风光至今犹存，一个个浪漫的小酒庄，四周围着古老残余的围墙，连绵起伏的山丘构成了下弗兰肯地区的风景特色。褐色的砂石吸引着眼球，大大小小的圆塔布满了各处山丘。用来酿制浓郁的巴库斯葡萄酒的葡萄在光照充足的山坡上成熟。除此之外，该地还产浓烈的科尔内葡萄酒和可口的雷司令葡萄酒。这个地区还以一种特产而著名，那就是一种长香肠，这种香肠是由来自奥普的涅克曼肉品加工厂生产的。每天你都能看到，印着明亮红色涅克曼名字的白色货车穿梭在维尔茨堡、青根、埃内斯海姆、奥克森福特或是奥芬海姆之间。

在这儿，一家位于下弗兰肯的肉店就是涅克曼家族史的兴起之源，这个家族书写了德国的经济史。一百多年以来，这个家族在这儿杀猪，将猪肉做成火腿和香肠。1890年，这个家族开始走出了这样的"阴影"。

最初，这个家族来自涅卡河畔。正如他们的名字听上去一样，这个家族的男人们是涅卡河上的木筏搬运工，在1508年的工会簿上曾登记过这个名字。可是仅仅作为木筏搬运工不能养活这么一大家子人。按照当时、当地的规定，只有大儿子能继承父业，其他的儿子都得出去另谋职业，养家糊口。

涅克曼家的男人们之所以朝着维尔茨堡方向迁移，是因为一个传统性的活动。这个活动自中世纪以来就一直吸引着所有"水耗子"，活动的名字叫"维尔茨堡刺鱼"，所有涅卡河畔的男人们都会来参加这个比赛。维尔茨堡被称作是"下弗兰肯的梵蒂冈教廷"，它给虔诚的涅克曼家族留下了深刻印象。在迁移到维尔茨堡的漫长路途中，这个家族先在一个土地肥沃的名叫戈拉赫谷的地方安居下来。接下来，往维尔茨堡方向迁移的中继点是黑麦斯海姆，该地是当今涅克曼家族讲述自己的源头——彼得·涅克曼，一个肉铺的老板，命运将他同政治联系在一起。

1890年不仅对涅克曼家族是决定性的一年，对于整个德国历史也是具有决定性的。两年以前，威廉二世成为德意志皇帝。长时间以来，威廉二世与当时的德意志帝国总理奥托·冯·俾斯麦矛盾重重。1890年3月，威廉二世强迫帝国总理离任。这样一来，就再没有人敢跟权力熏心的威廉二世作对，他同时也是"自己的总理"。

这一事态对1890年的国会大选产生了达至各地的影响。许多议员鉴于威廉二世这种放纵的行为，没有兴趣再让自己去参与大选，因此，在中央党1890年10月12日的选举开幕式上，维尔茨堡第六选区还缺少一位候选人。一个酒商、一个市政职员以及一个牧师都先后放弃了这次做候选人的机会。在这种万不得已的情况下，大家把信任托付给了一个维尔茨堡的肉店老板。而这位肉店老板仅仅通过参加不久前在黑麦斯海姆的教区议会才对政治有一点皮毛认识。第二天的《慕尼黑邮报》报道了这位出生于1842年，名叫彼得·涅克曼的人，说他"在政治上完全不为人所知，而且个性上也毫无特色"。

下弗兰肯地区的态度向来都是强硬的。这个地区直到19世纪初都是独立的，它属于维尔茨堡大主教的管辖区，被视为天主教的一个最安全的"山顶城堡"。对于听话的天主教徒来说，他们只会选中央党，因为中央党是1870年由科隆的主们提议成立的，目的是维护天主教信仰教区在推行新教的德意志帝国的利益。在威廉二世眼里，中央党无非就是"罗马的第五殖民地"，令他难以信任。俾斯麦在很长一段时间里曾极力削弱天主教对公共生活的影响，耶稣会被禁止，学校和医院都被国有化。国家提供了非教堂的民事婚姻公证，并明确了教会在国家管辖之下。也许人们是害怕遭到迫害，中央党因此成为帝国第一大党。然而等事态平息以后，中央党却完全支持俾斯麦的政治方针，特别是新的社会立法。该党在19世纪80年代末还参与了医疗保险、意外和残疾保险的制定。

中央党的选举人主要来自农村和社会底层。在文化革新中，该党不断赢得新选民。正如巴伐利亚是一个反新教的重地，在1890年大选中，选中央党的大多是中产阶级及以上的天主教徒。

"竞选活动开始了，神职人员、教士甚至修女们带上了他们准备好的传单和一些宣传材料乘上火车，朝着各个方向奔去"，《慕尼黑邮报》当时这样报道。在竞选的人中当然也有彼得·涅克曼。媒体详细跟踪报道了每一个竞选人，例如，报道中提到彼得·涅克曼的竞选对手——一个来自凡士林生产厂家，名叫特奥多·沃伊特的自由思想民主党候选人，他在竞选中的表现比涅克曼差劲多了。

民众对这次大选几乎不感兴趣，在下弗兰肯地区只有58.2%的人参加了选举（每个25岁以上的男人都有投票权）。中央党在竞选中的旗号是维护社会正义、维护天主教道德价值观，因此，该党可以算是竞选党派中最能推动选举积极性的党。在第一轮选举中，中央党就获胜了。决定这次胜利的关键是社会民主党的溃败，这次社会民主党在竞选中采取了跟中央党大致相同的策略和口号，可是他们所缺的恰恰是教会的支持。中央党这次选举跟以往的选举相比，在维尔茨堡失去了大约一半的选票，可彼得·涅克曼却在他的选区内为中央党获得了最高的选票，成为进入到柏林议会的议员。

彼得·涅克曼做了议员，可这对他的肉店生意也没有什么妨碍，原因是议会当时并没多少事要干。在德意志皇帝的要求下帝国一年仅召开会议一到两次，每次会议也就持续几个星期。除了参加会议，议员们的工作就是四处游说，唤起更多的支持者，拉帮结派、结党营私，这些活都在他们的日程里。一旦党内的什么纠纷暴露在公众面前，他们就会成为媒体趋之若鹜的猎物。彼得·涅克曼也没能避免，有关他的报道日益增多。1893年，彼得·涅克曼表示要退出政治舞台。这一年的《新维尔茨堡报》引用了他的一段讲话："众所周知，我被卷入了怎样的怀疑和诽谤之中。然而我党同僚们的信赖给了我再次参选的信心。"

具体是什么样的诽谤无从查清，因为维尔茨堡的档案馆在二战期间大部分被摧毁了。当时的情形大约只是一时的，媒体也没做任何详细报道。彼得·涅克曼在第二次参选时再次获得了极大的支持，跟其他的议员相比，弗兰肯的农民协会把他称作"不那么恶心的人"。由此看来，农民那边的选票他是拿定了。而这次的大选比上次更具有戏剧性，彼得击败了社会民主党的候选人。

再次当选议员，彼得·涅克曼要庆幸的是自己参与了一次柏林的重要事件。1894年12月5日，新的柏林议会大厦在修建了10年以后终于竣工，彼得参加了它的竣工典礼，就此，他在欧洲最慷慨和辉煌的议会中打下了结实的根基。这一壮观的巨大建筑代表了德意志帝国对新的权力的向往。中央党连同彼得·涅克曼一同进入了皇帝的"新的轨道"。

彼得·涅克曼成功地进入了议会，这让涅克曼家族的人感到无比自豪。此后他们谈起的不是一个肉店老板涅克曼，而是一个作为议会议员的涅克曼。归根到底，他们对家族的社会地位由此得到提升感到无比荣幸。

黑金与主的雕刻

从19世纪90年代中期开始，德国出现了从未有过的经济"大跃进"。人们像子弹一样被卷进了这个工业化的时代进程，维尔茨堡的变化自然也在其中，这里安逸平静，长时间以来都是一个令人向往的"养老区"，因为很多国家职员、老师和军官退休后都愿意到这里来定居养老。而此时，一个欣欣向荣的工业中心正沿着美因河畔两岸渐渐地发展起来。

这时期，巴洛克式的防御工事被拆掉，中世纪嵌套的城区被重新翻修一新，许多大街被快速地扩宽。从前曾属于修道院的大面积土地这时都被用来作为工厂生产地、仓库、屠宰场、家具生产厂、缝纫厂、机械设备厂、啤酒酿制厂、面粉加工厂、石膏加工厂等，它们如雨后春笋一般层出不穷。靠着有利的地理位置，维尔茨堡这座城市发展成了一个四通八达的铁路枢纽中心，美因茨这座大都市就此成了巴伐利亚的产品聚集地。就连维尔茨堡大学也深受这一现代化的冲击。1895年，该大学的物理学家威廉·康拉德·伦琴就在这里发现了一种肉眼看不见的光，后来这种光用他的名字命名为"伦琴射线"[1]。仅仅10年，维尔茨堡就发展成了一流的重要城市。如果说维尔茨堡是一座拥有许多尖顶教堂的城市，那么也可以形容，它是一座头顶着"皇冠"的大城市。

1868年，彼得·涅克曼与比他大6岁的芭芭拉·巴尔

---

[1]伦琴射线：即"X射线"。

特结合，生下了儿子约瑟夫·卡尔·涅克曼。儿子的出生
见证了这个突飞猛进的时代精神，当儿子27岁时，他就
对父亲的肉食加工厂中的黄香肠和猪头肉冻说了再见，他
憎恨见到那个杀猪场以及那个挂满了被砍成两半的猪的大
厅。当他还是孩子时就明确了自己唯一的愿望：我的一生
绝对不要跟父亲一样，再跟鲜血淋淋的东西打交道。

　　卡尔打着自己的算盘，他打算涉足一个既能跟当下时
代吻合又能赚大钱的行业，这个行业就是煤炭生意。硬煤
块是当时的工业燃料，许多美因河沿岸的工厂都需要用这
一燃料来发电，启动他们的机器；即便是市民在家烧火做
饭，也不再用柴火和泥煤，而是用硬煤块。

　　这个头脑灵活的屠夫的儿子要求父亲把他应继承的那
部分财产提前付给他。他跟屠宰工会彻底切断了关系。要是
你今天给涅克曼肉店打电话，他们就会干脆地告诉你："我
们跟涅克曼邮递百货没有任何关系。"卡尔挽起袖子开始大
干一场，他最初在煤炭行业的举动，如今可以在煤炭批发
商的资料馆读到。当时，汉堡的煤炭批发公司泽森这样评价
他："拥有划赛艇的速度，能够利用良好的政治关系，也能
保留使用武力的权利，具备演讲时的震撼力。"

　　无疑，卡尔也是需要运气的。当时，要在维尔茨堡市
内找到一块安生之地可不是一件那么容易的事，维尔茨堡
当时正处于大兴土木时期。一位不知名的作者写道："到
处都是挖的坑，坑上搭着木板，走在上面你得保持平衡。
一出家门，你要想过马路，就得翻过一堆堆沙子和石子。
有轨电车的轨道边上正在铺设水、煤气管道和电缆线。与
此同时，下水道管道的铺设也在进行。市政厅每天都会收

到无数对噪音、建筑工人的谩骂和对污浊臭气的投诉，而这些投诉都得不到任何一点回应，因为那些市政厅的官员们还有更重要的事要做，哪还有时间去平息市民的怨气。他们这时正忙于起草市内建筑的新规定，规定中要求新建的房屋必须是4层以上，另外还允许已建房屋进行多层扩建。

这一新的建筑规定能够给市内的住房需求带来改善，对于建筑师来说，这是一个施展自己想象力的大好机会。新的房屋都比着宫殿的样式来建，都加上了尖顶、山墙、凸墙凸窗，这种建筑形式体现了新白天鹅的童话建筑风格。这之后不久，一个来自德国但泽的犹太商人西格蒙特·卢兹克维茨在维尔茨堡施波恩大街建起了第一座百货大楼，这件事后来给涅克曼家族的历史带来了特殊的意义。1898年，百货大楼开业典礼，施波恩大街的特色由此发生了决定性改变。维尔茨堡人就此称这条商业街为"我们的林荫大道"。新建的卢兹克维茨百货大楼有4层楼，从正面看上去还真有些像两年前特傲费勒·巴德和阿尔佛瑟·坎在巴黎开张的老佛爷百货。无论是在巴黎、维尔茨堡还是柏林，四处新建的百货大楼都采用了古典结构的门面，方形石制的浮雕柱、窗户上的屋顶飞檐，这些画面大大地改变了一座城市的景观。为此，当时人们把维尔茨堡称为"小巴黎"，这也不足为奇，其中当然也少不了巴洛克建筑大师约翰·巴尔塔萨（1687—1753）仿照卢浮宫在该城市建造的大主教住所。

涅克曼家族的煤炭生意终于在斯泰茵巷3号找到了一块落脚地，这个地方离弗朗西斯卡教堂非常近。这样，卡尔在通往"上帝住所"的巷道里开始了他每日严格的作息。路上，他会经过提尔曼·雷门斯奈德（1460—1531）的故居。雷门斯奈德曾是天才的神像雕刻家，帝国议员彼得·涅克曼对他雕刻的玛利亚圣坛曾赞叹不已，为此，他也曾把他的儿子带到这个教堂来参观。

教堂圣坛的人物中也有圣瓦伦丁。在巴伐利亚，圣瓦伦丁被看作是专门的保护神。据说，这位在3世纪被砍头的烈士死后，依然保存着特殊而强大的眼力，他能用他的眼力识别真爱。在巴伐利亚人心里，圣瓦伦丁不仅是恋人们的保护神，而且还是牧羊人和教堂建筑的守护神。在维尔茨堡的弗朗西斯卡教堂里，保留着这位先烈的遗物，据说，他的整个头和右背都被存放在该教堂中。卡尔把这一切视为一种先兆，他确信他的公司坐落在一个上帝青睐的地方，上帝一定会帮助他成就一番事业。在他每天的祷告中，他都会想起在圣瓦伦丁塑像上刻的一段话："非主所建的，一切将徒劳无益。"

神的飞轮蒸汽机头

约瑟夫·卡尔·涅克曼的公司在5年的时间里就发展得初具规模。1900年公司就拥有了15辆运送煤炭的马车，公司的马厩里有16匹比利时马。运送加急订货时，他们会使用奥登堡的种马，这种马跑起来要比"肥胖"的比利时马快一些。卡尔还在美因河上和别人共同拥有两艘运煤船，他那时在考虑成立自己的航运公司。他的一个表弟佛利茨·涅克曼成了他的合伙人，他们一起在新港口占据了一块宽敞的地域，这块地够他们以后扩建自己的泊位，修建自己的运输船。到后来，卡尔又认为，他要在别的领域做更大的生意。

给他牵线的人是他另一个名叫马蒂阿斯·涅克曼的表弟。马蒂阿斯最初学的是染工贸易，在这行里他已学成出师，但他没搞这一行，而是转行去搞政治。他曾当过市长，1887年在中央党内被选进了巴伐利亚的州议会。

马蒂阿斯在慕尼黑的这个议员位子给生活在维尔茨堡的涅克曼家族带来不少好处。巴伐利亚在帝国成立后占有几个优势，其中之一便是控制铁路运输线的优势。

1835年，巴伐利亚就已修建了德国第一条铁路线，这只传奇的"雄鹰"以每小时20千米的速度穿梭在纽伦堡和菲尔特之间。自1866年以来，德国每年的铁路里程增加1000千米，计划在1913年上升到63378千米。火车站成了华丽的"寺庙"，放射出大教堂般的技术光芒。在许多地方，火车站被建成类似于阿兹特克式的金字塔，在正面还用一只雄鹰来装点，这可以说是对火车最庄严的接待了，人们当时把火车称为"神的飞轮蒸汽机头"。

火车是工业化的飞轮，在它的帮助下，钢铁制造、建筑获得了它们相应所需的原料。因而扩建铁路成为议会的主要话题，马蒂阿斯·涅克曼刚好坐镇于与此相关的委员会。他在委员会中提议，让他在维尔茨堡的一个表兄负责运输煤矿。约瑟夫·卡尔·涅克曼就这样得到了这块肥肉。1902年，他竟然获得了"巴伐利亚王室铁路煤矿运输人"的称号。

不是每一个人都喜欢蒸汽火车取代马车的进步，对涅克曼家族来说，这种进步给他们带来了伤害。马匹一看见口吐着白色蒸汽的火车头就会畏缩不前，常常会出现惊恐失控的局面。1902年夏天的一个下午，一辆马车忽视了铁轨，无法避开扑面而来的火车。在图格斯海姆附近，涅克曼家族有一座酒庄，也是在1902年夏天的一个下午，一辆马车在此处被火车卷进了轨道，当大家把受伤的人从车轮下拖出来时都被吓了一大跳，这位伤者相貌不凡，大约60岁，是这个地区有名的人物，他就是从前的帝国议会议员彼得·涅克曼。彼得的胸腔在车祸中几乎被碾碎，即刻被送到了医院。这次他能活下来还真要感谢他天生皮实，但出院时他也已瘦得不成人样。家人的祈祷这时对他已无济于事，他的身体再也没有恢复过来。1902年10月1日，这位曾经的屠夫、帝国议会议员彼得·涅克曼撒手人寰。

彼得的儿子卡尔并未因此停止他的铁路运输生意，恰恰相反，他越做越大。由于在维尔茨堡的竞争日益激烈，卡尔不得不在周边另辟蹊径。他前往柏林，希望能在帝国铁路管理局拿到一份运输合同。作为自荐的优势，他提出了父亲从前在议会做过事，利用他的三寸不烂之舌和绝不妥协的精神，最终得到了以后几年提高利用铁路运输的许可。就这样，约瑟夫·卡尔·涅克曼的生意真正发达起来。

维尔茨堡的体育援助

用对体育"痴迷"这个词来形容自己，是涅克曼家族的人常常喜欢干的事。原因要追溯到约瑟夫·卡尔·涅克曼的时代。当时，对于卡尔来说，仅仅做生意不能满足他。按照以往惯例，他觉得自己作为一个企业家应该做一些有利于公益的事，特别是应该通过组织发动社会公益来使自己的形象大放光彩。最初，唤起卡尔兴趣的是维尔茨堡充满传统的赛艇协会。他对赛艇协会的资助并非是无私的，这家赛艇协会占有一大块圈马地，卡尔想把他的马放到那里去。但事后，他又对该处饲养马的条件很不满意，不久他就停止了对该体育协会的赞助。1905年，他成立了自己的维尔茨堡·巴伐利亚赛艇有限公司。

从那以后，在河上展开的竞赛充满了英国人的色彩：正像牛津抗衡剑桥一样，"美因人"抗衡"拜仁"。两个队最终决出的胜负对维尔茨堡这座城市来说是一个重大新闻。当然，卡尔的跑马也换到了这个新的地方去饲养，得到了很好的照顾。无疑，大家都听到了这位创始人最喜欢说的一句话："好马比糟糕的人有价值。"尽管如此，主办这些事很快就让卡尔觉得还远远不够。紧接着，他开始慷慨地捐助维尔茨堡自由体操协会，在他看来，他们那块从狮子桥延伸到石溪谷的地用来建立一个马术协会是最理想不过的了。

香槟酒和煤炭生意

此时，这个卓有成就的煤炭商人依然还是单身，像他这样既能干又会赚钱的人自然得到了很多女子的青睐。尽管如此，就像他的投资一贯都是小心谨慎一样，他在寻找配偶的过程中尤为标榜自己的高要求，除了要求一个女人通常的美德以外，他还提出了一个重要的条件，即这个女人必须拥有喜爱马匹的天性。当时，在维尔茨堡，能坐在马鞍上骑马的女人很有限，但他注意到了其中一个：尤娜——业务贸易委员会顾问、香槟酒庄经营者弗兰茨·约瑟夫·朗最小的女儿。

尤娜比约瑟夫·卡尔·涅克曼小10岁，这女孩无论从哪方面来看都很优秀。她坐在马鞍上体态优美，参加赛艇运动，还打网球。为了让这个女孩成为自己的未婚妻，卡尔可遇到了不少麻烦。业务贸易委员会顾问弗兰茨·约瑟夫·朗可不希望招一个做煤炭生意的人为自己的女婿，他本人是一个业余考古爱好者，希望自己的小女儿能找一个科研人员。涅克曼家族的人对此嘲讽道："不就是找一个好亲家吗，他也不至于非要去找一个像特洛伊的发现者海因里希·施里曼那样的人，期望这样的人能为他女儿呈上普里阿摩斯[1]的宝藏——朗的家族也太虚荣、太傲慢了。"

而事态的发展却像童话一般，最后是美丽的、充满活力的尤娜以自己强大的意志使父亲屈服。尤娜不由自主地爱上了这个煤炭老板，当然，不是爱上他的煤炭，令她为之动情的是卡尔卓越的跳远成绩还有他在围猎中取得的丰硕战果。就这样，1908年，约瑟夫·卡尔·涅克曼同尤娜一起走入了婚姻的殿堂。正如后来的人们所说，他们的婚礼当时在维尔茨堡轰动一时。对于涅克曼家族来说，"世上的幸福是来自于马背上的"，这个观念在涅克曼家族中一代代传了下去，几乎每一个涅克曼家族的男性以后都在

---

[1]普里阿摩斯：Priams，希腊人物，特洛伊战争时期的特洛伊国王，赫克托耳和帕里斯之父，同时也是女先知卡珊德拉（Cassandra）之父。

跑马场上找到了他们的终身伴侣。

朗氏家族几乎每个人都酷爱骑马，在维尔茨堡同样涉足不同的领域，他们从城市顾问发展到律师、医生等拥有身份地位的行业。黑色的煤炭最终能和香槟酒和谐地走到一起，这并不是因为他们都信奉天主教。

尤娜·涅克曼被视作是一个说一不二且很有主见的解放女性。婚后不久，她就向众人证实了这一点。在煤炭生意上，她很快就成为自己夫婿的能干顾问。充满活力、脚踏实地类型的女人给涅克曼家族的男性们留下了良好的印象，她似乎让他们总是想起，在艰难的时期，女人都应是丈夫的坚强后盾，这样才能使一个家族不走下坡路。

1910年，卡尔家首次添丁，玛丽亚－芭芭拉来到世上。这一年，哈雷彗星拖着剧毒的尾巴在天空一划而过，按照星象学家们的看法，这年出生的孩子都不会幸福，而这种迷信的说法却在以后得到了印证。

煤炭和印刷油墨

如同大多暴发户，约瑟夫·卡尔·涅克曼此时成天想的问题是：赚了这么多钱接下来该怎么办？下午在咖啡厅里，晚上在台球桌上，所有的话题都是围绕着该投资什么。当时，投资建设帝国的舰队是一个保险的办法，然而卡尔却另有主意。

这时期，印刷出来的东西堆积如山，新印的东西想要在报亭中找到一席之地几乎不可能，报刊市场的状态已是大大饱和。1912年，光是在巴伐利亚州就发行了463种日报，每天的印刷数量是150万份，其中最受关注的是《慕尼黑最新消息》，它每天的销售量是6.5万份。

有一天，在维尔茨堡有钱人的圈子里突然开始私下议论起一种全新的刊物，据说这种刊物的发行方案也完全跟以往不同，这个想法来自"奥登堡发行王朝"的汉斯和保尔，他们的名字在当时本身就是保障，这事让卡尔倍加关注。慕尼黑出版局的影响力最初是靠1906年发行的《插图技术词典》，卡尔家的书架上一定也放着这样一本不可缺少的工具书。

这个诱人的项目虽说已全面筹划好了，但所欠缺的是有关当局的批文。中央党的政治家们也在为此不断努力，他们施加了可以施加的压力，最终使得这份新报纸的批文只差最后一个签字，这个签字就是当时的摄政王卡尔·约瑟夫·威廉姆·路易珀尔德的。91岁的摄政王当时已神志不清，卡尔在他去世的3周前终于拿到了他的亲笔签名，这也是摄政王生前行使的最后一项公务。

1912年12月12日，摄政王路易珀尔德谢世。1913年1月1日，第一版《巴伐利亚州报》问世，该报是与《皇家州宪报》组合在一起的，皇家石头徽章印在报纸的主页上。这份报纸的年价为12马克，单买1份是5芬尼。该报的投资人姓名没有印在报纸上，但在档案馆中能查到："'巴伐利亚王室铁路煤矿运输人'涅克曼参与投资。"

新的报纸保持了老的形式。除了帝国新闻报道，还包括巴伐利亚新闻、经济文化报道，最后是冗长的股票行市。重要的是，这份报纸销售的中心思想带来了很大效益，即当局的各单位和每个官员都因"巴伐利亚州报"这个名称把该报视作是必订的阅读刊物。

光是固定单位订报的份额就是1.5万份。仅仅这个份额带来的每年的收益是18万马克。除此之外的收益还来源于广告，因为官员们可是重要消费人群。因为这个极有经济实力的读者圈，诸如阅兵外交礼服制衣公司、卢云堡啤酒厂等都在该报上登了广告。

大战期间，涅克曼和其他投资人的分红虽然降到了零，但是，该报在大战后重生，1918年11月9日又重新发行。直到1934年，人们都能在各报亭买到该报，再后来因为民主的政治立场被纳粹禁刊。涅克曼是否到这时还保留着他们的股份，这一点却无从查证。

同理发师共进早餐

约瑟夫·卡尔·涅克曼成家以后，在他的斯泰茵巷3号的家中开始实行了井然有序的中上层阶级的生活习俗。这对新婚夫妇雇了一个女佣，女佣的报酬是每月12马克，负责做饭和家中的所有杂事，24小时随叫随到。涅克曼家的女佣玛丽跟其他女佣一样，夏天每天6点得起床，冬天是5点；火炉得烧旺；准备热水梳洗，烧茶，做咖啡，准备一家人的早餐。家里的女主人在这期间还可以在被窝里多待两个小时。

每天7点，理发师上门理发，准时出现在洗澡间。向来节约的男主人还是很高兴享受这种奢侈的待遇，因为躺在泡沫浴池里享受刮胡子的同时，他能利用这个时间来读理发师给他带来的当天的报纸。

　　在楼下有一家可以玩南德分级彩票的地方，卡尔特
意为自己的公司在楼下申请了经营许可证，他从来不会忘
了每期买彩票，现在他成了彩票商店的老板。几十年如一
日，这个从不忘买彩票的人终于在他去世的前一年如愿以
偿，中了1万马克的大奖。

　　约瑟夫·卡尔·涅克曼，这个后来被人们称为"维尔
茨堡的洛克菲勒"的人，此时迫不及待地期望自己能得到
一个儿子作为继承人，因为他的事业正如日中天。在美因
河上，涅克曼家族新的煤炭驳船已下水，在这期间，他的
堂兄把弗兰肯和斯蒂勒蒂船厂买了下来。1912年6月5日，
公司传出了喜讯：涅克曼家终于迎来了继承人。这个期待
已久的男孩是双子座，取了一个同父亲一模一样的名字
"约瑟夫·涅克曼"，孩子受洗时还加了第三个名字"彼
得"，以此纪念他的祖父。

　　两年以后，也就是1914年5月18日，煤炭王子增添了
一个弟弟，取名为瓦尔特·涅克曼。他出生后的星期一，
政府宣布，德国的居住人口已达到了6500万。这时，涅克
曼家族的企业已有了许多分店，光雇员就有80个。除此之
外，他们还拥有一支很大的马车运输队和一家航运公司，
另外还有从父亲彼得那里继承的位于图格斯海姆的农企产
业。为了扩大自己的产业，卡尔在有名的法兰克福日报买
了一些股份——这事是胡果·斯缇勒斯给他的提议并为他
牵的线。

　　胡果·斯缇勒斯曾被一些德国史学家称作具有资产累
积天赋的"德国工业史上的大仓鼠"，他也曾是涅克曼家
族的客户。他的多个航运队在美因河上把黑色的金子运到

了维尔茨堡。如果真要说到维尔茨堡的洛克菲勒的话，那么这个人无论如何应该是胡果·斯缇勒斯。他这个人东瞧瞧、西看看就能找到许多能扩大自己产业的简单方法。从矿业到鲁尔区，到煤矿生意，再到莱茵河上的航运，斯缇勒斯在他的生意达到顶点时拥有4500家公司，雇员达到60万人。他给诗人弗拉蒂米尔·玛亚科维奇也留下了难以磨灭的印象，这位诗人描述道："在他面前，太阳苍白得如同垃圾。"这是他在谈到第一战次世界大战最大的受益人时所写的。

第一次见到胡果·斯缇勒斯的时候，卡尔大约12岁。一次，卡尔同父亲被邀请到斯缇勒斯家的庄园就餐，此次见面让他日后难以忘怀："我的表率就应该是这个样子的。"他日后在自己的回忆录中写道并同时强调："我父亲当时交往的人正是这样一些重要人物。"这样来看，对于卡尔的未来，那时别无其他选择，因为斯缇勒斯手上把握着全德国的燃料资源，谁要是跟他作对，谁就会没有好下场。

为第一次世界大战准备的马匹

约瑟夫·涅克曼两岁的时候，他弟弟瓦尔特刚好3个月大，这期间，整个欧洲动荡不安。1914年8月1日，这天是星期六，天空万里无云，皇帝威廉二世就喜欢这样的天气，他把它称作是"帝王的天气"。在这样的气氛下，他向俄国宣战。接下来的3天里，他做出了许多历史性的重大决定，如在周末便让德国部队开进了卢森堡。德国四处响起了教堂的祈祷钟声，涅克曼一家人在这个星期天也去了教堂，就是离他们家只有200米的弗朗西斯卡教堂。

当星期天的烤肉被端上桌的时候，一个协议已在伊斯坦布尔签署，协议内容是：一旦德国与俄国的战争打响，土耳其有责任越过黑海去进攻俄国。8月3日，星期一，帝国政府向法国递交了宣战书。8月4日，星期二，帝国一致批准高达5亿马克的战争信贷。8月5日，星期三，大家都在谈论生意，日耳曼的经济资本陷入前所未有的"利润高烧"。

伴随着欢呼声，士兵们踏上了前线。在登上开往法国的列车前，士兵们嘻嘻哈哈地用白色的粉笔在车厢壁上写上诸如"到巴黎去郊游""战斗去，给我的军刀挠挠痒""林荫大道上见"等句子。在维尔茨堡这个驻军的城市里，充斥着爱国主义和对命运感到不安的强烈气氛。火车站前巨大的广场上，士兵们并没有突出地表现个人的英雄主义，也没有四处乱窜，而是抑制着内心的不舍跟亲朋好友告别，沉痛、悲伤深深地压抑着每一个人。有些人大概也预感到了，这一去就不会有再见的机会了。约瑟夫·卡尔·涅克曼自己也不清楚，什么时候一封征召入伍的信就被扔进了家中的信箱里。他是维尔茨堡骑兵营的后备军官，可再怎么说他也46岁了。看到那么多踊跃参军的人，他迫切地希望不再需要他这个年龄的老兵，可是这个希望却落空了，不过这与他的年龄无关，他在第二次总动员中被招进了皇家骑兵团。但是几个星期以后，他又作为经济上不可缺少的重要人物被免去了军职，这一切当然与他跟当地的驻军指挥官和那些骑友们的关系分不开。

就这样，涅克曼家族的公司奋力地为帝国的胜利而开展运输业务，美因河畔从市里延伸到港口的铁路日日夜夜都在装运。这种状况带来一种经济繁荣的假象，人们一开始都虚幻地认为这是"圣战"带来的结果。就是涅克曼家族的肉类加工厂也没闲着，他们24小时运作，为前线的官兵们准备食肉，还把做好的肉制品如香肠等拍照做成宣传明信片。涅克曼家族的燃料运输过程自然也被拍成了宣传明信片——煤炭是战争中不可缺少的燃料，从各处工厂里冒着浓浓烟雾的烟囱就能一目了然。火车站的火车每5分钟启动1辆，甚至马车也一趟一趟地轮番拉货，涅克曼可不想放过在这次战争中赚钱的机会。

骑兵团在维尔茨堡拥有悠久的历史传统并享有很高的声望。那时从维尔茨堡寄出的每两张明信片中就有一张是一个骑在马背上的可爱学员或军官。前线对马匹的需求毫无疑问是优先的，因为若没有马匹，则战线推进会很困难。

卡尔无须在良心上过不去，对生意人的服役赦免是一件对国家有益的事。为此威廉二世说道："我们在这里做的不是随心所欲的占领，是不屈不挠的意志推动我们去保护上帝赐予我们的领土，为了我们和我们的后代而战。"他的讲话为虔诚的天主教徒们增强了信念，涅克曼家族也不例外，这一讲话让他们坚信，这次战争是天赐良机。只有当时作为股份制公司监事会主席的瓦尔特·拉特瑙这个无神论者发表了他针对这年秋天战争命运的怀疑主义的思想，他表示："要作为征服世界的胜者，驾着白色马车穿过勃兰登堡凯旋门，这个时刻对于帝王来说永远不会到来，不然世界史在这一天里就会丧失它的意义。"

在1915年的1月，事态的发展就预示了不祥，市场上购买面包、牛奶和面粉都开始需要购物券。工业上赚大钱的机会开始减退，涅克曼家族的生意也开始出现问题。最主要的问题出在煤炭供应上，燃料行业不得不另辟蹊径，因为整个内陆航运几乎停滞。英国和威斯特伐利亚州的煤炭已耗尽，要从上西里西亚和波兰的煤矿向维尔茨堡运煤实在是太远。最后生意从慢慢缺货一直发展到完全关门，但对于涅克曼家族来说，他们还有几家肉店和在图格斯海姆的农庄。农庄里至少能悄悄地杀一头猪，这样家人在面包上至少能放上一块薄薄的肉肠或涂上一层薄薄的猪油，这便是约瑟夫·涅克曼儿童时的记忆："桌上仅有的几块香肠，我的那份，在咽下最后一口面包时依然不舍得吃。"

第二章　骑着马慢慢地从学校门前遛过
——涅克曼家族同他们的马匹

　　1918年11月9日，巴登亲王、帝国首相马克西米利安宣布皇帝退位，威廉二世当天逃到荷兰。11月11日，德国的将军们在贡比涅的树林里签署了停战协议，大战结束。

　　对于德国的民众来说，惊恐才刚刚开始。200万士兵在前线阵亡，而接下来的"战斗"发生在德国的土地上——饥荒笼罩。大街上，从前线返回的士兵开响了第一枪，这些从前线或是从战俘营返回家园的士兵，大多都沦落到了没有工作、饥饿难忍、痛不欲生的境地。战争快要结束时，所有的士兵没拿到一分钱的军饷，这些只有算在给民众带来这场战争灾难的人头上，即军国主义分子和资本家。这些人应该通过基本的政治体系改动被取缔，剥夺他们手上的权力。仿照苏联模式的阶级斗争和布尔什维克的革命呼声四处响起。

1918年10月底，在基尔就出现了动乱，水手们抄起家伙要求给他们发军饷，革命于是就从那里开始，向德国南部蔓延。面对骚乱，11月7日，路特维希三世在巴伐利亚退位，一个社会主义的政府在作家库尔特·利普克内希特的领导下组成。11月9日，在柏林，社会民主人士菲利普·塞德曼和库尔特·利普克内希特不约而同地呼吁建立一个共和国。但是，社会民主党这边很快就跟军方合作，血腥地镇压共产党的竞选。

在维尔茨堡，革命也留下了它的痕迹。跟纽伦堡、拜罗伊特和慕尼黑相比，维尔茨堡没有形成工人和士兵的联合。此时作为一家之长的约瑟夫·卡尔·涅克曼开始介入这个城市的历史，为了保护教会和自己的财产，他把修道院"私有化"了。自此以后，方济各兄弟会和涅克曼家族就一直保持着亲密无比的关系。

像约瑟夫·卡尔·涅克曼这种类型的统治者在这个时候是不怎么受欢迎的。在混乱的战争期间，卡尔成功地为自己捞到了一匹漂亮的黑色骏马，这招来了多方的眼红和嫉妒。每次他要是骑马出城，就得悄悄地绕道而行，否则就会招来士兵们的谩骂、唾弃，甚至还会用石头扔他。

在经济上，战争的结束并非意味着艰难时期的结束。各个不同时期占领着鲁尔地区的联军都要求当地给自己提供所需的煤炭，煤炭供应的危机几乎让整个德国瘫痪。以前能提供高质量煤炭用来发动火车头的供应商都是些波兰人，把煤炭从英国运过来依然遥遥无期。

对于约瑟夫·卡尔·涅克曼来说，战争结束后，他首先要干的事就是恢复自己的煤炭生意。他必须很快地做出反应，这样才能拿到极其稀少的、犹如化石一般珍贵的燃料配额。在这种情况下，他发出了一个招聘销售人员的信息。来应聘的人很多，而大多都是对该行业没有一点经验的。战争将各行各业的专业后继人消耗殆尽，他的公司面临倒闭。当一个叫古易多·克鲁格的人到公司来申请职位时，我们这位虔诚的天主教信徒卡尔将之视为是主给他的一份厚礼。

在面试时，古易多·克鲁格努力模仿下弗兰肯口音，但是还是没能掩盖他的埃尔萨斯的方言口音。这个年轻人的经历让卡尔特别动心。他手上拿着一封推荐信，信上印着公司的标志，那是煤山上高高的煤矿升降机塔和铁路分支线——这是埃尔萨斯-罗特林联盟矿工会的标记，克鲁格在那儿学徒毕业，那儿的煤被视作是全德国最好的煤，可以用船便宜地运到维尔茨堡。对于涅克曼家族来说，这个具有超凡能力的年轻人来到他们公司求职真是他们的一大幸运。年轻人不仅说一口流利的英语和法语，而且还认识几个埃尔萨斯-罗特林联盟矿工会的人。有了他，涅克曼家族的煤炭生意便可以重新开张了。

满身臭味的人

战争快结束时，约瑟夫·涅克曼刚好6岁。战争期间，艰难的生活深深地印在了他的脑海里。

作为家中的"老二"，小约瑟夫总是感到没有得到公平的待遇，常常被排挤，家中最被宠爱的自然是小儿子瓦尔特。在约瑟夫看来，他这个弟弟简直是被宠坏了，而他却常常要被打屁股。随着年龄增长，他越是感到自己在家中受到的待遇不公，让他难过的是，自己不能让父母相信瓦尔特的不对。只要儿童房间里出现了问题，那一定是他的不对，马上就会听到："小约瑟夫，又是你干的吧。"每逢此时，他就会愤怒无比，感到自己马上就要抓狂。这个性格特征在今后的生活中常常会表现出来，只要他一遇到不公平的待遇，他就会像自己坦然承认的那样："我就会上房揭瓦。"

　　就是在学校里，小约瑟夫也避免不了受排挤。刚上学的第一天，班里排座位，因为祖母送了一只山羊给他，他便让它拖着一辆木质车厢到处跑。众所周知，谁要是跟山羊混在一起，他闻上去就会跟山羊一样。因此，上学的第一天，就没有谁愿意跟这个闻上去"很臭的人"坐在一起。学校里的这些恼人事对他来说无关痛痒，他觉得，什么也比不上他驾驭着自己的那辆羊车穿过维尔茨堡宽敞的大街去为外婆买东西这件事更能让他快乐了。在市场上，讨价还价是少不了的，这是他满怀激情最喜欢干的事，早年讨价还价的经历让他成为今后国民节俭的楷模。

　　小约瑟夫几乎不跟他的兄妹姐妹们一起玩耍，甚至对其他孩子也不感兴趣，一天到晚他只喜欢在成年人的圈子里混。一放学，他就头也不回地往涅克曼家族堆煤的大院里跑，在那儿他觉得自在，可以避开父亲的严厉管教。但是那个环境并不适合孩子，因为在那儿运煤的人和干事的仆人才不会因为他是老板的儿子就对他手下留情，这些人大多都是战争后退役的老兵，他们喜欢寻找乐子。他们会按住这个孩子，把他的裤子扒下来，然后打他，用他们的话说叫"敲打肉肠"。小约瑟夫后来回忆：他们会把他的屁股"打得血淋淋的，看上去就像一节生香肠"。

然而，糟糕的是小约瑟夫默默地忍受着这一切。他这样做是因为那些采煤场上的马匹——他极度痴迷于那些"重量级"的比利时和奥尔登堡种马，喜欢充满好奇心地观察别人怎么给马匹套上和卸下缰绳，怎么驾驭它们，给它们吃什么、喝什么，怎样打它们等。小约瑟夫不仅仅满足于观看，只要有机会他就会插上一手，想尽办法不让自己被赶走。他最喜欢干的就是把马匹从家门前的星星广场牵到后面的马厩里去。小约瑟夫最初的记忆里都是与马有关的："我还没学会走路的时候，就被抱上马背坐着。"这种感觉被他欣喜地描述成一种类似催眠的感觉，他与马早已是难舍难分。

第一次坐上马背的感觉对于涅克曼家族的每一个人来说都是一个决定性的经历，只是形式不同而已。童年幸福的缩影与马蹄声有着千丝万缕的联系。"星期天跟我父亲驾着一辆华丽的马车穿过维尔茨堡，这对我来说是一种至高无上的体验"，1985年，小约瑟夫在德国电视二台的采访中这样说道，当时已73岁的他依然沉浸在童年的幸福中。

小约瑟夫在煤场的马夫们那里不仅激起了对马的热情，而且也学会了用武力解决问题和粗鲁的表达方式。在他的一生中，他以爱发怒和满嘴脏话而闻名。涅克曼家族流传着这样一件趣闻轶事：有一次约瑟夫·卡尔·涅克曼心情不错，于是就让他10岁的儿子接过驾驭马车的马缰。儿子驾马车的技术本来也不错，但是，这一次突然从一旁的巷子里冲出一个推着高轮车的学徒，马被惊吓得跳到一旁，年轻的赶车人费了九牛二虎之力才控制住马车。"当心，你这王八蛋，你去死吧！你没有长眼睛吗？"小约瑟夫对那个学徒吼道。

父亲在一旁听到儿子的叫骂，大为震惊。他们一回到家里，儿子的裤子就被扒下来，父亲用马鞭把儿子的屁股抽到又红又肿为止。这次的鞭罚倒不完全因为儿子满口脏话，主要还是因为儿子这些骂人的话是在神学院前面骂的。

父亲的宽容大多体现在对儿子未来的计划上。他不强求自己这个大儿子非要继承他的煤炭生意，他支持他的骑马梦想，允许他当骑兵，希望他能就此成就一番辉煌的事业。以小约瑟夫高大、苗条的身材，似乎注定了他可以成为一个英俊潇洒的骑兵。10岁的时候，他得到的生日礼物就是一双马靴。他非常珍惜这件礼物，总是用鞋油和口水把马靴的表皮擦得锃亮。

擦马靴、骂人、被罚，小约瑟夫的马术生涯就这样慢慢地开始了。要在学校里考到好分数，看来，小约瑟夫是没指望了，他更喜欢在实践中学习。小约瑟夫在他名为《强劲的小跑》一书中这样写道："当我父亲的黑母马'女士'受孕时，我毫不回避，我站得很近地观察这一切。那时，学校里还没有性常识这样的课。我对性的认识是通过马匹交配获得的，还有有关蜜蜂怎么采蜜的知识，等等，学校里的课程对我来说都是多余的。"

无论怎样，约瑟夫当时已12岁了。他对那匹黑母马"女士"极为感兴趣。当那匹黑母马要产子时，这个男孩赖着非要在场不可。他一天到晚都守在马厩里，甚至还为此逃学。可是，因为实在熬不住困倦，最终在马厩里睡着了，错过了小马驹出世的那一刻，"当我第二天早上在马厩里醒来时，一匹美丽的母马驹躺在我身边。我们给它取名为塞尔维亚，后来这匹马很优秀。"

在小约瑟夫的青少年时期，如此这般的经历给他打上了深深的烙印。他拥有惊人的、细致入微的观察能力，这一能力开发了他超乎寻常的记忆力。在生命最后的日子里，他还能叫出跟他有过关系的每一匹马的名字，并能说出它们的来源地、所受的训练和比赛时得过多少奖章，所有这一切他都清晰地保留在脑海里。为此他耽误了学校的课程，留了级。他之所以没有被学校开除，这还要感谢他的体育老师约纳斯。体育老师当时在这个年轻的孩子身上看到了马术这项运动的希望，"如果你在体育上想要做出成绩的话，那么你在生活中同样也要做出成绩"。

狂飙与突进

跟其他年轻人相比，小约瑟夫非常叛逆，他抵触任何形式的权威，父母对他的教育也感到一筹莫展。因为他在学校里一塌糊涂的成绩，父母不得不考虑送他到一所寄读学校去就读。当儿子听到这消息时，便大发雷霆，吼叫道："放弃骑马了吗？绝不！还不如让我去死呢！"他在后来的回忆录里写道："我爬上一栋两层楼高的房子，站在房顶上，威胁他们要往下跳，我是认真的。维尔茨堡的消防队被叫了过来，他们把我从房顶上硬拽了下来。"

　　在学校里，他没有停止过跟同学们打斗。因为家中富裕，常常引来一些同学的嫉妒，他们就联合起来欺负他，他对此可不想无动于衷。"有一天，我在回家的路上抓住那个领头欺负我的人，把他使劲按住，那是在冬天，我用马粪塞进了他的帽子，然后用剩下的马粪糊满了他的头，直到稀溜溜的臭粪流满了他的整个脸"。在他们家的煤场，那些工人大概也是这么解决纠纷的吧。

　　小约瑟夫很享受独来独往。"当医生因为我患有轻度结核病，让我休学半年，并要求我在户外活动多呼吸新鲜空气时，我的理解就是每天都出去骑马"。小约瑟夫回忆道，"当然，每天上午我都会骑着马小跑着路过学校，让老师和同学们能透过窗户看见我。"

　　在这个狂飙突进的时期，小约瑟夫在寻找着自己的马术偶像。13岁时，他最崇拜的是一个叫豪普特曼·格易特的骑手。他整天地站在那儿观察格易特的训练，直到有一天这个美因奥军营的军官发现了这个痴迷自己的男孩并把他收为徒弟。马术课是按照严格的军事训练规格进行的，格易特的第一次训话就是："马比骑马的人重要，马被视为军队的资源，士兵们得好好地照顾它们。"

　　格易特的马术训练终止于一个悲剧性的事故。这位军官在一次障碍跳跃时不幸摔下马来，整个身体被马压在下面，结果盆骨破裂。他的学生小约瑟夫每天都到医院里去探望自己这个受重伤的老师，一连数小时地坐在他的床旁，听他给自己讲许多有关马的故事。有一天，这位军官把自己的马鞍送给了这位年轻人，"那是一个看上去非常酷的马鞍，是用浅赤色的上等鹿皮做的"。不久，军官格易特因为内脏受伤严重导致出血而身亡。

老师骑马发生的悲剧并没有让年轻的小约瑟夫吓破胆，但他也更加意识到了这项运动的危险性。老师送给他的价值连城的马鞍让他勇气倍增，他希望不辜负老师的期望，成为一名杰出的骑士。但是，接下来不久，他也摔了个人仰马翻，肋骨挫伤、锁骨断裂。可是，在石膏拆除几个星期后，他又重新坐在了马背上。

很快他为自己找到了一个新老师——亚当·亨克，此人从前是军队中的警卫员。他在军队期间因为训练方式过于严厉和待人过于粗暴，大家都对他敬而远之。

他的家位于马术学校的旁边，透过窗户，他观察到小约瑟夫怎么摆弄他父亲的那匹马。他认为，这小伙子很有天分，并提出免费为他上课。由此，小约瑟夫一生中的决定性时刻到来了。"我严格按照亨克的教导去做"，小约瑟夫在他的回忆录中写道，"他一到跑场，一切命令都听他指挥。再也没有比他更好的老师了。"

这个叛逆的、糟糕的学生很快就亲身体会到了什么是铁一般的纪律。在一段时期里，年轻的小约瑟夫与 亚当·亨克之间的关系要比跟他的亲生父亲近得多，两个人的这种关系让小约瑟夫后来谈起时都有些难为情。"如果我不在马场上，我就待在亨克的家中，翻看他有关马的图书"。特别是小约瑟夫还尝试着学老师大跨步地走路，模仿他的穿着、姿态，甚至他那粗声粗气命令人的语气。没多久，他就敢为亨克代课，对那些上层人物，诸如银行经理、啤酒厂厂长、医生和药房主发号施令，这让他乐此不疲。

14岁那年，父亲送了小约瑟夫一匹马。这时，小约瑟夫感到自己不再是一个孩子了，而是一个什么都会干的男人。

同年，小约瑟夫与艾尔玛·瓦尔登菲尔斯在双人组障碍跳跃赛上赢得了金牌。"一个帝国的上校和一个孩子"，比赛输了的人指责道。他是警察局的高级警官，利用自己的权力和影响迫使有关当局在今后的比赛中禁止未满18岁的人参加。就这样，这个极富马术天赋的孩子不得不结束了他的第一段马术竞赛生涯。

身穿黄褐色制服的绅士骑手

1925年2月底，一群纳粹党人在莫扎特的故乡萨尔茨堡聚会，这次聚会的主要议程是讨论以后的冲锋队应该穿什么颜色的服装。恩斯特·罗姆和赫尔曼·戈林都喜欢自由军团的领袖格哈特·罗斯巴赫穿的那种衬衫，就这样，冲锋队的服装颜色就被定为黄褐色的。

这之后不久，一些骑士在训练中或是在一些比赛中就开始不穿正规的骑服，而是只穿那种军队上才穿的时髦的黄褐色衬衫。随后各地的骑士都很快地追随这种风尚，原因不是罗姆和罗斯巴赫都喜欢骑马，而是骑马的人都是些社会上层精英人士和富有的人，这些人都来自德国反民主的圈子。他们虽然瞧不起冲锋队，但却极其欣赏冲锋队的领导人。对于小约瑟夫来说，出于对主的敬畏，他最崇尚的是遵守原则、履行责任和听从指挥。"冲锋队的领袖把那些下三烂都训练成了一个个好汉"。罗姆、罗斯巴赫和戈林也都是赛艇的爱好者，而马术、赛艇这两项运动都是涅克曼家族世代所喜，所以黄褐色衬衫进入涅克曼家族的马术和赛艇协会，那只是一个时间问题。

寻找配偶

除了骑马之外，小约瑟夫开始慢慢地将兴趣发展到其他方面，比如最让他感兴趣的是一个名叫安娜玛丽·布吕克内的女孩。1928年的夏天，他在一个游泳场第一次见到她。60年后，他在他的回忆录中这样写道："我最先看到的是她穿的游泳衣，游泳衣裁剪得很紧身，是红色的，她的大腿一大半都露在外边。"

小约瑟夫给自己弄到了一条"安全、理智、自愿"游泳俱乐部的黑白条游泳裤穿着，游泳场在美因河上的一个岛上，他正在那儿晃荡着晒太阳。"她可是有了名难得弄到手的姑娘"。不足为奇，当时的安娜玛丽才12岁。

这女孩是不是当时维尔茨堡最漂亮的女孩呢？在以前的那些照片中能看到的只是一个喜欢笑、充满自信、积极上进的安娜玛丽。维尔茨堡的男孩子们都想追到这个女孩，这其中还有另外一个原因，安娜玛丽的父亲理查德·布吕克内是这个地区的第一个汽车销售商。在他的院子里，停满了当时各种各样的名牌高档车，除了阿德勒、霍希和奔驰等德国车，还有美国的雪佛兰、福特、别克等车。最让人炫目的是一款名为"富兰克林"的百万富翁豪华车，向上隆起的挡泥板、后面挂着的备用轮胎以及前面镀铬闪闪发光的散热器，要能亲手摸摸，那就是男孩们一件极为荣幸的事。因此，安娜玛丽在圈子里就这样聚集了一群爱慕者。

当年轻的小约瑟夫被介绍给女孩时，她随口就给他起了一个绰号，叫"涅科"。而这位涅科并不打算在游泳池场内展开他的竞争，他认为在马背上更适合他，这样他就可以更多地展示自己的优势。没多久，安娜玛丽就开始学习骑马，就此他们便定下了生命的契约。婚礼是在6年以后才举行的，那是安娜玛丽在维尔茨堡音乐学院钢琴专业学习时的事了。6年的时间也足够使涅科羽翼丰满、成熟稳重。"尽管我疯狂地爱着安娜玛丽，但是，我还是给自己准备了几个候选人"。

涅科第一次长时间地忽略安娜玛丽是在1928年的8月。当时荷兰阿姆斯特丹正举行着奥林匹克运动会，运动会几乎完全占据了这个年轻人的注意力和时间。他像着了魔一样，每天追踪新闻报道，生怕错过了比赛结果。德国盛装舞步骑手这次会取得什么样的成绩？比赛的报道几乎是在使用一种报道战争的口吻，半句不离国家尊严、自由、祖国。整个德国洋溢在一片巨大的欢愉、亢奋之中，胜利！胜利！胜利！最终，德国在美国之后获得了这次奥林匹克竞赛奖牌榜的第二名，拿到了10块金牌、7块银牌、13块铜牌，其中的一块金牌是德国的英雄卡尔·弗里德里希·冯·朗根在盛装舞步比赛上拿到的。涅科曾在法兰克福的一次比赛中亲眼见过这位贵族绅士，他非常欣赏他的马，那匹马叫"胆大妄为"。

年轻的遗产继承人

1928年的冬天，德国的失业人数上升到近两百万。该年的竞选有31个党派参与，社会民主党赢得大约30%的票数；共产党赢得了比以往更多的票数，拿到了10.6%；纳粹党却失利，只得到了2.6%票数。示威游行、罢工日趋增长。德国人民党要求帝国总统保罗·冯·兴登堡拥有更多的权力来引导国家。此时的德国，四处呈现出风暴即将来临的迹象。

然而在涅克曼家族中，1928年冬天的政治影响却退居第二位。1928年12月20日，还有4天就要到圣诞夜了。父亲一大早就把他的大儿子从床上拽起来，儿子后来在回忆录中这样写道："那是一个寒冷冬天的早晨，清晨6点，父亲就把我从床上拽了起来，要我陪他去教堂，他每日清晨都会去。我陪他前往。天寒地冻，我都快被冻僵了，我不知道，他拽上我究竟想干什么。他开始对我说一些奇怪的话。"父亲急促地问儿子："儿子，你对你今后的生活有什么打算？"

"还会有什么打算，做一个骑兵军官呗，你又不是不知道"，涅科不耐烦地答道，"我们经常谈起这个话题，你可是同意的。"

父亲穷追不舍地问道："那如果我有什么不测，你会怎么做？"

儿子很窘迫地回答道："嗨，你会有什么事儿，父亲！您今年才60岁啊，你又是赛艇又是骑马的……"

"不对，我的儿子，我是认真的，有可能……"父亲没有把他的这句话说完。他在神学院前的大街上停了下来，抓起涅科的手，突然要求涅科对他发誓："答应我不要再搞体育了！"

对于涅科来说这简直就是晴天霹雳，让他哑口无言。

父亲接着说道："你是我的大儿子，如果我出了什么事，你就得停止去干骑马这一行，你得养家糊口，你是我的继承人，你将会是一家之主，你得帮助母亲挑起这个家的担子，你还得照顾你的兄弟姐妹，答应我！"

涅科热泪盈眶，他紧紧地拥抱了父亲，答应了他的嘱托。然后他感到父亲用手抚摸着他的头，继续说道："我知道，你听话、懂事。如果你今后能自己挣到钱，那么你可以重新开始骑马。"

谈完以后，他们一同进入弗朗西斯卡教堂祈祷。从教堂里出来，他们各走各的路。涅科跟以往一样去上学，像以往一样迟到了。他的父亲先是去了公司，他的到来让古易多·克鲁格感到很意外。紧接着卡尔把公司所有的行使权交给了古易多，让他作为涅克曼家族煤炭公司的总经理。"这是为了以防万一，谁知道我会出什么事"。事后他很快离开了公司去了财务局。

当涅科下午从学校回到家中时，女仆抽泣着给他开了门，满面泪水的女仆对他说："你爸爸……"

"我爸爸怎么啦？"

"半小时前他回到家中，说他心脏部位很疼，然后他倒在沙发上就……"

没有听她说完，涅科就冲到音乐房里，在那儿，他看见母亲坐在沙发上啼哭。"我父亲的头枕在母亲的腿上，脸色苍白，双眼紧闭，他死了，死于心肌梗死"，小约瑟夫在他的回忆录中这样描述，紧接着他话锋一转，"我的童年也就这么结束了。"

维尔茨堡的许多人参加了这位维尔茨堡的洛克菲勒的葬礼。约瑟夫·卡尔·涅克曼被埋在了家族的坟墓里，跟他的父亲彼得和母亲芭芭拉埋在了一起。

约瑟夫·涅克曼在履行对父亲的承诺不再骑马之前，他又去参加了美因奥军营的马术比赛，这是在父亲葬礼之后的几天。这次比赛他难以推辞，因为这是安娜玛丽第一次参加比赛，她获得了A级跨越障碍第一名，而涅科获得规定跨越第一名。之后，他们俩在双人跨越赛上又获得了第一名，这可谓完美。

紧接下来，涅克曼家族中满溢着悲伤的气氛，最让人感到悲愤的是所有的马匹都被卖了。瓦尔特和芭芭拉可以保留他们的动物，他的这两个姐弟"没有像我一样，着了魔似的喜爱马匹"。约瑟夫怨怨地提到。

第二年春天，涅科通过了中学毕业考试，终于离开了他极其痛恨的中学。紧接着，他毫无迟疑地开始在位于舜伯恩大街的银行当学徒。这家银行也是涅克曼家族存钱的银行，在这里，人们不会去关心继承人或存款人的文凭，这对涅科来说可是万幸。约瑟夫·涅克曼在他的回忆录中写道："社会地位要被降低，落到一个工人的处境，这种想法就像一个幽灵一样地伴随着我，让我感到自己每天都在面对着一堵黑黑的城墙。"不能再骑马就够让他难受的了，如果要被赶出马术协会的朋友圈子，这会让他无论如何也受不了。更让他感到害怕的是，他可能会失去"自己极为崇拜的安娜玛丽，她可不会把自己的终身托付给一个给别人打工的人"。

约瑟夫·卡尔·涅克曼的燃料生意由32岁的古易多·克鲁格全权打理，此人在公司作为总经理一直干到1966年。坚强、能干的寡妇尤娜·涅克曼不久又将公司10%的股份分给了他。没有古易多·克鲁格，涅克曼家族的煤炭生意不会维持下去，从这项生意中所赚来的钱是涅克曼家族今后发达的基础。

第三章　在这个世界上我也要活成这个样子
——约瑟夫·涅克曼的学徒时代

"把头低下，抬高手臂防卫，不要停止挪步！"拳击手都是在这样的口令中受训的。20世纪20年代，拳击运动在德国开始兴起。马克思·施梅林获得了德国各级拳击的冠军，并向国际拳击领域冲击。约瑟夫·涅克曼也开始了练习拳击，这项运动对他来说比他在学徒期间要做的那些实习工作更有意义。

银行的学徒工作不能使他满足：拆信、跑去取订购的啤酒和面包、埋头读书、无休止地数着钞票、手上拿着一支铅笔在银行关门后查找错账。墙上的挂钟滴滴答答地慢慢爬行着，工作间里闷得透不过气来，再加上从一张木椅处发出来的那无休止的"嘎吱嘎吱"的声音（约瑟夫的上司有坐着跷椅子的习惯），弄得他都快疯了。"我真的太疼恨这嘎吱声了，它把我弄到近乎要到发狂的地步"。

　　这嘎吱声一定得消失。一天早上，约瑟夫终于决定实施行动，他拿着工具很早就来到银行，打算用锯子锯他上司的椅子。他的上司在战争中残疾，如今装了一条假腿。据约瑟夫事后回忆，他在干这事时"已在心中向他表示歉意"。上司来上班了，约瑟夫窃喜地等候着，椅子又开始传来"嘎吱嘎吱"的声音，只听一声巨响，椅子的腿断了，上司摔了个后背朝天。从那一刻起，嘎吱声永远消失了。

　　时间总会给人带来不同的学习课程。在银行里，最让人震惊的课程莫过于股市暴跌。那时候，约瑟夫正开始慢慢地熟悉证券交易这一行。在这个总是充满了"股票高烧"的部门，他感到自在多了。美国的银行慷慨地向申请贷款的股东发放贷款，而年轻的约瑟夫却能抵抗这种诱惑。没有白赚钱的股票，父亲常常挂在嘴边的一句话就是："做生意永远不要让银行成为你的第一个问候人！"1929年10月29日的"黑色星期五"证明了父亲的正确性。一夜之间，所有的股票、证券在美国的华尔街如同废纸被扔出了窗户。

　　在约瑟夫将参加他的金融销售结业考试时，德国的各家银行也受到了股市暴跌的冲击。1931年6月13日，在这个"黑色星期一"，达姆斯达特银行和国家银行——德国最重要的信贷所——宣布无力支付。第二天早上，德国所有的银行都关了门，世界金融面临崩溃，国际支付暂停，迷信国外的人逼银行付钱。在这种气氛下，上千人走上大街，拼命地尝试着想把自己在银行存的钱取出来，这个经历让约瑟夫对银行一直保持着不信任的态度。1931年

8月，德国的金融市场又恢复了正常，各家银行又重新开门。涅克曼家族在这次事件中没有受到大的损失，他们损失了一小部分存款。做煤炭生意的人都爱用这样一句话安慰和激励自己，"需要用煤的冬天一定会来到的"。

品尝生活

涅克曼家族的两个男孩在经济危机期间忙着其他的事情。小儿子瓦尔特（小名"瓦尔提"）在头一年的夏天认识了一位教授的15岁女儿，她名叫"艾莉莎"。这女孩也是他在有名的美因河岛上的那个游泳场认识的，那儿是青少年喜爱的聚集地，这一切如同哥哥约瑟夫在那儿遇到了他的安娜玛丽一样。艾莉莎留着一头剪得齐齐的锅盖式短发，在人群中很扎眼。这个女孩子随时随地都抱着一个四边形的箱子，箱子上有一个摇柄，这是一个带转盘的留声机。她总是带着维尔茨堡唯一的收音机店朗岛的最新唱盘《巴黎的歌曲》，这是约塞芬·贝克的歌。福克斯托特和卢巴这时正好取代了查尔斯顿舞曲，四处都在唱着："喝一杯可爱的朗姆酒要比闲极无聊地坐着好。"

被约瑟夫百般宠爱的安娜玛丽这时变成了一个骄纵任性的女孩。有时候，她会用俩人间的快速进展回应他对她的爱；有时候，她又会闹别扭，把深爱她的银行学徒送给她的一盒贵重的巧克力乱分给女性朋友们；有时候，巧克力盒子里会装有一根真金的手链，可是安娜玛丽才不管这些，她的首饰盒里可不缺这样的手链。事态的发展让人尴尬，有些时候难以收拾，这时安娜玛丽的父母就不得不出来干涉了。他们很快地把他们的这位公主送到了海德堡附近韦布林根的一所寄读学校去了，这个方法是当时收拾患了狂乱爱情综合征的富家子弟采用的一种有效措施。"眼不见，心不烦"，这是做父母的心愿。

涅科的母亲在管教方面也不愿松懈。涅克曼寡妇有一天想起来，她作为煤炭供应商的丈夫曾跟柏林帝国银行总部的关系很不错，她还曾跟该银行的总裁阿尔多夫·维克多博士是好朋友，于是她便问他，是否有兴趣认识一下她的大儿子，对方很爽快地邀请他们母子到柏林来做客。

坐在开往柏林的火车上，约瑟夫就开始兴奋得不得了。"途中，我们在餐车里就了餐，还真不错"，这个刚从金融销售专业毕业的年轻人感叹道。今后的条件应该还会比这更好。

母子俩住进了一家位于市中心哈登贝格大街名叫"怡东"的酒店。年轻人不顾疲劳，假装乖巧地跟母亲道了晚安，然后悄悄地从母亲的卧房门前溜了出去。来到大街上，柏林的夜生活让他目不暇接，到处都是脱口秀和跳舞表演，每两条街的拐角处就有一个红灯区；这儿的康康舞跳得比巴黎还热情洋溢，舞者们的小裙子飞得无比欢快。涅科很快就跟一位年轻的波兰女孩搭上了茬，调上了情。约瑟夫在他的回忆录中干巴巴地这样描述："她教我怎么干那事儿。"

当年轻人清晨悄悄地溜回酒店房间想不声不响地爬上床时，没想到一下绊倒了床头柜，床头柜倒下发出的巨大响声吵醒了母亲，母亲从床上跳了起来。原来，母亲在这之前就发现儿子溜出去了，于是便把床头柜挪到房子通道中间，一旦儿子溜回来一定会撞翻柜子，这样她就可以抓个现行。母亲站在那儿，穿着睡衣，把儿子狠狠地教训了一顿，这个惩罚可以说足够厉害。而第二天，儿子向母亲证明了他的后劲。睡了3小时后，小伙子神清气爽地去帝国银行总部赴约。在与总裁的谈话中，他还轻佻地问道："您怎么看待煤炭业的未来？"

他的问题触及要害之处：该话题刚好是这个帝国铁路最高管理人最热衷谈论的话题，约瑟夫·涅克曼竖起了耳朵，听他怎么谈论美国。"美国是一个正在成长中的巨人""它是工业最有力的引导者""绝对不要去招惹这个巨人""要是德国在一战时跟美国人合作的话，那么我们就不会输了那场战争"。维克多滔滔不绝地发表着这些言论。

晚上，银行总裁维克多邀请涅克曼母子到柏林的豪华酒店阿德隆去参加他的晚餐聚会，这可是柏林的时尚中心。"那是一个什么样的要人才能露脸的场所啊！"这个来自下弗兰肯的男孩惊叹道。聚会上，富翁、军队要人、政治家、演员、与传统背道而驰的人以及上流社会的贵妇们，"这一切给我留下了难以磨灭的印象！"约瑟夫写道，"在这个世界上我也要活成这个样子。"

东边的那不勒斯

柏林之行没有白去，帝国银行总裁维克多博士给年轻的约瑟夫写了一封推荐信，推荐他到恺撒-沃尔海姆集团在斯特庭的海德维克斯胡特分公司去接受培训，该集团当时在欧洲是最前卫的能源集团公司，约瑟夫很快就得去那儿报到。在那儿有一个发达的调配中心，负责对家庭用煤、工业用煤和煤饼制造进行调配，而且还提供船只和火车的需求。

同母亲一起，约瑟夫来到了斯特庭。被孩子叫着"母妈"的涅克曼寡妇一起跟着来，是为了给儿子找一处像样的住处。在波利兹广场她找到了一家非常像样的市民家庭，母亲和儿子都很喜欢这个住处，儿子主要是看中了"主妇有一个女儿"。

在斯特庭，约瑟夫的生活过得有滋有味，不亚于在柏林。在这个聚集着商人的老港口城市居住着五十多万人口，夜生活可以说是应有尽有，它几乎可以跟汉堡媲美。苏联有一半的战舰都是在斯特庭的船厂造的。作为煤炭、水泥重要的装卸地，这里每天往返着英国和瑞典的船只，它们把煤炭运过来，再把水泥拉走。斯托维机械厂在此生产打字机、自行车和机动车，也生产当时著名的豪华敞篷车。二战期间，这家厂除了生产欧宝小汽车，还成为第三帝国生产货车的第二大工厂。除此之外，这里还聚集了许多要从这个港口乘船到东边海滩去度假的游客。

约瑟夫在斯特庭这个城市生活了1年。在这短短的1年里，这个来自下弗兰肯的小伙子为他后来成为一位有抱负的世界知名人士奠定了基础：他变成一个规规矩矩的人，他充满魅力，留着偏分发型。年轻人尽情地享受他的生活，什么都不愿错过。此时，他又为自己找到了新的榜样。他很钦佩一个斯特庭的健壮演员亨里希·格厄克，此人当时以他特别的演技而闻名德国，但是，他为自己选择的榜样则是海德维克斯胡特公司的总裁弗里特海尔姆·科佩斯。就像对待曾经教过他马术的老师亚当·亨克一样，他全身心地服从科佩斯。科佩斯看上去有些像他的亲生父亲：个子很高，满脸憔悴，像个搞田径运动的人。"他那长腿"，约瑟夫称赞道，"简直就是天生骑马的料。"

对于弗里特海尔姆·科佩斯来说，培训中他只认一个理："谁要想做出成绩，他就得具备男性特殊的勇气，要经得起摔打。"科佩斯的一个习惯很让约瑟夫感到中意："每一个好点子或一个正确的答案都值得用1个马克去奖赏。"他的钱包里真的装着很多1块的马克，随手可取。

除此之外，约瑟夫还有一个"荷枪实弹"的老师，此人对他的个性发展起到了至关重要的作用，这人就是拳击手弗兰茨·狄恩勒，在传奇人物马克思·施梅林踏上拳击比赛台以前，他曾是德国重量级拳击冠军。对狄恩勒来说，失去冠军的桂冠，他还是可以慢慢消化的，因为施梅林每一次在国际比赛上的胜利都不得不让他承认输得应该。就这样，他作为一个著名的老拳手在斯特庭开了一家咖啡店，客人们也因为他以往的名气频频光顾。恰巧狄恩勒的咖啡店正好开在波利兹广场，约瑟夫的住处也在那儿，这对他来说可是一个好时机，于是他开始在狄恩勒那里上拳击课。

年轻的学徒约瑟夫曾说："从不会放过任何一个对自己有利的机会。"他所交往的都是跟自己同处于上层社会的人，这些人一个个光鲜亮丽，他们的生活就像一本描述女人香气和轻浮社会的小说。弗里特海尔姆·科佩斯喜欢把这些无忧无虑的、已注定会成功的人士聚集在自己的游艇上，大家手里拿着香槟酒，晃晃悠悠，侃侃而谈，船只驶过波罗的海的海滩，在斯特庭、斯威诺吉茨和乌泽多姆之间行驶，就像今天的游艇喜欢行驶在蒙特卡洛和圣爵菲斯之间一样。那些来自富裕家庭的女孩们都喜欢在此晒太阳，不是在游艇上就是在白色豪华的海滩酒店的躺椅上。在那儿，约瑟夫结识了美丽的伊丽莎白·莉·史蒂文森，这个女孩的父亲是覆盖全球的矿业和煤饼企业在斯特庭的总经理。约瑟夫被女孩带到家中，女孩向父母介绍他是"玫瑰骑士"。此外，跟约瑟夫一般年龄的科佩斯的太太尤塔也让他很着迷。约瑟夫在斯特庭的风流韵事几乎是家喻户晓了，连远在维尔茨堡的安娜玛丽也有所耳闻。

　　约瑟夫的生日时，母亲送了他一辆宝马750型的摩托车，送这个礼物，一方面是作为大儿子的身份象征，另一方面也让他行动起来比较方便。巴伐利亚发动机厂正是凭借着这款摩托车奠定了光辉的摩托车历史基石。该车在技术上拥有革命性的突破——有如拳击手般强悍的引擎和万向轴驱动器。曾经埃尔斯特·赫内斯驾驶这种摩托车创造出了一个童话般的速度记录。骑上这款摩托车，你就会有"我主宰这个世界"的感觉。约瑟夫带着这种热血沸腾的感觉，骑着这辆车，穿梭行驶在斯特庭和维尔茨堡之间。按照当时的路况，他每次至少要骑12个小时。

　　他从来不懂得珍惜自己。为了维持他的生活水平，他甚至拿起铲子去干装卸的活。一块块硬邦邦的从瑞典运来做煤饼的化学黏合剂需要人很快卸货，运输的船总是在傍晚抵达，上夜班的工人们都穿着沉重的防护衣，那黏合剂的味道，约瑟夫把它形容为"魔鬼撒旦打的嗝"。这个沉重的活除了优厚的加班费以外还有一天半的休息时间，但休息时有一半的时间要用来清洗自己，清洗时得用一种特殊的肥皂洗刷粘在皮肤上有毒的淤泥，不然的话就会引起皮肤炎症和疼痛。约瑟夫不顾这样的危险，为了挣钱，他愿意去做这样的工作。

这个日后的邮递百货大王回忆道："下了这样的夜班回来，我不会再有精力去想安娜玛丽、尤塔或是莉。"码头工人的生存条件在他的心里深深地留下了烙印。约瑟夫不能回避这样的事实：在斯特庭不仅仅有漂亮的别墅、华丽的大厦和那些属于煤炭男爵、企业家以及商业大亨的别致游艇，在这个被称作东边的那不勒斯的城市里还有一个港口区。在那里，空气不是晶莹透明的，四处充满了烟雾和灰尘，斗殴、掠夺如同家常便饭。

年轻的约瑟夫喜好刺激，城市里的舞厅很是吸引他。在那里聚集着水手、码头工人、妓女和皮条客，这种混搭对他来说很刺激。舞厅里，男人们可以租妓女作为舞伴。这个过程按照通常娱乐的方式运行，最先是杂耍表演，然后接下来是男人们"选择一个女士作为'伙伴'，你可以跟她在小隔间中干那事儿"，约瑟夫如此描述。有一次，当涅克曼家族的一位"挑剔阔少"朋友拒绝了一个女人时，事情就一发不可收拾。"什么？我对他来说不够好吗？"这个时候，跑上来一帮街头痞子为她助阵，接下来，整个舞场都被卷入了斗殴之中，这位朋友被打得鼻青脸肿，有的人甚至被打掉几颗牙。

"打架并不丢人，只是你要打就要打赢"。第二天，弗里特海尔姆·科佩斯训斥了这帮年轻的未来企业家们，使他们感到极为羞愧。约瑟夫把这些经历记录下来，目的是时常告诫自己：永远不要再当"枕头边的输家"。

新年香槟酒的瓶塞打开不久，涅克曼就拿到了两年的工作合同。这年夏天，他到了英国，获得了一个在马特温和松集团公司培训的机会，培训地点在泰恩河上的纽卡斯尔。莉的父亲给他写了一封再有利不过的推荐信，他向那边的总部写道：请像对待儿子一样对待这位德国人。

伦敦的魅力和男舞伴

每天清晨4点，从汉堡有一班开往英国北部沿海城市纽卡斯尔的轮渡，约瑟夫带上了他那让人百般羡慕的宝马摩托车来到了英国。跟在斯特庭的培训相比，这次的培训近似休假，有的是时间看电影、参观博物馆、看戏等。约瑟夫之后一直说着带浓厚下弗兰肯口音的英语，听不出他曾在英国待过。在英国，他乘着运煤的船去过挪威、瑞典，他还骑着自己的摩托车去过苏格兰旅游，这些经历大大地开阔了他的视野。路途上的风景、小种马和新鲜的空气——这一切使约瑟夫向着自由展翅飞翔。因为很难见到这位年轻人，英国公司因此不得不联系他在维尔茨堡的母亲。最让约瑟夫受不了的就是英国的星期天。这一天，无论是酒吧、舞厅还是小卖铺都关门，因此，当他被派到威尔士的阿欣顿煤矿时，他很乐于换换环境。

下矿井要比骑摩托车和骑马更需要勇气，只能站在用两块窄窄的、绞车挂着的板子上，一直降到矿井深处。井底下不是太热就是太冷，涅科不是热得要命，就是冷得要死，无论他怎么穿衣服都不对劲。他在下面的工作是把亮晶晶的螺母煤铲到传送带上。他没有被派去一凿子一凿子地凿煤，尽管如此，四处都布满了危险，时常会出水、塌方，每走一步都是提心吊胆的。能给约瑟夫带来点好心情的是那些井下用来运煤的小种马，它们没日没夜地生活在暗无天日的井下，几乎快要失明了。约瑟夫很同情这些动物，中午休息时就把自己的面包分给它们吃。

在伦敦的坚持给约瑟夫带来了收益，他不仅能在马特温和松集团公司的核心领导层实习1个月，接触了最高层领导，还能去参观皇家证券交易所。在证券交易所里他觉得自己就像半个股票经纪商。在那里，他学到了一条英国人做生意的基本原则，并铭记心中："绅士和绅士做生意是不需要合同的，一句话足也。"这句格言成为他今后作为商人的座右铭：坚守承诺，无论会出现什么样的状况。

从约瑟夫收到显贵的邀请就能看出他在伦敦得到了什么样的待遇——银行世家洛特舍尔特在伦敦宫殿中接待了他。在他还是孩子时就曾同父亲去参加过德国百万富翁胡果·斯缇勒斯的晚宴，而在伦敦，他看到的是世界顶级百万富翁的生活状况。华丽的大厅里挂着的家族世代画像、用金色和大理石装点的房间、带着白手套的仆人，这些让约瑟夫很是惊诧。有幸的是，他还能跟洛特舍尔特握手，这使他感到兴奋不已。是的，洛特舍尔特的派头使约瑟夫难以忘怀，可是，那种奢华、肆意挥霍的风格却让他感到无趣、陈腐，他难以认同。面对这种奢靡的生活，天性脚踏实地的约瑟夫感到很不舒服。在以后的日子里，他

也从未刻意地让自己追求这种奢华，他的奢华最多也不过
是拥有几匹好马和几辆豪车。

在伦敦，约瑟夫最喜欢的地方是哈罗兹百货大楼，
那里面聚集着世界顶级的商品。吸引人眼球的是那些陈列
在架上的东西：各式西装、领带、帽子、鞋、袜子和雨伞
等。他要的东西都必须是最好的，后来，约瑟夫以他英国
式考究的装着而闻名，他通常只穿量身裁剪的西装，什么
西装该配什么衬衫和饰品，在他那儿都是细心地斟酌过
的，无疑，这一切跟他对哈罗兹百货大楼商品的研究是分
不开的。

因为自己的那点收入根本就不够他消费，于是我们
这位刚学成的绅士就试图去寻找一些其他的收入。当然，
这一次绝对不能是再去搬运有毒的泥块。身穿头等高级西
装、仪表堂堂的他给自己找到了不少不错的机会，比如在
萨沃伊酒店——伦敦最高端的舞厅，每个星期天，上层社
会的女士和绅士们都来到这里跳舞。那些美丽的妇人们因
为丈夫年岁已高，不能陪她们多跳几曲，因此她们得从另
外的地方去找一个能陪她们跳个尽兴的舞伴，这种需求便
造就了舞男。这在当时是一个有一定荣誉的行业，它需要
舞者拥有轻快的舞步、上层社会的仪表和良好的沟通能
力，能让女士们乐于慷慨解囊，而约瑟夫成了这行的佼佼
者。作为外国人，他让女士们感到新鲜，他那带着浓厚下
弗兰肯口音的蹩脚英语常常逗得她们哈哈大笑。一晚上下
来，他可以拿到20英镑的打赏，只可惜，这样的舞会每周
日才举行一次。

有史以来舞厅里最大的斗殴事件

副业给约瑟夫带来了收益，使他能够和身在维尔茨堡的安娜玛丽长时间通电话。电话中，他不仅得知安娜玛丽的父亲热烈拥戴新领袖阿道夫·希特勒，而且还得知在狂欢节的"玫瑰星期一"，维尔茨堡将举行一场盛大的舞会。谈起这事时，安娜玛丽不小心透露，她将在一个小伙子的陪同下去参加这次舞会。她说："他是一个大学击剑会的主席。"安娜玛丽这段时间不知不觉地总爱提起这位男士，"我对这家伙真是恨得要死"，只要一提到这段插曲，约瑟夫就会重复这句话。

没犹豫多久，约瑟夫就跨上了自己的摩托车。从伦敦到多佛一个半小时，然后再坐轮渡过海，一直向东，接着他买了一张二等车厢的火车票，经过科隆回到维尔茨堡。他下了很大的决心，绝不让任何人把他的安娜玛丽从他手上抢走，特别是一个大学击剑会的愣头青，这不仅关系到他个人的爱情，而且还关系到商人的声誉。在维尔茨堡，商人和学者一贯很对立，互不买账。

舞会开始时，约瑟夫来到维尔茨堡上层社会举行舞会的地方，从该处美丽的花园里进入舞厅。他选了位于阳台的一个靠边的位子坐下，以便观察动向，从那儿他看到了17岁的安娜玛丽·布吕克内进到舞厅。她身边的"保护人"是她父母的朋友——维尔茨堡警察局局长和他的太太。涅科可不在乎这些，他等到安娜玛丽和她的舞伴旋转到他身边时，便从座位上跳起来，大声地说："我可以请这位先生喝一杯香槟酒吗？"

"跟商人喝一杯？有这个必要吗？"这个脸上刚刚留下击剑划痕的"狐狸"冷笑道。这下可把约瑟夫惹怒了，他拿起香槟杯子便扔了过去，杯子差一丁点儿就正中那个击剑手的头。反应不错——约瑟夫也发现了这一点，这下他可遇上了可以检验一下自己能耐的对手了。击剑手跟拳击手对打，这时他想起了那句话："把头低下，抬高手臂防卫，不要停止挪步！"

后来，舞厅斗殴的恶劣程度远远超出了那次在斯特庭的斗殴。约瑟夫和那只"狐狸"先是沿着阳台对打，然后缠斗着下了楼梯，进入舞池。年轻的击剑手被击中，血流满面。观众们显然很激动，他们为斗殴者让出了位子，分成了两派，各站一边加油，就连警察局局长在这亢奋的高喊中也忘掉了自己的职责。拳头在挥舞，不久，击剑会的成员想起来应该帮帮自己的兄弟，加入了斗殴，而这边的商人们也不会无动于衷，新仇旧恨就此被点燃，整个大厅里充斥着愤怒，直到警察局长施耐德想起了他作为最高执法官维护治安的责任，这才调动了警察过来阻止。"那晚之后的时间我是在警察局度过的——我一直待到我母亲亲自过来赎人"。

这场激烈的斗殴事后被维尔茨堡的报纸报道为"维尔茨堡有史以来最大规模的舞厅斗殴"。明镜周刊的作家维尔勒·迈尔-拉尔森在50年后把这次事件当作解读约瑟夫·涅克曼性格的钥匙，他说："要斗，就是维尔茨堡最大的斗殴——这就是涅克曼思维的尺度。"企业家约瑟夫·涅克曼在他的回忆录中把这次一意孤行的斗殴视作是年轻时代所干的荒唐事中最值得夸耀的，这件事在他心中被视为至高的荣耀。

　　这场舞厅的斗殴为约瑟夫回到维尔茨堡奠定了坚实的基础。维尔茨堡几乎无人不知晓他的名字。然而，这个容易冲动的约瑟夫为了使自己的国外经验完满，又去了比利时，在那儿待了半年。

第四章　他很懂怎么让人瞧瞧他的厉害

——在黑暗时期站在安全的一边

　　帝国总统保罗·冯·兴登堡提名阿道夫·希特勒为帝国总理。1933年1月30日，一张放有两个人头像的明信片成为这一天的历史见证。希特勒宣布，为了庆祝，1月5日这天为全国的公休日，这是第一次全国休假的"劳动节"。在这样风和日丽、阳光明媚的日子，希特勒让人冲进了各工会的办公室，逮捕了各工会的领导人，把他们通通关进了新建的集中营里。

　　也就是在这个被约瑟夫·戈培尔[1]称之为"领袖的天气"里，约瑟夫·涅克曼从英国回到了德国，但他随后又去了比利时。这次，他把自己的摩托车停放在家中，开着一辆崭新的六缸三升排气量的奥迪直奔他的新见习岗位。他的这辆奥迪是一辆带着黑色帆布的白色敞篷车，里

---

[1] 约瑟夫·戈培尔：曾任纳粹德国宣传部部长、总理。——译者注。

面设有红皮座。这辆豪华型的车曾在1933年柏林车展上展出过，总共才生产了195辆。开着这样扎眼的车到比利时的列日去，不被扎破轮胎才是一件怪事呢。约瑟夫·涅克曼理解不了，这究竟是为了什么。而以后他所经历的一切更让这个年轻人费解。

第一次世界大战给比利时人民留下的伤口还未真正愈合，纳粹党的上台可以说是重新撕开了他们未能痊愈的伤疤。约瑟夫给母亲讲述了他所遭遇的敌对态度，"肮脏的野蛮人""肮脏的德国人"，他们在他的敞篷车玻璃上写下这些话。20世纪60年代，约瑟夫在写自己的传记时依然不理解这是为了什么。"怎么？我可不觉得自己有什么错。《凡尔赛条约》给德国人带来的屈辱，比利时人也是同谋之一！"

在比利时，像他这样的新手想要办成点事还真的得仰仗古易多·克鲁格——涅克曼家族煤炭生意的总经理。在比利时施伟勒矿山协会的实习位子是克鲁格通过自己的关系为约瑟夫弄到的。列日煤矿批发公司的总经理路易斯·克雷斯平尽自己最大的努力让年轻的约瑟夫补充他仍缺乏的知识，出差到荷兰和法国时都带上他。在法国，克雷斯平还专门用了一个星期的时间带小伙子去参观卢浮宫，游览香榭丽舍大街，当然，自然不会忘了像蒙马特这样的红灯区，他们最后还去了凡尔登这个第一次世界大战中最残酷的战场。战场的残酷性却让约瑟夫无动于衷，他兴致勃勃地在那儿谈起了他的童年经历："这让我想起我们家煤场的马车夫——那些在凡尔登战斗后退役的老兵。每当他们聊到大战役时，他们的眼睛里都闪烁着光芒。但

是，当约瑟夫看到那些白色的十字架——数千名战士的墓
园和一座用青铜灌注的丑陋纪念碑排在一起时，他惊讶地
发现："我被眼前的这一切吓坏了，于是，我毫不犹豫地
决定返回德国。"他以后对战争的恐惧与这次经历大概是
分不开的。

约瑟夫·涅克曼整个被纳粹洗了脑。他相信德国皇帝
的座右铭："为了德国人有一块阳光普照之地而战。"如
同他那个时代的许多年轻人一样，他们根本不愿去想为什
么其他国家的人那么恨德国人；他也不愿去思考德意志帝
国在战争中应该负起什么样的责任以及德国的军队给没有
参战的比利时人民带来了怎样的痛苦和灾难。民族主义的
基本态度伴随了他的一生，无论作为比利时的学徒，作为
邮递百货大亨、旅游企业创办人，还是作为奥林匹克运动
会的马术运动员，他就是痴迷于为当时的国家做些事。

冲锋队坐骑上的绅士骑手

1933年深秋，涅科结束了他在各国的实习，回到了维
尔茨堡。回来后，骑手约瑟夫自然忍不住要跑到亚当·亨
克的马厩去看看。有一天，他从前的马术教练问他："恩
斯特·罗姆要来维尔茨堡，他的助手不会骑马。你想不想
顶替他？"

"为什么不呢？"约瑟夫回答道，显然，他感到获得
这个机会很荣幸。

在阅兵仪仗队中顶替助手的位子，对此，约瑟夫·涅
克曼经验不足，但是这关系到一个想要给维尔茨堡带来荣

誉的冲锋队领袖。身材壮硕的罗姆最初非常受希特勒的宠信，在他的领导下，冲锋队队员发展到70万人，他们大多由退役士兵和地痞流氓组成。约瑟夫很钦佩这个人，他能把这些人组织起来成为一支强有力的队伍。"他很懂怎么让人瞧瞧他的厉害"，约瑟夫的回忆录中这样称赞道。以后他没有再表示出这种钦佩，借口是"我当时无疑是太年轻了"。在他们家中，对冲锋队有好感的人不只他一个，他的姐姐芭芭拉1930年嫁给了一个名叫汉斯·朗的律师，此人曾写过一本有关冲锋队发展史的书，在该书中，他对冲锋队的领袖们大唱赞歌。

约瑟夫紧紧抓住这个能靠近新权贵的机会，他以最快的速度加入了冲锋队的骑兵队。从一张档案馆里保留的照片能够清楚地看到约瑟夫的喜悦，他身着剪裁得很合体的冲锋队制服，自豪地坐在马背上，尽力使自己显得鹤立鸡群。

然而，庆祝活动的盛况昙花一现。没过多久，冲锋队的领导人就失去了希特勒的信任。1934年6月，罗姆因涉嫌参与筹划发动政变，在慕尼黑被党卫军杀害。接下来受到牵连被处决的是19个冲锋队的高级军官、31个中级军官以及3个党卫军领袖和5个纳粹党的高级成员。纳粹党人的"革命"蚕食了自己的孩子。《人民观察日报》对这次行动做了详细报道，标题是"每个人都应该知道，谁要是想颠覆国家，他的下场必定是死亡"。

约瑟夫也因在罗姆身旁骑过马而被怀疑，纳粹党派人监视了他。他的姐夫汉斯也因写了那本有关冲锋队的书而多次被叫到党部去受审，这次教训之后，汉斯搬去了柏林，为了能纯粹地做一个律师。在约瑟夫的周围也有许多纳粹党白色恐怖的受害者，比如他未婚妻安娜玛丽家的朋友——警察局局长施耐德，那个曾经阻止过约瑟夫在狂欢晚会上斗殴的人也被党卫军杀害了。约瑟夫未来的老丈人对希特勒的热情拥戴也慢慢地开始冷却下来，新的纳粹党官员一窝蜂地跑到他的汽车店来购买豪华车，签好了分期付款的合约以后，这些官员们却不付一分钱，一旦提醒他们付款，这些官员们的反应就是用入党证来威胁。在这些人中间就有一个这样的无赖，他是美因河弗兰肯区域的最高管辖人奥托·海尔穆特博士，以前在马克特艾涅斯海姆当牙医。

在这期间，大家都在忙于准备约瑟夫·涅克曼的婚礼，婚礼的日期定在1934年8月16日。要举行婚礼，他们先得解决一个基本的难题，即信仰问题。布吕克内一家是新教徒，而涅克曼家却是老派的天主教徒。年轻的新娘拒绝改变信仰，于是新郎、新娘和新郎的母亲尤娜一起到了罗马，他们去找阿奎林·莱西特神父。这个神父曾在教会中给涅克曼家族许多帮助，他也是已故的约瑟夫·卡尔·涅克曼的好朋友。这个从前的方济各会的修士得知这个问题后，想尽一切办法为他们解决。莱西特神父找到当时的皮乌斯大主教六世反映了这个情况，大主教特批准许，但条件是：夫妻俩的孩子今后都要信天主教。

前往威尼斯的蜜月旅行

婚礼在维尔茨堡的新建教堂举行，整个场地用白色的丁香和兰花装点。约瑟夫后来写道："这样的场景维尔茨堡人还从未见过！"这天，阳光明媚，新娘在阶梯上等着新郎。按照习俗，约瑟夫应坐着林肯车前来。为了宴请亲朋好友，他们租下了当时维尔茨堡最高档的"俄国酒店"的全部大厅。宴会正进行着，突然有人来报，冲锋队的一支队伍冲进他们举行婚礼的教堂，用他们的靴子把那些丁香和兰花踩得稀烂。这个消息使所有人都感到震惊。

人们不禁要问，经历了冲锋队践踏他们婚礼上的鲜花这样的事件以后，约瑟夫·涅克曼应该擦亮眼睛了吧？遗憾，事实并非如此，他依然固执己见。后来他为自己找到的借口依然是陈词滥调："我们那时还非常年轻，深深地坠入了爱河，沉浸在浪漫的气氛之中。生活对我们来说才刚刚开始。"

庆典结束以后，这对沉浸在极度幸福中的年轻夫妇立刻启程，踏上了他们的新婚之旅。夫妻俩的新婚之夜是在柯斯林温泉疗养地度过的。第二天早上，开着敞篷车，他们继续前往在康斯坦斯波登湖上的岛上酒店。接下来要去的地方是圣莫里茨和加尔达湖。翻越阿尔卑斯山让奥迪的散热器在蛇纹石上沸腾，在山顶上停下来，眼前壮丽的景色令他感到无比欣慰。约瑟夫很喜欢讲述一段在圣莫里茨的经历，当时他穿着一件灰色大衣，头戴着一顶皮帽和一副飞行员眼镜，当他们进到酒店大厅时，酒店工作人员把他看成了他太太的司机。"这时我知道，我娶了一个何等高贵的太太！"

最后他们抵达威尼斯，但是，他们的兴致很快就被一封来自维尔茨堡的电报给弄得荡然无存，电报内容是：安娜玛丽的母亲病危。他们匆匆忙忙地赶了回去，结果情况并非如此，是误诊了。平时看上去轻松快活的布吕克内太太常常会患严重的抑郁症，但她却活到94岁的高龄，1978年，她离世而去。

裙带关系

德国，1934年的秋天，一切都不同于以往。所有什么公社、协会和组织都按照规定被统一管理起来。除了德国纳粹党，其他一切党派都被取缔。工人运动被镇压，大众对希特勒的拥戴日新月盛。在纳粹党的领导下，经济第一次出现了复苏，这给很多人带来了意想不到的机会，约瑟夫·涅克曼也在其中。

一开始，约瑟夫就表现出他作为一个企业家的野心。在公司里，他做的第一件事就是：让自己与在位的总经理古易多·克鲁格平起平坐。利用自己在斯特庭、英国、比利时、巴黎等国家及地区看到和学到的经验，他开始对公司迅速进行大改革。"一切看上去都太过时，陈旧得令人绝望，没有任何时代感，没有一点生机勃勃的气息"，他咒骂道，"到了今天，哪儿还有用手把数字抄写在笔记本上的这种事？"

很快，所有的会计工作都变为用霍尔瑞斯打字机来完成。打字机在当时彻底地改变了各个领域，正如后来的计算机给物流带来的改变一样。位于施泰茵巷3号的煤炭公司除了办公室外，一楼还有一处卖彩票的地方。约瑟夫想把这个地方弄得更能吸引顾客一些，可是在室内改建的时候天花板却塌了下来，这样一来整栋大楼好几个月都不能进入。但是，约瑟夫并没有因此停止他的改革。接下来他把所有的重型马车都取消了，在一个下午，他把所有的马卖给了附近的农民，取代马车的是15辆货车，另外还有25辆已预订。

对待总经理古易多·克鲁格，这位年青的公司领导人没有几句客气话。他对这个埃尔萨斯人的态度时常有些过分。作为公司的雇员，克鲁格每做一个重大决定本来都需要经过公司拥有人涅克曼寡妇的同意。约瑟夫·涅克曼作为公司的继承人废弃了这个老规定。不久，他就以自己招揽客户的精明稳定了他在公司的地位。整个1934年，公司光是卖给个体和小型企业的燃煤就有10万担，远远高出克鲁格的业绩。

约瑟夫的运气不错。刚从蜜月回来他就听说母亲家这边有一个远房表兄名叫奥托·约旦，此人从事飞行行业，目前被委任在维尔茨堡建筑新的空军基地，这个表兄日后成为东线战场的一名德国空军将领。在跟约瑟夫·涅克曼第一次见面时，约旦就不停地聊起新战斗机的话题，他说新的战斗机生产已是势在必行了，还带约瑟夫去参观了机库、跑道和营房等建筑工地，约瑟夫这时一下想起："你们用什么取暖？"

就这样，约瑟夫就做起大生意来了。在筹备这个项目时，军方的官僚作风使得他们忘了考虑取暖的问题，约瑟夫马上自告奋勇。就这样，这个年轻的公司领导人拿到了他有史以来最大的一单生意。涅克曼家族又一次通过有影响力的亲戚得到了生意上的好处，就像父亲成为巴伐利亚王室铁路煤矿运输人一样，儿子成了纳粹德国空军的煤炭运输人。

德国空军基地突飞猛进发展，在很短的时间内，光巴伐利亚就有25个新的空军基地建成。据约瑟夫说，公司每天要给每一个空军基地输送10卡车煤炭。涅克曼公司不久就从零售转为批发，22岁的约瑟夫满意地搓着手说："这下可让维尔茨堡其他的煤炭经销商们眼红得要命了。"

约瑟夫在煤炭生意上取得的成就在自己的家族中也引发了嫉妒和不安，家人的嫉妒和不安是因为担心自己的分成。"瓦尔特该怎么办，他哥哥约瑟夫一个人吞独食？"芭芭拉的丈夫汉斯·朗抱怨道，当然，他也以妻子的名义在提醒："芭芭拉对此也该有份！"在涅科看来，这个律师过多地干涉了他们家族内部的事。"但是，众所周知，这些律师总是无所不知"，约瑟夫嘲讽道。

实际上，瓦尔特没什么可抱怨的。在他20岁的生日时，母亲就送给他一辆极为漂亮的红色宝马跑车。这辆两座的跑车是六缸的，最快时速可达130千米，这种315/1型的宝马车是巴伐利亚汽车制造厂在速度上取得的又一大成就。"这种车型当时在维尔茨堡还是第一辆，女朋友艾莉莎总是穿上与这辆车相搭配的衣服，他们开着车招摇过市，特别引人注目"。瓦尔特最好的朋友洛特·都林回忆道。兄长约瑟夫在挑起家庭矛盾上也不是一盏省油的灯，他嚷道："让瓦尔特赶快把那个小刁妇给娶了吧。"

这期间，约瑟夫的老丈人理查德·布吕克内在汽车生意上时运不佳。那些纳粹党头目们越来越会利用他们的职权，他们买了车不付钱，根本也不去理会对他们提出的警告。愤怒之下，布吕克内将此事告上法庭，并聘请了一个反纳粹的律师。结果显而易见：纳粹党成员理查德·布吕克内的名字上了纳粹党的黑名单，以后他无论在机关里办什么手续都会受到刁难，就此，他完全丧失了继续做汽车销售这一行的兴趣，于是他便打算搬到首都柏林去，在那儿至少还能找到一点公道。在这期间，许多持不同政见者和犹太人都搬到了柏林。

布吕克内希望他的女婿能把他的生意接过去。联姻以来，约瑟夫和老丈人的关系日益加深，有什么事他总会去找布吕克内，布吕克内的看法和意见对他非常重要。除此之外，布吕克内对他起着父亲的作用。布吕克内当然也很乐于把约瑟夫看作自己的亲生儿子。这个儿子常常会来跟他聊一些"很严肃的事"，并认真地听取他的意见，反正这个女婿也很喜欢开豪华车。对于布吕克内来说，做煤炭生意和做汽车生意都是生意，是相通的，目的都在于赚钱，而约瑟夫梦想着的却是干一番"轰轰烈烈的大事业"，他在等待着合适的机会到来。

这个机会也真的来了。当电话响起时，老丈人过去接了电话，然后欢呼着对他说："孩子，我这儿可有件好事，明天腾出时间，卢兹克维茨要变卖自己的百货大楼了。"

第五章 犹太"垃圾商店"的时代结束了
——邮递百货帝国大厦的奠基石

约瑟夫·涅克曼无比渴望着能啃到这堆"大垃圾"。他对煤炭生意已感到厌倦，就像他父亲厌倦了肉肠生意一样。在他的煤炭生意上，该签的供货合同都签了，生意欣欣向荣，这让他感到似乎有点无事可做了。与权威、严厉的父亲相比，这个年轻人对自己究竟想做什么行业还不清楚。

约瑟夫的老丈人是一个消息很灵通的人，跟德累斯顿银行的关系很不错，从德累斯顿银行的维尔茨堡分行那里他常常得到一些很有益的建议和消息，他可以从中知道哪家公司目前正面临着什么样的危机。1935年上半年，布吕克内打听到一系列变卖消息，先是一家在科隆的珠宝店，然后是一家在奥古斯堡的造纸厂和一家在莱茵州的瓷器厂。但是这些约瑟夫都看不上，他还要再等等。

1931年，不少公司纷纷倒闭或评估出让。与此同时，经济正走向整合。而其中，有一个行业正在缓慢地进入危机，那便是百货商品及百货大楼。这项"巨大的、特别的贸易"，每日的销售量都在极大地削减。卡尔市百货公司是当时德国在这个行业中最大的一家公司，此时需要靠着贷款艰难度日。1928年，这家公司已向纽约银行贷款了1500万美金，但情况并没有任何改善。在1931年到1933年间，该公司的总裁一个接着一个地被罢免。到了最后，卡尔市百货公司的组建人自己也不得不退位，落到了去当公司顾问的境地。

人民的购买力在下降并不是构成各大百货公司危机的唯一因素，最主要的还是国家政体的改变。这些大百货公司大多都属于犹太人的产业，他们首当其冲地受到纳粹分子的迫害和刁难，纳粹四处煽动抵制犹太人商品。1933年4月1日，迫害犹太人和抵制犹太人的商品运动正式揭开了序幕。《人民观察报》得意地报道："一系列犹太人百货商店都关了门。迪茨和西部百货在维腾贝格广场的店关了门，迪茨百货在亚历山大广场、新科隆、哈雷胜门、科特布斯以及绍斯湖街和图姆街等地的百货商店均已关门。"柏林因此也沉浸在一片黯然的气氛中，四处充满了对新危机的恐惧和不满，但是事态至此还没有发展到不可收拾的地步。

纳粹党修改了他们的决定，他们虽允许开百货商店，但必须是在严格规定的条件下，新的规章制度说白了就是在限制。在这些限制下，百货公司都不能自由地购进新货，提供给顾客选择的商品就很有限。西部百货大楼不得不关闭他们在顶层楼的餐厅。纳粹党先是禁止百货商店销售学习用品，诸如本子、笔、黑板、粉笔和墨水一律不准卖，然后又是禁止出售犹太人一直经营的宗教物品，如耶稣和玛利亚的画像、玫瑰十字架、蜡烛和行坚信礼仪式所需的一切饰品。这些东西在维尔茨堡这个天主教的城市需求量是非常大的，也是所有百货公司以往盈利的大头。最糟糕的是，纳粹党公然叫嚣"不要在犹太人商店里买东西"，这给犹太人的生意带来很大的损失。

而十多年以后，约瑟夫·涅克曼却装着一副很无辜的样子说，自己只是无意间听到纳粹党袭击犹太人商店的事。"我只是间接听说，1933年纳粹开始对卢兹克维茨家族进行大肆迫害"，他在自己的回忆录中这样写道。当然，这期间他逗留在英国。但是，自1934年秋天起，他返回了维尔茨堡，他们家就住在市中心，离卢兹克维茨百货商店不远，他不可能没有看到或听到纳粹党的恐怖行径。1934年的圣诞节，在商店即将关门之前，冲锋队持枪封锁了百货大楼的大门，顾客们不得不从职员通道离开商店。在这之前，百货大楼多次遭到冲锋队的打手们一再威胁、谩骂。这都还不够，帝国的官员们接到了正式文件，规定他们不许在犹太人的商店里买东西。然而，约瑟夫却说："那些反犹太人的口号大家都是左耳听右耳出，没有真正在意。便宜的圣诞装饰品要比那些执政党的政策有意思得多。"

他真的是这么天真吗？也许他真的没有去认真考虑百货公司的处境吧，他本来也没有打算涉足这个行业。这个领域对他来说，正如他所述："犹太人和百货商店是两个概念，这两个概念的关联就像小不点和安东的故事一样。"[1]直到1935年10月，他的老丈人接到了那个有关卢兹克维茨百货大楼即将出售的电话。

这个消息来自德累斯顿银行。西格蒙特·卢兹克维茨急需为他在维尔茨堡的两家百货大楼注入新的资金，否则它们就会倒闭。然而，德累斯顿银行不但不给他新的贷款，反而要求他立刻清偿所有的债务。因此，百货大楼组建人西格蒙特不得不屈服于这一压力。

约瑟夫突然兴奋起来。他可能在纳粹党的捣乱中忽略了一些东西，可有一点他是看得很清楚的，这就是：人们越来越喜欢制服。那时最时髦的着装是：羊皮靴子配黑色的马裤，上身穿一件褐色衬衫，再打一条黑色领带，有了这身打扮就可以四处显摆。没有钱的人可以为自己买一套旧的党卫军制服。什么人都可以这样打扮自己，不需要加入任何党派。许多打扮成这样的年轻人压根就不知道纳粹党的终极目的何在，但是这种打扮给了他们参与感。他们梦想摩托车、汽车，希望自己能看上去"很时髦"。德国此时开始了军事化：军火工业、采矿业、化工业、高速公路的修建以及与之相关的材料供货行业，这些均给德国提供了大量新的就业机会，就业率的逐步增长使得大家有了工作，虽说报酬不高，不能使购买力增强，但是，年轻人们的腰包里只要有点钱心里就痒痒，他们希望满足自己的愿望，只要你能提供给他们，那么，按照"数量决定收

[1] 小不点与安东的故事出自德国小说《Pünktchen und Anton》，好莱坞曾根据这本小说以"冰淇淋的滋味"为名拍过电影。小说的主要内容是：小不点是一个出身于富贵家庭的小姐，安东是一个贫民子弟，两个人意外相遇。他俩不畏环境的悬殊，一起努力奋斗，最后他们终于走到一起，过上了幸福生活。——译者注。

入"的道理，你就能赚到不少钱。于是，进入纺织行业的想法让约瑟夫感到兴奋不已，卢兹克维茨就是他的机会。

纽伦堡种族法律

在与西格蒙特·卢兹克维茨面晤之前，一场在空气中酝酿了很久的政治暴风雨倾泻而下。执政党认为，除了要实施那些新的措施、法律及与政府保持一致的要求和禁令以外，德国还应该有一个新的规定，以此达成一个根本上的改变。1935年9月15日，希特勒在纽伦堡的帝国党代会上亲自宣布了《血统保护法》和《帝国公民保护法》。这两部法律之后被称为"纽伦堡种族法律"。根据这两部法律，正统的"雅利安人"才是国家有价值的公民，犹太人的权利被极大地削减。这两部法律给种族歧视提供了看似合法的依据，一部分德国公民将其理解为"净化德国血统"的措施，对此感到很满意。这样一来，刁难犹太人、禁止犹太人从事一定的职业、驱逐犹太人以及纳粹政府迫害犹太人等一系列行为都突然拥有了"合法性"。

帝国制定了这样的法律，这给那些想侵占犹太人财产的人带来了"合法"的优势。此时，通过滴水不漏的合同获得犹太人财产的机会到了，而且这种行为还得到了法律上的保护。付款条件可以由你自己决定，如果没有竞争对手，协商过程可以简略。在大多情况下，这些买卖都是通过一个银行机构来完成。在这中间，德累斯顿银行和德意志银行劣迹斑斑，没有他们积极参与这种勾当，所谓"逐出犹太人"的计划不会进行得如此畅通无阻。在这些银行的帮助下，德国正统的"雅利安人"蜂拥去挑选那些便宜货。对犹太人财产感兴趣的人采取了相应的态度：敲诈勒索、讨价还价、要求把一个大公司分成无数小公司贱卖。约瑟夫突然也被这一股购买热潮所感染。

他想购买百货大楼的打算在家庭内部遭到了极力反对。在他的回忆录中，他坦率地说，母亲对这个"廉价的雅各布城市"——她这样称卢兹克维茨百货大楼——非常反感。"那里散发出来的是什么味道呀！"她讥诮地说。"这个犹太人的垃圾商店我母亲从未踏进半步"，约瑟夫写道。母亲从未在这家百货店的橱窗前停留片刻，衣服都是在像塞色尔这样的高档服装店里买的。也许她这样做并非是因为这家商店是犹太人开的，让她感到不舒服的是这家商店的顾客档次不高："那些顾客都是每天要推着货物进城的农民。"她不是一个反犹太的人，约瑟夫忙着为自己的母亲这样开脱：德国早些时候的那些医生和律师都有犹太血统。

涅克曼家族煤炭公司的总经理古易多·克鲁格严正警告了约瑟夫，让他不要太野心勃勃："你对那些货物的材料一窍不通，那些木根刷子、紧身衣和刮胡刀跟煤炭完全是两回事。"

"生意和生意之间都是相通的"，年轻的约瑟夫反驳道，"我在大量购买紧身衣和刮胡刀时同样考虑的是优惠的条件。"

克鲁格了解卡尔市百货公司和其他百货公司所面临的经济处境，他对约瑟夫吼叫道："你压根就不了解情况，约瑟夫！"

然而涅科却一意孤行。在签合同时，当他看到这项生意所涉及的总金额时，他丝毫没有被吓住，连眉头都没皱一下。涅克曼家族接过卢兹克维茨百货商店时在经济上并不阔绰，但卢兹克维茨因为银行的高额贷款和欠债大大降低了百货公司的售价，尽管如此，百货大楼所占的那块地和大楼本身仍具有很高的价值，这栋1898年在顺波大街3号按照当时巴黎的新艺术风格外观建造的大楼拥有国际最时髦的风范。百货大楼里面设置了电梯、收银处，在食品部还有冷藏系统，除此之外，屋顶吊灯、从一楼到二楼的滚筒式电梯都是新装的。

作为达成这项生意的奖励，对方又提供了一笔低价的、有利可图的生意。1931年，西格蒙特·卢兹克维茨在埃西宏大街5号开了一家低价且价格分类统一的超市，生意非常红火，进货渠道是美国投资巨擘沃尔·维尔特。商店出售的货物从价格上分成5类，最便宜的是1芬尼，最贵的是5马克。卢兹克维茨的商业嗅觉非常准确，他在美因河、弗兰肯一带被公认是一个勇于打破价格的引导人，他教会了约瑟夫一个道理："要给兜里钱少的人提供购买机会。"

涅克曼家中的财产继承风波

为了能筹款购买卢兹克维茨百货公司，约瑟夫恳请母亲将煤炭生意上属于他的那部分财产提前支付给他。他粗略计算了一下，他应该得到的那部分大约是20万马克。母亲拧不过他，只好把这笔钱付给了他，这无疑给这个家庭带来了新的矛盾。在兄弟姐妹中这引起了不小的争议，尤其是瓦尔特，他感到约瑟夫23岁就开始分家产，自己真吃亏了。约瑟夫拿到这笔钱后，按照原先谈好的价格，应该够买下卢兹克维茨百货公司，还能够付清银行的佣金。卢兹克维茨百货公司是否真的只值这么多钱，这让人感到怀疑。事实上，卢兹克维茨家族当时还真是别无选择，面对日益下降的销售量、官方的刁难和纳粹抵制犹太人商品的号召，要把这笔生意继续做下去实在不容易。这种事态却非常有利于买家，他们四处寻找这些被逼无奈的公司，而银行都会在各种不同的情况下尝试着给犹太资产人施加压力。例如，在出售最大的犹太家族迪茨百货连锁商店时，银行不向卖家提供别的有兴趣的购买人，迫使迪茨公司没有讨价还价的机会。

萨尔门·硕肯是迪茨百货在凯姆尼茨、斯图加特、茨维考和纽伦堡分店的资产拥有者，为了防备这种迫害，他在他的公司里安插了一个真正的"雅利安人"，任命他作为公司管理的总头目。但是，这种万不得已的防范措施也抵御不了日趋凶狠的迫害。

对于这些犹太人来说，失去了他们一生为之奋斗的资产甚至是他们的生活来源，这一切已经够让他们受的了。然而，这些还不是让他们最担心的，最让他们担心的是也许有一天，会有一个肆无忌惮的、无所事事的纳粹党人，因为想侵吞他们的财产而要了他们的命。西格蒙特·卢兹克维茨似乎是带着这样的担心跟约瑟夫在生意上交涉的。也许我们可以说，即使在交涉中谈不上友谊，但是最起码交涉是在一个双方都是规规矩矩的公民的基础上进行的。

恩斯特·卢兹克维茨是西格蒙特的儿子，是百货公司的拥有者之一，曾是巴伐利亚赛艇协会的成员，这个赛艇协会是约瑟夫·卡尔·涅克曼于1905年组建的；另外两个儿子汉斯和弗里茨跟约瑟夫一样，同是马术训练师亚当·亨克的学生。亨克的儿子曾在卢兹克维茨百货公司实习，最后留在该公司，一直干到办公室主任的位子，谈判期间他也在场，卖家和买家之间的关系可以说并不生疏。

1935年10月25日，约瑟夫·涅克曼同西格蒙特·卢兹克维茨正式在购买合同上签字画押，当时的场面一定令人热泪盈眶。最后，该公司的组建人、62岁的西格蒙特·卢兹克维茨为年轻的约瑟夫腾空了自己的办公室，他强颜欢笑地对约瑟夫说："好好地在这个位子上把公司引导发展下去，就像我曾经乐于为之付出的一样。"

1948年到1950年期间，卢兹克维茨家族财产继承人向法庭提出财产赔偿要求时，曾经的场面曾多次在维尔茨堡的法庭诉讼上被描述到。法庭确认了，双方是在如下的情况下签署的购买合同，即"资产拥有人在最后表现出来的是一种解脱和轻松的心情，并非是抱着一种苦涩的心态离开的"。

接管公司以后，约瑟夫一下子成为拥有一百三十多个员工和六十多个外勤人员的老板。他第一次坐在一个完全属于自己的公司的老板座椅上。他可是一个"排除犹太人"的人——这个词让约瑟夫觉得很刺耳，他宁可用一个通俗一点的词来代替它，例如"会捞油水的人"。人们常常听他唠叨道："这世道就是胜者为王，败者为寇。我这人就是手脚快。而其他人就是时运不佳，倒霉喽。"

令人不舒服的竞争很快就开始了，约瑟夫这时遇到了一些阻碍。境况之严峻让我们这位本来不怎么敏感的企业家后来在他的回忆录中这样写道："如果我在10月25日那天知道情况会是这样的话，我压根就不会涉足这个行业，我就不会赴约去面谈，哪怕得罪我的岳父，让他失望。"

也许约瑟夫在此有点过于夸张，这样做的目的是使自己在面对卢兹克维茨时良心上不会太过意不去。在接下来的大约3个星期里，直到公证的日子，约瑟夫深深地体会到，在零售行业中，那些亲近纳粹的共同利益集团是怎样利用他们的铁拳来为自己获得利益的。重组贸易结构意味着的并不只是排除犹太人开百货商店这一点，那些零售商们要求彻底废除百货公司的形式，拆掉百货大楼，把空出来的地用来做当地的集市，小商贩们都可以便宜地租赁一个固定的售货摊位，这无非就是期望中世纪行会的贸易形式卷土重来。

身陷逆境，约瑟夫并没有逃避，而是毫不动摇地决定与之斗争。他想证明给大家看看，自己是最强大、最优秀的。像那次在"玫瑰星期一"舞会上的斗殴一样，他告诉自己：一定要赢！

在接下来的这一天，1935年10月26日，涅克曼家族中还有一个要庆祝的理由，即安娜玛丽产下了一个儿子。他们给这个男孩取了一个跟祖父一样的名字：彼得。按照约定，涅克曼家族的大儿子都是要继承父业的，这个孩子将来要继承父亲正在建立的这个商业帝国。

在对抗竞争对手的前线上

在维尔茨堡，除了涅克曼还有另一个姓无人不知，这就是"施里尔"。去到维尔茨堡，当你参观主教驻地，观看中世纪石桥上的神圣石雕，在玛利亚山上的城堡惊叹美因河畔的风光时，你一定会在大教堂大街上看到用黑色的字母拼成并镶嵌在白色的、四方形的玻璃框架里的"床上用品施里尔"。施里尔家族可以说是床垫王国，他们还主宰着床架、清漆、枕头和床上用品等生意。在购买百货公司的合同签约后的第二天，约瑟夫就听说，这个施里尔在一次零售行业商人的集会上站在演讲台上叫唤说："涅克曼所签的这个合同是违反了国家社会主义的经济计划的，先生们，我们的领袖反对百货商店，清除犹太人，这一切并非是为了要在这个人民敌人的位子上换上一个非犹太人！"

约瑟夫可不是一个轻易就会被吓得退缩的人。他立刻启程前往柏林，要到帝国经济部去讨个公道。在柏林，他将自己的诉求形容为：恳求帮助获取有关一家犹太百货公司过渡到雅利安人手里的信息。约瑟夫很清楚，在这件事上他该采用什么样的表述才能使自己的申请符合政策并被接纳办理。

柏林经济部接待处承诺，他们会尽快将涅克曼的申请递交给有关部门。经济部部长亚尔马·沙赫受任监管帝国的所有公司，他个人不希望受到任何人和任何地方协会的干扰。就这样，约瑟夫·涅克曼等了两个星期，在这期间，经济部听取了有关维尔茨堡商会、市长以及床上用品专家施里尔对涅克曼争议不小的看法。最后，经济部给维尔茨堡当地的纳粹党地区领导发了一封这样的函文："有关涅克曼接手卢兹克维茨百货公司一事不存在任何问题。"

作为朋友和贵人的部长

1935年11月14日，接手卢兹克维茨百货公司终于接近尾声，合同得以公证，地产得以在该市登记注册。百货公司仅用了1天的时间来盘点，在11月16日——一个星期六，百货公司在约瑟夫的领导下开始正式营业。西格蒙特·卢兹克维茨和他的太太为开业典礼送上了花篮。这个花篮后来在卢兹克维茨家族起诉财产赔偿纠纷中也被当作证据，证明当时涅克曼并非强买强卖，法庭也接受了这个证据，认为"'排除犹太人'这个过程是在一种平和的气氛中进行的"。

约瑟夫·涅克曼认为自己是按照纳粹政治的标准在行事："这应是维尔茨堡的一家非犹太人的百货公司。"最好应用什么样的口气来对外宣传这家新百货公司？他在自己的回忆录中透露道："亲爱的维尔茨堡的公民们，这里作为'犹太人垃圾商店'的时代过去了。从现在开始，每个人都可以在这里找到他想要买到的东西。当然，无疑也包括对生活品质要求较高的您，各种愿望都会在这里得到满足。"

当然，他并没有去大肆宣传这一经营理念，但是在他的内心里，他希望："我的百货公司应该吸引众多的顾客。"这个经营理念曾经是迪茨百货公司、卡迪威百货公司的奠基人雷欧哈特·迪茨所提出的。他的遭遇跟西格蒙特·卢兹克维茨类似。购买他的百货公司的人是海尔穆特·赫腾。赫腾在购买迪茨百货公司时同样也得到了德累斯顿银行的支持,迪茨家族在强行贱卖中只拿到了80万马克,而这些钱还不准他们在出逃的时候带走。由此约瑟夫得出了一个结论:卢兹克维茨在变卖自己的公司时,成交的价格相比之下还是很不错的,他们把公司卖给了一个至少不让自己恶心的人,变卖中没有半点犹豫。

约瑟夫在购买百货公司时,只付了50万马克给西格蒙特·卢兹克维茨——他把价格压得如此之低。据说,约瑟夫用自己预先得到的财产接管了卢兹克维茨现有的债务。因为当时圣诞临近,他又尽快地增大了库存量。他不用为新的贷款而担忧,德累斯顿银行答应给他近于无限的贷款。

与被剥夺了经营权的犹太商人相比,约瑟夫遇到的刁难只是一些小麻烦,而制造这些小麻烦的城市部门诸如商行、战略协会等都在约瑟夫的头号敌人汉斯·施里尔的管辖之内。一次,他们指责约瑟夫的百货商店违反了经营时间的规定,故勒令商店停业1天;另一次他们又说,约瑟夫的商店不能叫"百货大楼"这个名字,只能叫"百货公司",要求更改。约瑟夫还没把新做的招牌挂上,他们又说,有人投诉:按照法律要求,用"百货公司"这个名字不符合公平竞争的原则。等到第二次再出现这样的愚蠢干扰行为时,约瑟夫干脆又乘上开往柏林的火车。"火车的时刻表我都能倒背如流了"。这一次,他直奔亚尔马·沙赫的办公室。

沙赫虽然没有加入任何党派，但他一人却担当着帝国银行总裁和经济部部长这两个对政治和经济来说极为重要的职位，同时他还享受着希特勒对他的无比信任。沙赫被视为是一个思维缜密的思想家，因为父亲是美国人，所以他能说一口流利的英语。在希特勒上台的最初几年里，他说服IBM、标准石油公司、福特汽车公司、通用汽车公司支持希特勒。沙赫并不是公认的仇恨犹太人的人，他极力阻止盲目驱逐犹太人的行动，但是，他认为"犹太人这样极力地去追求那些重要的文化岗位"是不正常的。他在一篇文章中这样写道："国家的政治文化决策权绝对不能落到异教徒手里。"

沙赫上唇的小翘山羊胡子让约瑟夫想起自己的父亲。约瑟夫深信自己的直觉，在跟沙赫的谈话中口气诚恳，这样他俩的谈话很快就进入到私人领域，他们谈到了斯特庭。约瑟夫偶然发现他俩有共同的熟人，深谈下去，他发现这个部长也是美丽的伊丽莎白·莉·史蒂文森的崇拜者。约瑟夫在斯特庭实习期间，曾活动于那儿的上层社会，一谈起这段经历，他不禁就会陷入一种热情洋溢的气氛中，那段生活经历赋予了他跟男性缔造友谊的能力，这对他来说比学会专业知识更为重要。就这样，约瑟夫拿到了一封帝国经济部长沙赫的亲笔信，这封亲笔信很快就为约瑟夫铺平了所有的道路。他深信，今后经济部的大门也永远会为他敞开。

接下来给约瑟夫带来不愉快经历的是"盖世太保"。从柏林回来的第二天清晨，他就被盖世太保拘捕了。第一次审讯"整整进行了10个小时，在一间昏暗灯光的房间里，跟电影里演的一模一样"，约瑟夫描述道。对于盖世太保来说，这是例行公事的检查。他们针对的是每一个人、每一件事，约瑟夫得将他在柏林跟帝国经济部长的谈话内容详细写下来交给他们。他在他的回忆录里愤怒地说，在这次审讯中他被逼迫放弃与卢兹克维茨签署的合同，他被谴责为是一个"跟国家作对的文职人员"，可是他突然又被释放了，这一点估计他自己也想不明白，也实在让人费解。在回家的路上，他在玛利亚教堂前停下脚步。接下来的描述听起来像一本廉价小说："突然，我听到了脚步声，感到有一只手搭上了我的肩膀，这时我听到了一个我充分信赖的声音，这是我太太的。我因为愤怒和激动不停地发抖，我们进到空空的大教堂里，我在那里哭得惊天动地。我终于挺过来了。"

被剥夺的苦涩

对于那些没有像涅克曼一样被算作是"优等种族"的人来说，考验才刚刚开始。按照《帝国公民保护法》，所有的犹太人都不能算作是帝国公民，所以犹太人不能在任何机关单位任职。1935年12月31日，所有的犹太公职人员都得离开他们的就职单位。与此同时还明文规定，不允许犹太人做生意。其他的非犹太机构、服务行业和私人都不允许雇佣犹太人。那些规定中有一部分听上去就像战斗的号角，"禁止所有的犹太人挂帝国的国旗"——那就是纳粹的"卐"字旗。

卢兹克维茨一家遭遇了什么？在维尔茨堡的犹太社区档案馆里能找到许多有关记载。这家人来自但泽，1898年前往维尔茨堡，1914年他们在此获得了公民权和居住权，享有帝国的一切公民权利。他们积极地参与了这座城市的社会文化生活，捐款在要塞基地修建了漂亮的喷泉，并不断地给孤儿院捐助。1917年，大儿子马克思作为炮兵部队的军官奔赴西线战场，在那里为德意志帝国而战。负伤从前线返回后，他参与领导各项生意的工作，1930年因为战场上的旧伤复发而去世。

在约瑟夫接手了他们的公司以后，卢兹克维茨夫妇搬迁到柏林，他们希望能在这座大城市中隐姓埋名地生活下去，在没有国籍的情况下在柏林又生活了4年，直到纳粹开始把所有的犹太人送到集中营。1940年10月，他们成功地逃脱纳粹魔掌，乘上一艘开往巴勒斯坦的轮船。他们本想去投奔住在那儿的儿子弗里茨，跟弗里茨一家人在那儿团聚，可是家人相聚的愿望却没能如愿以偿。在途中，船上伤寒病肆虐，西格蒙特·卢兹克维茨不幸染上了疾病在船上去世。在特拉维夫港，这条船因为带有伤寒病菌被拒靠岸，不得不开回到希腊岛屿伊拉克利翁。米拉·卢兹克维茨于1940年11月在该地去世，夫妇俩被葬在了当地的犹太墓地。

恩斯特·卢兹克维茨，曾是该家族便宜商店的总经理，1936年1月离开维尔茨堡，前往荷兰的城市海牙定居。荷兰于1942年被纳粹占领后，恩斯特·卢兹克维茨被抓捕，连同他的家人一起被送到了奥斯维辛集中营，在集中营强迫劳动期间，恩斯特一直坚持写日记，这本日记后来被放入维尔茨堡档案馆保存。1945年3月31日，战争结束前夕，他在集中营外的榉木林中被党卫军杀害。弗里茨、汉斯——卢兹克维茨家这两个儿子曾跟约瑟夫在一块练习骑马，他们在这次浩劫中幸免于难。弗里茨是一个画家，他曾是家族百货公司生意的广告经理，1933年9月，他乘船离开维尔茨堡，来到特拉维夫港定居，在那儿他靠给儿童书籍画插图和漫画为生。汉斯是卢兹克维茨家族最小的儿子，大概是吉星高照，1936年他幸运地拿到了一张开往南方约翰内斯堡的移民船票。到了南非后他给自己取了一个英语化的名字，叫俄施，用这个名字他开始做葡萄酒生意，后来成了多家公司的拥有人。1944年他娶了一个叫海尔德的德国美容师为妻，这位女性也是为了躲避纳粹党的迫害而逃到南非的。

第六章　这些美妙的圆锥形
——涅克曼赚到的第一个一百万

在除夕的夜晚，约瑟夫·涅克曼说出了自己一个简单的愿望，"在这新的一年里我希望赚到自己的第一个一百万"，为此而干杯！这个世界值多少钱？弄清并征服它是这个百货公司掌舵人给自己定下的目标。

要取得这个成绩的基础并不差，百货公司的生意这时重新有了起色。1933年起，德国的失业率减少了约三分之二，1936年夏天，整个德国实现了人人有工作。当然这一切要算上兵役和帝国劳务，这两个领域将不少年轻男女都调动起来，除此之外就是修建高速公路、军事基地和住房建筑。要达到持续的经济繁荣，仅仅采取这些措施还是远远不够的。资金和贷款的匮乏无法支撑经济的周期循环，微薄的工资无法满足个人的消费。纳粹党在此采用的只是一个古代法则，宁可强迫大家去修建金字塔，也不愿让国家承受过高的失业率。

除了位于市中心的两家卢兹克维茨的百货商店外，约瑟夫很快又买进了第三家百货商店。菲特尔百货商店也被"非犹太化了"，但与涅克曼的情况相反，新的商店拥有者陷入了困境。销售能力的扩大是基于经过验证的商业战略，这个战略便是：你进货量越大，那么你在厂家和大批供应商那儿拿到的价格就越划算。

"老顾客依然过来光顾"。当约瑟夫在他的名下重新开张卢兹克维茨百货商店时，"新的顾客蜂拥而入，他们大多是出于好奇，想看看百货商店是否有所改变"，约瑟夫这样描述道。约瑟夫充满激情地开始四处忙活起来，他弄出来的动静可不小。一会儿他让香水部门改装，一会又把内衣部从里边调到外面，在一段时间里将室内都做了装修，暖气被更换成新的，还安装了灯光照明设备。

在投资上他从来不小气，但同时他对成本却把控得非常严格，往往是寻找最便宜的而不是最好的，他在为自己的将来积攒经验。例如，他在装修中发现那些灯如果自己能装的话就要比买一个整灯架划算得多，因此他今后常在一些品种上买进散装的货物。在照明部门他先开始这样做：他从厂家直接买进灯架、灯罩、电线、插座和灯泡，然后让维尔茨堡周边的小作坊为他组装起来，这样一来就避开了大小中间商，这样在商品的价格方面让他拥有了绝对的竞争力。

干着干着他又有了新的想法，他的格言是："我们要为顾客提供独一无二的商品。"于是他们开始为市民提供上门服务。商店为顾客按所需尺寸做好窗帘，然后涅克曼的加急服务队亲自上门去为顾客挂上。"竞争非常激烈"，约瑟夫感到如此，是故他想出的办法也来源于此。

约瑟夫适应不了整天待在办公室工作，他只有动起来才能感到自在。他整天都在想怎么把他的百货公司弄得更好。"我既能站在顾客的位子上去感他们所感，又能站在员工的位子上想他们所想。我跟每一个人都可以聊。"

一个从前的百货公司员工对他们当时新上任的经理仍记忆犹新："他的反应很激烈，总是充满了情绪，他可以用一个句子对你的表现表示褒贬不一。每每发现什么地方有问题时他就会大叫'这里究竟是怎么回事儿？是谁负责这块？有人睡着了吗？'"

尽管约瑟夫对商品种类知晓不多，但他天赋极佳，学得很快，胜过在学校里学到的知识。他不需要到书中去查看什么商品可能会被青睐，什么商品同时又会滞销，他更愿意自己亲自去看看货架上的情况。一旦他发现货架上堆积了灰尘，他马上就会警觉起来："为什么这些东西无人问津？有人在这类货上跟我竞争吗？"

接手百货公司的几个星期后，约瑟夫就发现了一个问题：用人错误。工作中很快有了体现：他把马术协会的老朋友卡尔·亨克安排在购货部当购货员是一个极大的错误。只要关系到生意上的事，约瑟夫就不会讲任何情面，亨克被他彻底炒了鱿鱼。"强硬的态度是生意上的基本原则，也是商人生涯的基本原则"，这个乐于自我锻造的商人今后一直这样强调，约瑟夫在采取严厉措施方面从来不会心慈手软。

约瑟夫理解的"人道主义的管理"是时不时在下了班以后邀请他的雇员们去喝一杯啤酒或是一杯葡萄酒。他们常一起去大街斜对面一家叫"烤猴子嘴"的维尔茨堡最老的饮食店喝酒。作为一个拥有150位员工的老板，他乐意慷慨解囊，但前提是你得是一个"可靠的员工"。在一张有关维尔茨堡周年庆祝的照片上可以看到公司那次去郊游的情况，在大巴的一侧挂着一条横幅，上面写着"涅克曼——我们今天休息"，大约30个员工站在车的前面，另外还能看到一个司机，这个司机正是约瑟夫本人，照片上的他洋溢着无比的幸福感。

一次充满冒险的进货

约瑟夫以他的躁动不安而闻名。"让这些办公室的琐事见鬼去吧，我得出去"，他像一只困兽吼叫着。刚走到办公室门前他又跑掉了，他的秘书们很多时候都在四处寻找他。在公司四处转悠时，他常喜欢即兴地拽上一个部门经理，开上车一块去进货。他买起东西来像上了瘾一样，今天在开姆尼茨订一大堆内衣，明天又到埃尔茨山中去订购圣诞树彩球和放在圣诞树顶上的"金色天使"。

他痴迷于数字后面的零。"这些美妙的圆锥形"，他滔滔不绝地赞美道。在订单的数字后面再加上一个零会让他窃喜不已。他预算的方法成了一个传奇：维尔茨堡共有9万居民——这就是说我们需要订多少带金边的盘子？在塞尔布的一家瓷器制造厂里，他如演员在台上念台词般提出这个问题。在谈交易的时候他会更让你惊讶不已：这样，既然维尔茨堡有9万居民，那我们就订10万个带金边的盘子。

面对交易中一张张惊讶不已的脸他只有一个反应，就是两个字"特价"。这两个字自被他发现以来就没离过嘴，购特价商品成了涅克曼的生意原则。就像我们今天说的甩卖柜台，以前被叫作"甩卖堆"，它们就被放在商店的进门处。涅克曼把这种来自美国的方法用在对顾客的吸引方面。在德国，特别是在一些地方，大家对这样的商业行为感到很新鲜。约瑟夫调侃自己说："只要涉及重新发明车轮这样的事，我可算是一个世界级大师。"

他开车很频繁，像在实习期间一样，他的车让他感到非常自豪。作为新上任的公司老板，他很快就为自己买了一辆他那个时代最独特的车，这辆霍希（Horch）V8拥有8个汽缸、5升排量、100马力和能达到每小时125千米的速度。在外形上，线条向外拱起的挡泥板、鲨鱼腮帮形拱起的发动机罩和发动机的特性在今天依然吸引人的眼球，当时这款奢华的车在茨维考只生产了1000辆。

对于所取得的成就，约瑟夫无疑也得缴纳学费。1936年，他估计这年的狂欢节会比以往更盛大，按照他的想法，他所有的百货商店都被那些娱乐嬉戏的商品塞满了，四处堆满了口哨、飘带、五彩纸屑、纸壳鼻子、傻瓜帽子、猫头鹰帽子、兔子耳朵、小丑拖鞋、魔鬼面具和子弹式糖果等商品。"我把它们完全接管了下来"。约瑟夫最迟得在狂欢节的星期二把这些都收起来，然而他自己的错误估计让他感到无关痛痒，"因为我知道该怎样摆脱这种令人不快的处境。"他的解决办法就是："中午过后不久，在学生们放学回家的时候，我让我的雇员们带上帽子和纸壳鼻子，从我们百货商店的阳台和窗户处把子弹式糖果和其他的东西扔向大街。"

美丽的盛况

"彼得尼！"约瑟夫的太太安娜玛丽这样大声呼喊自己的先生，无论他野到哪去，这个叫声都会伴随着他。彼得尼是约瑟夫的第二个名字，是为纪念已故的祖父而取的。此时他坐在柏林奥林匹克竞赛场的看台上，他需要得到太太的安慰。他感叹道："为什么我不能参与？为什么我不能代表德国去参加花样马术的竞赛？"他太太安娜玛丽肯定是这样安慰他的："不要太在意，彼得尼，该你去的那天一定会到来的。"

对约瑟夫·涅克曼来说，在奥林匹克体育场看台上的这一刻不亚于"排除犹太人"时他在维尔茨堡接手卢兹克维茨百货商店的那一刻。在体育场上的政治喧叫声中他决定去迎合纳粹党的政治体系，为德国赢得胜利；决定要去干"一番伟大的事业"这个想法像病毒一样深深地植入了他的脑海里。

处于这种高烧状态的不止约瑟夫一个人，整个德国都处于这种状态中。在奥林匹克运动会开幕前的11天，整个话题都围绕着"火炬接力"。1936年7月20日，火炬接力在希腊的一个小树林里开始，一共点燃了3840个镁火炬，这些火炬都是德国克虏伯坦克军工厂制作的，雅典人举着这些火炬奔跑了3015千米来到了目的地。8月1

日，奥林匹克圣火在位于柏林的帝国体育竞技场上被点燃，希特勒在台上做了开幕式讲话。在各国代表队进入会场时，不光是德国代表队举起了右手表示对希特勒的致敬，意大利、奥地利、保加利亚甚至法国等国都决定了用同样手势向希特勒致敬。

在马术的各项竞技赛中涅克曼一家人都坐在看台的第一排。对于国人取得的成绩他既不羡慕也不嫉妒，"但是我不断地对着我太太的耳朵嘀咕说，要是我能亲自参与就好了"。在颁发奖牌时，约瑟夫极度喜悦是毋庸置疑的，在个人花样马术赛上，海因茨·博勒获得了铜牌，身穿德国军装的德国马术竞技队获得了团体金牌。约瑟夫·涅克曼感到无比亢奋，他又一次领略了军装的魅力。

德国纳粹党通过1936年的奥运会充分实行了宣传，并取得了有效的成果。在此，他们不仅可以为充分展现了"雅利安人"[1]种族的优越性而庆贺，而且他们还展示了当局政府所取得的成就——它为3年以来600万失业者提供了就业的机会，这一事实对于纳粹集权政府最大的政敌也是不可忽视的。众所周知，在这个集权专制的统治下，很多人被逮捕，四处建起了集中营。大家之所以心知肚明，是因为几乎每个人的熟人圈子里都有人遭遇此事，他们无缘无故地突然失踪，不是被盖世太保逮捕就是被冲锋队强行拖走，以后再也没有返回家中。而大多数人（这其中也包括约瑟夫·涅克曼），他们之后为自己的开脱就是毫不知情。"你无法掌握这些行动的范围"，固然，当时

---

[1] 德国纳粹党用"雅利安人"这个概念来形容具有纯正的、高贵的"德国血统"的人。——译者注。

各媒体不被允许报道此类情况，但是，大多数德国人是了解政府的恐怖行为的，但他们却为这种专制而开脱，将其解释为"清洗"仅限于少数种类，它们仅针对"犹太人和共产党——完美的敌人"。

德国上下都在为本国于奥林匹克运动会上取得的成绩回光返照般欢呼雀跃。德国在这次奥运会上取得的奖牌总数为第一名，排在美国之前。奖牌总数为89块，其中33块金牌、26块银牌和30块铜牌，这样的成绩前所未有，卓越的体育成绩总是能让约瑟夫兴奋不已，也就是在这样的时刻，纳粹党赢得了约瑟夫的"皈依"。

宏大的计划

他的未来应该是在柏林。"绝不能在维尔茨堡无谓地待下去了"，约瑟夫写道，他整个人还沉浸在奥林匹克运动会的精神快感中。他的计划已开始实施具体的步骤：增强纺织行业的多样化，从床单到制服都要经营。他很少去考虑时髦的款式，他的经营理念可以用以下这几个概念来形容：销售、供货和邮递。他希望满足"整个德国对服装的需求"。

约瑟夫·涅克曼的姐姐芭芭拉（小名美蒂）和他的律师丈夫已离开维尔茨堡，定居柏林，他们在柏林也同样做纺织生意。朗家族也从犹太人的财产中掠夺了一家小型的成衣工厂。

奥林匹克运动会后，约瑟夫也开始了这一步，他拜托他的老丈人在柏林为他打听有关"百货商店、邮递公司以及类似这个行业的一切出售信息"，"售价在300万马克左右，我们就能接受"。

从这个心理价位我们大致就能推算出涅克曼在两家卢兹克维茨百货商店的销售量，涅克曼在银行的贷款能力也是根据其销售总量来决定的，显然涅克曼的财神爷提高了其在除夕时所表述的期许。然而事情并没有按照涅克曼的胃口那样快地去发展，涅克曼等这个机会还是用了大约两年时间，直到等到下一个"排除犹太人"的机会才正式谈判购买公司。

令人愉快的事件

一个能加速提高约瑟夫·涅克曼社会地位的事件发生了。1937年5月，"一个好消息"春风般吹进了涅克曼家族中。"德国纳粹党在经过严格的调查以后认为我值得被吸收进党内"，约瑟夫试图在他的回忆录中用一种揶揄的口气来谈这件事。他想说的是，谁那时要想进入纳粹党，他个人就得写一封很有说服力的申请书。那时，纳粹党在公开场合下不是那么急于吸收更多的党员了。谁要想申请入党，就得有一个很好的推荐人，他得为你说尽好话，让党认为你是一个"值得被吸收的人"。要找到这个推荐人对约瑟夫来说显然是小事一桩，他很快就收到了他的党员登记号，号码是"4516510"。

1937年6月29日，涅克曼家族又增添了一个孩子，这个孩子是女孩，取名为爱娃·玛丽亚，并以该名受洗。如果你仔细算算，你就会发现，这个孩子一定是承载着奥林匹克运动会之后的精神出生的。对于一个津津乐道于迷信和星座的家庭，这种说法也不是没有道理的，就像大儿子的到来满足了父亲希望有一个继承人的愿望一样，女儿的到来也承载了父亲奥林匹克运动会的梦想。

1937年夏天，涅克曼家族庆贺家中的一件大事，这件大事跟制服有关，约瑟夫的弟弟瓦尔特在部队里被升为炮兵中尉并娶了他的恋人艾莉莎·雷林格为妻。

瓦尔特1936年秋应征入伍。既然当兵，他自然要争取一官半职，这也是约瑟夫最初的梦想。军队里的训练持续3年，一开始，对于这个"弱不禁风"的弟弟是够艰难的。瓦尔特从年幼时就是一个素食者，最初几个月，艾莉莎把饭给他送到军营大门口。"慢慢地，部队里的生活把我弟弟磨成了一个不挑食的人"，约瑟夫在他的传记里这样描述道。

无论怎样，约瑟夫觉得自己的弟弟像他在维尔茨堡的游泳场地结识了安娜玛丽一样结识了艾莉莎，这是一件好事。瓦尔特的联姻没有因为宗教的信仰而像约瑟夫的婚姻那么烦琐。艾莉莎家本来信仰新教，16世纪时这个老卡林斯贵族家庭曾参与了宗教改革，但据称，这个家族因为在星期五吃了肉食而被驱逐出故乡奥地利。在流亡中，他们经过了克拉根福特来到维尔茨堡附近的马克特海登菲尔德定居。随着时间的流逝，雷林格一家人最后干脆就皈依了天主教。因此，雷林格家的小女儿艾莉莎和来自信仰天主教家庭的瓦尔特的婚姻从牧师的角度来看一点问题都没有。

然而，1937年涅克曼家族所经历的愉快事件让人感到有些不真实。"在女儿出生的那个晚上，黑暗就第一次敲响了警钟"，约瑟夫在回忆录中这样写道。德国人何去何从，他们在这一刻应该心里很清楚。战争开始了，奥林匹克运动会上的荣耀激励着德国人，使得他们压根就不去问这场战争的胜算有多大。

第七章　我们终究没有生活在历史的书中
——"犹太财产的掠夺人"约瑟夫·涅克曼

柏林。这栋位于夏洛特堡区松山林荫大道的富人居住区，其中2-4号别墅让约瑟夫感到有些像首脑人物的官邸。12岁那年他曾随同父亲见到了胡果·斯缇勒斯的华丽别墅；在他的学徒时代，他也曾被邀请到洛特舍尔特的宫殿去作客。这栋别墅的外部洋溢着青年风格，里面的每个房间的格局宽敞并放置了精心挑选的昂贵家具。约瑟夫被仆人带进了办公室，里面放着一张巨大的桃花心木的办公桌。在办公桌上端的墙上挂着一张慕尼黑绘画王子弗兰茨·林巴赫的幽暗的自画像。约瑟夫·涅克曼跟他的老丈人理查德·布吕克内在办公室等候了大约10分钟后，这栋别墅的主人卡尔·阿姆森·炯尔出现了。

他一开口就跟他们谈到了墙壁上那张昂贵的画像。"林巴赫可是一个伟大的画家，可是他不能画一双自然的眼睛"，他随口这么一提。从他的口气听得出来，他完全是按照自己的审美标准来收藏的。炯尔这个人在事业发展的道路上创造了令人难以置信的成绩，而且不仅仅在商界拥有盛名。白手起家的他后来成了重要的服装、内衣生产商和邮递送货销售人。而这一切都完成于短短的10年里，即使是在种族迫害的黑暗环境里。

炯尔是一个犹太人。1938年7月11日会见约瑟夫·涅克曼的这一天，他的公司排在维特·威登公司、万乐公司、舍普林公司之后，位列第四名。为了使大家对这3个企业有充分认识，在此需要引用一些数据作为比较。

来自威登的约瑟夫·维特最初只是一个木匠，1907年他从姐姐那儿继承了一桩殖民地生意，他开始作为上门推销员随身带着一个筐子满世界地跑。他的儿子因此能够接受大学教育，后来成了商业顾问。1934年他拥有了自己的工厂和运输部门，员工达到5000人。1937年他的经营额达到8900万马克，他从中拿到的多于50%。在德国的纺织行业里，他的第一无可争议。他的公司的竞争口号似乎顺理成章：要买内衣就到维特。

古斯塔夫·施克唐茨于1927年在巴伐利亚的菲尔特建立了他的邮购货物帝国。按照新的购买形式，他没有将自己的名字作为公司名字，而是直接取名为"万乐"。1938年该公司的邮购顾客共200万人，年营业额达到4000万马克。

威廉·舍普林排名第三，在他使整个巴登地区的纺织工业完全依赖于他以后，又购买了一些工厂，这让他感到极为满足了。

卡尔·阿姆森·炯尔算是创下了纪录。在10年中他突破纳粹党行政上的种种阻碍，为自己赢得了85万人的顾客量。这些顾客大多来自德国北部地区和德国最西部的地区，如梅克伦堡、波莫瑞、萨克森、东普鲁士。信仰的不同对销售也起着不小的作用，在一些把信仰看得不是很重要地区或是在新教主导的地区，反犹太人的种子就不像在天主教地区一样四处生根发芽。再者，新教徒们在过去的历史中也曾遭受过迫害，因此，他们对待别的信仰和种族都抱着比较宽容的态度。炯尔还有一个特征，那就是"只要价格合适，新教徒甚至可以跟魔鬼成交"。在犹太人的生意圈子里都这样打趣说。

卡尔·阿姆森·炯尔的公司发展史值得被详细地描述一番，因为该公司与涅克曼公司形成鲜明的对比。炯尔没有一个富足的做煤炭生意的家庭作为基础，炯尔夫妇在1927年时手里仅有省吃俭用存下来的1万马克，在此之前他们曾像维特·威登一样做纺织批发生意。炯尔贷了一些款开始干起了货物邮购生意，生意一下子就兴旺起来。炯尔生性吃苦耐劳，最初他自己连一辆车都没有，他和他的太太梅塔在家中把货品装好箱，封好，然后用一个小木车把它们拉到邮局寄出去。

他们从销售床上用品和白色内衣开始，后来又扩大到围裙、衬衫和办公用具。市场的需求很快让他们感到必须建立一个自己的制衣厂，生产美国流行式样的衣服。金发女演员简·哈洛夫曾身穿一件修身的、带着精细皱褶的衣服，这件衣服就是她让人按照好莱坞的影星爵·克劳福德穿的衣服复制的。

炯尔是第一个在邮递送货中加入了新款式的人，这项成功给他带来了不菲的收入。生意开始的5年之后他的营业额就达到了8000—1.2万马克——这可是月营业额！在炯尔的制衣厂内拥有3条美国森格公司的流水制作线，它们穿梭在裁缝、缝纫工和熨烫工之间。

炯尔倒霉就倒霉在他偏偏把公司安置在了纽伦堡，而纽伦堡当时是"反犹太运动"的主要城市。在这座城市里，掌权人是臭名昭著的尤里斯·斯特莱歇，他是帝国反犹太人的头号人物，也是《狂飙周刊》的发行人。1923年该周刊以它梦魇般的标题"犹太人是我们的不幸"出炉，一下就卖出了10万份。让人感到惊讶的是，炯尔的生意居然能在这个对犹太人充满了怨恨的气氛中繁荣起来。

可是事态的发展日益严峻。1933年起，尤里斯·斯特莱歇当上了地区领导，这使得他开始对德国南部的经济政策起着决定性作用。因此，1934年夏天，炯尔开始收拾起自己的生意，搬迁到柏林去，当时柏林的政治气候还比较温和。纳粹党在1932年的大选中在这个地区没有获得足够的选票，除此之外，当时在柏林还有一个律师组织，他们在奋力地捍卫着犹太人的权益。这个律师组织最初跟帝国的一些部长们关系不错，加之他们能直接跟当时还是普鲁士总理的赫尔曼·戈林取得联系。

戈林是一只狡猾的变色龙，他的为人方式总是让他的谈判对手感到极其不舒服。埃米尔·哈卡，后来纳粹在捷克的波西米亚和莫拉维亚设立的所谓保护区的主席，他对此的表述最为贴切："戈林看着我时就像一个女人，眉目和声音之间透露出一种风骚，在这个人那里你永远不知道你是怎么回事。"戈林觉得什么事都得由他来过问，希特勒曾表示戈林是自己的接班人，这让戈林越发心猿意马。

再也没人能像戈林一样会耍如此恶毒的花招了。1934年，戈林向犹太商人的中间人许下承诺，条件是他们资助戈林的经济计划。戈林假惺惺地表示，他会尽最大努力维护犹太人那些成功的企业，尽管这些企业受着严格规定的束缚，但最起码他会让犹太人继续掌管自己的公司。这其中的一个条件是这些犹太企业必须有一个正统德国血统的人作为联合股东，这样一来，奥拉宁堡大街上的犹太律师们感到有了一定的保障，并期望"在消除了这些形式上的困难以后，今后与希特勒的合作也是有可能的"。

一个自欺欺人的愿望

炯尔当时就身处在这样的蛇蝎窝里。在此期间他还极度信赖着一个人，这个人曾经表示要利用自己所有的认知和能力，不负自己的良心去保护纺织业的最大利益。这个人就是弗里茨·提尔曼，他不仅是纳粹党党员，还是市议会会员和地区荣誉经济顾问，拥有自己的布厂，他的誓言对炯尔来说是一种保障。1934年，奥林匹克运动会在柏林举行的前两年，这个西方世界第三大都市似乎仍然是像炯尔这样规格的大公司发展的热土，在这里他们起码能够回避像尤里斯·斯特莱歇这样疯狂人物的攻击。

持有同样希望的不止炯尔一人，这期间越来越多的犹太企业搬到了柏林。1935年中旬，炯尔这个敏锐的弗兰肯人在柏林吾特利希大街租下了整整一栋大楼。他在此弄到了最新的物流设备，并具备了包装和运输的必备条件，这样他的公司在货物邮递的生意上就拥有了最现代化的设备和条件。这个地段紧挨着铁路，给公司带来了便利，使得这个新的企业更具竞争力。只是因为尤里斯·斯特莱歇严禁给炯尔公司发放工厂搬迁许可证，炯尔不得不把自己拥有3条流水线的制衣厂留在纽伦堡，这其中包括大约200台美国森格公司所产的机器和150名员工。

在柏林，炯尔的生意一开始比期望的要成功得多。他又重新扩大了公司供货商品的范围，并按照美国范例将商品目录册部分用彩色印出，色彩画面让时髦的衣服更光亮，更具有诱惑力。炯尔自己亲自设计目录的每一个页面，每天为此工作到半夜。他的坚持和勤奋换来的是：到1937年年底，他的公司的营业额增长到近100万马克——这可是一个月的营业额！

然而，炯尔还是没有未来。实际上，布厂经理弗里茨·提尔曼跟戈林的交涉也只是一个宽限期，纳粹党机构不允许有任何例外，犹太人要经历的痛苦正在步步加深。他们受到"雅利安人"供应商的抵制，政府又不准他们发放任何有关的广告。他们寄出去的货物必须在黄色的箱子上面用黑笔写上一个"J"（犹太缩写），他们被排斥在所有经济组织机构之外。犹太人不断被逮捕，受到无休无止审讯的折磨，审讯的过程可不像盖世太保审讯约瑟夫·涅克曼那么简单。

一个可以对付所有状况的银行

1938年4月26日，德国政府通过了一项决议，即犹太人必须申报自己所拥有的超过5000马克的资产。卡尔·阿姆森·炯尔这时不得不放弃，为了避免他的企业遭到强制性停业，也为了尽可能地赢得更多的时间以便自己找到一个可以接受的购买人，他首先悄悄地去找了他最信赖的人弗里茨·提尔曼，就出售自己公司的交易请他私下帮忙，这项交易的另外一个中间人便是哈迪银行有限公司，约瑟夫的老丈人也是该银行的客户。

炯尔和约瑟夫在此之前从未邂逅，相互之间也没有任何社会交往，他们只是在同一行业中听到过彼此的名字，炯尔为什么从15个竞争候选人中挑出了约瑟夫，理由已不为人知。约瑟夫认为，这是取决于他的能力，他在自己的回忆录中这样描述道："他（指炯尔）选择了一个来自维尔茨堡的年轻人，一个异常能干的人……"以此理由，炯尔回绝了当时的另外两个竞争人，约瑟夫·维特和古斯塔夫·施克唐茨。

德国电视二台的历史学家古易多·科努普在他的著作《历史》一书中这样推断道："当时仅26岁的涅克曼，在邮递百货这个行业中可以说完全是经验不足，可他是怎么样做到在这时让炯尔按照他的报价出售了自己的公司的呢？"这个答案约瑟夫自己心中是清楚的，这一切也符合他做人的基本原则，即"谁不跟着时间一同走，就会被时间拖着走"。炯尔不像约瑟夫那样能甩出纳粹党证，而约瑟夫不可能傻到连自己的这种优势都看不到，他的交代可谓是让人感到他的玩世不恭而胆寒。

正像谈判购买西格蒙特·卢兹克维茨百货公司时的情形一样，炯尔在谈判一开始就失去了自主权。按照规定，谈判一开始就得由一个正统的"德国血统"来主导,之后一份早已做好了的合同被放到买卖双方面前,并声称"合同中所涉及的实质性问题都由弗里茨·提尔曼进行了审核"。古易德·科努普得出以下判断:"在这种特殊情况下,炯尔公司的售价被定在230万马克,远远低于公司本身的实际价值,炯尔对此也不再感到吃惊。"约瑟夫提到的合约条款最后的附加条件只能充分地证明当时炯尔是处在一个什么样的被动条件下,附加条件这样写道:"双方达成协议,之后的一切财物结算都由哈迪银行有限公司进行。"自然,哈迪银行在这些不透明的交易中可是一个良好的合作人。

但是,如果炯尔未能很有礼貌地招待客人,他就会觉得很不得体。后来他也没有把一丝苦涩归咎到约瑟夫身上。"所有的一切都是在一种友好的氛围下进行的",公司的交接只耗费了两三个小时。交接先是在炯尔的别墅进行,然后直接转到了在威丁的总公司所在地,在那里,炯尔将公司的领导班子介绍给约瑟夫,约瑟夫把公司的每个角落都彻查了一遍。

约瑟夫此时的心情是复杂的。一方面他对这家公司宏伟的规模和邮递供货所拥有的最现代化的技术感到震撼;另一方面,他怀疑自己是否真有能力实施贯彻自己大胆的计划。最让他担心的是,在不久的将来会爆发战争,使得他的希望完全破灭。

在国家协助下的欺骗勾当

"我的勇气能战胜一切",这是约瑟夫·涅克曼的说法。在炯尔的公司里他在准备好的合同签上了自己的名字。这之后他再也没有见过卡尔·阿姆森·炯尔，"这之后所涉及的一切程序我都只是跟弗里茨·提尔曼协调，他是公司的全权受理人，负责把公司交到我个人手里"，约瑟夫这样写道。弗里茨·提尔曼跟炯尔继续保持着联系，炯尔自1938年5月起手里就没有了护照，那时所有的犹太人在失去护照后手里只有一张用白纸写的旅行证明，白纸代表无国籍，但要获得这样一张旅行证明他们必须付出高额的价格。

1938年9月1日，约瑟夫·涅克曼终于接收了邮递百货公司和制衣厂。在这之前，约瑟夫遇到了几个官方行政方面的困难，在5年前百货商店这样的形式受到攻击以后，邮递送货这种贸易形势也被提出了质疑。"没有帝国有关部门的介入，批准程序将立刻被驳回"，约瑟夫这样声称道，他对这样的程序大肆抱怨，"我去了地区社会管理局、警察局和帝国工商局，每个地方都对原合同做了这样那样的改变，不是改写就是对合同增添了新的内容。"

在战后纠正对待犹太人的流程文件中，大致跟约瑟夫·涅克曼根据自己的回忆所进行的描述相同，有几点如下："在对库存的估价中原本应值20万马克的库存，结果只估价成了5300马克。从当时双方同意的230万马克的售价中扣除了公司责任和供应商义务的费用，我又将50万马克按照约定扣了下来，以防公司在以后有可能会遇到一些现行的索赔。剩余的款项大约114万马克，我转账到了位于柏林的哈迪银行有限公司的一个代管账户上。"

这期间炯尔为了逃命已抵达瑞士，在那儿他徒劳地等待着他的资金到来。约瑟夫向他保证说，他已把那笔款项按照协定付到了指定的户头上，炯尔于是只有通过法庭对哈迪银行有限公司提出起诉。不出所料，纳粹司法机构拒斥了炯尔提出的起诉，理由是炯尔非本国居民。这笔款项究竟去了何处，第二次世界大战之后德国司法方面对此争执不休，最后司法机关得出的结论是：哈迪银行或许并没有私吞那笔钱，事实上，当时身处瑞士的炯尔无法拿到那笔被迫出售自己公司的钱。

跟随希特勒的足迹

1938年在德国掀起了一股真正的消费浪潮，大家觉得这种繁荣一定会转瞬即逝，以后就不会有这种消费机会了。

1938年4月10日，全民表决同意纳粹德国首先与奥地利合并。1938年9月29日，《慕尼黑协议》签署，英国、法国和意大利同意德国军队占领苏台德地区，这意味着，被纳粹分子称为"车臣"的捷克失去了边界大片国土。几个月之后，也就是1939年3月，希特勒政府违背了《慕尼黑协议》，占领了捷克共和国的其余领土并建立了波希米亚和摩拉维亚保护国。

1938年10月3日，希特勒拜访了埃格尔这座城市，捷克语把这座城市叫"海布"。1634年，因为阿尔布莱希特·华伦施泰因在这座城市被暗杀，从此这座城市就背上了"谋杀之城"的臭名。"三十年战争"时期的华伦施泰因元帅对于纳粹分子来说意味深长，因此他们在暗杀发生的那栋房子上挂上了黑红"卐"字旗。在希特勒的问候大会上聚集了大约100万人，他们为这位领袖而欢呼。

约瑟夫·涅克曼跟随希特勒的足迹去赚苏台德保护区的"新帝国马克"。该地区被占领不久，约瑟夫就来到卡尔斯巴德（捷克语叫卡洛维伐利·瓦利），这个地方是著名的疗养胜地，彼得大帝、贝多芬、歌德、瓦格纳和马克思都曾经来这疗养过。约瑟夫在这儿也得到了意想不到的好处：在离边界不远处一个叫贝恩施泰因的地方，他发现了一处闲置的纺织品加工厂，该厂的主人被强制带走。工厂的工人们都是捷克人，他们被一个叫孔纳德·亨雷的德国新地区领导遣散，这人是有名的狂热煽动分子。这家制衣厂被约瑟夫搞到手，他在后来的几年里将它扩建，后来它的产量为涅克曼的邮递百货生意增加了利润，而且还为希特勒创造了新的生产力。

在德国，人们依然在疯狂地消费。战争的梦魇逐渐蔓延，危机步步逼近。原材料开始紧缺，进口源枯竭，货币都投入了军工生产。一夜之间许多货物都从市场上消失，四处再也买不到棉织品和针织品。约瑟夫在这样的挑战中四处奔波，"忽然之间大家都变成了寻找替代物资的大师"，约瑟夫这样回忆道。

柏林空气中散发的"香槟酒味"

1938年11月9日至10日夜晚发生的迫害犹太人的"帝国水晶之夜"让整个德国震惊。这次有组织、有计划的屠杀主要是针对犹太人和他们的财产。29家犹太人的百货商店被大火焚烧，101座犹太教堂被捣毁，7500家商店被砸烂，3.5万名犹太人被党卫军逮捕送进了集中营。戈林紧接着宣布了一个魔鬼般的提议，即犹太人可以暂时用高额巨款为自己购买"自由"。这位充满激情的"猎人"想就此为帝国再做一桩大生意，他喜欢吹嘘说做生意是他最大的爱好，他提出向受害人索赔：犹太人对此所造成的损失应该要赔偿10个亿。

在约瑟夫的回忆录中也提到过"帝国水晶之夜"。那天他从一家犹太人乐器店路过时，看到商店被捣毁的情况，他感到有些震惊："您真的以为我对此一无所知吗？那该是一种如何强大的摧毁意志，他们竟然能把一架钢琴从二楼的窗户扔到大街上去。"但是之后约瑟夫话锋一转，避开这样的惊悚事件不往下谈，而是说："但是第二天其他的一些事更让我操心，它们会是客户的抱怨，或是一个重要的员工不合时宜地得了病毒性感冒……我们毕竟不是生活在历史书中，书中一切都做了条理清晰的分析，我们只是生活在日常的平凡中。"

历史学家汉斯·莫森专门研究纳粹时期的那些德国企业家，他的论点有几点与约瑟夫在回忆录中所陈述的相吻合："商界领袖们显然太沉溺于日常事务，以至于他们跟政府拉开了一定距离。"莫森总结道："企业家们要迎合当局，在当局的压力下他们也不得不清除犹太人，这些犹太人都是他们之前雇佣的劳工。对于希特勒的军事扩张他们几乎毫无保留地支持，毕竟公司的维护和延续对于他们来说总是第一位的。"

谁要懂得"跟着事件走"，他就会拥有美好的时光。有些梦想是会实现的，就像纳粹党党员约瑟夫·涅克曼的梦想一样，半个世纪后，他依然可以大言不惭地如此表述自己当时的态度："我没有任何必要给自己带来麻烦。政治上我没有任何积极的反对意见，我可没有兴趣当烈士。"天主教徒约瑟夫·涅克曼无论任何时候都是用这种自我赦免的姿态让自己做出重大决定的，首先他给他的太太安娜玛丽制造了一个大惊喜：在购买炯尔公司的同时他也租下了炯尔在夏洛特堡区松山林荫大道的别墅。

别墅所在地的区位相当诱人，接着花园围栏下边就是森林地带。在搬家的时候安娜玛丽要带上她的新钢琴，她酷爱她的这架博兰斯勒三角钢琴。在这个以往充满了荣誉的沙龙中，这架钢琴和3块贵重的大地毯、6块小地毯以及4幅油画构成了一幅和谐的画面，其中一幅油画就是炯尔收藏的林巴赫的自画像。安娜玛丽和炯尔的太太梅塔约定，让涅克曼家族为他们暂时保管他们的这些财产。

"犹太人财产掠夺"的巧妙联盟

直到1939年1月17日，"排除犹太人"的行动才告结束。对这次行动的统计数字如下：1933年在德国还存在10万家犹太人的企业，到了1938年时只剩下39532家；1933年曾经有50万家犹太人的商店，到了1938年6月仅剩下9000家，其中3637家在柏林。在德国不是所有的人都眼睁睁地看着"纽伦堡的种族法律"肆无忌惮地运用且赞同这种僵硬的办法。正如商人霍斯特·克吕格，他曾是纳粹党的选举人，也参加过党卫军，在他的信中有他对这个时刻开始的见证，他的信件在柏林的商会档案馆中可以查到。

1938年4月16日，他在信中这样写道："我实在看不下去了，那么多正统的德国血统的商人、企业家和诸如此类的人在试图以怎样一种无耻的方式侵占犹太人的商店、企业和工厂，他们尽可能地压低价格，恨不得就像破烂一样把它们搞到手。我感到他们就像一只只秃鹫，瞪大了双眼，伸长了舌头猛力向犹太人这块肥肉扑去。"

无论是在德国、奥地利、波兰和荷兰还是在苏台德保护区，犹太人的企业四处都被纳粹党取缔。德国德累斯顿银行和德国商业银行为帝国经济部提供了他们拥有的犹太企业的整个名单。在已完成的那些收购文档中你会发现像黑尔穆特·和藤和欧特克集团这样一些名字。

甚至领袖希特勒也亲自参与掠夺犹太人的财产。档案显示，这涉及欧洲最大的百货公司拥有人阿布拉哈姆·维尔特海姆。他在波茨坦广场有一座消费的圣殿，这座棕榈百货大楼内部用石窟和瀑布装饰，它的广告语是"谁不在维尔特海姆购买，就不会为家中购进拥有价值的东西"。该百货商店的品种既有钢琴、波斯米亚地毯，也有来自巴黎的衣服和香水。百货公司还拥有自己的银行，使得它们的顾客能够直接得到贷款。公司用贷款获得的盈利去投资地产，其中他们投资的一个地产项目被希特勒看中，认为那个地方最适合建一个保护领袖的掩体堡垒。他大笔一挥，这块地就变成他所拥有。

1939年，维尔特海姆一家在最后的时刻逃离了帝国。这个家族的历史随着时间的推移渐渐被淡忘，他们的大部房产和地产都充了公，1945年起这些房产和地产成了民主德国政府的财产。在联邦德国这边，维尔特海姆家族其余

的财产于1951年被海尔提公司收购。维尔特海姆家族后来
生活在美国的财产继承人提出这笔交易不符合法律程序。
1994年卡尔斯泰特连锁百货公司吞并了海尔提百货，成为
该企业的法律拥有人。维尔特海姆家族的一处地产如今是
德国财政部的员工停车场。

　　1997年有关维尔特海姆家的财产所属案又重新开始审
理，犹太人要求索赔会议代理维尔特海姆家族的利益，向
德国这边严正提出进一步确认财产赔偿的要求，要求中也
包含考虑立法的变化对土地财产赔偿的影响。2002年，芭
芭拉·普林茨配——维尔特海姆家族的后继人来到柏林参
观，德国时任总理赶紧亲自跑过去接待她。在美国方面，
维尔特海姆家族向卡尔斯泰特企业提出正式起诉时，根据
新闻杂志《焦点》透露，赔偿金额预计是5.1亿欧元。赔
偿中涉及德国应归还维尔特海姆家族的50处地产，所涉价
值为3.5亿欧元。

《涅克曼商品目录画报》中的军事装备

　　在谈到1938至1939年时，约瑟夫·涅克曼在他的回
忆录中写道："这段时间里我过得很快活。"当时的柏林
生机勃勃，大街上熙熙攘攘，四处都是电影院、餐厅、舞
厅。尽管约瑟夫没有足够的时间来享受这一切，但是这种
气氛足够让他心旷神怡。在此之后，当人们向他提出有关
良心的问题时，他的答复都仅仅是一句话："只有生活在
那个时代的人才能理解这些。"

　　1938年，经济呈现出一种欣欣向荣的景象，约瑟夫仍

相信这不是童话，满溢在柏林空气中的香槟酒气味见证了这个奇迹的存在。安娜玛丽生活在维尔茨堡的时候患着严重的支气管炎，搬到柏林以后这个病症突然有一天便烟消云散了。她主持着一个庞大家族的家政，每天心情都非常愉快，跟她的涅科相处得也很愉快。约瑟夫很重视家人团聚，盛夏时，儿子彼得、女儿爱娃·玛丽亚和保姆以及所有家仆都搬到了柏林。他的老丈人理查德·布吕克内、岳母阿克内斯·布吕克内和安娜玛丽的姐姐莉萝也都住在柏林，除此之外还有约瑟夫的姐姐芭芭拉及其一家人。

圣诞节前夕，涅克曼公司新印了一本商品目录发送到炯尔公司的老顾客处。目录中的价格表为春季价格，仅到1939年4月15日有效。目录抬头上的标志是："约瑟夫·涅克曼服装厂，邮递供货，柏林，吾特利希大街25-27号。"在一个方框里，他让人写了以下保证："如果不合您的意，您可任何时候退换，您的钱我们将会退回，包括邮费在内。"

约瑟夫·涅克曼在回忆自己公司的发展时这样写道："我立刻开始马不停蹄地将我的想法付诸现实，停也停不下来。我增添了成衣种类和缎子产品，这部分有些是自己工厂加工的产品，我还购进了地毯、家具材料和窗帘布料等。"他很愉快地看到"民众、官员和党员同志们都可以毫不犹豫地消费我提供的丰富、价格优惠的产品，因为我的企业是一个正统德国血统所拥有的企业"。就这样，涅克曼公司的邮递供货顾客增加到了100万。

为了自己生产成衣，约瑟夫成立了自己的服装设计工作室，拥有自己的设计师，还在巴黎举行了自己的时装表演，为的是能从那里获得更多灵感。在法国，经过了20世纪30年代的低谷以后，纺织业这时欣欣向荣，许多到了今天仍很受欢迎的大牌子正是在这个时候创立的，比如香奈儿（Chanel）、伊尔莎·夏帕瑞丽（Elsa Schiaparelli）、莲娜丽姿（Nina Ricci）、格蕾夫人（Madame Grès）、纪梵希（Givenchy）、让·巴杜（Jean Patou）和罗莎（Rochas），最后这个牌子是1932年第一家为妇女生产西服套装的公司，约瑟夫觉得他们的设计非常"丑陋"，女人穿裤子极不符合他的世界观。

1939年，涅克曼公司的夏季商品目录是时代的一个反映。整个服装款式好似预言了灾难即将来临一样，商品目录里甚至出现了妇女军事服装，上衣拥有四方形的肩头、金银式拉链，下配短窄裙，头上戴着装饰有羽毛的小帽子，手上戴着短至袖口的手套，这些衣物可以把妇女们装扮成新兵。目录里还提供蒂罗尔地区的一种小帽，这种小帽子是希特勒很钟爱的一款帽子。希特勒喜欢去阿尔卑斯山的贝希特斯加登一带，戴着这款帽子，一身狩猎装扮。约瑟夫还是知道分寸的，"我们的领袖希特勒"的肖像在他的商品目录里可是没有的，这应该是在他太太安娜玛丽的极力反对下从商品目录上临时撤下来的。他们的竞争对手施克唐茨在万乐公司的商品目录里提供带画框的希特勒肖像，非常好卖。

约瑟夫·涅克曼似乎充满了无限的活力和能量，同时也野心勃勃，在希特勒的帝国里有很多像他这样的人。希特勒最青睐的建筑师阿尔贝特·施贝尔在他的传记中给外交部部长约阿希姆的一封信中写道："没有人超过35岁。

这些人在1929年以来感到没有机会，生活在极度的郁闷中，而如今他们就像飞蛾扑火，被幻象和权力弄得癫狂，想尽办法要达到目的。"但是约瑟夫野心的根源不同，自父亲去世后他极度担心自己会有负众望，他似乎把自己整个生活的重心都放在了追逐名利上。他孜孜不倦地、拼尽全力地去证明自己的能力，去接近"维尔茨堡的洛克菲勒"这个称号。

第八章 给工人们的6万条毯子
——跟可疑的朋友做生意

　　主持在柏林的庞大家政事务需要有缪斯女神般的灵感。安娜玛丽放在沙龙里的那台博兰斯勒三角钢琴可不仅仅是个摆设。儿子彼得最初的儿时记忆就是："在我们家里音乐总是不断。"音乐也常常来自于收音机，用收音机收听的都是些很有品位的音乐，如贝多芬、布鲁克内、莫扎特等音乐家的音乐，家中也会一连数小时地播放瓦格纳音乐，涅克曼一家会沉浸在瓦格纳音乐带来的令人陶醉的效果中，很快他们就收集了如《莱茵的黄金》《女武神》《齐格弗里德》等一系列瓦格纳歌剧的唱片。

　　约瑟夫当然也不会错过拜罗伊特的音乐节，在上演希特勒酷爱的瓦格纳歌剧《尼伯龙根的指环》时，希特勒会出现在"绿色的小山坡上"。约瑟夫每天都会读报纸，特别是大众版信息。当时他阅读得最多的报纸是《人民观察报》，后来是《图片报》，读这些报纸可以获得市场信息。从报纸上他能感到时代脉搏的跳动，也能感知社会各阶层的兴趣所在。作为爱车如命的人，他也会关注帝国高速公路的快速修建。在读报时一个标题引起了他的注意，即"齐格弗里德线路"，作为瓦格纳音乐的爱好者，这消息让他不得不关注，但按照他的天性他很快就联想到其他方面。

在"齐格弗里德线路"这个标题下，政府公布了在西部边境上修建防御工事的工程。1936年以来，德国开始在荷兰、比利时、卢森堡和法国边界上修建长达630千米的防御工事，这道昂贵的防线需要耗费35亿马克。防御工事中所建的1.8万个防空洞确实让人深有感触，它告诉国人，德国就是一个无法攻克的大堡垒，从西面要有谁想进攻德国，压根就没门。10万工人被投入到这项工程里，他们每天都在费力地推进工程进度。对于约瑟夫来说，首先跳入他脑子里的想法是："在那里肯定需要大量诸如被单、桌布和内衣之类的个人用品。"谁提供给他们呢？

约瑟夫先是跟他在纺织行业新结交的朋友们聊起这事，试图唤起他们对此的兴趣，可是很快他就得知，他的这些同行根本不愿掺和此事，"我的目标向来都是以灵活性和想象力为先决条件。可在这件事上我却什么都没有"。但是，在接管了炯尔的制衣厂和购买了苏台德地区的纺织加工厂以后，涅克曼公司出现了产量过盛的状况，于是，约瑟夫决定单枪匹马地行动。通过他在德国经济部最高层的关系，他毫不费力地拿到了一个面谈预约，面谈的人是主管西部防御工事建筑的要人，此人便是希特勒的工程师，名叫弗里茨·托德。

弗里茨·托德是防御系统主导工程师。1933年，无论是建筑公司还是相关的技术问题，所有的一切都为他铺垫好了。他既负责修建高速公路，也负责修建军事基地和西部防御工事。为了让他能更好地领导这些工作，他拿到了特别的委任，即所有德国各部门都要听从于他。他的"托德组织"到了1938年时达到了最高峰，手下给他干活的多达八十余万人，大战开始后这些人大多都是强制性劳工。

约瑟夫的嗅觉再灵敏不过了。他跟这个权力在握的建筑"总监察长"可谓是一见如故。这两个人都是想干一番大事的人，也都追随纳粹党，他们彼此无比了解。后来，约瑟夫很喜欢在自己信赖的朋友圈里吹嘘他跟弗里茨·托德是怎么样在生意上一拍即合的。"我们需要6万条毯子给在西部修建防御工事的工人们！""您什么时候可提供？"

随后，他们启程一起去参观"齐格弗里德线路"的巨大建筑工地。在高速公路上，他们谈到了还有可能要做的事。"他的声调里充满了热情"，约瑟夫这样谈到对托德的印象。与托德一起去视察，这给约瑟夫留下了难以磨灭的印象。"建筑防御工事的基地条件异常艰苦，工人们没有任何机器可以使用，但看上去他们建的东西还不错。这一切奇怪地触动了我，因为在那儿要完成的工作异常艰难"。约瑟夫肯定是看到了工人们是怎样用绳子将铁棍、石材和水泥拉上山坡的——这个过程靠的都是工人们自身的力气。他还发现，工人们没有"统一的工作服"，由此他便跟托德当下达成协议，除了给工人们提供毛毯以外，还给他们提供蓝色工作服和保暖内衣。这就是涅克曼和希特勒的工程师进行密切合作的开始，涅克曼这下真正是上了贼船了。

干什么都行，就是不要英勇就义

1939年9月1日，德国开始发起对波兰的进攻，波兰境内四处炸弹横飞、坦克横行。在德国士兵们的大脑里响彻着希特勒的呼声："波兰这个国家拒绝了我所追求的睦邻和平关系的规定，不仅如此，他们还呼吁国人拿起武器。在波兰的德国人被他们血腥地迫害，被他们赶出了家园。通过一系列大国边界冲突的经验，我们得出结论——波兰丝毫不愿意尊重德意志帝国的领土边界，为了结束这一可笑的行径，我不得不采取以牙还牙的方式来回敬他们。"

约瑟夫的弟弟瓦尔特作为占领军的一员也在前线推进。大战前夕，兄弟俩通了一个电话。希特勒的宣传毋庸置疑关系到对这场战争的基本态度，如果说涅克曼家族的这两个儿子在天性上有很大差异的话，那么在此时就能清楚地看到他们已背道而驰。约瑟夫对上前线毫无兴趣，"我怀着苦涩的心情，下决心准备时刻摆脱'英勇就义'的处境，同样，我也决心去履行自己的职责，如果需要的话，可以到第一线去，但是，请不要把我派到前线去战斗"。

瓦尔特·涅克曼对履行一个军人的职责毫无抵触，他属于新一代的士兵，这一代士兵的忠诚不是针对人民和国家，而是针对"我们的领袖和国家总理"，因此，他像所有的德国士兵们一样去为希特勒个人而战。哥哥的一句话一定让瓦尔特恶心了很久，他说："最后总得剩下几个来收拾残局吧。"兄弟俩在电话告别时，约瑟夫把这句话甩给了瓦尔特。

战争开始的第一天对于约瑟夫来说没有什么异常。他依然穿着一件衬衫，戴着一条搭配得当的领带。第二天要穿的衣服总是由他的太太安娜玛丽在头一天晚上精心为他挑选出来。涅科终究是有重要的事要做，他没有时间第二天早上在柜子里翻找自己要穿的衣服。像以往一样，他来到办公室不准时。"手表，他从来不知道有那玩意"。他手上戴的不是计时手表，而是一条安娜玛丽在结婚时送他的金手链。

接手了炯尔的公司以后，约瑟夫不仅拥有了一家德国最现代化的制衣厂，还拥有了一个现代化邮递百货公司。1939年9月1日，约瑟夫可没料到希特勒会在这天发动战争。国内四处散发着对计量配给的恐惧和对国家方针指示的担忧，奢侈品行业首当其冲。实际上，1939年中期，服装生产业就开始缺乏原材料。到了1943年，整个纺织业的产品量下降了整整50%，整个行业在此期间都在生产军装和工作服。到了1943年中期，生产鞋的行业不可能生产出上百种各类时髦的款式，而是所有的厂家只能生产"统一样式的鞋"。

一个商人想要取得巨大成就，首先得拥有识别市场走向的能力，最受用的战略就是：之前做好略有远见的计划。然而战争时期究竟会发生什么？约瑟夫作为一个企业家的直觉告诉他自己，如果一个国家的政府接手了经济，那么这就意味着能够存活的企业只能是让国家感到不可缺少的企业。对于一个企业的领导来说，首要条件就是手里拿到一张写有"不可缺少"，缩写为"u.k."的文件。因为战争中急需补给，而能提供补给的这些人就可免服兵役，就像约瑟夫的父亲在第一次世界大战中所做的那样。

涅克曼的三套马车

此时，当局职位的极速变化已经成为家常便饭。约瑟夫从前的一个死党已不在位，此人便是以前的帝国经济部部长亚尔马·沙赫。1937年11月，沙赫自愿离职，放弃了继续坐在经济部部长的位子上，原因在于希特勒发动战争的意图让他感到很不舒服，他也无法巩固财政状况。后来，约瑟夫在德国电视二台对他的采访中把沙赫称作是"一个了不起的人物"。在那个时期，跟其他德国的企业家们一样，他把无限的希望都寄托在这个经济部部长身上。

此时的经济部最高层人物是一个对犹太人充满了鄙视的人，此人名叫瓦尔特·冯克，是一位博士，但实际上重大的决策权却在赫尔曼·戈林和海因里希·希姆莱手上。

约瑟夫没有什么可担心的，尽管高层人员有了巨大的变动，但他的抽屉里早早地就装着一个高级官员的名单，这些人都是能将他"扶上马背的人"。他在回忆录里也提到过这个名单，但却没有就此做任何评论。其中有3个名字是值得在档案馆里查查的，这3个人便是：弗兰茨·海勒博士、奥托·奥棱多夫和汉斯·克尔勒博士。

弗兰茨·海勒出生于一个慕尼黑食品商人的家庭。1934年，他作为拥有博士头衔的科学家被任命为柏林帝国零售集团名誉总监。1938年他晋升为帝国商会集团总监。弗兰茨·海勒所在的位子是无人可替代的。1923年他曾参加过在慕尼黑发动的"希特勒政变"，曾是该行动的干将，这就意味着，他是获得过"血色勋章"的人。他之后还获得了党卫军冲锋队旅长的头衔。在约瑟夫的回忆录里提到（没有具体提到海勒这个名字），他对这个"专业人士"满怀感激之心。看上去他俩的私交似乎不差。据约瑟夫自己声称，战争快要结束时，他依然感到他与弗兰茨的友谊还保持着难舍难分的状态。

约瑟夫的第二个朋友是奥托·奥棱多夫，此人是纳粹党"久经考验"的战士。1925年，才18岁的他就加入了纳粹党，党证号是6531，这个数字在党内可是享有很高声望的。在经济领域里，他是弗兰茨·海勒的保护人。很快，他便和约瑟夫·涅克曼成交了几笔大生意。

在约瑟夫名单上的第三个人——可以说没有他，第三帝国纺织业就会停滞不前。这人便是汉斯·克尔勒博士。此人出生于1914年，父亲在科特布斯拥有一家针织品生产厂。19岁那年他曾与希特勒有一次邂逅，自那以后他便是希特勒坚定的追随者，纳粹党所有的组织他可一个都没有落下。1933年，他加入了纳粹党，党证号为1878921，之后又成为纳粹人民联盟、德国防空联盟和驾驶兵团的成员。后来，他还成为一名党卫军成员。通过1935年至1937年在美国的实习，他获得了丰富的商业和营销知识，在此期间，他在波士顿还参加了一个名为"科学管理"的函授培训班。他利用自己学到的这些现代化管理知识充分地为纳粹服务。1939年，在他的倡导下，帝国开始发放购衣票，实行定额管制。除了政府部门的工作以外，他还在纺织工业方面兼职，因此，他获得了一个企业家在第三帝国所能够获得的最高职务。1943年他成了施贝尔的参谋长，他的上司用以下的词来描述他的性格："他倾向于将每项任务都无比放大，目的是让一家庞大的公司来操作它。"这也是能跟约瑟夫谈得来的基础。

能跟一个纳粹党物资供销方面的关键人物建立起良好的关系，约瑟夫·涅克曼靠的是他不折不挠的精神。他的第一步是邀请海勒、奥棱多夫和克尔勒这3位先生去参观他在柏林威登的企业，这可是一个纯德国血统所拥有的企业。目的非常明显：他想要把自己的企业推崇为模范企业，以此成为帝国直接的供应商。这并不是说在这方面没有人跟他竞争，只是他的竞争对手们都没他反应这么快，不是每一个人都会像他一样想到第一时间就邀请纳粹官员、党卫军成员、经济领导人和希特勒的伙伴去参观自己的企业。

这些纳粹党要人在参观完涅克曼企业后完全被镇住了。约瑟夫之后形容他们的反应好似在形容一件体育赛事结果一样，在回忆录中他没法回避他获胜的欢呼声："太棒了！我可是帝国第一个这样做的人！"约瑟夫从来不缺乏自信，他有能力向纳粹党要人证实自己是最棒的。对于他的企业里大多数工作人员都是女性这一质疑，他的解释是："战争期间，如果做到让每一个成年男性都能上战场，那么就应该给这个企业加分。"

在邮递百货的生意上，他也考虑到战争的经济优势："如果我从一个地方满足消费者的需求，那么我们只需要一小部分零售商们不可避免遗留下来的商品。"这听上去完全符合中央集权的纳粹经济体系论点，约瑟夫就此想要实现他拥有历史意义的角色，即成为主管全德国衣服的人。

他的意思不仅仅是主管老百姓的衣服："那些帝国经济部的先生们确信，利用这种操作形式就可以挖掘出纺织、服装和鞋类等行业的潜力，这就意味着，所能提供的产品将大大超出私人需求的范围。"像以往一样，约瑟夫总是能先于别人看到大局的趋势，然后去顺应它。老百姓的衣服市场既然缩小了，那么他就去做军装生意，就去生产百万士兵们所需要的物品。这样一来，整个国家就成了他的客户。

对于一开始出现的劳动力紧缺问题，经济部部长瓦尔特·冯克早已有所准备，解决办法就是使用强制性劳工。冯克曾是纳粹党与I. G. 色彩化工集团的牵线人，在这期间他就曾考虑过有关问题。约瑟夫·涅克曼突然就与这些后来的战争贩子们靠得如此之近，这对于他来说是危险的，因为这些人无恶不作：从把集中营的囚犯变成苦力到用氢氰酸毒气把他们毒死，面对这些决策他们从来都没有畏缩过。

欧洲东部的"犹太人财产掠夺"

约瑟夫·涅克曼的关系为他的生意带来了辉煌。他的那些在帝国经济部的朋友都跟他一样，个个野心勃勃，他们都想通过这个新的政治体系向上爬。约瑟夫把自己包装成一个很有利用价值的人呈现给他们，他们自然相应地就把他带进了纳粹德国最高的领导核心。他们开拔到哪儿，约瑟夫就会把他的责任感带到哪儿。在他的回忆录中他也总是回避这样的问题，即他究竟对这个新结的帮派抱着什么样的希望。

弗兰茨·海勒——约瑟夫这个获得过希特勒"血色勋章"的朋友在事业上得到了令人惊讶的发展，之前就已担任了不少职务的他，又被经济部部长瓦尔特·冯克任命了新的职务，这样他的政治生涯又爬上了一个更高的阶梯。自东南欧社团成立以来一直都在冯克的领导下，领导核心位于维也纳。1940年，弗兰茨·海勒接管了这个社团，作为该社团的主席。该社团的任务是协调和领导今后欧洲东南部被占领地区的经济和商务来往。面对这些计划的实现，海勒把约瑟夫算作自己人，拉帮结派的关系就这样不断得到巩固，约瑟夫把自己的生意做得无限大的梦想此时已近在咫尺。

早在东南欧社团成立时，他们就在斯洛伐克、匈牙利、保加利亚、罗马尼亚、塞尔维亚、克罗地亚、希腊和土耳其等国建立了分社。这样一来，德国的反间谍机关、德国国防军高级指挥部、德国战争经济和军火办公室等通过这个组织在各国就有了它们的官方联络人——不是吹毛求疵——帝国冲锋队的参谋部也在其中。约瑟夫·涅克曼成功地让自己成了这个网络中一名极有价值的成员。海勒、奥棱多夫和克尔勒这3人就是涅克曼的"三套马车"，他们使得他能够插足第三帝国巨大的纺织业生意。对此约瑟夫用他的方式，言简意赅地评论道："专业人士随时被需要。"

在此之后，为了在大众面前给自己当时的那种积极性涂脂抹粉，约瑟夫尝试在他的回忆录中写下一些自己的功绩："我那些年的参与为非国营化的生意做出不可忽略的贡献，我毫无隐瞒地说，今天我比当时更为自己感到自豪，自由的市场经济因为我的参与得以保持。"

在波兰里维埃拉度假

几张涅克曼家族相簿中保留下来的照片显示，约瑟夫这个大忙人的家庭生活是幸福的。照片上有：安娜玛丽穿着带条的游泳衣；涅科穿着白色的裤子，戴着一顶鸭舌帽，手上随意地夹着一根戒不掉的香烟。从照片的背景上不难辨认出他们这是在波罗的海皇家浴场的白色沙滩上。在约瑟夫的眼里，乌泽多姆、赫林斯多夫、阿尔贝克、钦诺维茨、巴新和位于海边林荫大道上的"海鬼"别墅等都是够档次的休假地，这些地方都是他当年在斯特庭实习期间乘着弗里特海尔姆·科佩斯的游艇到过的地方。

此时波兰又新开设了一个海边度假地，它位于索波特，当时该地已被帝国占领，这个地方直到1942年的夏天都是海滩度假胜地。这里被称作"东边的蒙特卡洛"，赫尔曼·戈林也喜欢乘着他的游艇在这一带度假，在海湾停着他的霍希豪华轿车，而另一辆霍希轿车是约瑟夫·涅克曼的，在但泽这个地方看不到第三辆这样的车。

在柏林，涅克曼家族新的社交大多只是为了履行职责，他们与罗马尼亚贸易团的大公结下了亲密的友谊关系。

在这期间，约瑟夫为自己雇用了一位司机，名叫瓦尔特·保尔，专门为他开他的霍希V8豪华防震型轿车。保尔为约瑟夫一干就是近30年，他办事认真负责，对上司极为忠诚，这些都是约瑟夫最看重的德行，涅克曼家族的人都具备这样的德行，他们也知道怎样言传身教：他们坚定地向他人传递这样的信息，忠诚一定会得到丰厚的回报。按照这个奖赏忠诚的原则去办，一个企业就能将它们出色的员工保留下来，就能将它们的客户发展成固定客户。

1939年秋，涅克曼公司的第二本邮递百货商品目录发行，这再次给约瑟夫带来了巨大的喜悦。此时针对圣诞节商品需求的工作应已开始，女性睡衣和男性睡衣都缺货。约瑟夫严格遵守他对帝国经济部的承诺，即节省原材料。那些要放在圣诞树下作为礼物的衣物都需要布票，他注意到，对军备工人的工作服和防护服没有发放相应的布票，因此他到帝国经济部询问此事。这个问题最后落到了戈林那里，戈林对此大概是这样回答的："那么就让工人们用麻袋缠身。"约瑟夫反驳道："但是麻袋也是要用外汇来进口的。"自此以后戈林就知道了约瑟夫这个人。

经济学家维尔纳·迈尔拉森在他的著作《企业家的末日》中解释了涅克曼现象："并不是受过良好教育的人就能获胜，也不是聪明的人就能致富，同样也不是每一个能人都能取得成就，而是一切都取决于机会和时间的有利巧合。门外汉们也许会说，毫无疑问，一个人不能总是采用不公平的方式去追逐利益，即使这种方式不触犯法律。

为了生存，企业家们似乎都希望能利用纳粹政党制度。涅克曼对此喋喋不休地重复着自己'富有良心'的想法，说他只是在履行自己的责任，同时也被自己巨大的幻想激励着，这就是他要'为全民谋福利'。"

第九章　希特勒饶有兴趣地聆听
——对祖国义务的意识

以销售数量来取胜——这是一个怎样欺骗人的说法。约瑟夫·涅克曼将1941年这段时间形容成"一种特殊的混合物，这种混合物是经由商人真正的胆略和类似于政府的作用组成的"。他甚至采用了"鸡尾酒"这个概念——一种混合物，这种鸡尾酒在特定的政治环境下有着"不可忽视"的作用，现实情况咄咄逼人，约瑟夫举杯感叹道："限量供应可以让商人破产。"

我们对约瑟夫的这一轻松比喻不禁要问：是谁帮他来调制这杯后劲十足的鸡尾酒呢？这种鸡尾酒包含了哪些成分？来吧，看看那些坐在帝国经济部和纳粹党组织里的幕后操纵者吧。

一号操纵人

黑尔贝特·腾格曼，这个名字跟德国的一个超市名字相同，但此人跟它没有任何关系。作为纺织工业代表，腾格曼被任命为零售行业经济团体主席，那时企业家作为专业顾问挤进帝国政府的现象很普遍。在其位上，腾格曼并未留下任何事迹，除了把自己扮演成约瑟夫积极主动的支持者。二战以后他俩的关系中断。1948年开始作为约瑟夫秘书的戈塔·森格在听到这个名字时摇着头说："我对这个名字一无所知。"

二号操纵人

格奥克·卡克，此人的父亲曾拥有一家针织品制造厂，后来倒闭，之后以"犹太人财产掠夺"的方式购买了海尔提百货集团公司，然后不断向上爬。与约瑟夫相比他要省事得多，因为在购买海尔提百货集团公司时，整个德累斯顿银行都参与了"犹太人财产掠夺"。格奥克·卡克被德累斯顿银行认命为海尔提百货集团公司的总裁。从1939年到1940年间，卡克以两次分期付款的形式买下了海尔提百货集团公司的其他股份，成为海尔提百货集团公司唯一的拥有人。

在战争中，卡克的生意做得很好，公司因此毫无疑问地幸存下来。这之后他胃口大开，生意越做越大：1951年，卡克并购了维特海姆百货集团公司；1953年成立海尔提家庭基金会，以此来为自己涂脂抹粉，通过这个基金会他们的资金也就逃脱了税收，百货商店的所有盈利都流进了基金会的口袋里，基金会持有海尔提百货集团公司97.5%的资金。二战之后，卡克跟约瑟夫就再没有了生意上的来往。"出于友谊，卡克时不时会参加约瑟夫组织的舞会"，戈塔·森格说道。格奥克·卡克害怕在公众场合露面，他于1972年去世，享年84岁，被自己的基金会推崇为推进教育发展的人。由于基金会众所周知的历史背景，其所倡导的基本原则就尤为重要："并不是仅凭智慧就能体现一个人的天赋，天赋的体现来自一个人的三方面的综合，即是一个人的个性、能力和执行特殊任务的素质。"

三号操纵人

奥托·奥棱多夫——阿尔贝特·斯贝尔将他形容为"搞阴谋诡计的大师"。奥托·奥棱多夫来自布劳恩斯维格附近的何内克格森，家族世代务农，他曾就读于哥廷根大学，修法律和政治专业。纳粹党上台时，他正好在基尔大学任教。1934年，他任职于柏林实用科学研究院，为部门领导。1936年，他调到党卫军的安全部门，在此岗位上他曾完成过许多重要的任务，其中就有与德国政治气氛相关的"帝国报道"。作为帝国集团贸易的市场研究成员，他在这期间开始跟约瑟夫有所交往。两个人一见如故，因为他们除了有生意这个共同的话题以外，还有一个共同的爱好，这就是骑马，约瑟夫和奥棱多夫都是冲锋队的骑士。

约瑟夫称赞奥棱多夫为市场的维护人："他对国家社

会主义期间的贸易机构增长做出了很大贡献，使得贸易能够在这期间保持它的独立性，阻止了那些管理国家分配机构的门外汉官员使其退化。"约瑟夫认为，奥棱多夫的勇气可嘉，他勇敢地公开批评了戈林计划的负面影响，实际上这背后只是戈林和希姆莱的权力斗争。奥棱多夫是站在希姆莱这边的，他试图隐瞒自己的立场，他提交了《有关维护国家权威和维护同一群人的私人利益的报告》作为妥协。由于奥棱多夫对戈林的批评，他不再被戈林重用。直到1939年，奥棱多夫被莱因哈德·海德里希重新启用，被安排在党卫军安全部（海德里希本人对骑马同样也充满了激情）。

约瑟夫在柏林接收了炯尔的邮递百货公司和制衣厂以后，与奥棱多夫的关系变得密切。奥棱多夫曾证实掠夺犹太人财产的约瑟夫具有很大的潜力，不久奥棱多夫给约瑟夫帮了一个大忙：约瑟夫·涅克曼作为纳粹党成员收到了一封党卫军武装队的征兵信。"海勒和奥棱多夫俩让这封信作废了"，约瑟夫这样写道。

1941年6月底，奥棱多夫被派到苏联，这个命令是他的提拔人、党卫军最高领导人莱因哈德·海德里希亲自给他下达的。海德里希成立了4个别动队，担任"最终解决方案"的总头目，这4个别动队分别为A、B、C、D，A别动队位于北边陆军部队所在区域，B别动队位于中部，C别动队位于南部，D别动队位于东部。奥托·奥棱多夫被任命为D别动队的最高长官，他的这个位子表明他必须为被残杀的9.2万名犹太人、辛提人、同性恋者和共产党人负责。1942年6月4日，莱茵哈德·海德里希作为波西米亚和莫拉维亚的帝国主义分子在布拉格被谋杀，此后奥棱多夫又回到了柏林，他的"民意调查"的专业能力再次得到发挥，成为帝国保安总部三局（德国生活领域）的领导，他在这个位子上一直干到1945年5月23日。

奥棱多夫与约瑟夫联系频繁，因为约瑟夫作为帝国经济部的协调人常常要跟党卫军打交道。据档案资料馆的资料显示，约瑟夫同奥棱多夫的关系非同一般，奥棱多夫的名字在约瑟夫的回忆录中像一根红线贯穿了二战时期，约瑟夫甚至谈到一次他们肩并肩在轰炸中幸免于难的事："轰炸留下的残骸难以形容，奥棱多夫手里捧着一个同事的头——一个跟身体分了家的头。"

在奥棱多夫被盟军逮捕之前，约瑟夫还跟他碰了个面。约瑟夫在他的回忆录中用一种极为震撼的心情描述了这次会面："他朝我走过来，二话没说就恳请我战争结束以后照顾他的太太和孩子。""这究竟是怎么了？"奥棱多夫隐晦地说："因为我干了一些要对其负责的事。"

奥棱多夫成为约瑟夫的一大包袱，这是他后来通过纽伦堡审判才得知的。据报道人描述，奥棱多夫犹如"一股极地的风刮进了法庭"。在法庭上，他用精确清晰的表达、准确无误的句子，声音不带一丝颤抖地陈述了他在乌克兰根据命令实行的大屠杀。

奥托·奥棱多夫，这位涅克曼的顾客、支持者和知心朋友，作为战争贩子被起诉和关押。1948年4月10日被判死刑，于1951年6月7日在位于莱赫河畔的兰德斯堡监狱里执行。奥棱多夫在监狱里的信后来被公开，在他的信中，他为希特勒制定的反布尔什维克主义的战争方案辩护，使自己的罪行相对弱化。

　　奥棱多夫作为大屠杀罪犯被处死后，约瑟夫的秘书戈塔·森格感到极为震惊，她表示："他可是一个受过教育的人，而且还是一个拥有宗教信仰的人……"约瑟夫对此叹着气回答道："知人知面不知心啊。"

衣物的垄断

　　在与这3个人的密切合作下，1941年年底，涅克曼成立了一家中央仓储服装集团公司，这家公司的缩写为"ZLG"，股本为200万马克，由涅克曼和卡克两家各出100万马克，两家享有同等利益和权益。出任该公司总裁的是黑尔贝特·腾格曼。腾格曼把他在纺织工业的专业知识用于对公司的管理，这些知识是像约瑟夫这样的新手所欠缺的。卡克的任务是把纺织工业领域的那些元老请出来加入这家公司。约瑟夫在这个行业还不太有资历以得到大家的信任，但是他那丰富的想法和洞察力却为公司的发展起到决定性的作用，他为公司带来了至关重要的党卫军决策人奥托·奥棱多夫，此人是ZLG公司"沉默的"伙伴。

　　这家公司从国家那里直接拿到订单。约瑟夫是这样解释操作方案的："ZLG公司通过帝国的相关部门了解对服装有需求的客户，得知他们具体需要什么、需求量多大、什么时候交货等。在与帝国经济部达成协议以后我们便将任务分派给相应的纺织企业来生产原料并完成产品制作。产品要么交到我们的外部储蓄点，这样的储蓄点我们大约有30处，要么直接运到交货地点，对此我首先考虑到的是我们的批量和零售商店。售货一方可以在我们要求的价格上增加15%，然后他们就可以将产品出售给持有相应购货券的人，这些购货人首先应该是企业的领导。"

按照这样前所未有的模式，约瑟夫·涅克曼成功地进入了纳粹政党体系。他的这一想法十分狡猾，为了让公司有生存余地，他钻了不少政体的空子。这一组织结构包含了垄断：他们垄断了从军队到地方的需要，从民众到强制劳工的需要——只要涉及衣物，无论是什么地方、什么人。这就是说：所有对此的需求都要经过帝国衣物管理处，而管理处又将这些需求交给ZLG公司去办理。

是谁坐在这个帝国衣物管理处的头把交椅上呢？是约瑟夫·涅克曼本人！他的办公室和秘书都在布达佩斯大街上，约瑟夫身处在国家中的王国里，他是一个未被加冕的纺织业的国王。

对于所有的订单，ZLG在价格的基础上增收8%的附加费用。照理说，帝国衣物管理处应该把订单的生产任务平均分配给各家纺织企业，但是这些企业要能参与其中就得在约瑟夫那里申请。而约瑟夫无耻地把订单的生产权全部分派给了自己的企业，这样一来，他就为自己降低了竞争的风险。"我们的企业已被帝国视作是战争中重要的企业，帝国纺织部给我们特批了所需的所有原料，我们将以最快速度根据订单生产出产品"，约瑟夫高兴地叙述道。

奥托·奥棱多夫——这个幕后人为约瑟夫出了不少主意。作为国家安全部的"民意调查人"，他最了解有关原料来源和运输的信息。这期间运输的问题层出不穷，ZLG公司需要一个帝国铁路局的联络人，而帝国铁路局就是由奥棱多夫所建立的。约瑟夫与他的合作可以说使得一切顺理成章。约瑟夫在他的回忆录里也提到在这种合作下的成果："15万件为东边战线制作的工作服——这个订单落到了ZLG手里，如以往一样，一个任务的完成又牵连出另一个任务的出现。只要你身处在这一合作关系中，你肩上的任务订单就会不断增加，对此你不该感到惊讶。我对此也没什么可抱怨的，这些任务都是我所期望得到的。"

德国国防军的冬季制服

ZLG公司的第一个大项目应该也是通过良好的关系促成的。弗里茨·托德是希特勒的建筑大师，自那次为西部防线提供毛毯的措施以后，托德深受希特勒的信赖。1941年年底，他到东部前线去出差考察。在这次考察中他发现帝国国防军的冬季装备极为匮乏，德国士兵们根本就没有为寒冷的冬天做好准备。自1941年6月22日闪击苏联以来，德国国防军的高级将领们大概陶醉于这样一种幻想之中——要到莫斯科去欢庆圣诞佳节，尤其是希特勒所提及的"闪电战理论"也为这种幻想提供了根基。寒冬突然降临阻止了部队推进——这一幻想完全破裂了，德国国防军陷入在冰天雪地之中。

而另一边，苏联红军为寒冷的冬天配备了厚棉衣，士兵们把棉衣直接穿在内衣外边保暖，在棉衣外边再套上他们的制服。德国大军幻想这种让"伊万"——这是德国国防军针对苏联红军的代名词——保暖的棉衣，等他们占领了莫斯科以后肯定就能在兵营中或是仓库里拿到，正如拿破仑时期是通过"以战养战"得到补给一样。因此，抱着这样的幻想，德国国防军的士兵们只配备了军大衣，约瑟夫对此军大衣的专业评价是："即使是在干燥的环境中，这种军大衣也富有一定重量，它让人行动不便。一旦遇到下雨，这种大衣就会大量吸水，穿着它就像全身灌满重铅。"

认识到这一点后，约瑟夫赶紧给自己在东线的弟弟寄了一件皮大衣。根据军队的等级制度，这种防雨的皮革外套在军队中只配给高级军官，而约瑟夫靠他的关系可以为自己的弟弟搞到这些东西。瓦尔特·涅克曼后来跟他的儿子彼得和女儿玛勒娜谈到，哥哥当时送给他的礼物简直是无价之宝，起到了难以估价的作用。玛勒娜·涅克曼回忆道："我父亲坚信，那件皮大衣救了他的命。这件大衣在战争结束以后还像一件圣物一样在柜子里挂了很久。"

约瑟夫看到德国国防军士兵的冬天装备是如此不堪，他在回忆录中描述道："在新闻中我看到德国士兵穿着长达脚踝的大衣，白雪覆盖在大衣上。他们从一个山坡上跑下去，摔倒了，这是被他们自己的大衣给活生生地绊倒的。"

出于他的天性，他考虑事情总是先人一步。他很快找到了弗里茨·托德，跟他谈起自己有关给国防军士兵配备有效战斗制服的想法。考察了东部前线情况的托德自然同意了约瑟夫的意见并命令汉斯·克尔勒立刻成立了"防冻委员会"。负责帝国贸易的专员汉斯·克尔勒参观过约瑟夫从炯尔那儿掠夺来的工厂，这令他难以忘怀，自那以后他就认为约瑟夫不简单。以此为基础，克尔勒充分信任约瑟夫，由委员会成立3个调查组，委托约瑟夫处理相关事务。

第一组人立刻开始做市场调查，他们到前线去访问德国士兵并研究缴获来的苏联士兵的棉衣。

第二组人把纺织行业的原料生产工厂厂长召集起来，厂长们必须研究出一种新的布料，这种布料应具备高度防寒、防风、防雨和防雪的功能，研究出来以后他们还必须在最短时间内生产出这种布料。在这个研究小组中有一位化学专家瓦尔特·克林穗尔，此人成功地用丝绵替代棉，再加上一层防护层制造出了防水、防寒的面料。他研发出来的这种防水透气面料与我们今天使用的格尔斯特面料用着共同的特质：防水，防风，最重要的是透气性很好。利用这种材质制作出来的衣服经过实验，在零下50摄氏度的温度下都不会断裂。无疑，这是在困境中具有创造性的发明。

第三个小组由约瑟夫本人亲自领导，在他这儿，所有的研究和实验成果都被集中起来，样品和包装系统都得以落实。之后要做的是把握生产和控制，使得产品在规定的时间内能按时交货。时间紧迫，交货时间规定在第二年，即1942年的1月。300万件冬天的军用制服——在这么短的时间内要完成这样规模的生产任务，在今天来看依然是不现实的。样品什么时候才能得到领导层的批准和祝福呢？

涅克曼的幸运

1942年2月，除街道建筑总监、水利工程总监的职务外，弗里茨·托德又兼职了军备总监，他乘飞机前往位于东普鲁士的拉菲斯堡，为了向领袖指挥部做一个中期报告，可是飞机在即将降落时坠毁了。有人猜测，这跟一项谋杀希特勒的计划有关，可这项计划碰巧实施到了弗里茨·托德的头上，要了他的命。约瑟夫本来也应该坐在这架飞机上的，他之所以这次没有同托德一起前往，是因为这期间冬季军队制服的相关事宜还没有完全敲定。他把去希特勒那儿的行程改成了带着军服样品奔赴东部前线——位于芬兰和苏联之间的卡累利阿，这里极冷，驻有一支部队。"他们对这种防寒制服的评价很积极"，约瑟夫这样写道。

按照约瑟夫的说法，最困难的是"要把这件事在国防军中作为秘密任务去完成"。军方不想被政客们愚弄，因此自己也在开发冬季制服。可是没有不透风的墙，一天午夜时分，约瑟夫在他位于吾特利希大街的公司办公室里受到了质询，一队战时宪兵带着一张即刻传讯令来到他的办公室门口。约瑟夫手上那张"不可缺少"（u. k.）的文件立刻被销毁，他随即被塞进一辆车里，被带到了军营里去服紧急兵役。此时就可以看到约瑟夫的关系网是怎样有效地发挥它的作用了，第二天约瑟夫的秘书立刻将这一事件报告给相关部门，阿尔贝特·斯贝尔——弗里茨·托德的后继人很快发话，几个小时以后，约瑟夫就被释放了。

给主席克尔勒先生提供的笔录

涅克曼先生刚才打电话过来提到以下事例：因为约瑟夫·涅克曼生于1912年，因而他去年12月自愿报名参加了党卫军。但是监察委员会之后来到他的公司，通知他不用去党卫军服兵役，这是因为帝国经济部给他下达了为中央仓储服装集团公司工作的任务（克纳科先生和艾格布莱希特先生都是知情人）。今天，军事指挥部发布了命令，突然把他带走，他被告知他得马上服兵役。参考上述事实，他在本月20日以前必须到部队去报到。传达这个命令的少校说，在他本人来看，约瑟夫是属于免服兵役的人，但让他服兵役的命令可是最高长官下达的，他当天还得对此写一个约瑟夫已被征召入伍的报告。一个在场的中士认为，约瑟夫肯定在高层有很好的关系。

约瑟夫·涅克曼在他的回忆录中证实了这件事，对此他表示："战争爆发不久，我就曾被通知去服兵役，在党卫军中。有关我的资料在军事指挥部和德国安全总局之间传来传去。在事情被定案之前，弗里茨·海勒和奥托·奥棱多夫就用一个巧妙的方法让我的资料消失了，自那以后我就再没有被打扰。"这话没错，但有一点约瑟夫却没有提及，这就是：他为什么自愿报名参加了党卫军。

阿尔贝特·斯贝尔，这个约瑟夫的"救世主"也是新的德国武器弹药部部长，他接管了弗里茨·托德手中所有的事务，其中包括防冻委员会的所有文件。从卡累利阿回来之后，约瑟夫就马不停蹄地向斯贝尔汇报了有关对防寒、防水、透气制服的检验结果，他这次又遇到一个知音。他们让党卫军来做这个实验，目的在于无须等待军方最高指挥部对此的确认就可以立刻开始生产。为了纺织出150万件军服所需的材料，纺织机全速运转；为了使材料能够防水，制作中需要100升黏合剂，这种黏合剂能使布料双层防风、防水。军装外面是野战灰的掩护色，里面是白色，根据需要两面都可以穿。

他们选择了位于汉堡的詹姆斯·克罗本堡厂对制服进行裁剪制作。这个厂家以缝制精细而闻名，是生产高端时尚服装的专业厂家。克罗本堡厂在缝制该军装时还加入了一些让人刮目相看的工艺，他们用多股丝带交织成的线和长纽扣为军装制作了纽扣，目的是让士兵们能用冻僵的手或是戴着手套的手轻松地解开和系上纽扣。和该军服配套的还有相应的手套，手套的大拇指口和食指口是开着的，以方便士兵们使用武器。简言之，克罗本堡厂家在很短的时间内生产出了样品。

在紧张繁忙的工作中，约瑟夫几乎忽略家中增添了人口。1942年3月30日，约瑟夫的第三个孩子来到人世，取名叫约翰内斯。这个小儿子正如后来涅克曼家族的仆人克拉拉·鲁普证实"被骄纵得很厉害"。还在摇篮里，他就受到了瓦格纳《尼伯龙根的指环》的熏陶，在他的潜意识中已形成了对音乐的固定爱好。

带着军用制服进入狼穴军事总指挥部

在东部前线的士兵们一批批被冻死，而在柏林却洋溢着良好的气氛。政治宣传如雷贯耳，前线的英勇战绩频频传来。纳粹党在各类物品的限量供应下尽可能地使民生看上去正常。希特勒指派导演威特·哈尔岚正要将《伟大的国王》这部历史史诗搬上银幕。作为导演，他得到了最大可能的支持和一笔巨款。例如电影拍摄中他需要5000匹马，实战场面他需要无数士兵，在党卫军将军库尔特·达旅格的号令下这些都不成问题。这部电影的主要角色由德国当时红极一时的演员饰演，如克里斯蒂娜·松德宝姆、保尔·维格纳和古斯塔夫·弗吕利希等。这部巨作的目的是要引发观众去思考德国当时的处境，电影展现了一个孤独的、屡次遭受败仗的国王，他不听他的大将们的建言，执意将战争继续下去，终究赢得了战争。电影最后的结尾词是希特勒亲自写的："谁要是质疑战争的胜利就是最大的背叛。"

在狼穴军事总指挥部展现新制服的日子定在了1942年4月20日。这是阿尔贝特·施贝尔的主意。这一天是希特勒53岁的生日，在这一天他应该得到两件礼物：上午希特勒会看到新制服，下午向希特勒展示新型虎式坦克——这款坦克被期盼已久，尽管所有的征兆都指向厄运，但"伟大的国王"利用它应该能赢得这场战争。在这个重要的历史时刻，希特勒在狼穴军事总指挥部大摆宴席庆祝自己的生日，在长长的餐桌上约瑟夫也获得了一席之位，他乘着JU-52型运输机到达此地，此后他时常乘着这种传奇的飞机飞往各地。

"您在我的办公桌上干什么？"一个突然进到房间里来的人问道，当时约瑟夫正在把他带来的东西在桌子上铺开。如约瑟夫在他的回忆录中所描述，说话人的声音听起来是友好的，甚至是有点在逗乐的感觉。约瑟夫在回忆录中把这个人先描述成自己印象中的一个人，而这个人他是在照片上看到过的，知道他是谁。他的特点是带着一副无边的眼镜，约瑟夫说他看上去像个老师。这人就是海因里希·希姆莱，纳粹党卫军的领袖。约瑟夫向希姆莱讲述德国国防军新冬季制服的优越性，在当天接近中午时分，希姆莱要在希特勒面前阐述同样的问题。希姆莱表现出了极大的兴趣，这让约瑟夫感到很意外，也很舒服。他在自己的回忆录中谈到此次见面对希姆莱的印象时，困惑地写道："要是有人在那段时间告诉我说希姆莱在干罪恶的勾当，我是绝对不会相信他的。"

约瑟夫在对刽子手海因里希·希姆莱回忆时，忘了提及他们本来就认识，即使不是直接认识，阿尔贝特·施贝尔给约瑟夫提供的位子就是中间联络人。奥托·奥棱多夫曾是党卫军的旅长，也是约瑟夫的至交和ZLG集团公司的合伙人。作为"民意调查人"，他直接将自己写的报告交给希姆莱。所以，他们都是在同一个圈子里共事的人，不可能不认识。对此约瑟夫再一次将自己置于跟希姆莱毫无干系的安全之地，把他们的那次谈话描述得那么无辜。

1942年4月20日，狼穴军事总指挥部热闹非凡。据历史学家们统计，希特勒在二战期间总共参加了约1.5万次谈话、集会和会议。阿尔贝特·施贝尔告诉约瑟夫，他的冬装制服展示大约只有20分钟。约瑟夫在头一天——一个星期日里，就做好了一切必要的准备，这天，他让20个希特勒的贴身党卫军士兵穿上了新制服，做了一次排演，然后军官阿尔里德·约德尔也试穿了制服，约德尔表示，这种制服穿起来让人感觉自己是"一个绝对的滑雪爱好者"，正如约瑟夫强调的："此人了解冬季设备的性质。他对衣服的料子做了详细的研究，然后称赞衣服的多用性，特别是衣服两面都可以穿这一点。"

可以了解，为什么约德尔同约瑟夫息息相通，因为他们都是在维尔茨堡土生土长的人，这就足够使他们能在战争期间、在遥远的东普鲁士地区建立好感了。约瑟夫的这位老乡向他保证说："弗里德里希·弗洛姆肯定也会佩服这种制服的，我会帮你使劲。"

穿着白大衣的毒气杀手

在狼穴军事总指挥部那段发人深省的日子里，约瑟夫除结识了希姆莱和约德尔以外，还结识了第三个纳粹党高级官员，这人就是希特勒的贴身医生，臭名昭著的卡尔·布朗德医生。约瑟夫非常欣赏这个人，即使他在后来企图改变他的说辞。约瑟夫写道："他给我的印象很有文化，非常和蔼可亲，让人难以拒绝地喜欢上他。他饶有兴趣地听取了我们的预防措施，即一旦战士们穿着这种冬装制服被子弹打伤时，该怎样防止感染。"

我们不得不注意约瑟夫是在1989年写下的这些句子。他明显地在努力为自己的过去做一种解释。从1985年到1986年，他在多次电视台的采访节目中不得不面对他这些往事。似乎有两个因素对于约瑟夫来说是很重要的，其一，是他想展现纳粹罪犯人性的一面，目的是给自己和纳粹党的纠葛找到一个合理的说法。其二，他想尝试证明自己不是在为二战的胜利而工作，而是在为救人而工作。因此他讲述了一个有关布朗德医生在狼穴军事总指挥部的插曲："他把我带到了一间全挂着地图的房间里，所有地图上都详细标明了战争的区域，在每一个德国师的位子上都画了线条，而在许许多多被攻陷而全军覆灭的地方画了一个叉，表示不复存在了。"

很多地方的战败，原因不光是来自战争的贪婪，而是来源于军事设备的匮乏——布朗德医生兴许是这样向约瑟夫解释的。这个集中营的刽子手医生，他的罪孽要比臭名昭著的约瑟夫·门格勒（纳粹党卫军军官、医师，人称"死亡天使"）大1000倍。约瑟夫又一次为自己辩护，他说："要是我们能在去年就提供这种冬季制服的话，我们的许多士兵就能幸免于难。我们大约在东部前线丧失了100万士兵，其中不少是被冻死的。"这还不够，他还引用了布朗德医生的一句话："这场战争是赢不了啦。"

布朗德如果在1942年就已经意识到了这一点，那么他为什么还继续着他刽子手的勾当？这实在是令人不得不感到吃惊。卡尔·布朗德是希特勒的杀人机器，1939年他就开始启动，作为"安乐死"专家，他让手下杀害了许多系统性精神病患者——他是一个史无前例的刽子手，在他手下丧命的人不下于10万。从1942年开始，布朗德医生就积极地参与了"最终解决犹太人"的方案。作为这项措施的最高领导人，他把指挥部安置在虎园大街4号，从此处他派遣了100个穿着白大衣的杀手前往东部的集中营。在贝尔泽克、苏比波和特勒布林卡等集中营执行该命令的都是布朗德医生手下的同事。这个布朗德使出了浑身的解数往上爬，一直爬到了武装保卫队中将以及帝国医疗和健康服务专员的位子。

布朗德的医生生涯开始于波鸿一家名为"贝克曼舍尔"的医院，他是该院的外科医生。从某种意义来说他跟约瑟夫都出自于同样的环境，即煤矿行业。真的是这一同根性给这两人带来了相互的好感吗？真的是这一同根性使两人在狼穴军事总指挥部展现军用制服的晚上一见如故，甚至谈到了那场战争将要战败的话题吗？或许我们的这位"死神大夫"也跟约瑟夫谈起了他每天都在做的试验，这些试验包括培训专家，教他们怎样对待如肺结核患者、年老体衰者、战争俘虏、吉普赛人、犹太人、集中营里极度虚弱的囚犯以及用纳粹术语来形容的"不愿劳动的分子"，不是都用一针就了结了这些人的性命吗？人们不禁感到，约瑟夫一定把一些在狼穴军事总指挥部访问期间的秘密带入了坟墓。

希特勒53岁诞辰

1942年4月20日，这一天，约瑟夫·涅克曼接触到几乎所有国防军的最高将领和纳粹党的高层人物。他此时与那些纳粹党的将军们和高层们有了密切接触。这些人都不是为希特勒跑龙套的人，而是他最重要的参谋和执行人。在座的有陆军元帅、国防军领袖、指挥部的最高司令威廉·凯特尔，因为他对希特勒的忠诚，他也被称作"拉凯特尔"，在座的还有海军首席指挥官、海军上将埃里希·雷德尔，此人第二年就被撤职，由卡尔·邓尼茨代替；国内军队最高指挥官弗里德里希·弗洛姆，军官阿尔里德·约德尔，党卫军总头目海因里希·希姆莱，党卫军坦克总司令瑟普·迪特里希以及战争总管、"万金油"阿尔贝特·施贝尔等都在其中。

在这些达官显贵中还掺杂着来自重工业的道贺者，他们是因为下午要举行的虎式坦克阅兵仪式而来的。狼穴军事总指挥部看来是充满了愉快的气氛。在来宾中还意外地出现了帝国铁路局的总裁——大约已75岁高龄的犹陆思·朵浦弥勒亲。也许是巧合吧，此人也是约瑟夫·涅克曼的熟人，跟他的父亲约瑟夫·卡尔·涅克曼是老相识，曾一度让卡尔给他们的运输货车提供"高质量的核桃树燃煤"。

这位帝国铁路局总裁的出现是有原因的，这来自于希特勒对铁路不为人知的特殊爱好。自1942年年初以来，整个铁路局不得不在希特勒直接命令的高压下推进希特勒心爱的项目，即修建宽轨铁路。计划修建的铁路应是4米宽，修建的段落是从巴黎到柏林，再从柏林修到黑海旁的罗斯托，最后接下来再修到莫斯科和喀山；南部从维也纳修一岔道通往伊斯坦布尔。按照这个乌托邦式的计划，铁路的终点站应到达海参崴和印度，列车的速度应提高到每小时200—250千米。这个项目被升级到"战时急需"。在1941年至1942年的冬季，帝国铁路局因要为东线战场提供紧急军需，不得不夜以继日地安排车次，实在忙不过来，所以这个项目就被取消了。令人困惑的是，希特勒对他这个狂妄自大的、奔驰越野的计划还亲自做了备注："我希望做一个建筑师，做一个指挥战斗的将军并不是我的初衷。"

再回到约瑟夫的制服展示一事上来，约瑟夫用巧妙的方式来介绍这款冬季制服。他让党卫军士兵穿上这款冬季制服，走上展示台，对此他在自己的回忆录中这样描述道："整个展示过程非常顺利，希特勒饶有兴致地聆听着，希姆莱利用我给他提供的信息巧妙地提出了一些我轻而易举就能解答的疑问和异议。军方的人对此保持沉默，希特勒继续聆听，有几个军官开始研究制服，他们看上去似乎受到了很大触动。我们的冬季制服就这样在所有人的信服下过了关。"

在这个有迫切现实意义的背景下，不得不纠正约瑟夫后来提到的一个说法——他最终没有生活在历史书中。约瑟夫可是这本历史书书写人之一，他同那些极有影响力的人物肩并肩地制造了这些可怕而恐怖的历史场景。中午他同他们一起享受了希特勒的生日蛋糕，晚上又同他们一起共进了晚餐。约瑟夫自己回忆道："餐桌上的相互聊天被希特勒无休无止的独白所抑制，我曾听说过，因而对此有所准备。在饭菜还没有端到我面前时，希特勒就吃完了，然后就没有上菜了。"

正如大家从阿尔贝特·施贝尔那里得知的，希特勒的时间非常有限。在后面的房间里，帝国铁路局的先生们还在等着他的接见。希特勒按捺不住了，他想赶快去为他心爱的东西做点事。直到凌晨希特勒都还在审阅有关制造巨大火车头和车身的计划和图纸，按照该计划，所要制造的巨大火车内部应该让乘客感到是住在一个酒店里，同时这样的火车应该也能够运输庞大的坦克。然而就梦想来说，现实是无比残酷的。在1941年至1942年的冬天，德国70%的火车班次在苏联境内都不得不取消，这种状况同时也给国防军制服的运输带来了不堪设想的后果，国防军司令部的日记中曾有以下记述——因为德国军队在1941年夏天和秋天向前推进时没有考虑到对铁路运输采取相应的冬季措施，所以严寒冬天的到来对于部队来说是非常严酷的。与苏联的战争开始后，希特勒与弗里德里希·保卢斯元帅谈到斯大林格勒战役时表示："我实在不想再听到有关德国士兵冬季供给困难的那些唠唠叨叨的话。对此产生这样那样的担心真是没有任何必要，战役压根就不会拖到冬天。我在此严肃地告诉你们，不许在我面前提到战役会拖到冬天。"

在头等舱的甲板上

约瑟夫·涅克曼在这次军备行动中究竟扮演了一个什么样的角色，荷兰作家旦·范德法特在他值得一提的著作《好心的纳粹》中描述了一个角色，这个角色简直就是在说约瑟夫。他这样描述道，"他在这艘纳粹的巨轮上，但他没有在机房里干事，也没有从桥上发出命令。他只是漫步于头等舱的甲板上。他一会儿跟船员们做生意，一会儿又跟船上的乘客做生意，他只是个彻头彻尾的商人。如果他要有什么可抱怨的话，那么他也该清楚，谁要去赴鬼宴，谁就得跟鬼共舞"（谁要不做亏心事，也就不怕鬼敲门）。

要是约瑟夫·涅克曼在希特勒的生日庆典上饿了肚子的话，那么他是有地方可以去的：在柏林他可以把他没吃上的补回来，他跟他的客户阿尔贝特·施贝尔常常一起去吃工作餐。这个纳粹党领导有一家极其偏爱的餐馆，名叫"赫尔谢"。餐馆的建立人奥托·赫尔谢于1934年带着一种矛盾的心理逃离德国，前往西班牙的马德里，在马德里他又重新开了一家同样的餐馆，这家餐馆在今天的美食指南中依然得到热门推荐。虽然戈培尔在1943年年初为了声援"避免人民被轰炸"的说法，下令关闭了柏林政府大楼周围的所有餐馆，但他却没有敢动这家餐馆，因为这家餐馆是赫尔曼·戈林最喜欢去的餐馆。戈培尔是戈林的头号敌人，戈培尔曾派出他手下的冲锋队用石头砸碎戈林家的窗户，好几次"收拾"了戈林。为了菜单在战争中依然能保持三星级的水平，帝国食品管理部把这家餐馆排除在《餐馆规定管理条例》之外（按照这个条例，所有的禽类、鸟类食物和诸如淡水鱼之类的高级菜品都不许提供），因此，位于柏林的赫尔谢餐馆在整个战争期间没有缺少过野鸡、龙虾和鱼子之类的菜品，这些东西都是从法国征收过来的。"即使价格高昂，但烹饪得相当可口"，施贝尔这样评价道。从他的描述中我们可以看到他为什么跟经济部部长瓦尔特·冯克去那里吃工作餐。"穿着制服的服务员轻手轻脚地为你送上食品，冯克头盘要了一道野鸡肉汤，然后接下来的是用奶油汁烧的嫩鹿肉，与之搭配的开胃酒是莫泽尔地区出色的白葡萄酒，之后换成了温和的勃艮第葡萄酒，配甜食冰糕的是一种陈年的香槟酒"。

约瑟夫这期间很喜欢吃龙虾，后来只要一吃到此类美味，他就会在亲朋好友的圈子里怀念当时战争期间的柏林，怀念那时还能享受的美好的一面。

完成任务

"冬季制服必须在8月底交到国防军的仓库里——对

此我是用自己的头来保证的”，约瑟夫这样写道。这看上去似乎不太可能，战争过去了许多年以后，许多人依然还能因为这次卓越的成就记起“涅克曼”这个名字。

对于千千万万的士兵来说，这种防风、防雨的制服是他们生命最后的救命稻草。1943年2月2日，德国第六集团军在斯大林格勒缴械投降，9万余德军士兵被关进了战俘营——当地的气温为零下31摄氏度。在去战俘营的路上就有约4万士兵被冻死，战后只有约6000名德国战俘回到了德国——这些战俘都是有幸能穿上涅克曼制服的士兵。许多战争结束后存活下来的士兵在20世纪50年代纷纷给约瑟夫·涅克曼写感谢信。约瑟夫在他的回忆录中引用了这些信中的话语：“直到战争结束时都一直穿着这种特殊材料的制服，它非常舒适实用，到了最后我根本就不想把它再脱下来了，因为我害怕，一旦脱下来就会被别人偷走。”另一封信这样写道：“对这种战斗服最大、最重要的考验是在战俘营。我们大约30万战俘被集中在臭名昭著的雷马根战俘营里，战俘们的头顶没有片瓦，大家都待在露天地里，那个地方是一片沼泽地。白天烈日当头，夜晚冰天冻地，而且还经常下雨。许多战友都被冻死，因为他们没有像我这般有一件这样的保暖制服。我的制服为我防寒，为我遮风挡雨。”

约瑟夫·涅克曼对自己的成绩感到无限骄傲，是他组织和领导了该制服的研发和制作，也是他将该项目贯彻到底的。他同时也不断地强调，让他感到最难过的是他们没能在冬季来临前把所有的制服送往前线，尽管他们完成了整个生产计划。许多衣服仍堆积在中转站，甚至还滞留在

柏林。诸如权力之争、拒绝服从、能力有限或是有意破坏
等原因使得生产好了的制服不能运往前线。

　　除了生产军用制服以外，民用产品的生产也在同时
进行。涅克曼公司得以生产80万套利用旧衣服改制的套
装、13.5万条劳动裤、3.4万件男士衬衫以及同样数量的
内裤和女性的短裙。1943年，涅克曼这个名字家喻户晓。
维尔·特棱装——20世纪50年代时曾是导演，后来是明星
周刊的撰稿人，他透露："当时才15岁的他带着一本新印
刷的工作手册来到一家位于科布伦茨莱茵大街的排字印刷
厂，在那儿我得到了一份跑腿的活。有一次我接到任务，
让我出去购买D型大小的胸罩。这时正好响起了防空警
报，帝国衣物管理处总监——一个叫涅克曼的人——正在
出售不要购物票的胸罩。这个城市的女性都蜂拥而至，一
个个好似复仇女神般冲进商店。我当时的老板无法抽身前
往，故派我为她去购买胸罩。"在这方面约瑟夫战后也获
得了高度的评价，当他开始争取新顾客时，许多妇女都回
忆起了在战争时期最困难的时候，约瑟夫曾为大家出售了
免卷胸罩——这就是她们愿意在涅克曼公司订购围裙之类
物品的原因。

　　很少有人谈起令人难以置信的涅克曼衣服的产量。
如果有人在约瑟夫的回忆录中仔细研究的话，就会在他的
字里行间找到答案，这个答案可以让神话般的涅克曼失去
大众的信任。在他的回忆录中出现的人名、地名会让我们
听上去背脊发凉，你可以读到比亚韦斯托克的犹太人贫民
窟、犹太人的起义和死刑的执行，读到那些肆无忌惮的大
人物们，这些人后来还居然成了德国经济的救世主，当然

你还能读到那个"万金油"阿尔贝特·施贝尔的名字，他大笔一挥就能为涅克曼解决所有的问题。而这个答案就是充满魔术般的字眼：服役劳工。

第十章　一个为人民的需求所做的宏伟方案
——在涅克曼处工作的服役劳工

1986年，约瑟夫·涅克曼受邀参加布雷迪·福克斯贝格的电视访谈节目《今晚》。作为嘉宾，约瑟夫坐在沙发上，聊起了他希望中央仓储服装集团公司（ZLG）被看作是一家"为全民的服装、为德国国防军文职人员的服装和在德国的外籍工人的服装而谋福利的公司……"

德国有一部分人对涅克曼依然心怀感激。在巴伐利亚电视台将这个节目播出去之后，电台连续几天收到了不少感谢信。写感谢信的有战争时期的前线战士，也有在苏联被俘虏的战俘。但是也不乏这样一些信向约瑟夫问道，他是否还记得起1942年6月9日这一天，在这一天里，帝国经济部宣布了他们的规定：那些在这期间被遣送到欧洲东部犹太贫民窟的犹太人必须把他们随身带的衣服都交出来，他们所有人只许保留身上穿的衣服，一旦发现谁要是私藏了毛衣和皮衣，就会被就地处决。

比亚韦斯托克的犹太人贫民窟

约瑟夫在这段时间的经历除了他自己在回忆录中提到以外几乎没有任何其他的记录，官方所有的文件在柏林轰炸中都毁于一旦。1944年，涅克曼在布达佩斯大街的办公室燃起了大火，所有的东西被烧得一干二净。在一次空袭中，据约瑟夫自己透露，炸弹正好掉到他的办公室，楼梯上燃起了大火，约瑟夫这时乘机把好些以后将会令他不愉快的卷宗扔进了大火。人们后来在约瑟夫的回忆录中能读到的内容，德国电视二台的历史学家古易多·科努普将其归纳为："涅克曼这个人毫无顾忌地将纳粹从犹太人集中营和波兰的犹太人贫民窟搜刮来的衣服改成战时德国经济所需物品。之后他还将此举算成是自己的丰功伟绩。"这个历史学家的看法并非空口无凭，它来自约瑟夫回忆录中的一个段文字："为让人把缝纫机运到犹太人贫民窟，我很自豪地确信我是在做好事……我们让犹太人工作，这样他们就可以免于一死。"古易多·科努普对这段引言的评价是："在知晓大屠杀的前提下，他的这一说法可算是厚颜无耻了。"

在约瑟夫的回忆录中，我们可以读到大量有关当时比亚韦斯托克的犹太人贫民窟制衣厂的状况，在这个制衣厂中，都是些服役女劳工在干活，约瑟夫描述了令他十分震惊的感受："有一次我进到工厂里，看到有3人被吊死。原因是她们偷懒，不好好干活，还说她们可能在搞破坏。

我立刻启程到科尼斯堡，找到了州党部头目埃里希·科赫，为东普鲁士政府提供了资金，包括缝纫机在内，作为投资股份来资助这家工厂。"

对此，约瑟夫真的应该把整件事情说得再清楚一点。然而他却小心翼翼地回避了许多具体的情况。作为对该情况的质疑，我们可以问问他的"包括缝纫机在内的投资"回馈是多少，这个几乎令人无法估算。看起来，约瑟夫本能地想要给大家这样的感觉，在比亚韦斯托克这样的地狱里，他本人也随时会遭遇不测。"犹太人贫民窟的状况极为吓人"，约瑟夫这样写道。他十分清楚，这个政体是如何败坏，在这样一种野蛮的行径下他只想自卫。

情况本来就够糟糕了，然而再加上像埃里希·科赫这样的魔鬼——这个比亚韦斯托克区民政管理局一把手对待劳工们的方法几乎达到魔鬼般疯狂的地步。他首先是让劳工们为自己的利益而工作，接下来才是为党国。就是约瑟夫本人也要提防他三分，离他远一点为好。科赫属于那种喜好历险的人，其生活只有一个目的，那就是去行使自己手中掌握的最大权力。从1941年起，他的权力范围涉及很大一片地区，从东普鲁士的科尼斯堡延伸到基辅、波尔塔瓦，再到黑海乃至东部的波涅尔河，科赫肯定感觉自己就像一个国王一样。纳粹党在东部溃败以后，他被苏联红军追杀，他居然能乘着专门为他准备的远洋破冰船逃出围剿，并在东弗里斯兰地区躲藏了起来。1949年，他被发现，由英国方面引渡到波兰。在华沙经过了漫长的审讯以后，1958年他终于被判死刑，但是死刑却迟迟没有执行，原因在于科赫放出话说，他知道琥珀屋[1]在哪里。他利用这个狡猾的办法让自己活了下来，苏联克格勃（苏联国家安全委员会）把他作为知晓秘密的人保护起来。科赫活到90岁的高龄，1986年在波兰的巴克泽沃去世。

对于后来生产地从比亚韦斯托克搬迁出来，约瑟夫有很好的说辞。约瑟夫回到柏林后立刻去找到了阿尔贝特·施贝尔，说服他把该厂搬迁到罗兹，因为该地有足够的服役劳工，这期间许多工厂也都搬到了那里。约瑟夫想要把工厂搬到罗兹的真正原因是——罗兹离前线要远得多，离德国要近得多，这样在原材料的运输上可以节省很多路程。

约瑟夫根本不用担心工厂搬迁途中会遇到什么危险，他自有帝国军备部长的亲自护驾，同时也有跟德国经济部长同桌共餐的良好关系，甚至领袖希特勒还专门把他定性为战争期间帝国经济"不可缺少的人"。在约瑟夫的胸上别着一个纳粹党徽章，这个带条的徽章从扣眼延伸到领口，这是战争一等勋章，是希特勒在他展示完党卫军冬季制服后发给他的。

踩着华尔兹舞步的集体大屠杀

1943年，在比亚韦斯托克的犹太人贫民窟的犹太人实在难以忍受当时的生存条件，因而爆发了大起义。这是

---

[1] 著名的琥珀屋始建于1709年，当时的普鲁士国王为了效仿法国皇帝路易十四的奢华生活，花重金建造了琥珀屋。二战期间，纳粹党将许多掠夺来的贵重物品都藏匿在此处。——译者注。

犹太人在二战期间为反抗纳粹的白色恐怖而发动的规模第二大的起义；规模最大的起义发生于1943年4月19日，在华沙犹太人贫民窟里。比亚韦斯托克犹太人贫民窟大起义的发起人都是妇女，她们都是ZLG公司缝纫厂的女服役劳工。这些妇女从犹太人贫民窟逃亡到附近的森林里躲藏起来，后来，她们拿起武器跟党卫军打起了游击战，一直持续战斗到二战结束。

比亚韦斯托克和华沙犹太人贫民窟的起义发生后，帝国党卫军总头目海因里希·希姆莱就立刻下令开始在波兰东部实行集体大屠杀。党卫军和警察营在接到命令后就开始了令人发指的对上千犹太人的"清算"，他们让犹太人排成队列，然后用机枪扫射，与此同时，他们用大喇叭大声地播放着约翰·施特劳斯的《华尔兹圆舞曲》，目的是遮盖人们在机枪扫射下发出的惊叫声。与比亚韦斯托克和华沙犹太人贫民窟同级的有特布雷林卡、苏比波、马伊达内克等贫民窟，纳粹党卫军也在这些地方对犹太人进行了大屠杀。

约瑟夫在他的回忆录中声称："我们在帮助犹太人度过此生。"既然是这样，那么他离我们的结论就不远了，他肯定是事先知道了会有这样的大屠杀，至少知道、听到过跟这次大屠杀行动有关的代号名称，诸如"大丰收庆典""莱茵哈特"等。希姆莱把这次罪恶滔天的屠杀强词夺理地说成是"为了安全起见所采取的措施"。有关这些措施，奥托·奥棱多夫在帝国经济部内发放了有关的内部文件，约瑟夫无疑是通过这些文件知晓大屠杀的。

行走在钢丝绳上的涅克曼

作为帝国衣物管理处的领导人，约瑟夫也负责提供服役劳工。1942年3月，他跟一个帝国地区领导人有了直接联系，这人就是"劳工分派最高执行人"——图林根地区的领导人弗兰茨·绕科尔。约瑟夫很快就不可避免地和集中营里的囚犯打上了交道。绕科尔于1934年在耶纳大学任教，教授"人类繁殖理论和遗传学"课程。战争爆发以后，他以梦幻般的热情投入到对劳动力补充的工作中，他从波兰和苏联的占领地往德国输送了500万人。战后，在纽伦堡审判上，绕科尔坐在德国20名主要战犯之一的位子上受审。他企图为自己撇开所有的罪责，并同时指责说是戈培尔和艾希曼把纳粹党引向了歧途，他还同时为希特勒辩护。最后，当这个轻蔑人类的纳粹党羽听到对他的死亡判决时，居然痛哭流涕——他是所有纳粹高级战犯中唯一一个当众因为自怜而掉眼泪的。审判结束以后，只要他一见到理发师、监狱医生或心理咨询师就开始为自己辩护，说判他死刑一定是因为在翻译中出现了错误，他期望他的死刑判决能通过司法得以更正。1946年10月16日，弗兰茨·绕科尔的死刑在纽伦堡执行。

约瑟夫·涅克曼在回忆他跟弗兰茨·绕科尔的交往时这样写道："在与绕科尔的争吵中我还从未这么强烈地意识到，我让自己成为一个行走在钢丝绳上的人。"让人感到惊讶的是，约瑟夫能够在整个纳粹党执政期间轻松地让自己在钢丝绳上保持平衡，犹如一个走钢丝的大师，直到战争的最后时刻几乎都没人敢碰他。无论是在纳粹领导人心情极速转变的情况下、在各小组领导的突发事件中、在长期寻找"叛徒"的过程中、在盖世太保和国家安全局的严厉监视下，他都表现出了他"走钢丝"的高超技巧。

俄罗斯面包的配方

从1985年起，人们就开始慢慢地追问约瑟夫跟纳粹党的瓜葛。约瑟夫在此期间只是一个专注写个人传记的人，他在自己的传记中竭尽全力想把自己美化成一个很有责任心的企业家。德国电视二台的记者阿尔峰思·斯比格在他的节目《世纪的证人》里追问约瑟夫在二战期间究竟干了什么。在节目中，斯比格在与约瑟夫的访谈时有意回避使用让人极为难堪的"服役劳工"这个词，而是将该词换作纳粹党术语"外籍劳工"或是"来自国外的劳力"。显然，在1985年人们还是更多地对该话题压制，而不是去真正澄清纳粹党的犯罪行为。从这个意义上来说，约瑟夫对有关"外籍劳工"所提出的问题的回答无论怎样都不伤大雅。"你不能指望一个人在工作上做出好成绩，如果你连衣服、食物都不为他提供的话"。

为此，我们只要看一看纽伦堡审判会上的资料就能明白，情况完全是另一回事："在东部地区集中营的情况非常糟糕，1943年夏天，意大利人也记录了这里的情况，劳工们吃不饱饭，他们的报酬低微，住宿和衣着条件极差，他们得常常加班，医疗服务欠缺。德国管制人员对他们任意榨取、污蔑和虐待，他们的死亡率异常高。"

在欧洲东部，比如位于皮尔纳、海德瑙和克利希斯坦因等地的纸浆厂都在为涅克曼企业提供原料，这些工厂主要的劳工是苏军战俘。帝国经济部最高管理层对供给当地苏军战俘劳工的食品——所谓的"俄罗斯面包"，提出了以下规定，即面包的成分应是：50%黑麦面粉、20%甜菜渣、20%的锯末、10%的稻草面或者是叶子。

然而，约瑟夫后来在德国电视二台的采访中却拼命地寻找着对自己无害的措辞："帝国经济部首先是对军备和武器弹药感兴趣，当然他们也会关注这些劳工的饮食供给，这些劳工得吃饱饭才能有体力完成给他们分派的工作。我们作为非军方的商界代表更感兴趣的是为他们提供他们日常所需的服装上的必要帮助。就我而言，我可以说，人的因素是高于一切的。"

德国电视二台的记者阿尔峰思·斯比格在采访时错过了提出这样的决定性的问题，即："这些个别的企业就不能抵制利用服役劳工吗？"历史学家汉斯·莫森对此有一个答案："对于这些企业来说，逃避这个体系他们就会面临危机，因为他们不得不考虑到，如果他们这样做了，那么他们的原材料的配额就会减少，在最坏的情况下他们的公司不得不关门。刚开始，他们对于劳工的使用还心怀顾虑，而到了后来就转变成肆无忌惮，再说国家也无法提供本国的劳动力，就这样德国的企业最终走上了使用集中营的服役劳工这条道路。"

第十一章　空袭警报在阿德隆酒店里听上去不同于在大街上
——经理们的末日

　　针织品、旧衣服堆积如山。这些东西的来源令人难以想象，它们有些来源于市民出于责任意识的捐助，有些来源于强制性上交，有些干脆就是从犹太人那里掠夺过来的，还有的是在占领区没收来的。这些衣物混杂在一起，堆成了山。为了保证迫切的纺织品需求，纳粹要求私人公司介入此事。帝国经济部此时努力打压黑市贸易，许多当地的党卫军指挥官们都成为走私犯，他们让火车改变方向，把整整几车厢的衣服私运到别处去抛售，党卫军也因此遭到严厉惩罚，抓到的人常常因为要杀一儆百而就地枪决。

　　在这样极为混乱的情况下，约瑟夫·涅克曼稳住了阵脚。将每件大衣、短裙，每件女式衬衫，每条裤子，每件上衣，每双手套，一切都归功于帝国。他的桌上堆满高高的卷宗、送货单、发票等。由于同时担任ZLG等公司的总裁和帝国衣物管理处等部门的总管，使他的工作量大到令人难以想象。他不仅要为党卫军提供所需的衣物，而且还要去审核每双长袜或短袜甚至是每一小件针织品是否达到了帝国的标准，达到了标准才能发放给下面的公司去销售。除了这些审查任务以外，约瑟夫·涅克曼还要过问生产方面的事。对于帝国的两位大部长施贝尔和冯克来说，约瑟夫是专门经管具体事务的人，他得到每个厂家去亲自组织、监督制衣的生产情况，拓展生产产地。波兰东部的犹太人贫民窟在爆发起义后还遭到了空袭，他得负责在不同的地方建立起新的生产地。

没有鞋就不能出产品

1943年，衣物供给形势变得十分严峻。自从汉堡7月底遭到大空袭以后，市面上对衣物的需求剧增，出现了供不应求的局势，但纺织品的生产量跟战前比整整降低了三分之一。每个月至少有30万个新单位向他们的客户抱怨，这些新单位时常为了几件产品的生产问题而吵得不可开交。

1943年8月，"帝国布票"暂停使用。衣服只提供给那些急需的人，谁要是不属于"轰炸中的损失者"，就得向官方提供一个证据。德国服装工业中心遭到毁坏，1944年年初，柏林最重要的工业生产地有80%遭到毁坏，无法继续生产，从国外的进口也无法兑现，原料供应也几乎断绝。1939年遗留下来的棉花是生产的唯一原材料。棉布只提供给军队，军队中党卫军优先。希姆莱下面的一个直管机构亲自监督供货，约瑟夫·涅克曼在其中起协调作用。

然而所缺的并不仅仅是棉纱，电源供给不足也让纺织厂陷入瘫痪。从1943年开始还在生产的唯一一种工作鞋，人们在制作时不得不把做鞋的皮换成木头，生产出来的拖鞋再也没有皮面的，一律为鞋底是木头、鞋面是毛毡。这使得工人很痛苦，也对市民的健康很不利。鞋带来的问题给帝国高层领导增添了很大的麻烦，工人放出话威胁说："如果不给我们鞋，我们就停止工作。"

政府无法控制在德国市民中的日常黑市交易，即使对被抓到的人实行重判也无济于事。最终帝国高层领导不得不开通一些渠道，他们开始允许"环形式交换"，承认这一交换的合法性，一个新旧物品的交换中心成立了，废旧材料的回收对于经济来说变得越来越重要。交换的方式还采用了奖励和优惠券的办法，拾荒和偷衣服的行业此时正在欣欣向荣地发展。

劳动市场上的情况同样不稳定。1943年从波兰、苏联和法国等占领区抓来的壮丁填补了德国工业所需的劳动力，但到了1944年，只有从意大利被占领的地区运人来补充劳动力的不足了，纳粹党把这些强制性劳工称作"军事拘留"，在德国的意大利人被称作"被监管的人"，这些人也被分到涅克曼工厂干活。

约瑟夫在他的回忆录中把这个阶段形容成艰难时期——更艰难的时期还在后面，他对此做了这样的评论："谁不认真对待他手上的工作——我在此即是说我，也是说在整个工业界、商界和帝国部门跟我打交道的人——他就会让自己出局。"

涅克曼的毒品

为了让人能够坚持在岗，夜以继日地加班，帝国内出现了一种"能量丸"，这东西其实是脱氧麻黄碱（冰毒），这种药物是20世纪30年代在甲基苯丙胺的基础上研制的，而在帝国风雨飘摇的现在，这种产品作为提神剂在市场上被大量出售。有一时期市面上还有加脱氧麻黄碱的糖果出售，用它们来代替咖啡。因为繁重的工作，纳粹行政部门的非军事工作人员都开始服用该药物。约瑟夫·涅克曼也不例外，他常用这种"白色大象"使自己亢奋，在他的回忆录中这样写道："这种东西可是让我们的太太们头痛。"他在此表达得有些像小市民一样隐晦，直白地说，脱氧麻黄碱让男人们的性欲增强，它的作用就像我们今天的"伟哥"。

对该药上瘾的现象在纳粹党高层领导圈内并不陌生。帝国宣传部部长戈培尔和帝国元帅戈林都有吗啡瘾，正是这些瘾君子每天坐在最高层的领导位子上。1925年，戈林曾首次尝试戒毒；1945年，当他被美军俘虏后，他在监狱里受着毒瘾的煎熬。在贝希特斯加登的领袖总指挥部，特奥多·摩尔拥有很大的名气，此人从1944年起就开始用他发明的奇效针剂为希特勒注射提神，这种针剂是用脱氧麻黄碱、优可达、颠茄、性激素睾酮素和促进血液循环的尼可剎米合成的。

帝国前线的士兵们个个都服用大剂量的脱氧麻黄碱。约瑟夫一边吸着大量的尼古丁，一边服用大剂量的脱氧麻黄碱，他的烟瘾很大，每天都要一根接一根地抽，因此他就要承受"随时都要在自己抽屉里准备好足够香烟的压力"。也就是在这段时间，他开始糟蹋自己的身体。二战结束后，他发现自己患上了胰腺结核，这是一种典型而令人极为痛苦的病症，诱发原因是糟糕的饮食和不干净的饮用水。患了这种病，约瑟夫的肠胃功能出现了很大问题，他再也不能喝咖啡，就是一小杯香槟酒也会让他的肠胃感到不适。48岁时，他的心脏病开始发作，自1976年以来，他的心脏跳动得靠心脏起搏器来维持。尽管如此，他却无法把烟戒掉，到了最后，他因为吸烟而使腿脚肿得十分厉害，连鞋都穿不进去，只能一天到晚拖着一双超大的毛毡拖鞋，行动起来痛苦万分。

希特勒的年代是学习的年代

自从纳粹军队在各条战线节节败退以后，纳粹党内部的政治斗争也愈演愈烈。党卫军总头目海因里希·希姆莱和总理府头目马丁·鲍曼用尽全力企图动摇阿尔贝特·施贝尔在希特勒那里得到的信任。在纳粹党信息部头目奥托·奥棱多夫堆积如山的报告里，全都是替换施贝尔经济部部长位子的提议，他直接采用的是鲍曼的理由，认为施贝尔的领导使整个德国工业陷入瘫痪的窘境。为经济部计划处推荐的新人选是汉斯·克尔勒，由其来采取相应的措施，做出一个有效的经济资本核算，就这样涅克曼的另一个客户又登上了纳粹党的高级领导职位。在克尔勒被提拔以前，他就是国内战争经济的"总负责人"，约瑟夫对他十分欣赏，曾这样写道："作为一个实施计划的天才，他已经超越了自己。"无论是原料的组织供应还是生产环节，所有这一切克尔勒都负责计划。希特勒需要多少坦克、大炮、战斗机、机枪、潜艇和弹药，都由克尔勒统计出具体数目。克尔勒以前从事针织品行业时，对每一米沙线、每一枚扣子和每一米绳子都做到了绝对控制。在与厂家的会议上，克尔勒能说出每个不同厂家生产的产品和数量，以此削减或增加生产计划。克尔勒清瘦的身材和犀利的面部表情看上去还跟约瑟夫有几分相似，尽管他此时管辖的部分还包括党卫军所需的领带甚至士兵们的鞋带，但他依然对什么都一清二楚。克尔勒什么时候都清楚计划中的哪些地方应该不再批准生产，因此他获得了一个绰号"不批准的克尔勒"。

希特勒的年代对于经济投资人来说是一个能从中学到重要东西的年代。约瑟夫从克尔勒特批给他的任务中获利，在完成这些任务之后他得到了克尔勒的称赞："那些按照计划不能再在法国加工的原料被帝国议会指派的人收购。他们中的一人以同样的方式获得了法国人的好感，这人就是年轻的约瑟夫·涅克曼，当时的他还不是世界知名的邮递百货公司总裁。"

"希特勒的危机经理人"大多都是年轻人。阿尔贝特·施贝尔在他的狱中日记里这样写道："那些同我共事的，与我一起组织、准备军用装备的人，都是些能力超凡的人，当我在工业领域问起他们的名字时，才知道他们出乎意料地年轻，比如约瑟夫·涅克曼、埃尔斯特·沃尔夫·莫森、斯蒂勒·冯·海德卡普夫、汉斯·君特·索尔等。因为他们与我共事，所以被称作"施贝尔的幼儿园"。很久以后，这些中流砥柱的作用又重现在战后德国经济的发展中时，他们战时的"贡献"才又被人们提起。

落在柏林的炸弹

维尔茨堡处在紧张的状态，柏林处在燃烧的状态。盟军从1940年夏天开始轰炸柏林，到了1943年，盟军对柏林的轰炸频繁到柏林的居民没能睡一晚安稳的觉。英军夜里轰炸，美军白天轰炸，轰炸警报已成了家常便饭。警报人的呐喊让大家听上去像报时器，接下来才响起了警报器。

约瑟夫·涅克曼家的两个孩子，彼得和爱娃-玛丽亚在这期间被送到了一所位于巴伐利亚的修道院办的寄读学校，只有在圣诞节期间才能回到柏林。1943年12月16日的这个夜晚让爱娃-玛丽亚终生难忘，"快到地窖里去！这个地窖是外祖父布吕克内为了预防空袭而扩建的，以前下边就是一个一般的地下层，就像在柏林森林区塔楞山处的别墅一样，这些地下层是放置东西和储放食品的地方，它们无须建造得很坚固"。

此处的地下层是做了坚固处理的，轰炸开始前一分钟，改建工作尚有欠缺，用木头和钢筋来加固地下层天花板、增厚墙壁、用沙袋堵住窗户等工作几乎还没完成。67岁的爱娃-玛丽亚至今还能清晰地回忆起当时的情景，好似这一切发生在昨天一样："那天晚上已经很晚了，母亲为我把一盘甜食送到床上。当警报响起时，我还想拿上我的甜食一起走，而母亲对我说，'你可以把甜食放在这里，空袭一定不会持续多久，一会儿我们就可以上去了。'当我们大家聚集在地下层时，我发现父亲没跟我们在一起。他像以往一样，深夜里都还在工作。我开始为他担心得不得了。'爸爸在哪儿啊'，我哭叫着，现在我还清清楚楚地记得当时的情景。突然，一声吓死人的巨响——门铃响了起来，紧接着家中跳闸了，电闸保险箱里闪出了火花，冒出了浓烟，挂在屋顶上的电灯也碎了，我们大家忽然就被抛进了绝对的黑暗之中。我紧紧地抱住妈妈，整个身体哆嗦不停，同时还在小声地对妈妈念叨着，'我的爸爸在哪儿啊？'这时整个地面开始震动起来，震动声极大，我想我脚下的地就要裂开了。炸弹落到地上的爆炸声让耳朵都快变聋了，警报声一直响个不停。""大约20分钟以后，警报解除，我们从地窖里爬出来一看，简直就难以置信，我们家的房子整个被炸平了，在我们面前只剩一堆还在燃烧的火。唯一还存在的一堵墙是我们孩子房间的墙。等待圣诞的巧克力日历还挂着墙上……我真后悔当时没有把那盘甜食带到地下层去。"

大约1个小时以后，约瑟夫·涅克曼才赶回家中，爱娃-玛丽亚至今还能清楚地回忆起一家人紧紧抱在一起的情景，回忆起父亲看到家人没有一个受伤，都在大轰炸中幸免于难时那幸福的表情。"紧接着我父亲跟外祖父就开始查看我们家中的损失，说起来真是一个奇迹，我们家的车库居然完好无损，车库里停着父亲酷爱的霍希大轿车，轿车没被伤到任何皮毛，没有一处刮痕和撞伤痕迹。我父亲收拾了一点东西，把全家人塞进车里，朝着他住在乡下的朋友家开去。途经燃烧的柏林，那景象让我终生都无法忘记，大街上奔跑着满身是血的人，他们像发了疯一样，叫喊着、啼哭着；街上尸横遍野，一些尸体没有了脑袋，一些尸体整条腿被齐齐地截断；天空下那些废墟看上去就像闹鬼之地，傍晚的地平线被大火和硝烟染得通红"。

　　除了父亲的霍希轿车完好无损地保留下来以外，家中还有一样东西也保留了下来，那就是博兰斯勒三角钢琴。安娜玛丽·涅克曼对柏林的大轰炸似乎有预感，她事先让人把她心爱的三角钢琴运到安全的巴伐利亚地区。外祖父理查德·布吕克内在特格尔恩湖畔的罗塔赫买了一栋房子，取名叫"保加利亚"，涅克曼一家人在此期间就可以往那儿逃。像涅克曼家族这样幸运的当时并不多，德国此时除了其他的危机，住房也因为大轰炸而变得非常吃紧。

　　涅克曼一家在战争期间还能享受其他一些特权。从1943年3月起，凡是年满17岁的女孩和45岁以下的女性都得参与工作，阿尔贝特·施贝尔希望采用这些劳动力来服务于军用装备的生产。而对于涅克曼家族的女人们来说，要拿到一个特批而不用去参加工作并不困难。"一次拿到一个小范围的许可，另一次拿到一个大范围的"，约瑟夫为弟妹在维尔茨堡的煤炭公司找到了一个秘书的职位。

　　爱娃-玛丽亚后来回忆在特格尔恩湖畔的时光时说："在罗塔赫的房子很快就塞满了人。等到越来越多的亲戚都来投靠我们时，孩子们都得睡在地窖里的上下床上。"除了布吕克内一家，同住在这栋房子里的还有涅克曼一家以及安娜玛丽的姐姐和她的两个孩子约翰和英格博克（孩子们的父亲——柏林著名的查利特医院的教授库尔特·阿皮滋博士，此人是著名的心血管外科病理专家，战争期间到前线充当战地医生，后来再也没能回到家中），此外还住着两个罗马尼亚的远房亲戚，在这栋仅有4个房间的房子里就住下了共11人。

在柏林阿德隆酒店中的生活

约瑟夫·涅克曼作为帝国衣物管理处的主要领导人得留在柏林。1944年，他的整个办公室都搬到了阿德隆酒店里去，这是柏林最高档的酒店，在这儿他得到了一间套房，"感谢拥有跟帝国经济部的这层关系"，约瑟夫在他的回忆录中这样自豪地写道。

"在整个柏林还在学习怎样在轰炸中生存时，阿德隆酒店里却试图将对战争的恐惧挡在门外。没有任何东西，似乎也完全没有任何东西能影响该酒店那种根深蒂固的优雅"，约瑟夫在他的回忆录中用这样的句子来描述这个时期的生活。在这期间人们已最终"习惯了轰炸"。

柏林是一座已"死亡"的城市，居住在这里的大部分居民都疏散到乡下去了。城市里只看得见帝国官员、穿军服的人、逃亡的人、青老年人民冲锋队成员以及那些善后的人，正是这些胳膊上都戴着一个有关部门袖章的善后的人（在柏林，这些人大部分是来自俄罗斯和乌克兰的妇女）在轰炸以后把被压在废墟下面的伤员拖出来，把尸体堆在一起。赫塔·阿德隆回忆："柏林这座城市呈现出一幅犹如月球表面上的景象，赫德维希大教堂美丽的拱顶被毁坏，烧焦了的墙纸呼啦呼啦地从被烧坏了的住房窗户里乱飞出来，光秃秃的烟囱屹立在废墟中，那些以往大大小小的建筑支柱躺在瓦砾和灰烬中。"

阿德隆酒店作为柏林市中心唯一一栋完好无损的房子奇迹般地幸存下来。在酒店里边，为了防空，建起了一堵两层楼高的水泥墙，酒店的大门也用一层厚厚的钢板加固，看上去像一座城堡大门。人们试图在这座城堡里维护上层社会生活的最好表象。

每个星期三，外交部部长约阿希姆·冯·里宾特洛甫召集各位部长、外交大使、艺术家和帝国在任的科学家们到此，开一个所谓的"修复"讨论会。参加这次会议的有著名的萨尔布鲁赫教授，也有演员如保尔·维格雷、古斯塔夫·君德根斯、伊丽莎白·弗利根施尔特和克里斯蒂娜·索尔德鲍姆等。

在酒店的酒吧里，那些胸前戴着十字勋章的飞行员在庆祝他们的战功——他们都是战斗机飞行员，每逢柏林遭到轰炸时，他们就得起飞迎击敌机，保卫柏林。他们中最著名的是海因里希·塞因·维特根斯坦因王子，他曾87次击落敌军飞机，但最后还是被敌方击落；每次维特根斯坦因王子在执行飞行任务之前，都会在阿德隆酒店的酒吧里喝上一杯。

"空袭的警报声在阿德隆酒店中听上去跟在大街上听到的不一样。在酒店的前厅和所有的通道里都挂满了巨大的、漂亮的、闪闪发光的铜锣。这些铜锣在轰炸时会发出一种回响声"，约瑟夫·涅克曼如此回忆。1941年，希特勒的奇才工程师、高速公路的设计建筑家弗里茨·托德在该酒店下面修建了两个防空洞，一个提供给酒店客人所用，另一个专门给"当代重要"的纳粹要人所用。这些人都是阿德隆酒店的常客，他们都在这儿用餐，每个小小圆形的餐桌上都有穿着白衬衣和背心并戴着白手套的服务员伺候着。酒店的总经理路易斯·阿德隆会亲自为每一个人从厨房里拿出一份奇妙的小点心，再加上一小杯葡萄酒。阿德隆用法语问："要点什么……"这会让你觉得很高档。也许这些高档的东西让约瑟夫在一定程度上保持了良好的健康状态，他的上司阿尔贝特·施贝尔和汉斯·克尔勒在此期间因为长时间忙碌出现了心脏问题并伴随有休克症状，而约瑟夫却还能保持铁人一般的精力。

约瑟夫·涅克曼得到的优惠待遇还包括在酒店里能进入贵宾室，那里边有"沙发、打字机；在角落里还有一个小小的柜子，里边放着餐具和杯子；屋内还铺有厚厚的地毯；难以想象，在一个防空洞里居然放了那么多东西"——约瑟夫在此勾画出了一幅画面。跟帝国经济部的防空洞相比，他更喜欢阿德隆酒店的防空洞。就像阿德隆讲述的一样："身处在这样可怕的时刻，你依然能在这里跟其他人一起聊艺术、文学以及你以前的旅行。"在这个饭店里，约瑟夫曾和指挥家威尔海姆·富特文格勒坐在一起，用专业的水准谈起瓦格纳的音乐。"宁可多跑几百米，跑到阿德隆酒店里去，你就可能劫后余生"——有一次，约瑟夫确实按照这样的说法做出了决定，跑到了阿德隆酒店，这样做还真为他保住了性命。当时，约瑟夫正在阿德隆酒店附近的布里斯托酒店跟几位"高级人士"就餐，这家酒店也是纳粹高级官员爱去吃饭的地方。但是，这家酒店却没能像阿德隆酒店一样得到天使的特别眷顾和保护，防空警报响起时，约瑟夫决定跑到阿德隆酒店去。"在那次轰炸中，布里斯托酒店被炸得粉碎，跟我一起吃晚饭的那几个人没一个幸免于难"。

为战后而做准备

1944年，德国处于灾难性的状况。人口和物资大量的损失，军队全线崩溃，人民忍受着无边无际的苦难，尽管如此，纳粹总部的高级官员们却在计划战后的事宜。代替前任上司阿尔贝特·施贝尔的汉斯·克尔勒此时正在发言，他强调："经济的自由是不可能的，我们现在和战后都需要有计划的、有所控制的经济。"1944年夏天，纳粹宣布了"胜利计划"。阿尔贝特·施贝尔提议大家"考虑一件不可思议的事"。

约瑟夫·涅克曼此时将会充当什么样的角色呢？汉斯·克尔勒委任他管理已在管理的生产活动，还让他负责原料储存、旧衣服的收集和生产的行政监督。1944年11月15日，汉斯·克尔勒获得了纳粹党的十字勋章，这是对他作为原料办公室的负责人能够克服最困难局面的表彰，约瑟夫这时也可以拍拍克尔勒的肩膀以示祝贺。在约瑟夫的领导下，ZLG公司拥有充足的衣服库存，并把这些库存藏在了德国各地。即使以后德国压根就不能生产衣服，这些库存都还可以坚持数月。

这段时间里，约瑟夫·涅克曼和帝国集团贸易总头目、帝国经济部的国务秘书、既得阿尔贝特·施贝尔宠信也受瓦尔特·冯克青睐的弗兰茨·海勒走得更近了。1945年年初，冯克为了缓和气氛而大声宣布："无论战争因何而结束，我们这些人都还会被用上。"他的目的是想激励其他人。赫尔曼·戈林和海因里希·希姆莱都有同样的感触，他们每个人都在以自己的方式坚信他们是欧洲未来所不可或缺的中坚力量。汉斯·克尔勒被推选为德国战后的经济部长，他们的这些表现被后来的历史学家比喻成癌症病患者的表现，即躺在床上，明知道自己行将就木，但心中依然不愿放弃最后的求生希望。

赫尔曼·戈林在此期间开始秘密地转移资产。但是他做得还是不够隐秘，让"领袖的间谍"奥托·奥棱多夫听到了风声——突然有消息传出，戈林在他过去的"四年计划"预算中尚未耗尽财政资源。涅克曼的利益集团公司有机会再次利用这项基金的部分款项。而这一次，约瑟夫则打算自己来解决此事。阿尔贝特·施贝尔作为"最终胜利保证人"的魅力已大大削减，马丁·鲍曼在其中造成了很大的"干扰"。此时，他开始秘密准备解除阿尔贝特·施贝尔和希姆莱的官职，这个计划在1945年4月才得以实现。

奥棱多夫让约瑟夫·涅克曼了解事态发展的最新情况。约瑟夫这个人很聪明，他不会让自己卷入到这些政治斗争中去，同时，他也会自己算一笔账——怎样才能让他以后获利最大。尽管他十分喜爱冲锋队的制服，也喜欢奥林匹克运动会上的军服，但他不会让自己陷入跟同事们一样趋之若鹜的地步。他的上司汉斯·克尔勒每天都穿着党卫军灰色的制服上班，而约瑟夫就故意只穿老百姓的服装上班。在他的双重职位上——半个官员，半个企业家，他从来都注意不留下任何会给他的未来带来不利的把柄。自1944年年初起，他就开始表现出毫无进取心的态势，从不参与任何党派，也不愿出人头地。

三车皮的避孕套

1944年圣诞节前夕，上至部长下至职员的办公室和走廊上都乌烟瘴气，约瑟夫·涅克曼闹了一个小笑话。帝国衣物管理处负责分配各种纺织品，这些纺织品包括裙子、毯子、床单、手绢、鞋、尿布或妇女卫生巾等；此外还包括一些防护用品，诸如胶皮手套、防毒面具以及"卫生防止怀孕工具"等。一定是调度上出现了问题——约瑟夫·涅克曼办公室的电话响起，他拿起电话一听，简直就不敢相信自己的耳朵，对方说："涅克曼先生，避孕套运到了，可是我们很为难，不知道该把这些避孕套堆放在哪儿。""为什么不知道？""因为它们实在太多了。""有多少？""三车皮。"

约瑟夫·涅克曼在其位，这事儿就得由他来解决，否则他就不够资格坐在这个位子上。他把两车皮的避孕套发给了军队士兵，剩余的堆积如山的避孕套他也找到了用武之地。由于蜡烛、金属丝和圣诞球都非常紧缺，约瑟夫就叫大家把橡胶制的避孕套吹成一个个气球，用来装点放在外面的圣诞树。阿尔贝特·施贝尔对此津津乐道地打趣说："你在那干了什么呀，你把整个帝国部门的避孕套都给包了。"

约瑟夫·涅克曼还把一些剩余的避孕套作为"货币基金"保存下来，藏到了一个很好的地方，直到战后拿出来时还完好无损。这种东西在战后的黑市上可是紧俏商品，还可以用来换香烟，这下可便宜了约瑟夫这个大烟鬼了。

当然，约瑟夫·涅克曼也跟所有与他在阿德隆酒店认识的人聊起了有关避孕套的事情。在这些人中，有一位身穿飞行员制服的女性，她叫碧阿特·柯斯林，当时她才25岁，在戈林的空军部队中任职，驾驶轰炸机或喷气式飞机执行着十分危险的任务。1945年4月30日，苏军攻入柏林，她驾着飞机逃跑了。战争结束后，她在石勒苏益格-荷尔斯泰因复出，在此地成立了自己的邮递直销公司。后来，她依然能回忆起避孕套的事儿，约瑟夫曾打电话问过她该拿这十多万个避孕套怎么办。她之后也给约瑟夫回过电话，问他有没有找到避孕套的买主，约瑟夫说还没有。再后来，约瑟夫想不起来这个名字了，因为结婚以后这位女士不再叫碧阿特·柯斯林了，而是叫碧阿特·乌舍。

第十二章　我们庆祝战争，和平将是可怕的
——"第三帝国"的末日

　　1945年2月，盟军对柏林进行了地毯式轰炸，摧毁了位于柏林-维丁地区的工业重地，被摧毁的企业有奥斯郎、西门子、德律风根等，涅克曼的服装制造厂也受到波及。在这之前，约瑟夫·涅克曼为了以防万一，把他的库存都转移到了维尔茨堡，维尔茨堡这座城市有很多战地医院，所以很安全。涅克曼近20万件不同的针织品都装进了穿梭于美因河上的驳船，这些针织品中有工作服、内裤、洗绒布等。大部分缝纫机器和有关技术方面的器材也都转移了，留在柏林工厂内的都只是些老旧的或业已报废的器械。

　　作为ZLG集团公司的领导人，约瑟夫·涅克曼的任务是为那些在大轰炸中变得"光溜溜"的人提供遮身的衣服。光溜溜的人——这个词是那些部门工作人员用来形容

那些从废墟中爬出来的人，这些人在大轰炸中失去了一切，只捡回了一条"光溜溜"的命，别无其他。从1944年年中起，每个月都会有20万人拿着帝国经济部特批的条子来领取衣物，冬天时是一件大衣，夏天时是一条裤子、一件衣服或是一件衬衣。

"在哪儿能够弄到这些衣服，而不是去偷呢？"约瑟夫·涅克曼以此来描述当时这令人一筹莫展的困境。在德国，几乎所有的工厂都已停产。约瑟夫希望能到有针织品传统的邻国意大利去碰碰运气，看看在那儿是否还能找到一些针织品和原材料，或许直接就是衣物。然而，关键的问题在于他用什么来付账。尽管他手中还握着大把的马克，可是那时马克在国际市场上已一钱不值，比如德国从保加利亚购买的钢铁就是用金子付的款。就在这时出现了一个转机，这是约瑟夫在战争期间的经历中最奇特的篇章。

戈林的钻石

至今为止还没有关于这件事的一个合理解释。约瑟夫·涅克曼大致听说，戈林在他过去"四年计划"的预算中尚未耗尽财政资源，还囤积着大量钻石。历史学家亚尼斯·施美尔策在他名为《为最后的胜利储存的外汇》一书中透析了该事件背后耸人听闻的内幕。作为四年计划局组建人，赫尔曼·戈林有一个头衔，即"原材料和外汇专员"，因此，他从希特勒那里获得了最大的权限，这其中就包括允许他建立一个完全独立自主的经济部，这个经济

部可以说是帝国中的帝国。戈林让自己一个亲密的老朋友
接手管理外汇这项工作，这个人以前是工具批发商，名叫
保尔·克尔勒——这个名字在约瑟夫·涅克曼后来对钻石
事件的叙述中时常提到。克尔勒拥有国务秘书头衔，他在
这个头衔下领导着所有的非法交易，除了戈林之外，他不
对任何人负责。从1933年起，戈林就为自己争取到了这个
财政独立大权，他的目的是"不打算在帝国经济部的限制
下开始我的独裁管理"。此外，他还命令施维林·冯·克
罗斯克伯爵："一旦我因为特殊情况需要用钱，那么帝国
银行的总裁就得随时听我使唤。"

　　通过戈林的外汇局，私人企业可以参与第三帝国
的黄金业务。亚尼斯·施美尔策在他的书中列数了这些
参与该业务的企业的名字："德固赛集团、帝国银行、
德累斯顿银行、斯彭·赫尔兹钱庄以及柏林贸易有限公
司等。"保尔·克尔勒是黄金业务的总监，同时也是多
家公司总监委员会的成员。在他的领导下，他们干着伪
造黄金、钻石和合法掠夺物品证件的违法事宜。其中，
他们干的一些违法勾当在后来的纽伦堡审判中被裁决为
"侵犯人权的勾当"。

　　众所周知，戈林在战争结束之前拥有许多专项资金，
这些资金是因为"特殊的政治目的"而提供的。一天，约
瑟夫·涅克曼去登门拜访了保尔·克尔勒和他的同事弗里
德里希·卡德基西博士，此人是第三帝国掌握外汇特权的
专门人士，约瑟夫向他们提出建议，请他们以帮助本部门
的名义问问戈林，看他是否能从他的"硬质货币"中拿出
一些来支援ZLG集团公司。这事儿过了不久，贸易总裁弗

兰茨·海勒的桌子上就出现了一大堆钻石，这堆钻石足足有12941.17克拉，用秤来称大约是2.5千克。"你想象一下，就像一纸袋水果那么多的分量，只是纸袋中不是水果，而全是钻石。"

约瑟夫·涅克曼在万分惊讶之后，仔细地过目了钻石的来源和质量检验书以防这些钻石是掠夺而来，一切看上去似乎无可置疑。保尔·克尔勒和卡德基西还向约瑟夫出示了相关文件，证明这些钻石是一家汉堡财团于1938年在阿姆斯特丹的股市上所收购的。

约瑟夫·涅克曼接手了后面的交易。在整个运作过程中，他一次又一次惊讶地发现自己作为一个非政府官员的私人企业家在纳粹的层层领导中办事时居然能如此步履轻松。作为纺织品企业老板和ZLG集团公司总裁，他要用这些钻石在国际市场上进货，目的是为了能在德国继续制造出产品。为了向政府得到这些钻石，他个人得出钱购买，而德累斯顿银行完全没有异议地就给他开出了一张500万马克的支票，这张支票直接就寄到了帝国银行。帝国银行的总裁和经济部长瓦尔特·冯克亲自受理该汇票，此人一直都是直接听命于戈林的。就这样，约瑟夫拿到了500万马克的贷款，用来作为他新的贸易资金。

"小石子"的交接时刻，帝国经济部的许多高级官员都在场，能亲眼看到2.5千克的钻石，这样的机会实属难得。这些钻石被擦得锃亮，分别装在多个小信封里，每个小信封上都注明了数量。贸易总监弗兰茨·海勒身边围着一圈官员，他拿起一个小信封打算打开，可没想到，由于自己太激动，信封滑出了指尖，一颗颗小钻石滚到桌上，四处乱跳。其中有几颗亮晶晶的"小石子"滚到了地上，钻进了木质地板的缝隙中，不见了。上帝啊！一位部长大人和他的六七个高级官员，一个个趴在地上仔细地一颗颗寻找，最后总算把这些无比贵重的小石子都凑齐了——约瑟夫·涅克曼在他的回忆录中详细地描述了这一情景。

这就是约瑟夫·涅克曼的变通能力。1955年，联邦德国的《明镜周刊》报道了有关戈林的钻石事件，顿时在整个联邦德国掀起愤怒的浪潮。这时，有关这些钻石的出处谣言四起，听上去令人难以置信。戈林怎么会为私人企业家约瑟夫拿出2.5千克的钻石去兑换当时一钱不值的马克呢？读者们计算了一下，结果令人无比激动，这就是说：约瑟夫用383马克购买了1克拉的钻石——而当时德国的钻石价格是每克拉1万马克，读者们猜测这其中必定有什么见不得人的勾当。戈林着迷于收藏战利品，他想为德国战败后可能发生的一切情况做好准备，这些情况包括：有可能跟盟军达成合作协议，也有可能逃往南美，他不想有人因为珠宝而遭到迫害。有许多文章谈到，戈林在战争末期用船将他个人的财产和一部分德国剩余的财宝偷偷运走。约瑟夫是不是参与了戈林的偷运？他是不是用ZLG集团公司的名义，用所谓的购买帮助戈林让这些钻石销声匿迹？

无论是计划好的还是从一开始就是阴谋诡计，但是用钻石跟意大利纺织品厂家做生意这件事儿自始至终都没有兑现过。约瑟夫·涅克曼对此的解释是："各级部门，包括外交部门和军事部门拖拖拉拉的官僚作风，把跟意大利人的生意最终拖黄了。我们的计划都成了纸上谈兵。"事实上，将这堆钻石拿到手里对约瑟夫来说实在太突然了。

考虑到柏林长期处于被轰炸的状态，约瑟夫·涅克曼立刻决定不把这些钻石放在柏林的银行里保存，当然也不能放在阿德隆酒店套房的床下面。他决定把这些钻石运到比较安全的巴伐利亚去。1945年3月20日，约瑟夫开着一辆木质门和框架的蒸汽驱动轿车"小奇迹"（DKW）前往阿尔卑斯山区的密斯特巴赫地区。他把亮晶晶的钻石装在两个钢制的盒子里，放在副驾的座位底下。在到达该地之前，他就在一家银行租了一个保险箱。他之所以选中密斯特巴赫这个地方，是因为这里离帝国总理府的替代服务处不太远，就位于贝希特斯加登的奥贝萨尔茨贝格，离柏林有800千米的距离。不仅许多高级官员都迁往该地，而且越来越多的服务机构也搬到了该地。用柏林的行话来说，阿尔卑斯山地区就是"德国最大的防空洞"。除此之外，约瑟夫的家人也住在特格尔恩湖一带，虔诚的约瑟夫这次也可乘公差之便参加自己儿子彼得行坚信礼的庆祝仪式。自从罗伊纳工厂被炸以来，汽油比血还要贵。因为严厉的紧缩措施，纳粹党内部只允许党内高层领导和部长开车出差，而约瑟夫却有幸地获得了这个待遇，他悄悄地把钻石装上车，开着车奔驰在四处燃烧的德国国土上。

约瑟夫·涅克曼刚把钻石在密斯特巴赫存放好，可他马上又不得不把它们取出来——1945年4月11日，他就得把这些钻石存到柏林的帝国银行去。这样的事并不是最后一次，"慢慢地我感到这堆钻石给我带来了很大的压力，我打算甩掉这个包袱。"谁应该在将来为这些钻石承担责任？是帝国经济部。可是帝国经济部的领导人们却另有看法。约瑟夫与冯克、海勒和奥棱多夫进行了一次谈话，事后他们的决定是："请您自己保存好这些钻石！在重新开始的一天您一定用得上它们。并不是一切都会结束……"

有关钻石的故事还远远没有结束。1945年4月15日，通过汉堡的一家银行，共计3036克拉的钻石被卖掉了，ZLG集团公司得到了一笔2325798马克的银行转账。约瑟夫·涅克曼把剩余的近1万克拉钻石保存下来，如果这笔生意真的是如此进行的话，那么约瑟夫就以不到四分之一的钻石赚回了他为所有钻石支付的资金的一半。

风暴来临前的宁静

涅克曼公司因其煤矿贸易业务而在战争期间被视为不可缺少，这样在涅克曼煤矿公司工作的员工都拿到了一张"u. k"，即不可缺少的证明。其中一个员工直到今天还对涅克曼心怀感激，这人名叫卡尔海因茨·克鲁格，他是涅克曼煤矿公司总经理古易多·克鲁格的儿子。他讲述道："我父亲忍不住去说领袖的笑话，盖世太保因此将他逮捕，嘲笑、污蔑希特勒的人当时是要被关入集中营的。约瑟夫·涅克曼得知此事以后，马上利用他的关系使得我父亲获释，他救了我父亲的性命。"

瓦尔特·涅克曼这期间已是德国党卫军中尉。1943年，他两次获得从东线战场上回来度假的机会，期间还拿到一张优惠券，用它可以入住位于阿尔卑斯山贝希特斯加登的运动酒店，那儿离帝国总理府的替代服务处奥贝萨尔茨贝格不远。这一路上除了他跟他太太艾莉莎外，还有他太太的朋友罗特·多琳及罗特·多琳在党卫军中任军官的丈夫，四人一行，坐上火车前往阿尔卑斯山地区。"丈夫带了一瓶香槟酒，我们把这瓶香槟酒在去贝希特斯加登的火车上喝光了。一路上我们很愉快"，罗特·多琳回忆道。

在瓦尔特第一次从战场上回来度假时，他的第一个儿子彼得出世了，是在他们那次到贝希特斯加登度假的9个月后出生的。1944年5月22日，他们的第二个孩子也来到了世上，这次是一个女儿，取名为"玛勒娜"。战争的话题没给他们的度假带来阴影，罗特·多琳回忆："休假的时候，我们只想快快乐乐的，我们尽量做一些能转移抑郁情绪的事情。瓦尔特唯一一次聊到战争中的经历——有一次，他坐在木制军用卡车上，突然来了一架战斗机，飞得非常低，战斗机开始向卡车扫射，车被打得稀烂，司机当场死亡，而他却丝毫未损。"瓦尔特的孩子们只听到过父亲提起这次战争中的经历，他大声地说出自己的感激："圣母玛利亚显灵了！"玛勒娜如今这样讲述道："父亲随身的钱包中总是装着一张带有小红框的玛利亚照片，他坚信玛利亚一定会保佑他，只要随身带着这张圣像，任何东西都伤害不了他。在前线，他奋战了6年，没有负过一次伤。"

罗特·多琳在回忆如何跟她的朋友艾莉莎在维尔茨堡度过战争年代时说："我们每天都去夏洛特咖啡馆，那里离火车站很近。回国休假的军官们总是会到那里去。咖啡馆里演奏着舞曲，饮品只有咖啡的替代品和茶。咖啡馆的老板还在我们的咖啡壶里悄悄地装进葡萄酒。有时候那里的狂欢气氛奔放无拘。我们那时生活的座右铭便是'我们欢庆战争，和平将会是可怕的'。"

回忆中，罗特·多琳最喜欢谈到的是法国女高音演唱家罗西塔·瑟拉诺，她的一首名为《红罂粟》的歌在欧洲家喻户晓。罗西塔·瑟拉诺最典型的标志是她那黄蜂般的细腰，每次表演时，她都穿着一件极为精致的平绒裙子，裙子从上身直到大腿部分都紧紧地贴着身，到了膝盖处一下子散开。因为她的祖籍为智利，故而人们把这位女高音称为"智利的夜莺"。

罗西塔·瑟拉诺在一次巡回演出完了以后跟大家在夏洛特咖啡馆里继续狂欢，这位歌唱家以她的慷慨而闻名，那次，她为所有在场的人买了单。那晚，大家玩到了疯狂的程度，艾莉莎和罗特·多琳四处跟男人们调情，还跳到了桌上去卖弄舞姿。"拂晓，我们把罗西塔送上了火车。那真是一个难忘的夜晚。那个时期真是很美好"。

当时，罗特·多琳在维尔茨堡附近马克特海登菲尔德的军事基地服役，因为她会英语，所以她的工作是监听敌台。当时的维尔茨堡比德国的任何一个地方都安全。这座城市作为战地医院所在地，受日内瓦公约保护。战争期间，维尔茨堡也遭到过几次轰炸，但只是铁路沿线和美因河畔的工业区。该城市的居民们在自欺欺人的想法中生活着，他们认为这场战争一定会因为这个城市的许多圣人而绕道而行，城市不会遭到太大破坏。带着这样的幻想，维尔茨堡人生活到了1945年的3月。

对维尔茨堡的大轰炸

1945年3月16日，这天万里无云，阳光明媚，在这个季节里异常暖和。美好的天气往往会给人们带来无忧无虑的心情。上午，约瑟夫·涅克曼在柏林的办公室里工作着，电话突然响了起来，是一个匿名电话。电话中，对方用急切的声调告知约瑟夫一个消息，这让约瑟夫至今仍觉得非常神秘，"一个外国口音很强的男人警告我，今天，维尔茨堡将会被摧毁"，约瑟夫回忆道。

这种神秘的警告时常会出现，就在不久前的2月13日就有人警告过德累斯顿会遭到大轰炸，甚至传到了希特勒的耳中。在波茨坦的历史军事研究部的专家们收到了一封署名为君特·布吕克内的一封信，此人服务于弗勒斯堡附近的艾格贝克空军基地。这个普通的士兵怎么会比帝国高层人员知道得更多呢？这些消息究竟来源于哪里？或许是臭名昭著的希特勒集团在有意地掩盖这些危险？

无论怎样，约瑟夫·涅克曼很重视这个警告，他给维尔茨堡去了电话，并向她的姐姐美蒂、母亲尤娜、弟媳艾莉莎及涅克曼煤矿公司的所有员工发出了警报。

在维尔茨堡的涅克曼家族生活阔绰，都拥有自己的防空洞。约瑟夫的外祖父弗兰茨·朗是商会议员，自己拥有一家酿酒厂，位于希特勒内环6号，该酿酒厂拥有一个方圆5000平方米的酒窖，酒窖一直通往一个小山坡里。

此时，施泰茵巷3号的涅克曼家正匆忙地准备着撤离，他们要带上足够的食物、衣服、床上用品，甚至几张椅子和一个大玻璃柜子（这种柜子以前用来放在前厅里装瓷器、银器和书），还要带上从外祖父那儿继承的一件东西。他们把所有这些东西都装上一辆木拖车，在下午5时到6时之间离开了住地。

　　与此同时，在英国，空军第1、5、8轰炸机队正准备开拔。其中第5空军轰炸机队是在对德国的轰炸中投弹最准、经验最丰富的一支部队，他们之前完成了对海尔布隆、达姆施塔特、克尼斯贝格、布劳恩斯耐格、慕尼黑以及卡塞尔等城市的大轰炸。1945年2月13日，在他们成功地轰炸了德累斯顿以后，所有队员都获得了英雄勋章，五百余架轰炸机在伦敦东面的里丁上空拉出了一条彩带。

　　1945年3月16日18时，轰炸机组开始飞往德国。罗特·多琳听到了对讲机里的对话，她想，这次也会跟以往一样，这些轰炸机仅会从维尔茨堡飞过。19时过后不久，维尔茨堡开始响起了"短警报"；到了20时，警报声响彻云霄；直到这时，居民们才在惊慌中奔往防空洞。

　　维尔茨堡没有准备足够的防空洞，防空洞里的位子都是按编号分配好了的。在防空洞门前有党卫军的士兵把守着，他们仔细检查每个人手中的号码牌，没有号码牌的人被毫不留情地拒绝入内。就在这时，大家听到了一个"救命"的消息："在涅克曼家的酒窖里还有位子，每个人都允许进入！"于是两千多人涌进了酒窖，但求逃生。21时07分，位于利姆堡的西部广播收听台才宣布："维尔茨堡有危险。"

　　英国空军大队开始分为两队，280架轰炸机飞往纽伦堡方向，236架飞往维尔茨堡。21时25分，维尔茨堡的居民们听到飞机"尖叫"着在城市上空盘旋，然后俯冲下来。那些善于研究德国人痛苦的人把这种飞机调侃为"仪式飞行大师"，这位大师以"圣诞树"的形状标识要轰炸的地点。大约15分钟后，"大师"把如烟花的尾巴甩入空中，再之后5分钟轰炸就开始了。在3轮轰炸中，英军在维尔茨堡扔下了不计其数的炸弹和燃烧弹，之后返航，整个过程不到12分钟。维尔茨堡在这次轰战中被摧毁了百分之八十二，满目疮痍。

午夜，如滚烫岩浆般的高温席卷着一切。在这次轰炸中，维尔茨堡约有5000人丧命，其中约3000名妇女、700名儿童，有的被炸弹炸得粉身碎骨，有的被倒塌的房屋砸死，有的葬身于火海之中，有的在家中的地窖里被浓烟呛死，惨不忍睹。涅克曼家的酒窖奇迹般地在大轰炸中幸免于难。后来曾在这个酒窖里避难的人们都会把涅克曼这个名字跟维尔茨堡的保护圣人基利安、克洛特和托特南等名字联系在一起。

人民应该来"赎罪"

瓦尔特·涅克曼的女儿玛勒娜在大轰炸时才10个月大。后来她听大人们无数次讲述过在这次大轰炸中的遭遇，直到她完全记下来并能够讲给别人听为止。"我记得一把在轰炸中留存下来的椅子，我母亲将他放在一扇屏风前，大家都喜欢坐这张椅子，战后，我们家一直保留着这把椅子，将它放在客厅里；爷爷的那个很丑的老柜子也一直放在我们家的走廊里，年少时，我很讨厌这个'没用的''笨重的'大木柜"，紧接着她又补充道，"无论怎么说，这些都是在维尔茨堡大轰炸中幸存下来的东西，被我母亲迷信般地看作是神圣之物。"

维尔茨堡几乎被炸平了的第二天，约瑟夫·涅克曼匆匆赶往该城市。与他一同前往的还有帝国贸易总裁弗兰茨·海勒和党卫队全国副总指挥奥托·奥棱多夫。这证明了约瑟夫的权限和影响力究竟有多大。"只要我觉得有必要做的，我可以随时找阿尔贝特·施贝尔本人"，约瑟夫曾这样提到过。在无数被轰炸的城市中，帝国有关部门只对维尔茨堡派出了官员，调查有多少人急需衣物的救济，这是因为涅克曼家族的公司在此地有衣物的库存。约瑟夫同时也可清查他公司在维尔茨堡受到的损失。

　　涅克曼家族在顺波大街上的百货大楼被大火吞噬，而那家专卖便宜货物的分店也只剩下残砖片瓦，约瑟夫·涅克曼的父母在施泰茵巷3号的住房也变成了废墟。唯一受损不严重的是约瑟夫的表妹开的时装商店，这也属于涅克曼家族的产业，后来，约瑟夫索性就把ZLG集团公司的办公地点设在了这间时装商店，不仅如此，这里还有很多其他的用途。当约瑟夫去查看他在美因河上的驳船时，他感到极为庆幸，"驳船没有遭到一点破损"。

　　约瑟夫·涅克曼想把这里存放着的所有衣物尽快地发放给维尔茨堡的居民，但是这项救援措施得由该地区的最高管辖人奥托·海尔穆特博士批准，这位曾经的牙医于1925年进入纳粹党，是纳粹党汽车团成员，也是在约瑟夫的老岳父那里买了车却赖账的人，尽管如此，他却有"比教皇还要虔诚"的声誉。约瑟夫在购买卢兹克维茨百货商店时就跟此人就有过争执。维尔茨堡被轰炸以后，约瑟夫发现这些纳粹党的官员们是何等独断专行，但他对纳粹产生的极度失望已然太晚，海尔穆特针对约瑟夫的救助措施所做出的回应是愤世嫉俗地引用了希特勒的话，"人民应

该为第三帝国不可阻挡地走向灭亡赎罪。因为人民背叛了
国家，因此他们再也得不到帮助"。

另外两个纳粹党的高级官员也无法阻止海尔穆特。海
尔穆特命令将ZLG集团公司装满衣物的驳船沉入江中，他
自称是在执行领袖的指示，领袖不想让这些衣物落到敌人
的手里。

在1945年3月16日的轰炸之夜后，古斯塔夫·施克唐
茨告知约瑟夫·涅克曼，他在菲尔特的万乐邮递百货公司
的所有顾客资料都被毁于大火之中，大火将德国当时最大
的一家邮递百货公司彻底毁灭了。

一个"死亡之国"

盟军在柏林和维尔茨堡上空投下的炸弹达到了他们预
期的效果。这些炸弹虽然没有直接落在约瑟夫·涅克曼的
头上，但却在消磨着他的意志。透过阿德隆酒店套房的窗
户看出去，一片狼藉，没有半点能够给予人安慰的景象。
通往布朗登堡大门的道路被石头堵塞，巴黎广场上堆满了
障碍物。阿德隆酒店已无法再保持以往的稳定，住在酒店
里的人都是些党卫军的军官，他们大声地下着命令，声音
充斥着整个前厅。穿着防空服、带着防毒面具的苏联妇女
们在空袭后到大街上把那些受伤的人和死人从废墟中拖出
来，在酒店的大门口，这些受伤的人会得到救助。酒店里
的理发店被简单地改造成了一个所谓的手术室，酒店的舞
厅也被改成了战地医院，只有酒店的高层部分还保持着营
业状态，服务人员们毫无声息地为客人们送上战时餐饮。

约瑟夫·涅克曼感到这是离开柏林的最后时机了。通过他的关系，他比别人更快地拿到了把他调到帝国经济部位于巴特维斯湖的战时南部办公地的调令。赫尔曼·戈林已经将自己的办公地搬迁到了贝希特斯加登地区，正是在此地，戈林恳请希特勒同意他接管国家事务。他的信件还没交到希特勒的办公桌上，被激怒的领袖便派出党卫军持枪逮捕了这位深得自己宠信的同僚、德意志第三帝国的二把手。就在火车上，戈林所有的职务被撤销，并且被开除纳粹党籍。

约瑟夫·涅克曼开着他的蒸汽驱动汽车"小奇迹"（DKW）从柏林出发，朝着慕尼黑方向驶去（根据他在回忆录中的记述，应是在1945年4月20日后不久）。对这段行程的叙述是他的回忆录中最为紧张惊险的一段。路上，随风已能听到远处美国谢尔曼坦克的轰隆声。德国的虎式坦克一辆辆因为缺油被废弃在荒野的沟地里。在约瑟夫车子的后备厢里，除了重要的文件以外，还有一盒避孕套。约瑟夫特意强调，这盒避孕套不是给自己用的，而是想以后"用它们来兑换东西的"。自然，他身边也带上了那两盒钻石，有关这两盒钻石的所有出处证明他也都带在了身边。一旦遇上了盖世太保或零星的巡逻队的盘查，他就可以向他们出示这些拥有最高层人物签名和盖有公章的文件，获得放行。

一路驶来，这个国家在战火下早已千疮百孔，黑烟在残垣断壁间弥漫着。城市里，黑色的废墟耸立在大地上，就像是在对这一切提出控诉。大街上几乎见不到人影。人们都躲在谷仓、棚屋或马厩里。"我开着车穿过一个死亡之国"，约瑟夫·涅克曼在他的回忆录中这样描述道。只是时不时会有一辆党卫军的电缆巡查摩托车飞奔而过，他们的任务是尽一切努力接上被炸断的电缆。远处的空中，空袭警报尖叫着，伴随着战斗机的呼啸声。爆炸声的节奏一浪高过一浪，炮弹落在地上的回音充斥着约瑟夫的双耳。

约瑟夫·涅克曼的轿车尽管在爬每一个坡时都会发出"哼哧哼哧"的吃力声，但这种车型十分省油，给这辆车装满了油，然后再用桶备上25升的汽油，这种前驱车就能轻而易举地到达慕尼黑，直到家门口它都不会出现任何抛锚的状况。在路上，约瑟夫目睹了十分吓人的场景：一连串党卫军的灰色运输卡车停在路上，上面没一人，一辆辆车被子弹打穿，有的车还在燃烧，一看便知是美军战斗机袭击了一支德军运输队，破坏了此次运输任务。德军这支运输队运送的是黑麦面包，面包散了一地。约瑟夫看到后，停下车，捡了十多个面包放进自己车的后座上，可是没走多远他便遇到了拦路巡查站，士兵们看到他车里的面包就把他逮捕了。"你是一个罪犯！"巡查站站长对他吼道，"你偷盗党卫军的物品！立刻带走！"

被逮捕之后，约瑟夫·涅克曼落到了一个盖世太保头目手里，他的生死将由这个人来决定，如果这个盖世太保把他交给党卫军敢死队的话，他就会被立刻正法，柏林那些高级官员离此处太远。德军节节败退，德国的末日已拉开了序幕，此时，每个人都有可能会遇到什么事而丧命。按照领袖的最后一项指示，这些身穿黑色制服的死神会对他们的同胞实行报复："所有的背叛都会受到惩罚，如有意愿投降和投靠敌人的人都会丧失作为德国人的生存权利。"

　　对于每一个警察和盖世太保来说，约瑟夫·涅克曼看上去都像在逃跑。然而约瑟夫很幸运。那个盖世太保审讯他几个小时以后就放他走了。约瑟夫身边带着的文件证明了他是为了"帝国的最终胜利"而正在路上奔波。约瑟夫回忆道："我居然还被允许带走那十几个面包。"

　　过了班贝格没多久，约瑟夫·涅克曼又再次陷入了危险境地。盟军的一架歼击轰炸机突然出现在约瑟夫的头顶上，飞机飞得很低。约瑟夫一脚踩上刹车，从车里跳出来，赶紧就往田野里跑。他冲到一个洼地里迅速趴下，把头深深地扎进烂泥里。飞机开始朝他扫射，重型机关枪的声几乎让他瘫痪在那里。等飞机的轰隆声渐渐远去时，他慢慢抬起头来，这时，他看到自己的车胎被打得稀烂，前面的发动机盖子也被打烂。车后面的冷却水和油漏了一地，不可能再开着这辆车继续往前走了。

　　约瑟夫·涅克曼把车留在路边，车中的全部行李也留在车上，但没把车的后备厢锁上。他把两边的车门也半敞着，想以此阻止偷东西的人，"他们会想，这辆车的司机就在附近"。为了能寻求到帮助，他得步行返回班贝格去找德军军部。到了那儿，他真的为自己弄到了一辆替代的车，而且他的好运连续不断，当他回到之前丢弃车的地方时，他发现他的车一点都没有被动过，所有的宝贝都还在：面包、钻石、文件和避孕套。几个小时以后，他完好无缺地抵达了慕尼黑。

慕尼黑的刽子手

约瑟夫·涅克曼写道，在慕尼黑接下来的这几天里，他一直尽最大努力尝试着把ZLG集团公司在巴伐利亚剩下的衣物收集起来救济人民大众，他非常痛恨地指责纳粹党机构对他百般阻挠。官员们坚持遵守帝国条例，直到"最后的胜利"。约瑟夫也很担心无所不在的党卫军，他们让约瑟夫更加谨小慎微，因为此时的约瑟夫已不再有保护伞：他从前的"教父"奥托·奥棱多夫不在身边，远水救不了近火。弗兰茨·海勒在戈林被捕以后，按照马丁·鲍曼的指示被驱逐出政府机关。约瑟夫此时可谓是孤军作战，他想给众人的印象是他跟那些纳粹高官不一样，纳粹高官们置人民的苦难而不顾，而他只是想帮助受苦受难的大众，也因此使得自己深陷危险境地。

1945年5月2日，约瑟夫·涅克曼获得一个与地区领导层谈话的预约，此次谈话应在路德维西大街处的一个防空洞中进行。可当约瑟夫到达防空洞门口时，他马上就被两个党卫军士兵抓了起来。"你被逮捕了！"他们对约瑟夫大吼道。约瑟夫的所有证件都被拿走，之后被拉到院子里，党卫军士兵把他和四十多个被逮捕的人安排在一起。党卫军的士兵们在那里喧嚣地跑来跑去，他们皮靴下的铁掌撞击着石头地面，发出巨大的响声，时不时还听到枪声和大叫声："你这个祖国的叛徒。"

这次大逮捕行动源于"巴伐利亚自由大行动"。此次行动是由一个名叫鲁普雷希特·格昂格罗斯的党卫军队长发起的。他们通过电台宣布了这次行动，最初，他带领一队党卫军成功地冲进了位于福莱曼和埃尔丁的电台，并实施了占领。然而，这次暴动在一天之内就被平息。格昂格罗斯作为这次行动的领导人最后突破重围，逃到了山里，在山中的小木屋里一直躲藏到战争结束。其他参与这次活动的人都被逮捕，有些被送到达豪集中营处死。逮捕约瑟夫·涅克曼是因为他涉嫌作为这次行动的同谋而上了地区领导的黑名单。"这是有人故意把涅克曼这个名字写上去的"，约瑟夫猜测。举报人要么是一个无耻小人，要么这事跟戈林被逮捕有关。可是在战争最后的日子里，约瑟夫可以说是福星高照，他一直在寻找的地区领导人保尔·吉斯勒偶然得知了约瑟夫被逮捕的事情。

　　吉斯勒以其残酷恐怖的手段而闻名。1943年年初，他在慕尼黑镇压了"白玫瑰"反纳粹组织，杀害了硕儿兄妹及其同僚；1945年4月，他被任命为德国南部主管帝国国防部专员。在希特勒于1945年4月27日写下的政治遗嘱中，吉斯勒因为业绩被推荐为新帝国内务部部长，他的最后业绩是血腥地镇压了"巴伐利亚自由大行动"。

　　吉斯勒的生命结束得一点也不光彩。1945年5月8日，德国宣布投降，吉斯勒在美军的追捕下逃往贝希特斯加登地区，企图与太太一起服毒自杀，但没想到毒药的浓度不够，仅是灼伤了他的食道和气管，这样他只能在极大的痛苦中慢慢死去。无比嘲讽的是，偏偏是这个纳粹爪牙救了约瑟夫·涅克曼的命，约瑟夫不得不对之怀有感激之心。

第十三章　为乌鸦岭行动寻找志愿者
——瓦尔特·涅克曼的战争经历

阿登位于古老、闷热的山谷。从这里走上来，四处布满了桦树、榉木、云杉和沼泽草。甘菊丛林发出的甘香味飘散在沼泽、草地和森林中。蜿蜒的山脉从德国边境横穿比利时南部，经过西面的卢森堡，再延伸到法国北部。从这些地区的山顶上可以看到教堂、古堡和晚期哥特式的宫殿。沿途风景如画，古老的小镇里拱起一座座浪漫的半圆形房顶。

在高速公路上，旅游大巴一辆接着一辆，其中有一些在车体上用红、黑两色写着"NUR"字样。这些大巴都是涅克曼公司开往比利时和荷兰的旅游大巴。大巴中的导游一定会指着窗外的这片景色向游客们解说道："1940年，德国军队进攻法国时就在这里开始了第一次战役。在这次战役中，德国军队采用了'镰刀切割手术式'战略。4年以后，1944年至1945年冬天，也是在这同一个地方，德国军队进行了他们代号为'秋雾行动'的最后的大规模防卫战役。在这次战役中，希特勒的军队被打得溃不成军。德军最后的战争物资在这里被彻底销毁。"

如果导游们知道涅克曼家族有一位成员也参与了在此地进行的德军的最后一次大规模防御战役，他们肯定会跟游客们提起此事。在比利时和荷兰，"涅克曼"这3个字家喻户晓，它的知名度会让发生在这里的历史事件听上去更具有爆炸性效果。然而，就是涅克曼家族的成员也对此一无所知，这一真相被揭开源于一个巧合。

2000年6月10日，德国一台播放了一部名为《生活空间》的纪录片，这部纪录片是有关约瑟夫·涅克曼的。尽管该纪录片的播放时间是在23时，对于许多人来说是太晚了，但是，还是有三百六十余万人收看了这档节目，收视率达到了百分之十二点七，和德国足球甲级联赛的收视率相去不远。其中一个观众在看完节目以后马上打电话给德国电话查询处，想查询在维尔茨堡的涅克曼家的电话号码，查询处给了他J.C.涅克曼公司的电话号码，也就是"燃料-存煤批发-生物柴油对外销售有限公司"的号码，该公司位于南港口大街9号。第二天，此人用获得的号码找到了该公司的代理总经理迪特·海斯西，他介绍自己说，他叫赫尔曼·科赫，住在德国的爱莱罗普，他小心翼翼地问及瓦尔特·涅克曼是否还活着，说自己是他的"前线老战友"。

这个意外的电话激起了住在维尔茨堡的涅克曼家族对过往的极大兴趣。赫尔曼·科赫给涅克曼家族写了一封很长的信，信中的一些事确实让人感到非常意外。

赫尔曼·科赫生于1923年，1942年应召入伍。他写道：他第一次见到瓦尔特·涅克曼时是在1944年，他们当时同在国防军的军事机动营地，该营地位于上普法尔茨的格拉芬沃尔。盟军在诺曼底登陆时，科赫曾在那里驻扎，是国防军下士。8月18日，他在法莱斯战役中负伤。他的伤被治好以后，就被派到了一个新集中地去，作为开拔到乌波塔尔的补充部队。赫尔曼·科赫为涅克曼家族写下了一篇报道，在这篇报道里，他清楚地描述了当时的情景："在部队的告示间里有一块黑板，上面用大字写着'寻找参与乌鸦岭行动的志愿者'。我和我的3个哥们报了名，我们猜想，也许这次会不同于以往，也许能用上V型武器，V1或是V2。之后，我们被带到格拉芬沃尔，在那里，我们被完全跟外界隔离开来，禁止写任何信件，如果有人偷偷写信，一旦被发现就会立刻被处死。受训时，我们使用各种英式和美式武器，我们用的车不是英国制造的就是美国制造的，我们身上穿的制服、头上戴的帽盔、脚上穿的靴子全跟盟军一模一样。无论是暗号、命令还是战友间的谈话，大家一律使用英语。在我们这支部队里，有些战友曾在英国殖民地当过雇佣兵，他们教我们有关课程，而我也就是在格拉芬沃尔与瓦尔特·涅克曼建立起了紧密的战友关系。"

战斗，保持沉默

按照赫尔曼·科赫的说法，瓦尔特·涅克曼是一只实战经验丰富的"战地兔子"。自1939年9月1日进攻波兰以来，他就始终战斗在最前线。1941年6月22日，他开始参与希特勒进攻苏联的"巴巴罗萨"计划。当斯大林还在床上打呼噜时，德国空军只用了两千余架飞机就摧毁了苏联近一半的防空部队；苏联的六千余架战斗机还没有起飞就被统统毁掉。之后，德国派出了60万辆机动车、3580辆坦克、7481门大炮，以楔形攻势向苏联境内推进，将几十万苏军紧紧地包围起来。

瓦尔特·涅克曼跟随着部队参加过比亚韦斯托克、斯摩棱斯克和咯斯拉夫尔等大战役，对自己的家人他几乎从未谈起。他的女儿玛勒娜回忆说，他总是一再对我们解释道："我们别无选择。我们得打下去，否则我们就会被枪毙。"

哪怕是从国防军遗留下来的资料分析，我们也不能完全弄清楚瓦尔特·涅克曼究竟曾经被派去过哪些地方。

1942年夏天，瓦尔特·涅克曼带领着部队在唐河河畔战斗，唐河是哥萨克一条传奇的河流，瓦尔特部显然是在斯大林格勒战役中从南面进攻的部队之一，这条战线对德国人来说是历史上最长的战线，它的距离为两千多千米。1942年11月19日，德国军队的进攻陷入停滞状态；11月22日，25万德军士兵被苏军包围。

瓦尔特·涅克曼在乌克兰染上了伤寒。伤寒治愈以后，他就被派遣到法国，这得感谢在法国势力日益增强的抵抗组织。法国地下游击队不断在德国占领区搞破坏，给德国人造成了巨大损失。在盖世太保的桌子上堆满了法国伪政府有关地下暴动的信息。瓦尔特·涅克曼带着他的部队去执行"安定人民"的任务，尽管西线战场的情形对德军也很不利，但跟东部战场相比，西部战场被称作是"绝对的度假"。瓦尔特后来常常兴致勃勃地提起他的"香槟酒时期"，他好像在这期间认识了一个很有魅力的法国女人。他女儿玛勒娜讲起："单单是巴黎这个地名就能让她母亲非常冒火，她会说父亲，'你在那儿可是跟一个间谍勾搭上了！'"

在"脸部带疤的人"的指挥下

1944年8月18日，解放运动的熊熊大火在巴黎四处燃起。20世纪60年代中期，瓦尔特·涅克曼跟家人一起到巴黎去度假，在那里，他向他们讲述了当时发生的情况。玛勒娜后来讲述道："父亲停下脚步，站在里奥利大街上——二战期间这里曾是德国国防军总部所在地，他开始向我们讲述道，'无论如何，我都不想在德国投降后被关进战俘营。我让我手下的士兵们自己决定，是跟我走还是留下来投降。只有几个士兵不愿跟我走，这几个士兵我后来也再没听到过有关他们的消息。我们跟在车队里离开巴黎，当时巴黎的大街上挤满了人，我的部下乘着一辆大卡车，他们站在车厢里手握武器，严阵以待。赤裸裸的仇恨和威胁向我们扑面而来，那个时候，人简直就快要疯掉了。因为只要有一两颗子弹射向我们，我手下的士兵们就会开枪，全力反击，那么结果就会是血流成河'。"

1944年8月25日，巴黎的德国守军投降。第二天，身高近两米的夏尔·戴高乐将军——这位法国抵抗运动中的英雄率部开进巴黎，庆祝胜利。与此同时，美军也踏入了香榭丽舍大街。而瓦尔特·涅克曼则成功地把他的部队几近毫发无损地带回德国。

"在这种战争下的混乱情况中，我父亲唯一的想法就是不要再一次被派遣到东部战场去"。玛勒娜依然记得这些。瓦尔特·涅克曼来到位于乌波塔尔和法兰克福的国防军散兵聚集地，他肯定是在那里听到了有关寻找参与"乌鸦岭行动志愿者"的消息。当时，从海德堡到维尔茨堡的各战地医院里，大家都能看到写在黑板上的这条消息：国防军总部急于寻找会说一点英语的士兵。瓦尔特之所以对这个任务感兴趣，多半是因为他不想再跟苏联人交战。

跟哥哥约瑟夫一样，瓦尔特也去过英国实习。当他报名参加"乌鸦岭行动"时，他压根就不知道这究竟是一次怎样的行动，整个准备过程都严格保密。领导这次任务的人是希特勒的部下、维也纳的冒险家、被称作"超人"的奥特·斯科尔茨内，这个名字听起来就感觉是幸运和胜利的保障，此外，他还有一个绰号"脸部带疤的人"，之所以获得了这个绰号，这还要追溯到马克曼尼阿学生会组织，他脸上那道醒目的伤疤就是在这个组织时参加斗殴留下来的。1930年，他宣誓追随纳粹党。在意大利海拔2914米高的格兰萨索山上，他曾有过一次壮举，也就因此而出了名。在格兰萨索山上有一家名为"坎普大帝"的酒店，当时贝尼托·墨索里尼被法西斯大议会视为不可信赖而被监禁于此。奥特·斯科尔茨内带领着一支伞兵部队把意大利的"领袖"从酒店里救了出来，完好无损地把他送到了意大利北部加尔达湖畔的萨罗，那里是法西斯在意大利北部的首都。自那以后，奥特·斯科尔茨内就被视作是"无法完成的任务"的专家。盟军把他列为欧洲"最危险人物"之一。瓦尔特·涅克曼参与的就是由此人领导的国防军阿登特别行动，属于绝密的"格里芬行动"的范畴。

最后的机会

1944年12月15日，这个特别行动队开始行动。夜晚，下起了这一年的第一场大雪。大雪湿漉漉地粘在树上，狭窄的路上布满了烂泥。在比利时卢森堡的巴斯托涅附近，美国部队的例行巡逻队发现了可疑的脚印。"这些脚印都是带钉靴的脚印，我们的人可不穿这种鞋"。于是巡逻队便顺着脚印追踪，不到半小时，他们就看见了3个鬼魅般的人影，他们灵活地在被雪遮盖的树木之间移动，从他们白色的伪装服可以分辨出他们是德军的跳伞人员。美军巡逻队冲上去要求这3个人缴械投降，可是这3个人不愿投降并企图逃跑。美军巡逻队开枪射击，3个人均中弹倒在雪地上。美军检查了他们的尸体，发现在伪装服下这3个人都穿着美军的宪兵服。进一步搜身时又发现了3个相似的打火机，这3个打火机闻上去没有汽油味，而是一种酸甜味。顺着这个味道，美军发现这3个死者的口角周围布满了白色的泡沫，这下美军才清楚，这3个人的真正死因是氰化钾，被咬碎了的氰化钾胶囊还粘在死者的牙齿上。

美军巡逻队立刻报告了这一奇怪现象，可是当时的值班军官并没有严肃地看待这件事。这就像彼时的天气一样，给德军的这项行动带来了很大的方便。在大雾、细雨和大雪的掩护下，德军第150装甲旅开始全面进攻。他们很快侵入了斯塔维洛特等地，直插美军的心脏——第一军总指挥部。乔装成美军的德国士兵在战役中配合得非常有效，他们开枪打死那些军营的门卫，在没有地雷的区域挂上了地雷的警告牌，把路牌的方向转到错误方向去，甚至剪断了通往布兰德勒·赫德格斯将军指挥部的电话线。

根据赫尔曼·科赫的讲述，瓦尔特·涅克曼就战斗在这个特种冲锋队里，在200个身穿美军制服战斗在敌人心脏内部的志愿者中，他属于中坚力量。在他们的内部，他们用诸如弗兰肯、比尔、哈利或吉姆等这样一些典型的英文名字相互称呼。实际上，他们的真名都是诸如弗兰茨、埃尔斯特、约瑟夫、赫尔曼和瓦尔特等，他们接到的指示是：一旦遇到真正的美军，他们只用"是"（Yes）或"不是"（No）来回答问话，然后尽快脱身。另外，他们还接到命令，一旦他们暴露，就必须立刻服毒自尽，这支特种部队的每个成员都拿到了毒药。因为他们在执行任务中穿的是敌军的服装，一旦他们被敌军抓住，就不会像一般的战俘那样享有权利。就在执行任务的第一天，马尔梅迪区域就有8名特种部队队员被俘。美军在对他们搜身时发现他们的美军制服下面是德国国防军土灰色的军装，因此，他们被就地处决。

赫尔曼·科赫把这次德军的进攻称之为"魔鬼前线"。身穿掩护服的德军部队在美军的内部制造了足够多的破坏以后，德军开始大举进攻，这次进攻非常有效。"我们身穿着美军制服在盟军这面，此时，我们感到脚下地动山摇。德军的进攻是在清晨5时30分开始的，就在我们看到我们的部队那一刻，我们大家匆忙脱下了美军制服，露出德国国防军的制服跟盟军打起来"。

特洛伊木马

1944年12月16日，德军进攻后，美军在每一辆开得飞快的吉普车上都看到了德国便衣士兵。这些被称作"海盗"的美国士兵酷爱德国国防军士兵冬季的带钉皮靴，可是，一旦他们被发现穿着从德国士兵那里缴获来的带钉皮靴，就可能给自己的生命带来危险，就是美军高级军官都得接受严格的盘查，他们会被问及暗号、口令，诸如："伊利诺伊的首府叫什么？西纳特拉的原名是什么？"还有更复杂的，如"目前在演员贝蒂·盖勃家作客的朋友是谁？"亚努什·皮卡基维什在他的《间谍、特工、士兵》一书中描述了当时在西线战场上的美军所发生的这种奇特而混乱的现象。

德军取得了阿登进攻最初的胜利，之后，胜利女神倒向了盟军这边。德国发起进攻后的第六天，云雾散尽，美军派出了轰炸机对德军进行轰炸，在狭窄的山谷里，德军的一辆辆坦克、大卡车、越野车堆积在一起，有些是因为被轰炸击毁，有些是因为抛锚，有些是因为没有了燃料不能前行，这些车挡住了去路，使得步兵部队和机械化部队都动弹不得，陷入了进退维谷的混乱局面。

此时，在阿登的进攻战役中德军已阵亡了10万余士兵，再也没有可以补充的生力军了，在西线战场上，德军最终还是输了。有关特种部队最后的行动，赫尔曼·科赫是这样叙述的："1月初，我们这支特种部队被带回了科隆。本来我是要被分到第21军坦克部队去的，但涅克曼中尉用战友般的语气对我说，'科赫上士，我接受你到我的部队中来，我们将被派往芦苇沼泽地'。压在我心上的那块石头这下总算落下地来。"

有关德军在阿登进攻的意义，军事专家们研究了二十多年。在此期间，相关看法一直在改变。1945年至1960年间，德国军事专家大多都将这次战役看作是"希特勒毫无意义的一次布局"。此后，英国的战争题材作家巴斯尔·里都·哈尔特却将这次战役形容为"精心设计"的战役。慕尼黑的历史学家克劳斯·迪特马·亨克对此这样写道："这是唯一的能使德军还有一丝胜算的机会。这就是说，这是一次可能使德国领土完整保留下来避免让外国军队占领的机会。"

寻找参加过"格里芬行动"的人员这项工作在许多年里一直没有停止过。对该行动的指控首先是触犯战争条例、滥用敌方制服和对敌方的欺诈。参与这项行动的许多人都担心自己什么时候会被送上法庭，瓦尔特·涅克曼也因此对那段往事只字不提。巴斯尔·里都·哈尔特为奥特·斯科尔茨内开脱，"他是这幕致命混乱喜剧的演员"，并认为，他只是采用了历史战争中出现过的欺诈手段，即"特洛伊木马"。斯科尔茨内后来被美军军事法庭判为无罪。

德国牧羊犬森塔

在阿登战役中的德军残余部队都被派往上奥地利州，

目的是为了确保供给路线。"在芦苇沼泽地里，我们不再用第一中队、第二中队这样的编号，在这里只有'涅克曼部队'"，赫尔曼·科赫这样讲述道，"在芦苇丛中，我们待了一个星期。之后，接到了希特勒从总指挥部发出的命令，命令指示，所有参加过阿登战役的士兵都能获得8天的特殊休假，再加上两天作为休假中赶路所需的时间。所有的休假证明上都盖有总指挥部字样的章和希特勒本人的签名。

这8天休假，赫尔曼·科赫推到瓦尔特回来后才休。因为瓦尔特·涅克曼自己要先回维尔茨堡，便把照管部队文档的任务交给了科赫，"整整一箱士兵证和军饷"。瓦尔特之所以这么着急要返回维尔茨堡是因为一只小德国母牧羊犬，这只小牧羊犬在阿登大雪覆盖的山中几乎快要饿死，它跑到部队所在地来，之后却怎么也赶不走它了。就这样，瓦尔特想到了一个主意。"我父亲突然从前线回来，就为了给我的3岁生日带来礼物"，玛勒娜讲述道，"礼物是一只德国小母牧羊犬，父亲为它取了一个名字叫'森塔'，这是一个圣人的名字，父亲希望它作为我的'保护人'，当时小狗一下来就跳进了我的儿童车里，在以后的10年里，它再没离开过我半步。"

这只"绝顶聪明的德国小母牧羊犬"陪伴玛勒娜度过了她的早期童年。"我俩寸步不离，有时候我得一个人出门时，我俩都会很难过，这时，森塔就会在笼子里乱蹦乱跳，它会从笼子中挣脱，跳过两米高的花园围墙，在市里到处找我；当我在教堂的时候，我站在管风琴旁，看见森塔朝祭坛方向朝我跑了过来，我害羞得满脸通红；过了些时候，我们区的教会也就习惯了森塔总是要跟我进到教堂里来"。

各自自保，主保佑大家

度假完后，瓦尔特·涅克曼回到部队，他对新运到沼泽地来的箱子感到很生气。这些箱子里面都是新式武器：38型20mm高射炮，这些武器都是在比尔森和捷克的斯哥达工厂里生产的。由于破坏接连不断，已没有枪支可供使用，瓦尔特急躁地走来走去，大声吼道："我们用什么来保卫自己？"

这时，轮到赫尔曼·科赫回家度假了。但在回家度假的途中，他还得完成一个重要的任务，"瓦尔特交给我一箱奥地利葡萄酒，让我在回家的途中把这箱酒带给他在维尔茨堡的太太"。

瓦尔特·涅克曼的部队就这样在芦苇丛中静静地等待着德国投降的消息，然而，先等来的却是1945年3月19日希特勒发布的《尼禄法令》，在该法令中，希特勒以这样的句子作为开场白："一旦战败，德国人民也将会失去所有。"然后他进一步指示："所有的军事运输设施、通信设施、工业设施和补给站以及任何帝国土地上其他有价值的东西，只要是能被敌方在战斗中继续利用的东西，通通都得摧毁。"

之后，瓦尔特部立刻接到命令，步行开拔前往匈牙利和斯洛伐克的边界。在途中，他们应和奥特·斯科尔茨内的部队会合，完成这个最后的特别任务。1945年3月24

日，苏联红军开始对维也纳进攻。此时瓦尔特部再要去完成另一项新的突击任务从时间上来说是完全不够的。

1945年4月12日，美国总统富兰克林·德拉诺·罗斯福突然死于脑溢血。两个星期以后，传来了"希特勒死了"的消息，这个消息对于有些人来说万分惊骇，而对于另一些人来说却是大大地松了一口气。第二天，人们听到收音机里在播放安东·布鲁克纳的《第七交响乐》，这是领袖最喜爱的交响乐。之后，希特勒亲自点名的后继人、海军元帅邓尼茨在广播里向德国民众说道："保持城市和国家的秩序，各自在各自的岗位上履行职责。"瓦尔特·涅克曼把他的部下也召集起来，对他们说："希特勒死了。德国万岁！"赫尔曼·科赫此后这样写道。

瓦尔特部之后被编入了"统帅堂师"。这个师穿过奇斯特斯多夫、赫拉布伦、兹诺伊莫等地撤回德国。科赫讲述道："就是在这样的情况下，我们还在努力完成分配给我们的任务，即分段捣毁电话线和保障运输道路畅通无阻。1945年5月8日，苏联红军发起了全面进攻。当晚，德军指挥部发出命令，让我们到维也纳通往布尔诺的主干道上集合，朝着苏台德地区方向推进。大部分机动车都没了汽油，按照规定，部队将它们和武器一起都炸掉了。""1945年5月9日，瓦尔特·涅克曼将我们大家最后一次集中在一起，整支部队没剩下多少人了，'最后的行动'已开始，所有的士兵证书被换成了国防军证件，所有存放在木箱中的军饷被拿了出来，大家如兄弟一样不分职位高低拿到了同样数量的军饷。紧跟着3辆斯太尔-普赫弹药运输车，我们一行向西跋涉。走了20千米不到，我们被美军拦截下来，他们对我们进行了搜查，之后居然‘宽宏大量’地放行，甚至还允许我们保留手枪。在此之后，我们才发现他们的宽宏大量并非是真心的，而是有预谋的。因为，在这个地区聚集着无数捷克游击队、反纳粹起义的人和抢劫的人。每个落入他们手中的德国士兵都会就地被打死。在那一带的树林里，躺着不少我们的战士，有的还被脱光了吊在树上。”“在捷克布杰约维采附近，我们到了伏尔塔瓦河大桥，这座大桥已被美军占领。我们从大桥处撤回，钻进了小丛林里。第二天一大早，天刚蒙蒙亮时，我们就赤脚渡过了刺骨的伏尔塔瓦河，目的是不想留下任何痕迹。我们尽力回避所有在我们看来有可能被美军抓到的地方和路线，因为我们很担心，一旦被他们抓到，我们就会被交到苏军手里——这也是我们的领队瓦尔特最担心的。在逃亡中我们的口号是‘各自自保，主保佑大家’。就在第二天夜里，我和瓦尔特走散了。自那以后我们就再也没见过面。”

瓦尔特·涅克曼成功地回到了维尔茨堡，这座城市已变成一堆废墟。美国军事法庭对瓦尔特·涅克曼进行了审讯，在审讯中没有提到阿登反击战，美军方面在他那儿没有问出什么重要的东西。在第二次审讯时，瓦尔特就消除了纳粹的嫌疑。“肯定是有人出来证明，瓦尔特·涅克曼战时常把逃兵收留在自己的部队里，从来都不向上面报告”，这是赫尔曼·科赫对此的看法。

玛勒娜·涅克曼本来很想亲自去拜访赫尔曼·科赫，拜访的时间都已定好，应该是在2003年的初夏，可是，就在拜访日期即将来临时，赫尔曼·科赫与世长辞了。

约翰内斯·涅克曼在他表姐那儿听到科赫的回忆后，突然一下想起了他童年时期的一次经历，这一经历在他的童年里难以释怀。"瓦尔特叔叔让我们这些去维尔茨堡拜访他的孩子们彻底领略了他的本事。夜晚，我们这些孩子悄悄地从家中溜出去，想到外面去玩打游击的游戏。我们尽力不发出任何响声，可是，当我们跑到花园大门处正想打开大门时，突然有一个人用手电筒直照着我们的眼睛，他拦住我们说，'不许动，缴枪不杀！' 我们根本看不见究竟是谁，可是从声音里我们分辨出是瓦尔特叔叔，这可把我们大家都吓了一跳。因为，他一直在黑暗中跟踪我们，可我们压根就没察觉到。自那以后，我们这些爱玩打游击的孩子们对瓦尔特叔叔就刮目相看了。"

说到刮目相看，还要回到一枚勋章上去，这枚勋章一直挂在瓦尔特·涅克曼位于马克特艾涅斯海姆家中的一个角落里。这是一枚十字勋章，所有参加过阿登反击战的将士们在战役结束后都获得了一枚十字勋章。可是，战地英雄瓦尔特·涅克曼却从未向家人提起过此事，他的家人也从未问过他这个勋章的来历。

第十四章　我真的不知道，我究竟做错了什么
—— 涅克曼旧事重提

约瑟夫·涅克曼在特格尔恩湖畔经历了战争的尾声。1945年5月5日下午，美军第7军从慕尼黑向罗塔赫挺进，一路上没有遭到任何抵抗。在他们涂着伪装色的坦克炮炮塔上贴着迷你女孩和米老鼠的粘贴画。一个新的时代降临了。

"第一个闯入我们'保加利亚'房子的美国大兵立刻就拿走了我父亲的金表"，约瑟夫·涅克曼的女儿爱娃-玛丽亚回忆，她那时仅8岁，"一个美国大兵要在我们家的窗户上挂上一面美国旗子，为此他就站到我们家的三角钢琴上去，我母亲这时被激怒了，她对着那个大兵叫道，'把靴子脱了，要么就滚下来，你把我钢琴上的油漆刮坏了'。那个被训斥的美国大兵压根就不理睬我母亲。"要是这位美国大兵仔细地搜查一下涅克曼家，也许会搜出很

多战利品来。

房子后面的花园——约瑟夫·涅克曼把戈林的钻石埋藏在那里。现在他得赶紧更换地方了，接下来占领军为了在花园里给许多逃难的难民搭建居住帐篷会到各家测量土地。就在当天晚上，约瑟夫同他的老丈人悄悄地溜进花园，想把那两个装着钻石的不锈钢盒子挖出来，可是他们很快发现自己陷入了困境。"我对天发誓，我认为自己闭着眼睛都能找到我藏钻石的地方，我还用胶布做了记号。可是，我们挖啊挖啊，最后还是徒劳无益，一无所获。这两盒钻石就像从地球上消失了一样"。

约瑟夫·涅克曼和老丈人慌了神，他们努力寻找着那个钻石的埋藏点，同时还得警惕花园外面来回巡逻的美军士兵。也不知什么时候，他们听到铁锹下面发出"咔嚓"的响声，总算找到了。于是他们把盒子挖了出来，清洗干净，用防水纸把两个盒子包裹好，然后用一条13米长的绳子拴上，下沉到花园草地上的一个水井里。尽管如此，约瑟夫和他的老丈人还是没能睡个安稳觉，"每次当美军的吉普车从我们房子前开过的时候，我浑身上下都在抖，抖得像风中的白桦树叶一样，我总是在想，他们来了，他们来抓我去审问钻石的事了"，约瑟夫回忆道。

1945年5月8日，德国无条件投降。最后停战的时间被确切标注：停战于23时01分。停战协议是由希特勒亲笔提名的后继人、海军元帅卡尔·邓尼兹签署的。约瑟夫·涅克曼写道："当我们坐在收音机前听这个消息时，孩子们都睡了。"这句话说完后，约瑟夫开始总结："我们清楚我们过去有过什么，而我们未来将会有什么我们却不知道。我此时心情非常复杂，一方面，我感到大大地松了一口气；另一方面，我也感到垂头丧气和无边的空虚。这样的状况直到我们领会了其中最重要的因素，那就是我们活了下来。"

新部长，老一套

1945年5月25日，美军陆军上校威尔森和格瑞丰来到约瑟夫·涅克曼的住处拜访他。一开始，约瑟夫担心他们会问到钻石的事情，但他们只是来跟他谈纺织品的事情。令人感到惊奇的是，盟军于这一期间在慕尼黑帝国经济部发现了许多文件，从这些文件中他们了解到有关ZLG集团公司的资料。因为约瑟夫以前在纽卡斯尔和伦敦实习过，因此他的英文也还过得去，这使得一开始看起来像审讯的问话很快在"保加利亚"的房屋里转变成友好的聊天。

在此次谈话的过程中，约瑟夫·涅克曼把最后两瓶从阿德隆酒店带在路途上当干粮的葡萄酒拿了出来，与两位美军上校共饮。两瓶阿德隆酒店酒窖里的酒下肚以后，约瑟夫取得了一个良好的开端。约瑟夫在自己的回忆录中提到，那两位上校兑现了他们乘着酒兴时给他许下的承诺。很快，一辆美军军用吉普车开到了家门前，把"衣服专家"约瑟夫·涅克曼送到了他的新单位——位于慕尼黑普凌茨勒根特大街的巴伐利亚州经济部。

1945年6月6日，这天是约瑟夫·涅克曼33岁的生日。第二天，他就坐在了之前的啤酒厂总裁卡尔·阿尔图·朗格博士的办公室里，此人被美国人任命为新巴伐利亚州经济部部长。朗格自1918年以来就是慕尼黑卢文堡啤酒厂的董事，1941年，他成了这家拥有悠久历史、以蓝白作为商标的酒厂的总裁。朗格因为毕业于企业管理专业，又没加入纳粹党，故而在新巴伐利亚州政府组建时被委以重任。之前德国的体制结构对这位信仰天主教的风云人物来说一点不陌生，他非常了解约瑟夫在这之前起到过什么样的作用。

两个人的谈话始终围绕着一个话题：那些做好了的、剩余的国防军军服究竟被放到哪里去了？"这几十万件军服一直被转运来转运去，但不管怎样我们得把它们找出来。这好几十万件军服肯定在转运的时候滞留在了什么地方"，约瑟夫这样回答道。

与经济部部长的谈话很快就进入了双方绝对相互信任的状态。约瑟夫·涅克曼毫不忌讳地把他的秘密告诉了部长："我手里拥有钻石，分量不少，这些钻石是从帝国经济部买来的，一切有关证书都是绝对合法的。"巴伐利亚州的这个经济部部长肯定感到有些困惑，因为与金子相反，盟军当时对持有钻石的人并没要求义务注册，是他这样建议约瑟夫："先把这些钻石保留好吧，等待一切真正恢复正常以后，我们再做打算，如果我把这事报告给州总理弗里茨·舍费尔，他就会去问美国人，这对谁都没有好处。"

像卡尔·阿尔图·朗格这样的人，约瑟夫·涅克曼是可以指望的。就像约瑟夫当时通过自己的关系在柏林阿德隆酒店弄到一套房子一样，朗格在慕尼黑也为约瑟夫准备了一套住房。"这套住房很大，位于慕尼黑的洛赫海姆区，只住着一位妇女以及她的女儿，这位妇女的丈夫曾是党卫军的高级军官，此时在战俘营"，约瑟夫兴冲冲地谈道。

约瑟夫·涅克曼把钻石也搬到了位于洛赫海姆的马希尔德大街的住房里，他把它们装在一个盒子里，放进了阁楼。作为掩护，盒子上面写着"重要文件"。

约瑟夫·涅克曼的工作跟从前相似：他要保证为人民大众提供所需的针织品。约瑟夫此时已从之前的纳粹服装行业的领导人摇身一变，成为如今巴伐利亚州纺织业经济的领导人，经济部部长期望，约瑟夫能够把ZLG公司散落在四处的衣物收集起来。约瑟夫新旧的头衔听起来似乎大同小异，只是基本条件有所改变，然而，实际操作起来要比想象中困难得多。很快，约瑟夫就发现一大部分剩下来的衣物不是被抢劫了就是被炮弹炸毁了，还有的就和之前那批在维尔茨堡驳船上的衣物一样被纳粹完全给销毁了。但要是约瑟夫此时毫无办法，只是站在那儿发呆的话，他就不是约瑟夫·涅克曼了。

为了减轻约瑟夫·涅克曼的工作，经济部部长朗格为他在经济部附近的勒奥普尔德大街安排了一间办公室，约瑟夫还可以在此过夜，这样就省去了每天都要来回洛赫海姆的时间。1945年8月，约瑟夫可以展示他努力的结果了：他召开了第一次巴伐利亚州纺织业大会，凭借着他的名头而一呼百应，所有纱、线和扣子企业的老板们都到了。当约瑟夫看到参会者名单时，连他自己也大吃一惊："他们所有人都来了！"

到场的本行业知名人士有阿尔戈尔地区布莱夏纱厂

的埃里希·施吕特、KBC纺织企业有限公司总裁胡果·威尔根斯、奥古斯堡地区吕丁格尔花样纺织厂的老板阿尔贝特·弗雷茨（此人同时也是迪里西公司代理人）、埃尔兰根-班贝格纺织厂总裁卡尔·舒尔、曾作为ZLG集团监事会成员的海尔穆特·温科勒。在纳粹德国时期，这些人都跟约瑟夫·涅克曼有过合作，然而，这次在奥古斯堡的会晤上，约瑟夫却觉得大家对他的态度"冷若冰霜"。

这些业内人士的代表对约瑟夫·涅克曼都表现出了难以信任的态度，这是因为前不久还在为纳粹德国工作的他如今摇身一变就成为巴伐利亚州经济部的人，而且还是直接为盟军工作的人，但约瑟夫用一番充满激情的讲话又重新赢得了他们的信赖，他说："多年来，我曾经是统治者的经济体制的代理人，受到许多经济的钳制，而在此，我不想再以一个经济部的代理人站在你们面前，我此时以那些在轰炸中失去了一切的人、逃亡的人和被驱逐的人的名义与你们对话，这数百万人急切地需要我们的供给。"这番话起到了破冰的效果。

在约瑟夫·涅克曼今后的生活中，只要关系到自己的过去，他就会尽力让自己摆脱曾在使用苦力的纳粹德国充当过"经济操控人"的角色。至于纳粹的独裁专制和恐怖行为，他压根就不愿去多想。用他的格言来说，他是一个会比别人想得"更超前一点"的人。

恢复了这些老关系网之后，在经济部部长朗格全方位的支持下，1945年9月，约瑟夫·涅克曼尝试让自己在下弗兰肯的纺织厂开工。约瑟夫委托住在维尔茨堡附近、曾为自己服务过的税务师威廉·奥斯特莱西来帮助他做这件事。在约瑟夫的全权授意下，如有必要，奥斯特莱西可清理关闭以前的工厂企业，重新建立一个新的企业。而此时，盟军正在修改有关以前犹太人的财产规定，该怎样赔偿原来的财产拥有人、现在的财产拥有人能多大程度保留财产等政策还没有出炉，只要新的规定还没有形成，那些以往的犹太财产掠夺者一个都不许开工。

从后面射来子弹

约瑟夫·涅克曼让威廉·奥斯特莱西做自己的挡箭牌，让他去为自己跟美国司法管理机构打交道，办理有关他作为犹太财产掠夺者而从犹太人卢兹克维茨和炯尔那里购买过来的两家公司的事宜。然而，维尔茨堡市市长古斯塔夫·滨根堡却提出了一个快捷的解决方案。

滨根堡根本就没有时间去详细审核犹太人财产的事宜。这座在战争中被摧毁了82%的城市，主要的大街都是刚刚才被粗略清理出来的。那些被称为"废墟清理的女人"用自己的双手日夜奋战，努力把一堆堆残砖废瓦清理出来。她们把一块块砖刮干净，堆放在一旁，然后用小车运送到堆积场地。工作之余，她们还得跑回家为自己的孩子们做饭。这些妇女在这种无助和绝望的境况中可称得上是真正的英雄，市长向她们呼吁："维尔茨堡没有被灭亡。维尔茨堡一定要生存下去，维尔茨堡一定要成为一只从灰烬中飞出的凤凰。"

来自美国的长官穆雷·凡·瓦格雷之前曾来参观过这座美因河畔的大都市。这个出生于荷兰卫理公会移民家庭的长官觉得这个被炸得一塌糊涂的城市此时看上去非常有魅力。他相信，他看到了"现代圣经"中堕落的索多玛和蛾摩拉被上帝惩罚的画面。这个虔诚的教徒在维尔茨堡35个被摧毁了的教堂中切身地体会到了上帝的力量。他开始草拟一份将维尔茨堡作为"战后废墟天然博物馆"的计划，就此规定不准收拾维尔茨堡市中心的废墟。他的这一规定激起了维尔茨堡市民的强烈抗议，然而，他还是达到了目的，维尔茨堡的修复工程整整延后了两年。直到1947年4月2日，市政府才正式宣布清理废墟任务的工作安排。

在这样极其困难的时期，要让维尔茨堡市市长古斯塔夫·滨根堡批准一家从犹太人那儿掠夺来的公司重新开业，约瑟夫·涅克曼和他的授权人威廉·奥斯特莱西是不会想到这意味着什么的。约瑟夫显然还保持着纳粹时期的办事风格，觉得就像给施贝尔、冯克、希姆莱、奥棱多夫或是其他财团等打一个电话就能搞定一样。

约瑟夫·涅克曼显然确信，借助卡尔·阿尔图·朗格的影响可以帮助他轻松地让自己的制衣厂重新启动。可是，1945年9月20日这一天，等待他的是"叮当"响的手铐。约瑟夫被捕了，他即刻就被送到位于艾特大街的警察总部。

"我真的不知道，我究竟做错了什么"，约瑟夫·涅克曼在他的回忆录中这样鸣冤叫屈道。但是逮捕他的理由白纸黑字地写得很清楚：违反美军政府第52号控制法令。此后，接下来是"禁止他再从事任何领导、监督工作，同时也取缔他从犹太人那里通过胁迫、威胁或剥削而获得的财产的控制权"，这里指的是约瑟夫在掠夺犹太人财产时期买的两家炯尔的制衣厂。

在艾特大街待了一晚，第二天，约瑟夫·涅克曼就被送到了达豪集中营。令人感到无比震惊的是，如今被关押的人都被送进了当时的犹太集中营。纳粹党在哪儿开始了他们的罪恶行径，之后这些纳粹极端分子——希特勒的同谋、实施者和追随者就在哪里受到了审讯。约瑟夫在他的回忆录中还提到一点："那些审讯我的美国人的德语比英语还说得好。"这好像是在为自己开脱罪责。他也在指证那些为美军占领政府工作的德国人，这也确实符合当时许多地方的德国人所营造出来的气氛。美军并不是在各处都被看作是"解放军"，谁为美军提供了帮助，就会被看作是举报人、告密者、间谍或叛徒。

约瑟夫·涅克曼在达豪集中营被关了两天之后又被带回了艾特大街的警察总部，在此他再一次受到了审讯。可这之后，他奇怪地被释放了。"我接到严格的规定，不准我以任何形式从事任何工作，除了禁止我工作外，我还得有规律地到警察局去报到。我在巴伐利亚州经济部的工作也就此结束了"。约瑟夫在巴伐利亚州经济部的上司朗格在突然收到了认为约瑟夫的职位是跟法令有所冲突的消息以后，也只能耸耸肩，就此作罢。他让人转告约瑟夫说："违反军事政府的事儿我是不会做的。"

向德国社会民主党抛媚眼

1945年9月25日，美军军事管理处罢免了巴伐利亚州总理弗里茨·舍费尔，同时被罢免的还有他的同事卡尔·阿尔图·朗格。在美国人看来，这两个人在他们行使自己的管理职权期间没有严格清除从前的纳粹党羽。约瑟夫·涅克曼并不是当时唯一一个为这两个人所重用的纳粹党的受益人。

接下来巴伐利亚州经济部由一个颇有能力的人接手，这人就是路德维希·埃尔哈特博士，他是一个精力极其充沛的工作狂。同时此人也懂得享受，他有一个特点，就是喜欢嘴上叼着一支粗粗的雪茄。在慕尼黑，他常爱去的一家餐馆叫"托尔戈尔"，这家餐馆原属于维尔茨堡的卡特斯克雷尔餐馆。战争期间，一位来自南蒂罗尔、名叫安娜·微提尔的女士将这家位于慕尼黑著名啤酒屋旁边的餐馆买了下来。约瑟夫·涅克曼也很喜欢去这家餐馆，他跟安娜·微提尔非常熟悉，这里一直是在慕尼黑建立良好商业关系的关键场所。这里有南蒂罗尔的熏肉和黑麦酸面包，再加上葡萄酒，约瑟夫要结识埃尔哈特并不是一件困难的事，他们很快就擦出了火星。

托尔戈尔餐馆是当时慕尼黑很多人喜欢约会的地方，一方面，这是因为女老板很有经营天赋，即使在战争期间物资极其匮乏的条件下，她都能为她的客人们弄到食物和饮料；另一方面，在这家餐馆的后部有好几个独立的房间，在这些房间里各党派的聚会可以放心地关起门来进行，"红党"和"黑党"[1]可以同时互不干扰地在两个不同的房间里进行会晤。约瑟夫·涅克曼在此处偶然地结识了一个人，这人的职位让约瑟夫立刻产生了兴趣，他叫

---

[1]德国人把基督教联盟党称为"黑党"，把社会民主党称为"红党"。——译者注。

"鲁多夫·左恩"。在纳粹党执政期间，他不受待见，被吊销了律师执照。战后，他成了社会民主党的领导成员。现在，左恩在新的州政府中负责资产管理和补偿事宜，尽管约瑟夫是一个天主教徒，还曾是纳粹党的成员之一，之前还从未跟社会民主党有过任何瓜葛，但是，这次他毫不犹豫地就跟鲁多夫·左恩塔上了腔。这个从前的犹太人财产掠夺者心里清楚，如果他能巧妙地摆脱他过去的污点，他就能重新绽放，没有谁比这个忠诚的社会民主党成员更能给他提供帮助了。

约瑟夫·涅克曼的直觉再次正确地为自己开通了一面新的关系网。在亚尔马·沙赫、瓦尔特·冯克、弗里茨·托德、阿尔贝特·施贝尔、卡尔·阿尔图·朗格、路德维希·埃尔哈特等人之后，鲁多夫·左恩又进入了自己可利用的关系网中。而这次事情发展得并不顺利，约瑟夫因为没有足够的耐心使他接下来犯了一个严重的错误。

申请经营一家商店

1945年10月29日，事业心极强的约瑟夫·涅克曼又向维尔茨堡市市长古斯塔夫·滨根堡递交了一份申请。申请中这样写道："在此申请批准成立一个救济出售站，该站将建立在我原拥有的梅尔库便利商店处。"他把"非常不幸的供给状况"作为理由。一目了然，约瑟夫·涅克曼打算在这个商店出售的纺织品来源是ZLG集团公司的货物，除此之外，不再可能是别的什么了！此时，在整个德国，生产完全处于停滞的状况，工业方面缺乏各种原材料，通过煤炭来提供电力能源约在1年之后才开始恢复。阻碍商业和生产的另外一个重要原因是战争结束以后，德国90%以上的道路都还未能通车；就是水路也因桥梁被炸和船只的毁坏而被阻。维尔茨堡市市长古斯塔夫·滨根堡也不得不仔细考虑约瑟夫的这家商店货品的来源究竟为何处，而约瑟夫也许这样认为：美国人希望一切都尽快走入正轨，而高层方面又在致力禁止非法和黑市买卖。他的想法到此为止并没有错，因此他认为，只要能使生意兴旺起来的人都应该得到一个经营特批许可。由于美国人没有专门的人员来管理这些事，因此他们就让市长全权受理批准这些事务，他们的签字和公章在整个德国都是有效的。这样一来，就省去了许多冗长的官僚程序。

约瑟夫·涅克曼忽视了一点，如今坐在这座城市管理者位子上的人不再是那些纳粹党的乌合之众，而大多都是纳粹党的受害人。他大概也忘了在几个星期以前市长还曾提到过他曾是"犹太财产掠夺人"。维尔茨堡这个新的最高领导人觉得，整座城市都知晓约瑟夫与纳粹党的过往，而约瑟夫现在却表现得如此野心勃勃，这似乎有点太过于大胆妄为了，于是事态一发不可收拾。

在约瑟夫·涅克曼向维尔茨堡市政大厅递交了申请的48个小时以后，他位于洛赫海姆住所的门铃被按响，他开门一看，是美军军警。他们简短地对他说："你被捕了！"之后约瑟夫再一次被关进了位于艾特大街的警察总部。3个星期以后（1945年11月中旬），他被带上了一辆吉普车，手上铐着手铐。他蜷缩在后座上，迎面而来的冷风刺骨，他一个劲地猜想，这是要把他往哪里送？

　　吉普车从慕尼黑出发，开上了通往纽伦堡的高速公路。此时，纳粹的24位主要战犯在纽伦堡受审，戈林作为纳粹党最高战犯正在接受审判。除此之外，还有施贝尔的党羽，这些人是奥托·奥棱多夫、弗兰茨·海勒和汉斯·克尔勒等人，他们都被关押候审。约瑟夫·涅克曼害怕自己被视作同谋受审，这种担忧并非毫无根据，无论怎么说，此时他手上还攥着戈林的钻石。此外，让他害怕得发抖的是"祈祷我不要被美军交给苏军或是把我引渡给波兰"，这种担心一路上折磨着他。他当然想到了，他曾在比亚韦斯托克和罗兹犹太人贫民窟所起的作用。

　　车开过菲尔特后，拐向了另一个方向。这时约瑟夫·涅克曼才大大地舒了一口气，这意味着车是朝着维尔茨堡方向去的。车上的美国大兵看上去似乎开始对他友好了一点，还给他烟抽。"车抵达位于维尔茨堡郊外的监狱，下车时，他们把那包剩下的烟塞给了我，我对这种人性的表达感到很欣慰"，约瑟夫这样回忆道。可是，那却是一个圈套，进到监狱里搜身时那包香烟被没收了，看守人员在他的档案里注明："身上私藏美国货物。"这对于德国人来说是禁忌。

肆无忌惮地要达到自己的目的

　　在审讯中，美军审讯官的钥匙一下子甩到约瑟夫·涅克曼的脸上，带走！当关押犯人的狱室门打开时，一股恶心的臭味和潮湿寒冷的气息向约瑟夫迎面扑来，看守员一脚把他踹了进去。他的鼻子开始出血，蜷缩在房间里的小床上。躺在那里，他绞尽脑汁、翻来覆去想的就是3个字："为什么？"这个"为什么"的问题，4个星期以来在他的脑海中发出越来越剧烈的响声。身处监狱，他身边没有任何东西可以用来转移一下他的注意力，那里没有一本书、一本杂志，他也接收不到任何消息。夜里，他不能入睡；清晨，他就会被戴上手铐带走。

接下来生活的主题就是一次又一次审讯。最让他受不了的是每次审讯完后被送回狱室的那一刻，他要面对的是同一间狱室，同一个用"时髦"的草袋做的床垫、同一扇小小的长满了铁锈的窗户、同一个在发霉墙角的恶臭的便器、同一个布满污垢的洗面池，洗面池的墙面上写满了污秽的句子……昔日被宠坏了的绅士在战争期间还习惯每天换一件衬衣，现在他却得忍受这所有的一切。约瑟夫·涅克曼成功地逃避了6年的部队服役，在柏林的高级酒店阿德隆的豪华手扶沙发上躲过了无数次轰炸，而如今，他却丧失了主宰自己命运的能力，不得不窝在这个肮脏的监狱里，再也不能按照自己的计划，步步为营，重新回到自己的生意场上去，他已丧失了理解这个世界的能力。

最让他受不了的是，他得单独面对自己的境遇。1945年12月1日，一封对他提出的起诉信被扔进他的狱室。约瑟夫·涅克曼被指控违反美军有关财产控制管理条令。他主要的罪行是：任命ZLG集团公司新董事，并签署任命位于格罗斯曼多夫和奥克森福特两地的公司管理权的授权书。尽管约瑟夫在这件事上并没有亲自出面，但是他指派别人去干了这件事，这就足以被判定为"非法操控已被查封了的私人财产"。约瑟夫一而再，再而三地强调："我只是想为那些急需衣物的人民提供帮助。"然而，此时的美军政府正在利用一切办法打击黑市，他的行为被看作是"肆无忌惮地要达到自己的目的"。

在维尔茨堡的司法监狱中，约瑟夫·涅克曼被告知美军知晓他是纳粹党党员。就这样，约瑟夫终于清楚地知道，那个一直折磨着他的"为什么"的答案。约瑟夫大概完全没有意识到自己的罪行，这个罪行被"NSDAP"[1]这5个字母表述得清清楚楚。对于美国人来说，约瑟夫是一个毫无争议的纳粹分子。接下来的结果是，约瑟夫被禁止从事一切活动，他所有的私人财产和银行户头被冻结，另外，还禁止他进入他从前的公司办公地点。

45年后，约瑟夫·涅克曼依然难以克制自己的愤怒："审讯的方法充满了偏见、敌意，远离客观事实。我不能拥有自己的律师，他们肆意颠倒我说的话。我的税务师作为唯一一个能为我澄清事实的证人，他们不让他出来做证。"他接着痛苦地指责道："那些审讯人员都说着口音极重的美式英语，我几乎听不懂他们在说什么。"

审判的结果也不会大大出乎他的意料，他被判"有罪"，在劳教地劳教1年。在经过了长时间的审讯折磨之后，这个判决让约瑟夫·涅克曼感到了轻松："在回到我的狱室的路上，我的心情几乎变得愉快起来。在我的狱室里有一对小老鼠，它们每日陪伴我度过监狱里的日子。每日我都会从我的口粮中留出一些面包屑给它们当作口粮，但是，每日午饭时，对于我铝碗中余下的胡萝卜，它们也

---

[1] NSDAP：民主社会主义德国工人党的缩写，该党简称纳粹党。——译者注。

会跟我一样觉得难以下咽。"

约瑟夫·涅克曼跟当时其他许多纳粹同伙一样，都在问自己同一个问题："美国人是怎么知道谁是德国纳粹党党员的？在德国人投降的时候，所有人不都是尽早地把自己的党员证给烧了吗？"德国纳粹党最终发展到七百多万党员，在大战结束前夕，纳粹将这些档案资料和有关的重要文件一并送到柏林一家造纸厂，命令将之处理掉。可是，造纸厂老板因为当时巨大的工作量没能立刻执行这项命令，而是将这些纳粹党员资料堆积在厂里。德国人投降的时候，造纸厂老板便将所有纳粹党员资料交给了美军。在柏林的档案中心，这些资料得以整理，成为鉴定纳粹分子的决定性资料。约瑟夫·涅克曼早就被识别出来，今后前途未知，令这位商人的灵魂焦躁不安。

欧洲中世纪时，人们会将犯人带到广场中央的耻辱柱上去示众，而此时，维尔茨堡和其他所有的德国城市都经历着跟这个时代相符合的示众形式。每个城市的市长在战后的几个月里都会公布大批被"法律定了罪"的人的名单，在"公开的第209号名单"中，约瑟夫·涅克曼的名字排在第490号，判决的理由是"在没有得到允许的情况下私下经商"。这个公布会在被判处人的心里激起"一种羞愧和愤怒交织在一起的情感。另一方面，也有一种轻松解脱的感觉，追查总算过去了"。在此，约瑟夫可是搞错了，"追查"一词他用在了错误地估计自己的处境中：要追查的是掠夺犹太人财产的行为，这涉及对受害人的补偿，也关系到引进一种新的道德秩序。

第十五章　561号囚犯
——涅克曼偿还的日子

　　"把爸爸送回家"——在美国所有大城市的大街上，规模巨大的抗议和示威游行比比皆是，十多万份签名的请愿书寄到了白宫，使得白宫不得不做出决定，美军从德国撤军的行动迅速展开。1945年5月德国投降的时候，在德美军的总数高达160万，到了1946年年底，在整个欧洲的美军削减到20万。

　　让德国人重新独立治理自己的国家——这个奋斗目标遍及各个领域。在德国各处的监狱里，看守人员都换成了德国人。被判刑的人数日益增长，监狱被塞得满满的，已经人满为患。在狱中，新进的囚犯跟那些之前按照纳粹法律判刑的"老油痞子们"关在一起。老囚犯中有许多都不是真正的罪犯，例如，按照原纳粹法律，同性恋被视为是严重的犯法行为，都被判终身囚禁，得不到赦免。监狱里的条件极为糟糕，就连最基本的生存条件也可谓是灾难性的。约瑟夫·涅克曼被送到班贝格附近埃布拉赫的西多回修道院监狱，可以说，这就像一所中世纪的监狱。这所修道院的建筑结构在如今看来很有价值，因而被当作古建筑遗址保护起来；然而，这座拥有文艺复兴时期建筑魅力的建筑物却不能为囚犯们提供哪怕一点避寒的条件。首先，那些老院墙内没有安装暖气，刺骨的寒风通过那些用来钉破窗户的木板的裂缝一股股地涌入潮湿的牢房。其次，从院子里溢出一阵阵令人窒息的腐烂气味。还有，化粪池是敞开的，在粪便旁边堆着一大堆发了霉的冻萝卜，伙房每天就用这些萝卜做成糊糊给囚犯们当饭吃。

监狱里的看管人绝大多数也曾是囚犯，他们的经验教会他们在监狱里形成的等级制度中为自己弄到一个最好的位子。狱中最明确的规则是以暴力作为工具来获取自己的优势。大打出手是家常便饭，照着肋骨来几拳可以把人打残。铁窗下，人们继续着战争年代的野蛮和残暴。囚犯大多是战犯、暴力行凶犯、小偷、抢劫犯、抢劫杀人犯、走私犯、强奸犯，除此之外，还有一些在宵禁时间里跑上大街的无辜市民。如果谁在占领军发放的表格上填错了答案，就会被判处6个月的监禁，所有囚犯没有待遇上的差别。约瑟夫·涅克曼就在这些囚犯中间，他的囚犯号是"561"。

"起床！整理床铺！列队报数！倒尿盆！"每天清晨6时囚犯就被这样叫醒，开始他们新的一天。发出的命令回响在挤得满满的大通间里，30个大男人挤在一起，挤在一间修道院带有破旧回廊拱顶的房间里。房间里只有一个便桶，从那个拉着帘子的角落散发出来的臭味难以忍受。约瑟夫·涅克曼利用"交换"的形式，使自己免于一些劳苦——他用自己早饭的面包作为交换，让别人为他铺床；用木碗中难以下咽的萝卜糊糊去跟一个囚犯交换，让那个囚犯为他在马桶值日那天倒马桶。

"您是做什么的？""做纺织业生意的！"这个回答足够作为专业凭证，让约瑟夫·涅克曼被安排到缝纫车间去干活。约瑟夫在他的回忆录中写道，安排他做的工作可把他吓坏了，"尽管我一生中见过许多缝纫机，但亲手操作我还从来没干过，而现在，我得面对那些床单、枕套和毛巾。这个工作对于我来说，要在技术上掌握它几乎跟打仗一样，只要一踩错缝纫机的踏板，它就会突然一下往回倒，接着针就断了。缝纫机的针是非常稀有的产品，它是不可代替的宝物。谁要是弄坏了它，就会受罚去黑洞洞的单间里蹲上两天，这期间只有水，没有面包。"

接下来，让约瑟夫·涅克曼感到无比震惊的是，他发现一张正在赶制的物品清单上面写着订货公司的名称：涅克曼服装公司。约瑟夫在回忆录中这样写道："我感到自己快要心肌梗死了，我的公司如今在我任命的管理人主持下继续运转，只是这个公司已经不再属于我了。我的工作现在每小时得到的报酬是30芬尼，每天2.4马克。""在我的囚衣衣领上缝着一个ZLG字样的标签，现在轮到我自己来穿自己存货中的制服了。"

每天一支烟，这是通过秘密渠道弄到的。一个同监狱的囚犯把烟藏在他的假腿里，从洗衣房偷运过来。男人们郑重其事地点上一支烟，一人吸一口后往下传。吸第一口烟的人必定是约瑟夫·涅克曼，为什么？最初他也不知道这其中的原因。但他很快发现，在他身上散发出一种保护神的气息。狱中严禁吸烟，但只要他在场，吸烟的人们就不会被抓住。尽管如此，他也无法躲过频繁的巡视，更没有办法使得他们的生存状况有所改善。即使出于自我保护的本能，他也无法咽下半勺令人恶心的食物，这样的状况很快就产生了作用——这种非自愿的、变相的绝食开始消耗他的精力。

约瑟夫·涅克曼看到，唯一能让他摆脱监狱的可能性就是让自己躺进医院。要达到此目的，他就得生病，而且还必须病得很厉害。他有意识地要让自己去冒这个险。从自己压根就不能下咽那些腐烂的食物这一点，他看到了对自己的一个考验："只要我坚持不吃东西，那么我就会得救。"约瑟夫坚信，自己来到这个世界不是为了在某处作为囚犯而销声匿迹，"我身处困苦境地，是为了学会锻造出自我保护的铠甲。来吧，朝我来吧。我绝不会认输的"。

1947年2月中旬，在约瑟夫·涅克曼的再三请求下，他被允许写一封信。他被带到写字间，纸和笔都准备好了，放在桌上。"您写吧！就只能是一封信！"这封信是写给威廉·奥斯特莱西的，那位约瑟夫的全权委托人。这封信关系到他的那些钻石，这些钻石在美军军事管理处强制涅克曼一家搬到位于格拉菲尔芬的奥体罗大街1号时被随之藏到了该住所的阁楼上。装钻石的盒子没变，上面依然写着"重要文件"，他信上提到的也只是"重要文件"，这样在监狱长审查这封信时就不会引起怀疑。可是，尽管如此，噩梦时时都在折磨着他。"每当监狱狱室门打开时，我就担心他们对我大喊：出来！于是我就会被带去审问！我的双耳会充满了提问，也许他们还会在审问时用刑，目的是要我说出那些钻石被藏到哪儿去了"。

然而，约瑟夫·涅克曼很幸运，他从埃布拉赫监狱中寄出的信完好无缺地到了威廉·奥斯特莱西的手里。奥斯特莱西紧接着就安排把装有钻石的盒子从慕尼黑转移到格罗斯曼多夫，这期间，他一次也没有把这个包着的盒子打开来看过。他把盒子藏在村里一家饭店的长凳子下面，那个地方谁也看不见。就这样，在这家饭店里，那些不知情的常客就用屁股坐在了戈林的宝藏上面。这种状态持续了半年，这条凳子在饭店大扫除时被挪来挪去，奥斯特莱西这才想起瞧瞧凳子下面的盒子怎么样了，这一瞧，他看到了露出来的不锈钢盒子，为了打开盒子，他请来了村里的铁匠。后来发生的事情成为世代相传的故事。一堆小山似的钻石堆在那家饭店的桌子上，在那么几个人的脑子里，闪出了乘机顺手牵羊偷几颗的念头，可是，恐惧顷刻间便驱散了这些小偷的念头。要是这事儿被美军知道了该怎么办？就这样，大家点清了钻石的数量，把钻石又重新放回不锈钢盒子里封好。总之，这个宝贝再也不能用羊皮纸包着继续藏在饭店的凳子下面了，它被妥善地保存在奥克森福特地区储蓄银行的储藏室中——在接下来的这一年没出任何问题，尽管知道此事的人不少，但大家都守口如瓶。

监狱中的会面

"你怎么样？""不错，一切都没问题。我们一定能熬过这个时期。"然后再无下文，约瑟夫·涅克曼就这么简短地讲述了他跟自己太太在监狱中见面时的情景。夫妻俩被一个铁栏栅隔着，一个看守人员待在一旁，不会漏掉他们任何谈话的内容。尽管如此，跟外界的联系依然保持着。安娜玛丽并没有闲着，她不知疲倦地找遍了有关当局。在那些部门中，她去找了女部长们，此时，因为男人"稀缺"，所以有些部长的职位就由女人来担任。这些人跟她的关系都不错，女人们比男人们更愿意出力帮助友人。像涅克曼家族这种情况，一旦养家的人进了监狱，女人们就会努力把家人团结起来。

起初，只允许约瑟夫·涅克曼的姐姐玛丽亚-芭芭拉一人探监，后来，在她的陪同下，跟她一同住在法兰克福附近的奥贝鲁塞尔的母亲尤娜也被允许一同前往探监。约瑟夫的弟弟瓦尔特也去监狱探望过他，瓦尔特疏通关系，为哥哥弄了几盒烟带进去，那是哥哥最喜欢抽的牌子"基石6"，"那种香烟的包装是绿色的"，约瑟夫的女儿爱娃-玛丽亚还记得。那时，100支香烟可以换一件旧的礼拜天穿的西装。

"搞"这个字在当时包含着许多意思，它既意味着黑市交易、交换货物，也包含偷运、贿赂等意思，这就是所有办事的方式，所有的一切东西都得去"搞"，从一块肥皂到一双鞋。两台坏了的收音机可以换一双鞋，用两台坏了的收音机就可以修整出一台可用的收音机；可用的收音机可以换来一车冬天用的煤。每日面临的新问题都和衣服有关，衣服此时很难用"搞"的方法来解决，它只能用凑合的方式来获取。能干的母亲们可以把一条毛毯改成一件大衣，破了洞的毛衣她们可以拆了织一件新的，有些孩子穿不上毛衣就只好在身上套一个装糖的布袋子。许多男孩子们因为没有其他裤子可穿，大冬天里他们也只好穿着短裤去上学。

"拥有一辆手推车是非常实惠的"，约瑟夫·涅克曼回忆道，"推着它，你可以夜间去四处寻觅，可以在田间或邻居们的地窖里'搞到'土豆，用1千克土豆就可以换1把刀，用刀就可以削土豆，然后把土豆皮跟荨麻和酢浆草用搅拌机打成泥，煮成一锅粥。"这也是涅克曼一家人的一日三餐。推着手推车去搞土豆的人叫伊利·波佩斯库，此人是罗马尼亚人，自涅克曼一家离开柏林后就一直陪伴着他们，约瑟夫跟他结识是因为他曾是罗马尼亚的商务专员，曾帮助涅克曼公司与特兰西瓦尼亚地区建立了纺织品供货的关系，目的是在战争期间从这个传统纺织品出产地搞到货物。

家　族

"父亲在监狱期间，我们家族里的人更加团结了"，涅克曼的女儿爱娃-玛丽亚讲述道。涅克曼家族的人——包括安娜玛丽在内——所表现出来的最强大的能力就是组织与领导的才能。约瑟夫·涅克曼最小的儿子约翰内斯后来用一个城堡来比喻这个家族："我们就像生活在一座城堡里，我们周围常常都会有一些对我们很忠诚的人，无论我们的生活处境怎样变化，他们都跟我们站在一起，帮助我们重建和防卫。"

如果没有这样的支持和家族的团结，约瑟夫·涅克曼想要重新建立他的商业帝国大厦几乎是不可能的，在他周围总是有人去解决问题，促进和推动事业的发展。涅克曼的领导原则就是家长君主似的模式，要求所有人服从领头人。

"城堡中的管家"这个角色由另一个罗马尼亚人充当，这个人是涅克曼家的罗马尼亚朋友伊利·波佩斯库推荐给他们的，名叫伊翁·哈利通，小名叫"尼克"，他本是一个采矿专业的大学生。一开始，哈利通想去瑞士，但1945年10月却在慕尼黑滞留下来。在黑市上，哈利通展现出来的"艺术家"一般的才华使他很快成为涅克曼家族不可缺少的帮手。此人凭借对占星术的爱好自信地声称他在星座中看到了约瑟夫·涅克曼的光辉的未来。哈利通本人属于那种什么都拿得起来的人，在20世纪50年代，当约瑟夫建立起自己的第一个邮递百货公司时，哈利通担当起了建立整个后勤部的工作，从货物的分拣机到包裹的传送带，甚至到每颗螺丝钉，都是他一个人在负责。

在慕尼黑这段被称为"城堡联盟"的生活里，还包含收养一个女孩的事宜。这个女孩9岁，叫瑟格里德，是安娜玛丽的姐姐的侄女。战争末期，女孩的父亲阵亡，母亲带着5个孩子一同逃难。安娜玛丽得知情况后立刻伸出了援手，她喜爱大家庭。瑟格里德在家中得到跟两个涅克曼家的男孩一视同仁的待遇，尽管彼得和约翰内斯这两个男孩都认为他们这个新妹妹很刁蛮，"根本就不具备涅克曼家族的特性"。

在"走私"中垂危的生命

1946年6月初，在埃布拉赫的监狱中，一个囚犯倒在通往院子的过道上。这个囚犯身高1.83米，体重却只有43千克，他便是约瑟夫·涅克曼。尽管约瑟夫·涅克曼已生命垂危，但又过了好几天，监狱才在本身也是囚犯的狱医米哈利·冯·拉多柴大夫的坚持下把约瑟夫转到了正规的医院。

当约瑟夫·涅克曼在班贝格医院护士们的精心照看下从昏迷中醒过来时，一瞬间他相信自己是在天堂里。"白色的床单、令人尴尬的洁净、友好的护理人员"，约瑟夫在他的回忆录中这样描述道。只是医生的诊断令人心情黯然：约瑟夫患上了胰腺结核，这种结核使得约瑟夫无法吸收食物中的营养，约瑟夫本来胃肠就不是很好，瓦尔特·涅克曼遂担心他哥哥很难躲过这一劫。约瑟夫·涅克曼的身体状况一直都很不好，他被放到了"重危病号"的单间里，这对于他来说是一个转折。"在这里，对于我来说，一切关系都恢复到正常状态，大家都可以来探望我，我妻子、我母亲、我姐姐、我弟弟、我弟媳，只要他们能抽出时间，就会尽力来探望我，有时孩子们也会来"。

1946年8月中旬，约瑟夫·涅克曼的身体有所好转。这时，他把自己的灵活机动运用到了一种新的形式上，这就是紧接下来的偷运行动。这位不久前还生命垂危的人同另一位病人溜出了医院，去四处想法弄新的食物供给。跟他一起弄这事的人叫海因茨·瑟科尔特，是一个编辑，后来是班贝格一家出版社的出版人。他们把搞来的"宝贝"

用一个盒子集中起来藏在医院唯一一处不会被检查的地方——医院女护士长的房间里。约瑟夫回忆道："后来我常喜欢跟我的妻子聊到此事，不知道那位护士长是对此全然不知呢，还是在为我们打掩护。"

1946年的圣诞节，约瑟夫·涅克曼坚持要在家中度过。从班贝格医院出院以后，约瑟夫很快又旧病复发，他被送到了慕尼黑市立医院在科赫湖畔的施勒多夫地区增设的一家分院。这次，他又得重新卧床1个月。到了第二年春天，他才又基本恢复，并出了院。他在住院期间的时间是算在服刑时间内的，但是出狱以后仍然被禁止从事一切行业。虽然如此，但总算是重新获得了自由，医生给他开出的证明可免于他去做任何义务劳动，按照规定，他本应去干修路的工作，这个证明救了他一命。"我现在可是百分之百丧失了工作能力的人，我觉得自己就像一个病快快的老人，病痛缠身，什么用都没有"，年仅35岁的约瑟夫这样形容自己在身体状态。但是，约瑟夫是一个绝对不服输的人。身体上虽然虚弱，但他要让自己在精神上强大起来。他从来不缺乏全新活力，他要去寻找新的出路。

在托尔戈尔餐馆的常客桌上

战争的创伤恢复得相当慢，到了1947年，还有整整350万人下落不明，400万重伤员成为被不同程度破坏的城市中的主要风景，250万30岁左右的战争寡妇们每天都战斗在赤裸裸的瓦砾中。究竟怎样才能在这样的时期存活下来？

这期间，约瑟夫·涅克曼正在拟定一个计划。他每天都在不停地梦想着一个自己的新企业，这家企业拥有自己色彩斑斓的彩页目录。生活对于约瑟夫来说是要继续下去的，他要越过的障碍用美国人的套话说叫"偿还期"，何时到来还是未知数。

1947年6月，约瑟夫·涅克曼的钻石事件接近了尾声，约瑟夫的税务师威廉·奥斯特莱西向美军透露了戈林钻石的存在。美军方面即刻冲进了奥克森福特地区储蓄银行，把钻石交给了美军军事管理处。约瑟夫用了半年时间去收集持有这些钻石的有效证件以及所交接的具体数量的资料，并交代了所缺部分钻石的去处。到了1947年11月12日，所有资料都凑齐了，约瑟夫这才完全从这个事件中解脱出来。

对于约瑟夫·涅克曼来说，他的生命历程也翻开了新的一页。1947年11月10日，位于维尔茨堡的美军法庭宣布取消对约瑟夫违反1945年管理委员会法第52条的判决，他的所有犯罪记录被删掉。虽然此时的约瑟夫算是得到了"沉冤昭雪"，但他却不能就服刑一事提出索赔——美军军事管理处当时并没有为那些因为法律的疏漏而成为受害人的人事先拟定这样的附加条款；但约瑟夫对这次"平反"还是心怀感激。

1947年的圣诞节，约瑟夫·涅克曼写道："我又能为我的家庭谋幸福了。"值得一提的是，托尔戈尔餐馆的女老板安娜·微提尔全心全意地帮助约瑟夫，她不仅为他提供了食物，更为重要的是帮他建立了与其他人的关系。在托尔戈尔餐馆后面著名的房间里，约瑟夫在接下来的几个月里结识了路德维希·埃尔哈特，这位深谋远虑的经济学家从1945年10月到1946年12月就任巴伐利亚州经济部内政部长，卸任之后，埃尔哈特在慕尼黑大学做了一段时间的兼职教授，此后，国家对他委以重任——1949年9月，埃尔哈特作为"社会市场经济之父"进入了在波恩的联邦经济部。

以往的煤炭生意，新的收入源泉

二战末，J. C. 涅克曼公司重新开始了他们以往的煤炭生意。这个新的开始要感谢一个看起来似乎无关紧要的事件。涅克曼煤炭公司的全权授权人古易多·克鲁格在二战期间喜欢讲一个希特勒的笑话，美军后来在审讯他的时候得知了此事，这件事被美军管理处称赞为是反纳粹党的行为，遂认命他为能源管理人，整个巴伐利亚州的煤炭分配都由他全权负责。

"要不是站在公司的最前沿工作，他就不会成为一个很好的商人"，古易多·克鲁格的儿子卡尔海因茨·克鲁格这样评价自己的父亲说，他接着回忆道，"那时的煤炭生意可不好做，工地都被摧毁了，战争的厄运带来了新的规定，使得生意面临着重重困难。按规定，河上的航运权不能落到德国人手里，禁止建立德国新的航运路线和限制经营权迫使许多老煤炭经销商在他们还没有真正重新开始煤炭生意时就不得不放弃。而对于涅克曼煤炭公司来说，情况恰恰相反，美因河一开通，美军的货运船就将燃料运往该公司的煤炭储藏地。最初这些'黑色的金子'来自英

国的煤矿，当瓦尔特·涅克曼接手生意时，生意已经走上
了正轨，开始自行运转了。"玛勒娜·涅克曼也回忆道：
"战争一结束，我们就赚了好些钱。"

有了新的收入源泉，约瑟夫·涅克曼便拿出了部分钱
来进行另外的投资。他的弟弟瓦尔特因为曾任德国党卫军
的军官，所以不允许成为公司的领导人，好长时间在公司
里都只能是一般职员，这甚至涉及他们精力充沛的母亲，
她原本也是公司拥有人之一，但直到1947年年底她才被允
许重新跟古易多·克鲁格一起领导公司的生意。1948年9
月，为了让他们的涅科能够成立自己的新公司，他们从该
公司的户头上及时地给他转了10万马克。但在维尔茨堡的
涅克曼家族中，这笔资金的注入没有得到完全认可。首先
持反对意见的是瓦尔特的太太艾莉莎，她认为，约瑟夫这
是第二次在家中的财产分配上占了便宜，这种看法最终导
致了两家人的疏远。

高速公路上的死神

约瑟夫·涅克曼一家住在慕尼黑的格拉菲尔芬期间，
约瑟夫·涅克曼的姐姐玛丽亚-芭芭拉常来看望他们。爱
娃-玛丽亚回忆道："我们总是透过窗户不安地翘望着她
的到来，她的小车一到房前，我们就会立刻奔跑出去，迫
不及待地问道，'您带来了有油渣的猪油吗，姨妈？'"

美蒂姨妈跟她的丈夫汉斯·朗能"搞到"一切可能搞
到的东西，这是为什么？要回答这个问题就不得不提到这
个家族的精神。美蒂姨妈的女儿克里斯蒂娜提到："我父

亲在法兰克福附近的奥贝鲁塞尔建立了两家工厂，一家是纺织联盟服装厂，一家是邮递百货有限公司。"爱娃-玛丽亚也回忆道："他们还有一家药店，在这家药店里进行着兴旺的黑市交易。在这里，人们可以用药换取食物。"美蒂姨妈也就因此能够帮助弟弟一家弄到一些吃的。1948年1月18日，美蒂姨妈说好了要来慕尼黑的格拉菲尔看望大家。

"就在当天夜晚"，爱娃-玛丽亚讲述道，"我做了一个可怕的噩梦。梦中我看见一辆车在田野中翻滚，之后在出事地点躺着几个死人，他们身上在大量出血。我从梦中惊醒，浑身不断地发抖。这时我看见大家在屋里惊慌失措地跑来跑去。我母亲已哭肿了双眼，但我压根就没有问原因，只是很快地说，'美蒂姨妈和汉斯姨父死了……对不对？'母亲的脸刹那间变得苍白，她问道，'你是怎么知道的？'我回到道，'我是做梦梦到的。'这时母亲把我拉到一边，严厉地对我说道，'你可不准再对别人提起这个梦。'"

那天晚上，在通往奥古斯堡和慕尼黑的高速公路上确实发生了一起车祸。一辆小轿车因为抛锚停在了祖斯马斯豪森附近高速公路右边的应急车道上。黑暗中，一辆大货车从后面全速撞上去，将轿车撞得翻滚下高速公路，轿车中的3人当场毙命，这3个人便是约瑟夫·涅克曼的姐姐玛丽亚-芭芭拉、姐夫汉斯·朗和他们的儿子小汉斯。大货车的司机发现自己肇事后逃亡，警察在探案中发现了在雪地中留下的双轮轨迹，这种车当时是美军惯用的货车，调查结果也就不了了之。

　　汉斯·朗家留下来3个孤儿，"我太太没有犹豫片刻，就将3个孩子收养下来，在我们家成长"，约瑟夫·涅克曼回忆道。之后，约瑟夫家里便形成了一个"城堡联盟"，这"一群淘气吵闹的孩子"共7人，年龄5岁到15岁。

　　1948年，约瑟夫·涅克曼家的"占星学家"伊翁·哈利通确实说准了一些事，约瑟夫证实道："这些事在后来都一一得到了验证。"1948年5月3日这一天，按照占星学，这天是个好日子。事实也证明了这一点，这一天，美军在慕尼黑对约瑟夫的纳粹行为审核结束，约瑟夫得到的判决并不十分糟糕。判决是根据参与纳粹活动的程度和范围来定，判决结果根据程度不同分为4种：严重有罪者、负有责任者、追随者和无牵连者，对约瑟夫的判决是纳粹的追随者。当时每一个德国公民都躲不过这种美军专业部门排除纳粹行为的检查。

　　对于这个从轻的判决，约瑟夫·涅克曼很大程度上得好好感谢他的律师鲁多夫·左恩，此人直到1947年9月还是巴伐利亚的"红色经济部长"。之后，这位社民党的政治家把全部时间都奉献给了他的委托人约瑟夫，他竭尽全力为约瑟夫辩护，在他向法庭提供的证据材料中，"完全跟绕科尔的看法相反，约瑟夫被塑造成一个为外籍工人提供一切必需品的典范；面对他的犹太人同行，约瑟夫也是一个有着正确的社会观和行为认知的人；他也曾给予受种族迫害的或被威胁的人帮助；这些都是有例为证的，他的行为能够抵御任何指责"。面对法律程序的复杂性，左恩收集了大量充分的证据，使得被控告为"犹太财产掠夺人"的约瑟夫最终仅仅以赔偿2000马克的"温和"处罚，了结了他的行径。

涅克曼家族的坚实城堡

遭遇不幸的汉斯·朗一家原本住在法兰克福附近位于奥贝鲁塞尔的一栋临时木板房里。悲剧性的车祸发生以后，这栋房子空出来许多房间。住在慕尼黑格拉菲尔芬的约瑟夫·涅克曼一家在这期间增加到了12人，该处的住房变得拥挤不堪。对于野心勃勃的约瑟夫来说，慕尼黑的经济前景对他的发展不是很有利。二战期间，西门子公司在柏林被炸弹完全摧毁，于是就将总部建在了慕尼黑的易萨河畔，慕尼黑被规划为未来的电子中心。然而，在这之前，巴伐利亚州是失业率最高的州，法兰克福则致力在德国银行和贸易行业中起到资本主管的作用。在法兰克福，约瑟夫的许多梦想能更容易实现。路德维希·埃尔哈特也鼓励约瑟夫换个地方发展："在重建中，像您这样的企业家到处都急需。"

约瑟夫·涅克曼一家计划在1948年5月8日这天搬家，这一天离德国的投降日已过了3年。搬家之前，他们还在格拉菲尔芬举行了一场庆典，庆祝11岁的爱娃-玛丽亚行天主教信仰的坚信礼。她的父亲为她"搞到"了一个惊喜，他从一家名叫"白色罗斯尔"的酒馆借来了一辆马车，他把马车驾到家门口停下，爱娃从教堂里出来后，在灿烂的阳光下那个呈现在她眼前的惊喜注定了她一生所好。"我父亲把我抱上了马背，可那匹马还不习惯被人骑，它开始狂野地跳来跳去，企图将我甩下来。而我一点都不害怕，只是紧紧地抓住颈绳，我父亲费了好大的劲才把我从马背上弄下来。我觉得很爽"。

新马克的产生

1948年6月20日，这是一个星期日，德国发行了新的货币，每个公民可以拿到40新马克。新马克的产生是不可避免的政治结果，这一货币的改革最终在经济上注定了德国的分裂，这种美国印刷的钞票仅限于在美军占领区使用。

美军占领区的德国人为了换取新的货币排着无止境的长队。下午，所有商店的橱窗里都放满了以前曾限制出售的商品：酒、巧克力、香肠和香烟等。经济部最高领导人路德维希·埃尔哈特采取了第一个必要的步骤，当时，此人看上去还没有因过上好日子而发福，他宣布，配量供给的规定就此取消。四千多种商品突然上市，无疑商品的价格都有所上涨，这也是得到了"奇迹创造人"埃尔哈特的允许。

1948年9月6日，约瑟夫·涅克曼成立了他自己的新涅克曼纺织品有限公司，启动资金就是母亲给他转过来的那10万马克，公司注册人填写的是约瑟夫的太太安娜玛丽的名字——为了保险起见。于是，约瑟夫又重新回到了生意场上。

出于自己的专业潜力，约瑟夫·涅克曼为自己的公司招聘了一个"老相识"，这人就是阿尔滨·布尔克，他曾是维特·威登公司的材料专家。纳粹执政期间，他就在约瑟夫的ZLG集团公司干活，工作场所在意大利，因此约瑟夫对他的长处有充分了解："此人是一个心算天才。"作为公司的老总，约瑟夫更赏识他的是："有时，他可以为了1芬尼整夜地讨价还价。"这位讨价还价的大师一直在涅克曼公司担当购货部总头目，直到1966年去世。

约瑟夫·涅克曼为公司的业务管理找到了一位原纳粹德国集团贸易的高级职员特奥多·贝呈博士。后勤工作就交给了伊翁·哈利通这位工程师兼工匠负责。罗伯特-阿伦·史蒂文森负责筹划组织工作，约瑟夫在斯特庭实习的时候，曾垂青过此人的姐姐伊丽莎白。跑外勤推销的工作交给了一位年轻人，此人名叫托尼·罗梅尔，约瑟夫讲述道："以前在维尔茨堡时，我太太正在上学，他曾乐此不疲地为我太太提书包。"

约瑟夫·涅克曼本人在公司里不担任任何公开的职务，他只是在后台"垂帘听政"。他向他的合伙人施展的魅力用同时代见证人的话来形容，就是一种"兔子面对蛇"对现象。玛勒娜·涅克曼这样形容过她的舅舅——她把他称作是一个拥有特殊魅力的团队领导人："一旦他开始讲话，所有的人就会专心倾听。"作为一个没有受过专业训练却极具天赋的生意人，约瑟夫的成功秘诀就是灵感、想象力和不受任何拘束的特性。此时，他已拥有大量的组织和操作经验，这些经验来源于战争期间在最艰苦的经济条件下的尝试和积累。很快，他就开始了他最擅长的竞争。

当时的情形跟现在相反，人们不是问该怎样去推销货物，而是问该怎样去"搞到"它们，所以最先要做的事是找到生产厂家和供货商，看看他们究竟是否有能力提供所需的货物。还在特格尔恩湖畔时，约瑟夫·涅克曼就开始动脑子在想怎样才能利用美国人来做生意。此时，美国部队已大批量撤回，而美军若要把大批装备全部运回国就会很不划算，故而留下了不少物资。所有美军遗留下的，如衬衣、袜子、短裤、军装、牙刷等物，只要约瑟夫能"搞到的"，就都拿到"特批连锁店"去卖，约瑟夫在法兰克福的总公司可以帮助他们弄到这些货物。

　　对于约瑟夫·涅克曼一家来说，位于美因河畔的法兰克福应是一座金光闪闪的城市。1948年，这座城市还没从被摧毁的状态中恢复，人们刚把那些大街上的碎片瓦砾收拾干净，到处坑坑洼洼；大火和浓烟烧熏出来的黑色印记四处可见；但是，大街上已呈现出一幅生机勃勃的景象，退伍军人遍及每个角落，他们身上挎着一个用看上去很糟糕的抽屉做成的售货箱，出售着鞋带、火柴、肥皂、钥匙链等物品，还有一种稀有的牙刷。摄影家托尼·瓦卡洛曾用他的相机记录下了历史性的特殊时刻——在他的一张照片中，人们可以看到一个售卖抽屉，旁边的地上放着一个灯笼；在这个售卖抽屉的后面，可以看到一个带着平顶帽的男人，这个男人看上去就像是镶在一个坑里的一样，可仔细一看就会发现，这个人少了两条腿。在另外一张照片上，人们可以看到一辆带图案的红色送货车，车的一面用白色的字写着"喝可口可乐"，孩子们带着欢笑追逐着这辆车。摄影家的照片显示，一切都会好起来的。

文件夹和毛巾

约瑟夫·涅克曼最初在法兰克福设立的公司办公地有两层楼，在之前雀巢集团位于美因大街139号的房子里，位置很不错。

可是很快办公室的空间就开始不够用了，因为约瑟夫的生意有了一次飞跃。对此，他还得感谢一个曾在他的前ZLG集团公司任职过的供货人。这个人的仓库里还存放着一些毛巾，这时，人们对毛巾的需求就如对热烘烘的小面包一样。"涅克曼是一个非常出色的人"，他的同事阿尔滨·布尔克后来在回忆中这样评价他，"他总是能找到当下最急需的东西。"毛巾正是当下最为急需的，因为对于德国人来说，要让自己感觉到自己生活好，首先就要把自己清洗得干干净净，肥皂和毛巾都是家居整洁的象征。从1948年秋天起，在经济富裕的家庭里，孩子们在吃饭以前又能听到这样的问话："你洗手没有？"谁要是能用上涅克曼公司的一条新毛巾，就会感到很幸运。

但是很快，约瑟夫·涅克曼又开始被他的历史问题找上门来。他得为自己准备两个文件夹，这两个文件夹的内容也很快日渐增长。一个文件夹是里放的是"有关卢兹克维茨的文件资料"，另一个文件夹里放的是"有关炯尔的文件资料"。这两个事件都跟重新审理赔偿犹太人财产的政策有关，它们将被从头到尾地清查。

战后，已故的卢兹克维茨百货大楼的拥有人西格蒙特·卢兹克维茨还有两个儿子余生，他们是汉斯·卢兹克维茨和弗里茨·卢兹克维茨。与这两位的官司很快就有了结果，对方的律师叫卡尔·罗森塔尔，此人是犹太人，曾是涅克曼家族的律师，是约瑟夫在法律方面的全权代理人。1938年，罗森塔尔离开了德国，战后又返回德国，为了给许多犹太受害人代理审查赔偿案，这次他亲自出马，起诉他从前的雇主。经过持续两年的审理，他代表受害人接受涅克曼以5万马克和归还那块位于市中心的原百货大楼所在地作为赔偿；百货大楼本身已被炸弹炸得荡然无存，这块地后来以30万马克的价格卖给了卡尔斯泰特集团公司。

在当时的估价中，新马克的市场购买力是被考虑进去了的。当时一个工人的最低工资是250马克，一个技术工人的月薪大约是500马克，酒吧里喝一杯啤酒只要50芬尼，买一个小面包只需5芬尼，买一辆大众的甲壳虫车也只需5150马克。

汉斯·俄施（原姓卢兹克维茨）用自己得到的那部分赔偿在南非约翰内斯堡开了一家珠宝商店。20世纪80年代，汉斯·俄施又回到德国来，当人们问到他对自己的故乡有何感想时，他回答道："我很怀念我们原来的百货大楼拥有的新艺术风格的外观，现在的百货大楼从建筑角度来看，就是一个没有任何装饰的箱子。"对于涅克曼，他则没做任何评价。1989年，汉斯·俄施在南非去世，享年82岁，生前，他曾是南非进步联邦党的荣耀成员，该党致力废除种族隔离的政策。弗里茨·卢兹克维茨于1967年在以色列特拉维夫静静地离开人世，生前没有再回到德国来看一眼的愿望。

1950年，有关对卢兹克维茨两个儿子的赔偿起诉结案。此时，约瑟夫·涅克曼的公司已有了88位员工，每年公司的营业额已达到870万马克，但有关卡尔·阿姆森·炯尔的审查赔偿案还在继续。

第十六章　我那时还太年轻，毫无定力，同时也有一些迷茫

——涅克曼的历史问题找上门来

位于奥贝鲁塞尔的维斯凯尔辛，没有人不知道，这是美军电台（AFN）所在地，该电台放着节奏轻松的音乐，很长时间以来，同样的音乐在德国还不曾有过。有些该时期的见证人夸张地说："如果说美国人在德国占领期间真正干了什么正确的事儿，那么就是他们的电台广播了。电台广播给德国带来了新的生机，它是一个新生命的标志。"在此，我们不应该产生错觉，那些爵士乐——从爱德华·艾灵顿的节拍切分的爵士乐，到格伦·米勒和班尼·古德曼的缓慢摇摆的爵士乐，再到查理·帕克那和声、节奏均复杂的爵士乐，都只不过是一种表面的装饰。美军电台的目的是鼓舞军队的士气，例如，电台里也有这样的广播："德国人应该懂得利用战

争是得不偿失的。这个学习过程他们不得不在一个艰难的途径中去完成。如果你跟这些德国人友好相处，你就会被他们看作是软弱无能的。"在很长一段时间里，美军电台传达出来的信息非常明确："无论从内心深处，还是在身体和精神上，每一个德国人都是希特勒。希特勒独自一人代表了德国人的信仰根基。不要跟希特勒做朋友，不要跟德国人结盟！"

约瑟夫·涅克曼家新的住所离美军电台所在地不远。长长的木板房内有一条狭长的过道，一间间房间的门都朝着这个过道，看上去就像火车的卧铺车厢一样。"孩子们的房间里放着上下床，他们觉得自己就像睡在火车车厢里一样"，约瑟夫这样描述他们的新家，"生活充满生机勃勃和浪漫的气氛。在我们的花园里还养了许多鹅和鸭子，还有两只狼犬。对于这帮孩子来说，生活在这种环境中犹如漫游仙境。"

因为新的货源大量堆积，所以建立一个新的邮递直销处对于公司来说迫在眉睫。这段时间，约瑟夫·涅克曼常常挂在嘴边的一句话就是："在我看来，再没有比工作更好的消遣方式了。"什么时候开始邮递直销，这取决于顾客卡片档案的建立。要获取到顾客的具体地址，这事比想象中难得多。原因还不仅仅在于德国许多城市都因战争而受到破坏，还要加上蜂拥而入的逃难者。就在不久前，欧洲历史上最大的人口迁移出现了——从西里西亚地区涌入了450万人、从苏台德地区涌入了350万人、从东普鲁士涌入了240万人、从波美拉尼亚涌入了240万人、从波兰涌入了250万人、从波罗的海涌入了30万人、从巴尔干涌入了

25万人、从保加利亚涌入了20万人、从罗马尼亚涌入了50万人，一共加起来，涌入德国的人口为1655万人。

对于约瑟夫·涅克曼来说，公司的目标是争取到这批新的移民。这项工作最初可以说是西西弗斯[1]的徒劳。约瑟夫于是就跟邮递直销咖啡公司合作，这些公司看上去跟纺织行业没有任何竞争，而且他们也很乐于跟纺织行业交换顾客地址。约瑟夫还跑到劳动局和难民局去，从官员那里获得地址；除此之外，约瑟夫还去找了工会和农民协会，让他们为他提供资料；在科隆，有德国第一家专业的地址登记机构，约瑟夫自然不会放过；约瑟夫还与城市婚姻登记处合作，拿到了新婚夫妇的地址资料；这些资料数据都是可以用钱买到的。约瑟夫的秘书戈塔·森格回忆道："我们鼓励我们所有从东部来的员工把他们亲戚朋友们的地址收集给我们，我们可以把他们视为未来的客户。在此期间，我们惊讶地发现，要收集到100个地址都是一件很不容易的事，更何况1万个、10万个地址呢？但我们的目标是100万。"

炯尔诉讼案，最初卷宗

晴朗的天空中没有出现任何暴风雨的预兆，但约瑟夫·涅克曼历史上的污迹开始涌现，这些污迹就像预兆暴风雨即将来临的滚滚乌云，势不可挡，约瑟夫最终逃不过

---

[1] 西西弗斯是希腊神话故事里的一个人物，上帝让他不断地重复一项工作，即将石头滚上山顶，到了山顶后，石头自动又滚到山下，西西弗斯又得重新开始向上滚石头。——译者注。

法律对他的审判。1949年5月4日，约瑟夫接到了卡尔·阿姆森·炯尔对他的起诉书。炯尔在起诉书中要求800万马克的掠夺补偿，如他在自己写的誓言书中指出："1938年7月11日，我在迫不得已的情况下跟约瑟夫达成协议，以极低的价格出售了我的公司，而他当时压根就没打算把这笔资金转入我的户头……布吕克内和约瑟夫接手了公司，没有付1芬尼。"

在一封亲笔信中，炯尔告知约瑟夫·涅克曼和他的岳父说："美国律师会参与这项诉讼，在这件事情上，不是你一个人跟我打交道。"约瑟夫意识到，对手的处境已大大改变了，此时跟他打交道的已不再是一个被纳粹迫害的德国犹太人了，如今的他已是一个拥有充分自我意识的美国公民。炯尔途经瑞士、法国南部、英国逃往美国，一路上历经艰辛，到达美国后，他却无法再以一个纺织行业企业家的身份站住脚。在纽约，他开了一家出售各式假发的商店，这个生意刚好能维持日常生活的开支。1941年，炯尔的兜里就已装着他以前在德国的财产合法化证书，该证书是根据美国后期赔偿法草案草拟的。这种情况让一贯有优越感的约瑟夫感到危机重重。他突然觉得，自己成了犹太人阴谋的受害者。除此之外，他再也找不到其他更好的解释。

有这种感觉的人不单单是约瑟夫·涅克曼一人。从1945年到1947年年底，整个德国都充斥着这样的看法，德国人认为，现在大家都得面对当初对犹太人迫害的结果。所有人都要把清除纳粹理解为是一次对意识形态的清洗，而这一决定和实施只不过都是由战胜国随心所欲采取的。这些德国人不去问问自己究竟做错了什么，只是极力把罪恶感抛向后脑勺去。到了1948年，针对犹太人财产赔偿案的抱怨声开始在德国四起。

面对当前的经济困境，政治"肃反工作"受到了大多民众的抨击，这种来自下面的反应给州政府带来的压力越来越强，人们认为："首先应该考虑本国人的利益。"大街上能感受到，一个新兴的反犹太主义正在萌芽。约瑟夫·涅克曼的诉讼案正是在这种气氛下进行的。人们提出这样的问题："如果要让我们再次通过赔偿而流血，那么我们怎样才能够重新站立起来呢？"当约瑟夫被美军在维尔茨堡的地方法院传讯时，光是巴伐利亚州就有17.5万件犹太人财产诉讼案要处理。

法　庭

各占领国在处理赔偿案时的方式方法有很大差异。在苏军占领区，民事诉讼压根就还没有得到处理。对于纳粹分子所拥有的财产（这其中包括许多从犹太人那里剥夺来的财产），苏军高级领导人一律作为战利品据为己有。英国人和法国人却坚持规定，认为："第三帝国要对所有形式的掠夺和抢劫负责。"这种说法并不是仅仅针对犹太人的财产，它具有更广泛的意义。在最初阶段，英国人集中精力把占领区中的工业产品生产装置拆散了，然后运回本国去。而美国人却严格执行对有关犹太人财产赔偿的审理。早在1939年，"犹太人对德物资索赔议会"就在美国成立，部分索赔法案就已经出炉。之后，司法人员又在纽约和伦敦通过几次会议草拟了完整的法案，并在之后几年的执行中修正了法案的内容。

炯尔之前的服装厂和邮递百货公司位于柏林的威丁区，这一带属于法国的管辖区，因此，约瑟夫·涅克曼尝试尽力让法国人来审理他这个案件。他还清楚地记得他曾经为帝国经济部在法国弄到原材料的事情，只要他在法国人面前施展一点个人魅力，那么他的案件就不难过关。然而，炯尔早有准备，在这起案件中，除了他的律师能给他出谋划策以外，还有一个临时主管机构也会帮助他，这个机构就是巴伐利亚州犹太人赔偿机构（LEA），位于慕尼黑，领导人名叫菲利普·奥尔巴赫。从奥尔巴赫的一系列头衔就能看出他的显赫：负责种族、宗教和政治迫害的国家专员，法律总顾问，巴伐利亚州犹太人赔偿机构主席，他以激进处理问题的方式为自己赢得了"犹太人赔偿事宜的恺撒大帝"这个称号。

在炯尔这个案件上，奥尔巴赫的任务就是利用一切的权利尽可能地阻止约瑟夫·涅克曼逃出美国审理的范围。炯尔的案件之后与卢兹克维茨起诉案密切相关，可以证实的是，约瑟夫在1943年前就把许多炯尔公司的资产陆陆续续转到了维尔茨堡。1945年以后，约瑟夫在下弗兰肯的格罗斯曼多夫迅速地将这些公司解散了，对此，维尔茨堡的法院应该全权负责审理这个案件。炯尔在第一个回合中算是赢了。

价值判断

案件审理一开始，炯尔的律师就将赔偿金额的数目定为800万马克。约瑟夫·涅克曼相信，他可以通过出示服装厂被完全摧毁的证据来声称，那个位于柏林的邮递百货公司在1943年就已不复存在，以此为理由，足够使对方把赔偿金额限制到当时的地皮价格，他大概估计了一下这个价格，大约为200万马克。约瑟夫没有按照美国律师采用的美国方法来估价，美国律师的估价是根据客户资料卡的主观市场价值来进行的，有关这些客户资料卡，约瑟夫在公司被炸弹摧毁以前就已及时地将它们转移到了维尔茨堡，后来又转移到了奥克森福特，这些客户资料卡确实还存在。在美军军事管理处查封约瑟夫所有的财产时，这些资料卡被交给了一个可靠的委托人来管理。后来，这个人在公司债务清理时将它们卖给了约瑟夫的竞争对手——万乐邮递百货公司的老总古斯塔夫·施克唐茨。1945年，美军就取消了对这个来自巴伐利亚州菲尔特的邮递百货商的禁令。此时，施克唐茨摩拳擦掌，想大干一番，他坚信，利用涅克曼公司的这些老顾客资源很快就能打开市场，使自己成为该行业的领头人。但是，他很快发现，从涅克曼公司那儿得到的这些客户资料信息对于他来说无非就是一堆废纸。因为涅克曼公司绝大多数的客户都来自于民主德国，其余的不是搬了家而下落不明就是在战争中阵亡了。施克唐茨对此非常失望和恼怒，从此以后，他成为约瑟夫·涅克曼的死敌。

　　适应了美国判案方式的美军军事法庭当然只听美国律师的证词，他们提高了赔偿金，按照他们的预测，这个赔偿金额应该是约瑟夫·涅克曼新成立的这家公司的价值——根据炯尔律师提供的证据，这家公司的成立和发展都是在炯尔公司客户源的基础上进行的。约瑟夫的秘书戈塔·森格回忆道："赔偿金就这样涨到了1100万到1500万马克之间，到了最后，就成了2600万马克。"

代理律师机构

从军事战略的角度上来看，约瑟夫·涅克曼增强了自己律师团队的力量。在法兰克福，经济方面的律师要数君特·罗斯勒博士的声望最高。除了雇用罗斯勒律师以外，他还把慕尼黑的克里斯托·拉姆斯也请来做法律援助。一审判决以后，约瑟夫的律师团队以违反共同决策法案的第52条为由成功地推翻了一审判决，得到了二审的机会。在美军军事法庭那里约瑟夫获得了经验，在二审中，他带上了自己的口译人员。

他还专门雇用了一个秘书，把他说的一字一句速记下来，然后把它们用打字机打成文件。这一工作常常干到深夜，这个能干的秘书是他从法兰克福一家律师事务所借来的。经过这番考验以后，他毫无迟疑地将这位秘书挖到了自己的公司。这个秘书对工资的要求很节制——每月350马克，她就是戈塔·森格，这位秘书作为约瑟夫的得力助手，在他手下干了42年。

原　　告

对于美国的检察官吉姆·费尔普，约瑟夫·涅克曼在他的回忆录中是这样描述的："在审查过程中，费尔普常常来拜访我，不是因为公事，只是私人拜访。我们坐在我弟弟位于维尔茨堡家中花园里的一颗大梧桐树下，喝着弗兰肯最好的葡萄酒。我的这个对手是一位让人感觉舒服的、会聊天的人，他一次又一次地让我为他的酒量感到惊讶。”

"那是一个混乱的、疯狂的时代"，约瑟夫·涅克曼继续讲述道。在插曲中，他补充说明道："到了第二天，他和费尔普在法庭上见面时，这位对手就用手指拍着胸脯发誓说，'今天我要让你完蛋。'"作为美国的官方代表，费尔普印证了美军电台广播里宣传的口号："不要跟他们结盟！"

证　人

整个诉讼过程经历了几乎两个月。法庭传讯了40个证人出庭作证。约瑟夫·涅克曼的老丈人布吕克内此时已没有必要来承受这一压力，他已身患阿尔兹海默症（老年痴呆症），几年以后，他就离开了人世。最重要的证人就是原告，卡尔·阿姆森·炯尔，可炯尔在开庭前却出人意料地离开了，他把整个诉讼委托给了他的代理人"犹太人赔偿事宜的恺撒大帝"奥尔巴赫。

这位"恺撒大帝"气势汹汹地登场，给后人留下了传奇般的佳话。"此人浑身上下充满了激情，行动急促，性情无拘无束"，他的朋友埃里希·吕特在《有关慕尼黑的犹太人》一书中这样描述他，但吕特也不得不补充道："他最大的敌人就是他自己，他看待事物只愿去看他愿意看到的一面，而不是去面对事实。"这对约瑟夫·涅克曼意味着什么？他在他的回忆录中这样写道："在美军法庭上，他（奥尔巴赫）没有放过任何可能在我脸上抹黑的机会，他指责我犯了严重的罪行，自第三帝国崩溃以来，非法转移了上百万的资金。面对他这种充满仇恨的指控，我不知所措。"

对付约瑟夫·涅克曼，奥尔巴赫有强有力的证词，他本人也曾被纳粹党强行送到奥斯维辛集中营，有幸存活下来。作为犹太受害人的充满激情的辩护律师，奥尔巴赫也想在最短的时间内赚到尽可能多的钱，约瑟夫对他来说是一条"大鱼"，如果炯尔的这场官司打赢了，那么他的律师事务所就会获得一大笔相应的报酬。所以，他恨不得当日就把约瑟夫送进监狱。美军军事法庭也没有理由不去相信奥尔巴赫的指证，再怎么样，都有充分的证据指证约瑟夫在纳粹执政期间曾"随机应变"地投靠纳粹，加上他还牵涉钻石事件——虽说钻石在1948年6月就已归还了荷兰，这一事件已算结了案，可是这一污点会永远留在他的档案里。法庭急于确定约瑟夫·涅克曼的实际财务情况，与此同时，国家专员菲利普·奥尔巴赫也受到了巴伐利亚州司法部长约瑟夫·米勒的严格监督，此人跟约瑟夫·涅克曼一样来自维尔茨堡，被称为"公牛赛普"[1]。事情来源于奥尔巴赫独特的行政管理方式，该管理方式后来引发了联邦德国成立最初时期一个最大的丑闻。后来，这个

---

[1]约瑟夫·米勒，巴伐利亚基督教民主联盟的创建人，后来是巴伐利亚州的司法部长。他童年度假时，因为想赚点零花钱，就用牛车为农庄拉牛粪，因此获得"公牛塞普"的绰号。——译者注。

丑闻给约瑟夫带来了好处。

判　决

1949年8月12日，一个星期五，美军军事法庭宣布了对该案件的判决。在法庭大厅的门前站着两个头戴白帽、身着白色皮带和手套的美国大兵，他们还拿着武器，这种全副武装的架势证明了事态的严重性。约瑟夫·涅克曼被判4年的有期徒刑和3万马克的处罚金，作为条件，法院判定，如果涅克曼不立刻支付这笔罚金，他蹲监狱的时间会增加两年。约瑟夫的服刑期定在1949年12月15日，在此期间他可与炯尔私下达成赔偿协议。约瑟夫的律师们当下就对判决提出抗议。

约瑟夫·涅克曼在他的回忆录中这样写道："吉姆·费尔普红光满面地来到我面前，拍着我的肩膀对我说，'这个官司你赢了。'"约瑟夫虽然用德语理解这句话是"赢了一场官司"，但又觉得费尔普也可能说的是另一个意思。然而，费尔普说对了：卡尔·阿姆森·炯尔在对约瑟夫·涅克曼的指控中所采用的证词都是含糊不清的——而这些有关判决的证词在下一轮的审理中是必须得到充分证实的。炯尔对约瑟夫指控的初衷并非想要把约瑟夫置于牢狱之中，他在诉讼开始以前曾对约瑟夫这样说道："我绝非是一个报复心重的人。"炯尔无非只是想拿到那笔约瑟夫本该在1938年转账给他的钱，这是正当的权益，炯尔并没有把约瑟夫指控为战争罪犯。而法庭最终应该核实到底约瑟夫当时有没有履行合约，把那笔钱转给了炯尔。约瑟夫强调，遵照合同，他把那笔钱转到了哈迪银行。但是那笔钱究竟去了哪儿呢？是还在那家银行呢？还是又回到了约瑟夫的腰包里？

约瑟夫·涅克曼已孤注一掷。1949年8月，一审判决宣布以后，约瑟夫感到自己深受束缚。让他感到焦虑的问题是：一审判决会被推翻吗？或许，他真得跟炯尔达成付款数目的协议，然后付钱。约瑟夫深深地觉得，这样的结果对他太不合理。在他的回忆录中，他这样抱怨道："如果在二审时一审判决不能被推翻的话，那么我唯一的出路就是付钱，或者蹲上4年到6年的监狱。"

炯尔案件，二审

炯尔起诉约瑟夫·涅克曼赔偿案的第二轮审理推到了半年以后。此时冷战的迹象已经开始。1949年8月，当选为联邦德国总理的康拉德·阿登纳请求重新拥有武器；有关军事武装和加入西欧国防联盟的讨论成为当下的热门话题。1950年2月6日，美国驻联邦德国的最高官员约翰·麦克洛伊做了一个极为重要的讲话：鉴于国际日趋对立的局面，需要建立一个强大的联邦德国的局面不能再延迟了。

就在当天，约瑟夫的上诉在位于纽伦堡的美军军事法庭开庭，但菲利普·奥尔巴赫没有出现在法庭上。此时，慕尼黑检察官办公室正在查办有关奥尔巴赫的贿赂、不忠等行为，他的所有办公文件以及涉及伪证和博士头衔的不正当来源都在审查中。审查持续了两年，1952年，法院坐实了奥尔巴赫的罪证，他被拘捕，判监禁两年半，这件事轰动一时。这样的耻辱击垮了这位律师，判决宣布的第3天，奥尔巴赫就在狱中结束了自己的生命。

在维尔茨堡主持审理约瑟夫·涅克曼案件的法官在此期间都调回了美国，案件有待审查。这些人被指控在办理犹太人财产赔偿案中收取红利，这种受贿的行为甚至涉及美军军事管理处最高领导层。例如，斯图加特四处流传着一个丑闻，这个丑闻发生于排除纳粹嫌疑的过程中——发现斯瓦本地区一些工业界领导人用高额的贿赂为自己购买"与纳粹无关系的干净身份"。

1950年6月，朝鲜战争[1]爆发，美国派出空军部队增援，这在德国引发了巨大的恐慌。很多人相信，东边很快就会进攻西边。大家开始储存汽油，有些人甚至购买了帆船准备出逃。对于约瑟夫·涅克曼的经商生涯来说，地平线上出现了一线曙光。美军军事法庭接到华盛顿的指示，尽量从轻判处案件。对于约瑟夫一案，美军军事法庭决定不再增加审理程序。1950年11月1日，约瑟夫终于可以舒一口气了——法庭宣布，对约瑟夫的所有起诉无效。约瑟夫在他的回忆录中欢呼雀跃地讲述道："从这时起，我就完全自由了。我可以无忧无虑地跟炯尔协商赔偿条件，不用再担心如果我不同意他的要求的话就会被送进监狱。"

约瑟夫·涅克曼可还有更重要的事情要做，他让人把"炯尔卷宗"封存起来。对此，他可是高兴得太早了一点，好戏还在后面。之后，炯尔又重新翻案，用约瑟夫的

---

[1]中国称为"抗美援朝战争"。——译者注。

话来形容："他又重新让我过着地狱般的生活。"然而，步入20世纪50年代，约瑟夫天边的那道曙光逐渐变成了金雨。未来的邮递百货大王涅克曼已开始铆足了劲来开发自己的事业，他的干劲使他创造了今后的"涅克曼神话"。

第十七章 通过涅克曼过好一辈子
—— 对于每个人来说的经济奇迹

1950年3月15日，第二次世界大战后，涅克曼公司的第一本《涅克曼商品目录画报》问世了。涅克曼不是做生意的新手，"涅克曼"这个名字在德国早已家喻户晓。从在齐格弗里德防线工作的工人用的毛毯到德国国防军的冬季制服以及1943年妇女用的胸罩——这一切都是消费者记忆中的里程碑，因此，约瑟夫·涅克曼在《涅克曼商品目录画报》前面小心谨慎地写下了自己的开场问候语："很长时间过去了——这期间也发生了不少事情——但是我并没有白等这么久……"

自1948年9月新涅克曼公司成立以来，仅仅最后一个阶段就花费了一年半的准备时间，花了这么长时间才建立起一本拥有10万个地址的新登记册，与此同时，物流系统也组建完毕。现在该是大干一场的时候了。在印刷《涅克曼商品目录画报》前的深夜里，约瑟夫·涅克曼考虑了很久，应该怎样组织前言的最后一句话。用什么词能够恰当地结尾？最后一行总是最重要的。数十张草稿被扔进废纸篓里，直到灵感闪现在涅克曼的脑中："如果您对邮寄的包裹内容不满意，请将它寄回给我们，我们会全额退款给您。这是我个人的保证！但如果您满意，就请向其他人推荐我们。送上真诚的问候。"满意的顾客总是最好的广告。

为了给人以传统悠久的印象，第一份联邦德国的《涅克曼商品目录画报》编号为119号。这个编号很重要，因为在同一时期，已有大约4000家邮购公司在联邦德国进行注册，做着同样的生意。要赢得客户的青睐，这场战斗从第一分钟起就意味着要打一场硬仗，因此，14天后，1950年4月1日，涅克曼邮递百货有限合伙制公司正式成立，《涅克曼商品目录画报》的第二版紧接着就发行了。1950年，约瑟夫·涅克曼担任公司的无限责任股东，安娜玛丽、阿尔滨·布尔克则担任公司的有限责任股东。约瑟夫·涅克曼的名字被允许登记入商业登记簿还是在1950年11月1日，当他的所有罪行在炯尔案的终审判决中都被撤销以后才得以实现。约瑟夫被无罪释放是拥有具体价值的，它为涅克曼邮递百货公司启动了资本——涅克曼在维尔茨堡价值约45万马克的资产被退还，这笔钱无疑是涅克曼在纳粹执政时期的生意收入，这些生意上的业务之前都被搁置下来。

这份共12页的小册子已被发往10万个邮箱，这些邮箱地址都是已在涅克曼公司注册了的联邦德国人的地址。

在涅克曼这个崇高的名号下，小册子里提供了不包括纺织品在内的133种商品。每项商品的描述大部分都是由约瑟夫·涅克曼亲自编写的。为了切合女性使用的语言，他咨询了他的妻子安娜玛丽和他的秘书戈塔·森格。在此有一些规则得遵守，例如，对"艾薇"的时装要强调"特别合身和时髦的长度"，同时要赞美这种时装的人造纤维——麦斯林纱和亚光纱材质的"时髦别致"。这些时装是按照"年轻"的线条、"别致"的样式和"轻快舒适"等称号来分门别类，并按种类来推荐给客户。在对这些商品的描述中，涅克曼把概念进行了组合，在语言的表达上达到了一个相当的水平——极受喜爱的"玛丽安"式时装有着别致的、分散开来的圆点图案和非常轻快的式样。

打褶的乔其纱在"所有年纪段苗条的女士们那里都是畅销货"。对于更成熟的女士来说，"艾格尼丝"式时装保证通过"宽松裁剪的短裙"能够掩盖凸显的身体部位，而"格蒂"式时装却让年轻一代更显"修长苗条"。基本颜色为紫色、蓝色和黑色的"安妮"式时装，它的优势在于"靓丽的轮廓"，这种黑色的时装也适合作为"简单的丧服"。每位决定购买"龚杜拉"式时装的女士得到了承诺——只要穿起来，她们看上去就是"一位时髦靓丽的女士"。那些选择"库尼贡德"时装的人，会像广告中所说的那样，成为"在周日讲究用传统风范打扮自己的人"。涅克曼的围裙都拥有"精美的印花"，都是经过了"无可挑剔的加工"，它们当然是"最适合家庭和职业的选择"。

约瑟夫·涅克曼对此得心应手。作为一名广告撰写人，他凭借自己可靠的直觉引入了许多新概念，比如"香梦思绢女士内裤"，他用"吊袜带"一词得体地取代了不太正规的口语"吊带"，在目录中，他提供了两个种类：一种为"运动型"，一种为"优雅型"。虽然涅克曼的供货种类与其竞争对手的类似，但它们有一个关键性的差异，那就是定价。定价体现的是竞争策略，其金额才是关键。涅克曼对定价的估算比其竞争对手更具灵活性。

除此之外，涅克曼公司总是会提供一些极具诱惑力的产品，这些产品的定价在竞争中大占优势。总之，涅克曼凭借着《涅克曼商品目录画报》的大规模发行，就已在竞争中获胜。同时获胜的还有汉堡的维尔纳·奥托，1949年8月17日，该公司谨慎地推出了28种不同的鞋款，这些内容被印刷成14页的商品目录，大约有300份目录是用文件夹的形式让人亲自投放到各家各户的邮箱中。目录中还附带了一封请求信，请求读者在阅读后能够"友好地"将此广告传递给其他人。维尔纳·奥托来自柏林，原本是一个想成为作家的人，此人性格安静、内向，最终他征服了北部地区，并成功地将其目录的发行量增至7000万册。在领头的邮购公司中，有万乐、涅克曼、奥托、舍普林和维特·威登等公司，以后再没有新的公司能够挤入这个行列。这些领头的邮递百货公司都是在它们战前的形象基础上重新创建起来的。

联邦德国的新任"围裙之王"

对于所有的竞争者来说，成功的秘诀在于其名声和他背后的人，例如万乐公司老总施克唐茨的夫人，她以优雅的形象和积极上进的态度代表着万乐公司；而下巴伐利亚州的威登公司，参议员维特就是新型家庭用品和洗涤产品的缩影；奥托凭借自己的鞋厂成为优质鞋的供货商，在男装款式中，他还以水手风格奠定了自己的设计标准：浅色的水手短裤和深蓝色双排扣的西装，这使得穿上它们的人看起来彬彬有礼。

　　涅克曼公司销售的商品种类最为广泛：毛巾、织物、床上用品、桌布、工作服、内衣、紧身衣和围裙等。在邮购事业开展的第一年里，涅克曼一跃成为联邦德国围裙界的无冕之王，它成功征服了家庭主妇，其原因就是新邮购目录，在难民局拿到的成千上万个地址使涅克曼取得了巨大成功。对许多流离失所的难民来说，涅克曼的商品目录邮件是他们在联邦德国收到的第一封信件。他们几乎是热泪盈眶地从邮箱中取出了涅克曼的第一本目录，邮件让他们感到自己终于能像正常人一样生活着，他们对此心怀感激，正如约瑟夫·涅克曼在他的回忆录中写到的那样："亲爱的涅克曼先生，战后我们从上西里西亚来到哈瑙，这还是第一次有人想到我们……"

　　约瑟夫·涅克曼想到这些流离失所的难民和在战争中失去丈夫的寡妇不仅仅是出于人道主义，他意识到要把这帮人作为公司的目标客户，因为这个群体当时已经开始挣钱了。库尔特·普利茨科莱特在他的《新主人》一书中描述了当时的情况："女性们从事的职业是担任助手，男人们忙于工厂、矿区和道路施工的工作，他们分散在全国各地需要强壮劳动力的地方。男人们把工资都寄回了家，居住在村庄里或者是在市郊临时搭建的木制房屋里的妇女们每花1芬尼都要掂三掂。去镇上购物？这不但需要花车费和餐饮费，而且有可能还得请假，影响收入。他们不愿花这笔费用，也承担不起这些开销。"另外，还有一个社会方面的重要原因："像她们那样，穿着磨破了、补了又补的衣服，满脸憔悴，站在柜台前面，面对柜台后面穿着整齐的年轻的女售货员们，询问着最便宜的商品，斟酌来斟酌去，最终可能是一无所获地回了家。这种结果会让她们更加迫切地感到自己生活的痛楚，这种自寻其辱的事情还是回避为好。"因此，当这本彩色小册子携带着五彩斑斓的商品出现在她们的信箱中时被她们视为一种祝福。她们幸福地一页一页翻阅着这本目录，梦想着："这件衣服是不是很别致？要是我丈夫回到家中，看到我穿着这样一件衣服，他一定会眼前一亮……"

无论怎样，对于居住在难民营的人来说，那些穿着这样衣服的城市女人在她们看来就像是外星人一样。可是这对于她们来说是非常向往的，她们也想看上去是这个样子，就这样，她们在商品目录中为自己订购了第一件衣服。衣服准时邮递到了！第二个和第三个邮递包裹也是同样。该公司履行了他们在目录中所做的承诺：这也正是邮购行业直到今天还依然强大，并且获得高销售利润的根本原因。约瑟夫还补充说，"涅克曼"这个名字在战时就已经成了一个传奇，这也是涅克曼成功的基石。

约瑟夫·涅克曼很有先见之明，他预料到需要完成的工作量，早在1950年就租用了新的办公处和仓库，即是位于法兰克福附近的克尔斯特尔巴赫的一个老营房，面积总共有1000平方米。

一帮人到约瑟夫这里来报道，希望能成为他的帮手，这些人大多是涅克曼"旧时代"的老朋友。核心人物是海尔穆特·温克勒博士，此人在1941年成立的ZLG公司里就是董事会的成员。这位前纳粹党成员知道怎样在新形势下帮涅克曼在短时间内促成跟几家重要纺织公司的生意，如劳芬米勒纺织厂和阿伦手帕厂；再如对于生产工作服的专家——位于班贝格的狮鹫工厂来说，马上提供两万套"蓝色工装"是不成问题的。弗兰肯地区原来的老关系是靠得住的，战争期间结下的联盟在和平时期结出了丰硕的成果。

涅克曼公司最畅销的商品是一条价格为5.9马克的裙子，该裙子一个月内就卖出了5.7万条。第一个财政年度的销售额接近1000万马克，每个邮递包裹都是经过人工单独包装完成的。在约瑟夫·涅克曼专注于"尽快地把所有的纺织邮购品进行得有声有色"的时候，他的妻子安娜玛丽则主持着内务，如在今后的生活中体现出来的那样，她像总参谋一样，且在细节上知人善任。

从农村来的"克勒琴"

1951年4月，克拉拉·鲁普从她嫂子的阿姨那里听说，法兰克福的涅克曼家正在寻找一名可靠的仆人，这位阿姨在维尔茨堡涅克曼煤炭公司担任秘书。这位阿姨耐心地劝说克拉拉，让她立即去申请这个职位，并且还为她争取了一个面试的机会。在她85岁生日的前一个晚上，她回忆道："我坐火车去了法兰克福，这是我第一次坐火车，当涅克曼夫人看到我站在门口时，她立即惋惜地说，对不起，这项工作已经答应给别人了。她的谢绝并没有让我感到惊讶，我看上去土里土气，我的脸被太阳晒得通红，双手粗糙且还长有老茧。"接着她讲述了之后的进展："星期一，杂货店的电话铃响了，当时我正站在杂货店的柜台后面。是涅克曼夫人打来的电话，她说，'我们可以用你，但你必须从明天就开始工作'。"

克拉拉·鲁普没有太多要打包的东西。她是下弗兰肯偏僻小镇莫雷斯奥的一位农民的独生女。她的父亲不幸去世了——马厩里的一匹马跑了出来，踢到了他的膝盖上，他的腿部骨折，但很明显在医院里没有得到正确的石膏固定处理，8天后即死于败血症。然而克拉拉还有4个兄弟和她不幸的爱人——她的奥托。宗教阻碍了他们的婚姻：她是天主教徒，而奥托却是新教徒。"那个时代跟现在不同"，克拉拉回忆说，"父母的意愿就是圣旨，作为女儿，反抗是不可想象的。"

作为一名在富贵绅士家服务的仆人，对此有何期待，克拉拉·鲁普没有任何概念。"即使我忧心忡忡，但情况也不会比我所担心的要好到哪去。一周之后我恨不得想逃跑，但是我对自己发誓说，无论如何，你一定要撑过两年。我要对我嫂子的那个阿姨负责任，是她推荐的我"。

一开始在涅克曼家的工作就没有好兆头：他们家的仆人中已经有一个叫"克拉拉"的人了。这个也叫克拉拉的人来自汉堡，是个厨娘，为人粗暴。"她负责指挥所有仆人。太太在雇用我时丝毫没有跟她商量过，这显然让她耿耿于怀。要是太太征求她的意见，她绝对不会同意雇用我，因为那时我连什么是沙拉盘都不知道，也不知道该怎样摆桌子或是怎么从大汤锅中用勺子把汤舀出来。当我向这位厨娘请教时，她回答说，"你不是想在这里充当女仆吗，那么你应该知道这些怎么做"。

为了不混淆两个克拉拉，新来的克拉拉获得了一个昵称"克勒琴"。这位从前的涅克曼家女佣至今还心怀感激地回忆着她的老板娘是如何解决棘手的状况的："她要带我去法兰克福购物。我想要逃避，因为我害怕大城市，但无济于事。老板娘态度坚决，她从不容许别人质疑她。"在路上，两个女人聊着家常，克拉拉突然感到放松多了："老板娘非常和蔼可亲。了解到我对服务工作一无所知，她只是笑着对我说，'有任何问题你可随时来找我'。"为了在生活中方便，涅克曼夫人当即称呼这位来自农村、涉世未深的女孩为"克勒琴"。克勒琴开始慢慢脱胎换骨。不久，当克勒琴看到放在卧室床上的、精致的贝尼内衣时，她问老板娘："这些衣服您敢用水洗吗？"安娜玛丽真诚地笑道："那当然！你现在就可以去把衣服泡上——责任由我来承担。"她说话的语调像音乐一般，直到今天，克勒琴还铭记心中："老板娘从来都不会喜怒无常。她一向心平气和，对他人从来也不会恶语相伤。她非常善于控制自己的情绪。因此对于我来说，在涅克曼家工作从来没什么问题。"

开业典礼上的气球水弹

夏日温暖的空气吹过法兰克福火车东站的广场，人们一早聚集在这里。蓝色的天空像加勒比海的天空一样，明艳闪耀。为了赶完工期，450名建筑工人不得不昼夜乃至周日加班。大厅里，安装工在把最后的一盏吊灯的螺丝拧紧。1951年6月11日，这天是星期一，约瑟夫·涅克曼把这天作为他的新百货公司的开幕典礼日，他说："这可成为一周的良好的开端。"

这座5层楼、带有侧翼的建筑物是按照20世纪50年代的实用风格设计的。在今天人们的眼里，这种建筑形式单调、刻板甚至乏味，而在当时，这种建筑却被看作很前卫。在很长一段时间里，人们认真地考虑，是否不再修复被炸毁的市中心，干脆就把那些华丽的外墙、宫殿般富丽堂皇的柱子、浪漫的凸窗和装饰华丽的飞檐一起拆除，用这类实用的方形建筑物来代替它们。然而，不知什么时候，传统的观念还是战胜了理性的思考，联邦德国各城市市中心的老建筑物就这样免遭一劫。

在新涅克曼百货公司大楼的一个拐角上，黄色的有轨电车在此有站点。在大楼的后面，一条轨道通向仓库。随着铁路的接通，铁轨运输又回到了涅克曼的生活。曾几何时，卡尔·涅克曼煤炭生意里的"黑金"在铁轨上铿锵作响。而现在，邮购包裹随着铁轨被配送到全国各地。

人群越来越拥挤。至少有1万人在关闭的大门外等候着。一张新闻图片让人遐想联翩：那3个站在四楼阳台上的人究竟是谁？"那是我和我兄弟彼得，还有我们的表弟蒂尼。要是我们的父亲知道我们在那里做了什么的话，我们肯定会遭到这辈子最厉害的一顿恶揍"，涅克曼最小的儿子约翰内斯解释道。

　　两个姓"涅克曼"的小子和一个姓"朗"的小子，他们在晴朗无云的天空下玩起了"造雨"的把戏。从楼上他们将盛满了水的气球往下扔。气球上打的结在空中就已经松开了，这些"水炸弹"因此在空中就炸开了，水溅到等待在百货公司大楼门前的顾客们的头上。"他们可是痛痛快快地冲了个澡"，约翰内斯喜滋滋地说道。

　　下午2点37分，崭新的涅克曼购物"天堂"的两扇门被打开了，有几扇玻璃窗的玻璃随即裂了。与此同时，在大楼内部的回廊上，响起了黑森州广播电台播放的弦乐三重奏演奏的《贝多芬奏鸣曲》。庄严肃穆的音乐给这个场合暂时带来了一点平和的气氛。外面的"水炸弹"再次爆炸，又一批人被迫洗了个澡。这时大批人从外向里涌，一些桌子和陈列柜子都被推翻。约瑟夫·涅克曼很高兴地听到玻璃碎掉的叮当声，他在致辞时微微一笑说："碎片可以带来好运……"之后，他很自豪地宣读了联邦德国经济部长路德维希·埃尔哈特发来的贺电："……亲爱的涅克曼先生，希望贵公司在业绩上有所成就，同时也能为一小部分有经济实力的人提供优质的商品。"

　　随后，法兰克福市市长沃尔特·科尔布博士致辞。这位"胖子"——这是他的绰号——为涅克曼和他的公司能在法兰克福定居下来做出了重大的贡献。作为一个受欢迎的自由民主党的地方政客，科尔布曾因为批评纳粹当局于1933年被短期拘捕。自1946年以来，他重新回到了高级官员的位子上，为争取让法兰克福成为新的联邦首都不断地奋战。像涅克曼这样的邮递百货公司以及未来的其他一些知名公司都会给这个大都市赋予良好的形象，而且提供大量的就业机会。因此，法兰克福市做出一个慷慨的决定：他们给约瑟夫·涅克曼这位邮递百货公司老板以及他以后的继承人提供了6500平方米土地，为期99年，每年每平方米的租金只要1马克。

法兰克福这座城市还为涅克曼提供了其他的优惠条件，涅克曼建造公司的费用造价为120万马克，该市为涅克曼的贷款做了担保人。涅克曼曾有意考虑把其他城市作为公司所在地的候选，如卡尔夫和乌尔姆等城市，而面对法兰克福的慷慨，这些城市自然就被淘汰出局了。沃尔特·科尔布在百货公司开幕典礼上满心欢喜，他诚恳地强调，请约瑟夫·涅克曼不要忘了在就业机会上"首先要考虑那些来自东边的战争寡妇和难民妇女"。在答谢词中，约瑟夫·涅克曼也发誓要"创造更多的工作岗位，生产出更多的服装，把法兰克福企业的努力形象推向世界"。

大楼的建筑师汉斯·哈赫以一个夸张的手势将百货公司大楼的"金钥匙"递给了约瑟夫·涅克曼。开业典礼的最后，宣布了担任赞美诗朗诵者的人，"他是我们的小儿子，约翰内斯"。约翰内斯气喘吁吁地跑上讲台，这个"水炸弹的投掷者"差点错过了登场时间。当他从四楼冲下来时，他的白色过膝长袜滑到了脚腕，此外，他的衬衫也湿了。然而此时，严厉的父亲约瑟夫·涅克曼根本就来不及斥责他的儿子，因为约翰内斯一到场就开始朗诵他要朗诵的那首诗。母亲此时面露喜色，约翰内斯朗诵的这首诗是她亲自写的。除了音乐之外，写作也是涅克曼夫人的爱好之一。当观众们爆发出热烈的掌声时，约翰内斯感到有人从背后给了他一巴掌，那是他父亲干的。父亲咬牙切齿地小声对他说道："你看看你把自己弄成什么样子了？还不赶快把你的袜子拉上来。"

搭上政治的顺风车

顾客蜂拥而至，这种状况一直持续到周四。火车东站广场周围的交通因为拥挤短时间地陷入混乱。每天都有上万人因为好奇前来光顾新涅克曼百货公司，在今天看来，我们无法想象当时的状况。下午时分，百货大楼会因为客满为患而不得不暂时关门。不仅是在法兰克福，在整个联邦德国都充斥着这样一个话题："我们得到涅克曼百货公司去逛逛。"涅克曼的名声是惊人的，尽管当时也有刚刚开业的赫尔蒂、霍恩、霍尔特、卡尔施泰特、科帕、考夫霍夫其、考夫灵、韦特海姆等其他百货公司，但是涅克曼这个名字从一开始就具有一种特殊的魔力，因为在他的百货商场中，人们总会发现一些新商品，这些新东西在涅克曼的竞争对手那里是看不到的。最有新意的是，涅克曼作为一家邮购公司还开设了直销站。这一做法的先例来源于当时世界最大的一家美国邮递百货公司——西尔斯-罗巴克公司。然而，与其他所有的公司相反，涅克曼在百货商店销售的商品跟邮购销售的商品一样便宜。在百货商店购物的魅力在于能够亲手触摸到目录中的产品。通过这种"触摸"能够增强与客户的联系。

在火车东站举行的开业典礼结束后几天，法兰克福地方政府——由基督教民主联盟（基民盟）和德国社会民主党（社民盟）组成的市议会联盟遭到了强烈责难。自由民主党的市议员们对涅克曼得到的地区贷款担保提出了抗议，他们指出，这个贷款担保是在秘密会谈后迅速通过的。这其中有大约65万马克被用于邮购综合体的第二期建设。自由民主党的葛奥格·迈尔博士在一次会议上强调："公众有权知晓贷款的细节。"他们认为"这件事其中肯定有什么猫腻"。在接下来的几周内，社民党的市财务主管葛奥格·克林格勒不得不反复驳斥自由民主党的质疑。

"这件事对这座城市没有任何风险"，来自基民盟的法兰克福市副市长沃尔特·雷斯克这样说道。尽管如此，坐在反对党席位上的自由民主党还是坚持他们的"郑重的态度"。然而，想动摇涅克曼在市长科尔布那里坚如磐石地位的目的却失败了。显然，涅克曼在自由民主党中没有朋友，但他也不需要他们。社民党和基民盟的联盟有65.3%的选民投票率作为坚实的后盾。此外，涅克曼还得到了来自基民盟的经济部部长路德维希·埃尔哈特的支持。这很重要。埃尔哈特在政治上为涅克曼铺平了前进的道路，抽着粗雪茄的埃尔哈特和雷厉风行的约瑟夫·涅克曼开始在一起实现"使消费民主化"这一目标。

为了实现这个目标，约瑟夫·涅克曼象征性地穿上了"七英里的靴子"[1]。在1年之内，他在特里尔、卡塞尔、哈瑙和罗森海姆等地开设了更多的直销站。其实这些地方正是那些想要节约邮费客户的提货点，他们从目录中订购了商品，可以自己到直销站去取。涅克曼公司在那里设置了一个诱人的消费陷阱——提供特别的优惠商品。维

---

[1] 意为每7英里建立1家百货公司，1英里约等于1.6千米。——译者注。

尔茨堡成为涅克曼取得最大效益的城市，一家涅克曼的分公司在之前的卢兹克维茨百货公司大楼的底层重新开业了。在大楼上面仍然耸立着被炸毁的废墟，这一幕被视为"浪子回头"的象征。

劳动力等同于购买力

刚过了一段时间，涅克曼位于法兰克福的总部就又要重新翻修，目的是给廉价自选柜争取到更多的空间——典型的涅克曼乐园。仅1年之后，也就是1952年，位于火车东站的邮购中心就已经完成了第二阶段的工期。在现有面积的基础上，使用面积又增加了1.4万平方米。1955年秋天，《明镜周刊》详细描述了该建筑中各大厅里奇妙的工作流程："工人们的工作日夜三班倒。他们首先要对收到的邮件进行过秤，以便估计每天订购的数量，每天公司会收到多达3万封邮件。在霍尔瑞斯[1]室内，可以通过穿孔卡来统计每件商品的订购数量。这种电子机器能够在数秒内处理多达9种不同的单据，这些单据包含价格、数量和服装尺寸，还可以合并不同的邮件，并以每小时6000张卡片的速度将统计结果打在纸卡上。

在配备了自动输入器的大厅中，可以对询问信件进行自动回复。那里放置着打字机，在打字机滚筒上有许多小洞，借助这些小洞，可以写出在交易中重复的常态信函而不需要过多人工操作。按下红色的按钮，信件就会被自动

---

[1]赫尔曼·霍尔瑞斯（Herman Hollerith）是一个统计学家，他曾帮助美国人口统计局编排数据，发明霍尔瑞斯穿孔卡。——译者注。

打出来，速记打字员只写下名字和地址。涅克曼公司对寄来的三分之二的询问信件都是用机器书写而成的信函进行回复的，它们读上去就像是针对每一个顾客而做的答复。剩下三分之一的信件，由于其询问内容较为复杂，它们会被分配到口述室内进行处理。在这里，有20名女士手里拿着录音话筒，她们将回复信件的内容录在小型录音机里。在旁边有一个用玻璃墙围成的房间，打字员们坐在录音机旁，用打字机记录下口述的信件内容。

　　在这里，随处可见的是忙碌的妇女。女员工在涅克曼公司职员中的占比超过了80%。在当时的联邦德国，妇女这样的着落是非常具有代表性的。50岁的这一代女性几乎都失去了丈夫。以前，丈夫是家庭的顶梁柱，而现在，这些妇女身为寡妇，和她们年迈的母亲以及孩子们一同艰难地生活着。一间位于倾斜的阁楼里的房间，租金就要30马克。做临时工的工作最初也许能挣到100马克。然而大家的精神状态很好，她们始终相信会有一个美好的未来。大家努力使得一切保持井然有序、整洁无瑕，这样可使生活逐渐恢复正常。谁要是能获得一个固定职位，那么可以说，她已从最糟的生活状况中脱离。彼时，在涅克曼公司可以每月挣到280马克——这个数目的工钱也正是涅克曼公司付给安装铁丝网的工作人员的，他们的工作场所就像一个蚁丘。此外，在发货中心还有多达1000名妇女在工作。

　　这些工作使用的都是廉价的非技术型劳动力，工人们在商品运输过程中，每人手拿着一个铁丝篮子，从货架上取出在订单上画线的商品。每天工作时间结束时，算下来这些工人步行了约5000米的路程。

不仅是工人的劳动力要做计算，雇主约瑟夫·涅克曼也核算了他的员工们的购买力。尽管商品价格已经很低，但是员工们还能拿到相应的折扣，这样一来，有一大部分员工薪水又立刻流回了公司。对于这些妇女们来说，用一本小册子精确记录下家中的开销，按照正确的方法来持家，从精打细算中，她们就有可能把节省下来的钱购买一些不寻常的大件物品。在新闻发布会上，约瑟夫·涅克曼直言不讳地阐述了他的理念："对我来说，重要的是让那些收入不高的人群充满新的自信。为什么百万富翁的妻子就应该比小秘书要穿得更好？"

我们的天堂之父

另一个世界，这是指跟涅克曼最亲近的圈子里的人，也就是所谓的"骑士城堡"[1]的成员才能进入的世界。这个世界隐藏在装有毛玻璃门的四楼上，五楼也属于私人的世外桃源。从外面看，根本无法估计上面套房的面积，这些楼层带有宽阔的楼梯和电梯。只有在那些实用的、正方形窗户后才能真正感受到房间的壮观。在一个宽阔的大厅里，走廊分为东西两侧，右侧是"老板和老板娘"的私人空间，由两间独立的卧室、两间浴室和两间更衣室组成；另一侧通往日常起居室，起居室连着带餐柜的餐厅和厨房。此层还有一个仅偶尔使用的房间，安娜玛丽·涅克曼就是在此举办她著名的音乐沙龙，房间的中央放着那台

---

[1] 骑士城堡：即前文提到的家族城堡，除了家族中的12位成员，还有那些在涅克曼家落难时帮助过他们的人。——译者注。

从柏林轰炸中拯救出来的黑色博兰斯勒[1]之翼，这台钢琴曾在缇甘湖畔被美军的靴子踩踏过，女主人曾为它奋起反抗。此时，这架三角钢琴上面盖着一块白色的针织毯。女主人的钢琴弹得不错，她指法熟练，足以弹奏肖邦快速的练习曲和"旋转"的波兰舞曲。然而，女主人忙于出席各种活动和应酬，几乎没有时间来弹琴。最初，安娜玛丽总是一直陪伴在涅科左右，出席各种场合。只有星期日才有自己的时间，而周日一大早还得去教堂。

在私人公寓中放着由享有盛名的、位于克尔海姆的班德艺术木工坊定制的家具。家具的草图是由安娜玛丽提供的，这些家具的形状都是以历史性的独立作品为蓝本，带有一点凡尔赛的豪华和一点哥特式的严谨。餐厅里摆放着一个古典主义风格的、带有花纹的玻璃柜。桌椅散发着桃花心木的光泽。圆形的、带玻璃的橱柜让人联想起圣彼得堡的叶卡捷琳娜宫，这种式样的家具是安娜玛丽在书中发现的。房间里昂贵的瓷器、抛过光的银器和珍贵的水晶玻璃四处可见。

带有总共7个房间的五楼是给孩子们的，其余的房间给家中的仆人使用，这些仆人包括1位司机、1位厨娘和两位女仆，其中一位女仆便是克勒琴。家务的纪律非常严格，按照天主教的规矩，8天内的菜单都要提前准备好。在午餐时有一项特别的仪式要举行，在一张可容纳12个人的可收缩式圆桌上摆放着一个中国黄铜锣，引人注目，一敲打铜锣，声音就会在整个公寓回响。锣声响起，预示着

---

[1] 德国博兰斯勒三角钢琴。——译者注。

一家之主的到来，肚子饿了的孩子们听到这个信号就会冲出房间。

"今天谁来主持饭前祷告？"约瑟夫·涅克曼环视四周问道，此时，桌上的饭菜正冒着热气。孩子们不得不等候着，等到他们的父亲点名让他们其中的一个来领读祈祷文。领读祈祷文的人每天都会轮换，虔诚的祷告词的内容是："天主馈赠给我们食物和饮料，让我们永远免受饥饿之苦，为此我们终生都会对您心怀感激。"要是赶上这位"老板"很忙的时候，那么祷告词也会变得简短一些："为了食物和饮料，感谢天主，阿门。"一直以来仪式都进行得非常顺利，直到有一天——克勒琴还为此感到惊奇——从来没有一个孩子会对此抱怨，或者像如今一样习以为常地对此失去兴趣。

在涅克曼家中吟诵的祷告词和诗文甚至还在百姓中间流传。安娜玛丽·涅克曼撰写了一本名为《给我的孩子》的小册子，一直到1969年，人们都还能通过涅克曼邮购商品目录买到这本小册子。小册子中还包含了一些押韵的语句，诸如："每个人的苦恼和得以慰藉的温柔梦乡都来自天主。"

涅克曼一家和朗一家

在火车东站的"城堡田园般的生活"很快就出现了第一道裂痕。约瑟夫·涅克曼的母亲尤娜在大城市的喧嚣和与工厂紧邻的生活中感觉到身体不适，尤其是法兰克福糟糕的空气给她和她的外孙女尤拉带来了许多麻烦。因此，在自己73岁时，尤娜决定回到维尔茨堡生活。

在维尔茨堡，涅克曼家族拥有一个葡萄酒庄园，约瑟夫的弟弟瓦尔特和他的一家人住在那里。这个庄园四周环绕着两米高的围墙，庄园内的果园里，用碎石子铺就的小路被修饰得像城堡公园一样。在后面的建筑群中有足够的房间，不仅可以让孩子们的祖母搬进来住，连瓦尔特死去的姐姐美蒂的孩子们——尤拉和克里斯蒂娜也可以搬来住。

与住在维尔茨堡的涅克曼一家的"重聚"进行得并不顺利，出现了一些问题。此时8岁的克里斯蒂娜在个性上表现出一种极大的依附性，她极度渴望得到他人的重视，于是便试图挑拨彼得、玛勒娜跟祖母的关系，以便独揽祖母的宠爱。最重要的是，克里斯蒂娜对她已故的父母产生了很大的兴趣："我想更确切地了解我父亲是怎样的人，我时常向祖母询问有关他的事情。"克里斯蒂娜通过祖母长时间以来有关父亲的讲述，在自己心中刻画出了父亲的理想形象，虽然这种形象并不真实。克里斯蒂娜的父亲汉斯·郎以前曾是律师，此时这个父母双亡的女儿把她的父亲想象成了一个"超级父亲"。直到今天，每当谈到自己的父亲时，克里斯蒂娜仍然激情澎湃，她会说，父亲怎样在战后像涅科一样投身到纺织业中，怎样开发出了未来产品的生产模式："从羊的养殖到纺纱，到织布，再到缝纫，所有的过程都在一个工厂中完成。我的父亲希望摆脱对原料市场的依赖，以此来解决服装供应的危机。"

瓦尔特的女儿玛勒娜讲述了一段经历。当她还是一个小女孩的时候，因为克里斯蒂娜，她被维尔茨堡的修道院学校赶出了校门。"尽管我跪在地上乞求她为我们保守秘密，但她还是把我给告发了。在姑娘中间，我们私下讲述了自己第一次跟男生交往的经历。当时的我还没有经历过初吻，为了让自己看上去不那么愚蠢，我编出了一个"医生游戏"[1]的故事，克里斯蒂娜马上就将此事偷偷告诉了管事的修女，因此我很厌恶我这个堂妹，这件事之后我就不能再上维尔茨堡的修道院学校了，而不得不去上一个郊外的'烂学校'。"

涅克曼制造自己的收音机

1952年12月25日，电视的时代开始了。第一次播放的主题是"来自世界的问候"，随着这一主题，把欢快的圣诞歌曲带到了有钱人家中。约有4000个家庭能够收看这个节目。在圣诞假期的第二天，电台第一次播放了《每日新闻》[2]，从这个时候起，这档新闻节目会每周播放3次。在商店橱窗中第一次出现了一个中间带有圆形屏幕的、类似于小收音机的盒子。然而它的价格却让人望而生畏——1150马克。最开始，电视的推广受到了质疑，但是约瑟夫·涅克曼却极具信心："电视将拥有一个巨大的市场。"在新年即将来临之际，约瑟夫·涅克曼向家人展望了一个成功的新前景，他下了决心："我们必须要做到能提供一台只需当前一半价格的电视机。"

然而，此时越来越多的顾客希望购买收音机。随着需

---

[1] 医生游戏：在西方国家是用来描述孩子们互相检查彼此生殖器官的一个词组，起源于孩子们假扮医生和病人互相检查的游戏。——译者注。

[2] 每日新闻：Tagesschau，一档德国新闻节目。——译者注。

求量不断增长，约瑟夫·涅克曼想立刻以自己的产品征服市场——收音机的价格当然也要做到市场最低。通过这样的攻势，他试图将自己的生意从纺织品邮购扩大到综合商品的邮购。

作为尝试，约瑟夫·涅克曼在涅克曼公司的商品目录中加入了厨房角落靠背椅这样的商品。这种靠背椅一下子就卖出了2.5万把，这样他正式开始按自己的计划行事。

正如以往一样，命运又把一位极为适合他这个计划的人送到了他的面前，这个人能够全身心投入到涅克曼的计划中。阿图尔·普拉滕曾经是一位民主德国的酒店房间设计师，来到联邦德国后他的一切都得从零开始，他接手了涅克曼公司的家具部门。一年内，他就在实用家具方面打造了一套完整的计划：桌子、椅子、成套沙发、走廊衣柜，所有这些家具都可以拆卸开来邮递，顾客无须使用专门的工具，也无须拥有专业知识，自己就可以把它们组装到一起。

这样的成功使涅克曼的想象力展翅翱翔，他计划着怎样先激怒自己的竞争对手，然后再彻底击败他们。1952年，涅克曼在经济上的地位仍然落后。1950年，万乐的年营业额就达到了1200万马克，次年为4060万马克。约瑟夫·涅克曼虽尚未公布任何数字，但有传言说，他的经济状况不稳定，不久后他将会不得不放弃自己的生意。实际上，涅克曼确实如履薄冰，一旦计划落空，涅克曼的资金链就会面临威胁。这样的状况自然令约瑟夫·涅克曼感到十分不安，他对此表现出来的明显特征是不停地咬自己的手帕或领带角。

这其中最大的问题是：谁应该来制造这台涅克曼的收音机？像蓝宝、雄狮、罗曼蒂、菲利普、罗兰士、西门子、德律风根等大制造商都拒绝跟涅克曼合作。位于纽伦堡的根德公司正在通过自己的力量走上理想的发展道路，根德公司不久后就成为世界规模最大的无线电收音机制造商，并且在1954年后，该公司成为欧洲规模最大的电视机制造商。

无线电收音机的先驱者马克思·根德与顽固的独行侠约瑟夫·涅克曼是同类人，根德从来不会让别人来规定自己产品的价格——约瑟夫·涅克曼把这个看作是双方合作的重要条件。约瑟夫·涅克曼别无他法，他只能像20世纪30年代那样开着自己的车亲自去拜访厂家，这位富有经验的战略家，像在1935年至1938年期间一样，在银行里去打听到了想去拜访的厂家地址。谁的资金目前短缺？谁又在寻找救命稻草？谁别无选择只能跟涅克曼合作？

一位巴伐利亚州银行的银行行长曾是约瑟夫·涅克曼的老盟友，但约瑟夫·涅克曼从来没有透露过他的名字，此人给约瑟夫·涅克曼出了一些很有价值的点子，就这样，约瑟夫·涅克曼开始了前往慕尼黑附近的达豪的行程。本来，对于涅克曼的大订单来说，这家位于巴伐利亚州的机械厂规模太小了，但是，这家厂曾生产过小批量各种各样的智能收音机，且当时面临破产危机。约瑟夫·涅克曼事先没有通知这家厂，而是突然出现，他对付这样的事轻车熟路。谈判中，他慷慨地承诺在资金发展上和生产上进行援助。该厂经理立即同意了他的建议，但并没有明确地去了解这些援助具体意味着什么。就在两天后，约瑟夫·涅克曼全权控制了这家收音机制造厂。

谁都得对工程师的意见让步。涅克曼的专家团队按照实用的角度自己做各方面的决定，他们就连一颗螺丝钉的位置都由自己定，他们关心的是：应该使用哪些材料及必须满足哪些技术参数，才能使得产品的实际售价低于200马克。所有这些技术资料都装订在一个厚厚的文件夹里，并在文件夹上盖上了"最高机密"的印章。这里有一个重要情况需指出，在方案和装配规定中也写明："以前收音机上所用的AWG标志必须替换成涅克曼的标志。"对此，这家工厂的员工们都感到自己的企业自豪感深深地受到伤害，不过他们的工作岗位在未来的几年里得到了保障。

1953年10月15日，约瑟夫·涅克曼在新闻发布会上展示了自己公司的第一台收音机，他说："这是一款任何人都买得起的收音机。"他的讲话非常短暂，接下来由两位来自工厂的人员介绍收音机的功能，但这两人在介绍的过程中显得窘迫不安。新品牌在大家的掌声中以"超级涅克曼"之名揭幕，该品牌的标志位于收音机左下角，那里以前曾标示的是AWG的标志。

这款收音机完全是按照市场规格建造的，能够接收超短波、中波和长波，并且还安装了两根天线。它的操作键盘是"钢琴键盘"式的，这种键盘是当时人们对象牙色塑料制成的按钮的称呼。真正引起轰动的是收音机的价格：187马克。"这是不公平的竞争！"零售商们在发布会的当天就提出了抗议。竞争点燃了愤恨，而涅克曼却满面春风。他终于抓住了这个行业的顶级机遇。拥有金属外壳并经过高度抛光的收音机带有一只绿色的"魔术眼"，其照片被用于《1953/1954秋冬季商品目录》的封面，收音机下方的广告语为"我的圣诞节惊喜"。

涅克曼之所以能够主导潮流，是因为其能感受到大众的愿望需求，并保持自己的"前瞻性思考"。为了扩大自己的商品种类，涅克曼又把目光投向了好莱坞电影：电影唤醒了对哪些产品的渴望？在电影院里可以看到哪些产品？之后涅克曼对顾客做了直接问卷调查，得出了市场调研结果。

在好莱坞的电影中，人们能够愈发频繁地看到冰箱，然而在德国，当时只有5.3%的家庭拥有这种电器。就这样，涅克曼发现了另一种产品，他可以用此产品来满足顾客们的内心渴望。同样，从市场调研中也拓展出了另外的发展方向，调研结果表示：只有3.5%的家庭拥有洗衣机，9.8%的家庭拥有电灶。未来发展的方向将建立在这些调研数据上。在德国，当时还没有一种很好的厨房搅拌机，这种搅拌机只出现在好莱坞的电影里，而涅克曼是第一个开始生产这种产品的。在德国，他提供的电子产品最为丰富：从熨斗到收音机，再到冰箱和除尘器——所有这些电器都"产自涅克曼"。为了最终能够超越他的竞争对手万乐，涅克曼用这些产品使自己的生意实现飞跃。通过销售冰箱、洗衣机和厨房电器，1955年，他以两亿马克的年营业额在德国占据领先地位，最抢手的商品是厨房搅拌机。

吕纳堡的制冷奇迹

1945年3月1日，涅克曼的"吕纳堡的制冷奇迹"上市，它被登在了商品目录的封面上，标题写着："昨日的奢侈品——今天的家庭用品"。商品有两个型号：55升和92升，售价分别为295马克和574马克。顾客们都欢呼雀跃，而在行业内却引起了极大的骚动，这种现象正像半年前涅克曼推出自产的录音机时一样。竞争对手们首先指出的是，涅克曼的这些冰箱缺少专家的相应咨询服务，他们公开在专业交易中声明道："通过商品目录的形式销售技术含量高的电器设备是一件非常荒谬的事……消费者购买了电器后，都希望电器拥有可靠的技术性能，他们希望电器可以像一位可靠的'伙伴'那样，能够随时使用。"

"就让顾客自己来决定，他们要在哪里购买，他们想要买什么"，约瑟夫·涅克曼得意地强调，他还指出：在美国，数百万台冰箱都是通过商品目录卖出的。从工厂直接发货给消费者，这中间无须经过在商店停留的程序，这种途径是解决市场巨大需求的办法。冰箱的市场需求持续不断，因为在美国，一个家庭如果没有冰箱就会被看作是跟不上时代。冰箱的拥有象征着社会地位提升——在德国，这种状况和美国如出一辙。然而，当海外工厂正准备开始邮购发货时，德国专业贸易界开始呼吁抵制该产品，他们同时威胁德国各工厂，以致各家工厂都拒绝修理涅克曼经营的各种电器设备，这些设备包括收音机、冰箱、电灶和熨斗。问题的关键在于：涅克曼是从哪里弄来的这些冰箱？

92升型号的技术来自位于英国牛津的制冷科技有限公司，这家制造商是制冷领域的顶尖级专家。他们的产品性能被证实是经得住"热带地区"的考验的。尽管该产品的关税高昂，但这种英国冰箱的价格依然要比德国同类产品的价格低。来自卢森堡的小型冰箱（55升）的情况也是同样，它们的散装部件被运到德国，然后在德国一家位于吕纳堡郊区的炉灶工厂里进行组装。因此，这种冰箱获得了一个称号——"吕纳堡的制冷奇迹"。

这款"大众冰箱"不仅引发了巨大的消费浪潮，而且还导致了政治上的波澜。人们把这种大规模进口国外产品的做法视作是对德国经济的损害。"涅克曼的做法威胁到了我们的工作岗位！"工会抗议道。整个行业也同仇敌忾，他们声称："把生产转移到海外去，这会给我们的经济发展带来不利的局面。"涅克曼反驳道："对于国际经济一体化来说，如果认为一个国家只该出口而不进口，这种认知是错误的。"这些都是引用自阿登纳的话。

在接下来的两年内，涅克曼销售了超过100万台冰箱，并以此巩固了他的商业帝国的基石。在1952年的夏天，已有三十多万德国人翻阅过涅克曼公司发行的商品目录（每半年更新一次），而且人数每天都在增加。涅克曼公司的顾客源像野火一般蔓延开来，而且似乎没有边际。到了1955年，已有约800万人翻阅过200万册商品目录。

一日为骑手，终生为骑手

与位于英国牛津的制冷科技有限公司的关系是由来自明斯特的彼特伯爵和保罗伯爵介绍的，这两个人在英国有自己的固定住所。两位伯爵不仅为涅克曼搭了这座桥，而且还作为有限责任股东投入了185万马克的资金。正是这笔资金才使得大规模生产成为可能。

约瑟夫·涅克曼在哈瑙的战争结束后第一次参加马术比赛时与两位伯爵建立了关系。自1928年以来，约瑟夫·涅克曼有24年没有登上马背了，这位曾经的冲锋队男骑手如今又重新手握缰绳。在很长一段时间之后，他相信，他已经兑现了自己对父亲的承诺："除非我干出点名堂来，否则我不会再骑马。"

崭新的马术生涯一开始，他就购入了两匹健硕的马：为自己买了一匹混血公马摩根格兰茨，为妻子安娜玛丽买了一匹源于荷兰斯泰因的白色母马敏卡。女儿爱娃-玛丽亚也可以骑着敏卡上她的第一节马术课。

"骑马就像骑自行车一样。学会了就永远不会忘记"，约瑟夫·涅克曼在他的回忆录中这样讲述道，"刚开始骑得有点不稳，但很快就能掌控全局，第二天你只会感到肌肉酸痛。"

约瑟夫·涅克曼在哈瑙第一次参加比赛期间，除了结识了来自明斯特的伯爵，还遇见了一个万金油似的人物。"需要我帮助您吗？"一位身高约1.65米的小个子男人向他这样问道，约瑟夫·涅克曼整整比这人高出一头。此人马上自我介绍说："我叫汉斯·普哈特，来自迪伦堡。"从这天起，"小汉斯"不仅照顾约瑟夫的马匹，还喜欢上了涅克曼15岁的女儿艾薇（爱娃-玛丽亚的昵称），为此小汉斯显示出了他的超凡毅力：他追求了艾薇整整8年，直到约瑟夫的这位被宠坏的女儿接受了他的求婚。这位勤劳的货运商在此期间进入了涅克曼公司的物流部，一开始他开着一辆卡车，为涅克曼公司运送周边地区的包裹。很快，他就拥有了整整一支卡车队，并在运输车的防水布上用红色写着这样的大字——为涅克曼服务的普哈特。

涅克曼对抗所有人，所有人对抗涅克曼

与德国专业贸易界的激烈斗争依然在继续。1953年12月11日，北莱茵-威斯特法伦州的电子公会亲自对约瑟夫·涅克曼发出警告："我们肯定，你对自己的行为不符合规定是有所了解的。"约瑟夫对此傲慢地回复道："……假如您能告诉我们，在您看来我们触犯了哪些法律规定，那么我们将会对您心怀感激。"

肇事者终究会自食其果。1954年2月17日，电子公会向所有德意志联邦共和国的电器商发出了一封信函，信函的内容为："我们请各会员注意，无论如何不能成为涅克曼邮购公司的党羽，因为该公司所采用的方法是有损我们的职业形象的。"

该函也落入了约瑟夫·涅克曼的手中，但约瑟夫巧妙地把它用作回击对手的武器。涅克曼公司的律师们早已在竞争中经验成熟，他们把这封信函直接上交到法庭，将其作为电子公会试图操纵其会员的证据。此外他们还附上了一封信，这封信是一位来自下弗兰肯施韦因富的"简单的电器零售商"写的，它被寄到了巴伐利亚州的电子协会。在信中，这位零售商写道："我是一名战俘，被关押很久后才被释放。我的商店在我被德国国防军征召后不得不关闭，1939年到1949年间，我在苏联作为战俘被关押。获释回国后，我不得不一切从零开始。每一个端子条、每一颗

螺丝……所有的这一切我都必须亲力亲为。我用尽了所有的能量把一切又重新建立起来。这些工作没有什么捷径可走，但是我还是将我的生意做起来了，这都是靠我努力劳动换来的。污蔑别人的事儿我是做不来的。那些污蔑别人的人都是出于嫉妒他人的成果，正如你们收到要你们去抵制约瑟夫·涅克曼的信函一样。"

法庭当众公开了这封信，信函的内容在法庭上产生了效果。埃尔旺根地方法院判决：公开取缔电子公会，被告电子公会必须承担大约4万马克的诉讼费。为了对付业界的抵制，约瑟夫·涅克曼在短时间内建立起了自己的服务网，这个服务网从一开始面向客户的40个技术服务中心扩展到近200个，覆盖了整个联邦德国。这些客服中心都配备了大众的巴士，每辆巴士车上还配备了总价值为7.5万马克的修理配件，由技术人员亲自驾驶。只要一个电话打过去，客服中心会立马派出技术人员登门服务。由于移动修理服务将会面临修理各式电器产品的问题，因而这笔投资是昂贵的，但从长远的角度来看，这笔投资却是可以带来效益的，因此，涅克曼的电子产品销售额不断增长。到了20世纪50年代末，涅克曼公司的电子产品销售额仅次于纺织产品销售额。

1954年春季，涅克曼的邮购公司已经拥有2200名员工，产品种类扩大到所有可以考虑到的范围，除了衣服、鞋子和家用电器，还有瓷器、皮革制品、手表，自1953年秋季开始销售家具。1954年春季，涅克曼开始销售唱片，这又一次引起了轰动，唱片的价格一公开就成为"价格杀手"——1张黑胶唱片只要13.5马克，这个价格还不到通

常市面价格的一半。除了低廉的价格优势，连瓦格纳的
《尼伯龙根的指环》和莫扎特的《小夜曲》都可以通过邮
购的形式买到。这样一来，涅克曼招来了格拉莫风、迪卡
和特尔德克等唱片公司联合世界著名指挥家和管弦乐队的
谴责，他们指责涅克曼为"廉价品甩卖者"。

在这个时期，安娜玛丽加入了拜罗伊特音乐节的友
谊社团。这是一场在"绿山"[1]上的竞争对手之间的抗
衡，安娜玛丽对抗施克唐茨夫人，安娜玛丽展现的是她的
魅力，施克唐茨夫人展现的是她的优雅别致。两位女士让
人把她们的发型用摩丝固定起来，看上去就像石膏头像一
样，这给新闻摄影师们提供了有价值的素材。

竞争就是战争

美国西尔斯·罗巴克邮购公司是美国首次超过30亿美
元营业额的邮购公司，该公司总裁詹姆斯·伍德在1954年
参观了位于火车东站的涅克曼邮购中心，他对此感到十分
震惊，这位抽着雪茄的总裁对他的同行约瑟夫·涅克曼的
能力给予了极高的评价。

从货物种类的配备、仓库的货存量，到对目录发行
量的控制以及对邮资的设置，涅克曼公司所做的这一切都
符合美国的标准。更重要的是，涅克曼公司产品推销的创
意接连不断。这些创意哪些出自约瑟夫·涅克曼个人的头
脑，哪些是他抄袭的，人们难以将之区分开来。可这些却

[1]绿山：每年德国拜罗伊特音乐节的举办之地。——译者注。

无关紧要，重要的是这其中的应变能力。

伍德先生坐上飞机还没到家，涅克曼就已经开始着手实施伍德给他提出的建议，这就是储备原则，即产品储备。把产品储备起来是为了应对供货商不能供货的情况，这样公司在货品上就不会出现短缺。不出一个月，涅克曼的两家共拥有700名员工的纺织厂成立了，并立即着手生产大量受欢迎款式的服装。一旦订单在出乎预料的情况下增加，工厂里的缝纫机就会昼夜24小时连轴转，星期日和公众假期也不例外。

充分的准备就这样做好了。比如，1955年，印花裙子成为季节的热门商品，目录刚发行不到两天，公司就已收到了65万件订单。公司在一周内将所有的订单如期发送，这种感觉使约瑟夫·涅克曼不得不想起自己在战时曾为国防军提供制服的情景，公司的广告语也带有那时的元素："将战时最大限度提高效益的经验用于和平时期顾客的需要。"

对此，《明镜周刊》报道："与涅克曼的合作通常或多或少地意味着将供货商老板的办公室搬到了涅克曼的家中。实验室和车间将每种电器设备拆散检验，每根纤维的组成部分是什么，制造商们都必须使用问卷来回答，他们还要在每一件产品上填写使用的金属是否合法化、棉花的成本是多少、织布密度有多高、工人的报酬如何计算等，有人要想在这些方面耍花招是绝对办不到的。涅克曼的原材料专家们总是十分了解世界市场的价格变化，供应商们必须在所谓的责任单据上签自己的名字。"

涅克曼的这些方法都是在纳粹德国经济部计划处总头目汉斯·克尔勤那里学到的。按照这种体系，他使服装领域的38家公司完全依赖自己（在电器领域里是10家公司），他的这种方案以惊人的速度在不断完善。后来，为了能够在与西方的竞争中获胜，日本人还专门研究了涅克曼的这种方法。约瑟夫·涅克曼是德国的第一个经济武士，他的口号十分鲜明：竞争就是战争！

"涅克曼公司也毫不忌讳签订不符合联邦德国纺织工业标准条件的合同，例如，如果一家工厂的产品销售得特别好，那么这家工厂得履行他的承诺，哪怕是在旺季也要优先向涅克曼公司供货，即使这会给他们带来损失"，《明镜周刊》这样报道。该周刊得出的结论是："一位经销商向制造商要求该怎样生产所需产品，这种方法给涅克曼带来了很大程度的孤立局面，当制造商实在受不了时就会断绝跟涅克曼公司的合作关系。"

关于涅克曼的报道使《明镜周刊》收到了大量读者来信。然而，编辑们在读者来信中很难找到对涅克曼的方法和实践持有争议或带有批评态度的信件。在这些读者来信中，一位读者很有代表性地这样写道："迄今为止，涅克曼走的是一条唯一正确的、极为受消费者欢迎的路线，就是那些目光短浅的协会和家底丰盈的公司继承人也阻止不了这样的认知：要通过涅克曼过好一辈子。"

第十八章　小人物幸福的制造者

电视时代的开端

"进球了，进球了，进球了！"1954年7月，联邦德国在瑞士首都伯尔尼夺得了世界杯冠军。所有人都听到了赫伯特·齐默尔曼欣喜若狂的电台报道："结束了，结束了！比赛结束了！"这场与匈牙利"黄金之队"的比赛备受关注，结果出乎意料，联邦德国以3比2胜利告终。这一胜利重新鼓舞了德意志受挫的民族士气，看现在谁还再敢忽略我们！

在这次世界杯足球赛之前，约瑟夫·涅克曼希望能够出售自己品牌的电视机，但这一愿望被证实仅是一个空想，尽管他当时并未错过与世界杯相关的大生意：收音机。当时，所有人至少都希望能亲耳听到联邦德国队的比赛，希望能够与之共同欢呼。1954年的初夏，联邦德国迎来了一波对收音机的抢购，6月中旬，涅克曼卖出了仓库中的最后一台收音机。

涅克曼涉入电视机销售行业，这重新引发了电视机销售的热潮。这个新的电视机品牌拥有一个浮夸的名字——"涅克曼的全球视野"。该电视极具价格优势：1台只需付648马克，契合当时联邦德国的最低月收入标准，涅克曼比竞争对手的价格便宜了近300马克。那么产品的质量怎样呢？"即使是涅克曼最疯狂的竞争对手也不得不服气。难以想象，产品会有什么缺陷"，《商报》这样报道，"因为该制造商不久之前还归属德律风根集团[1]。"

生产电视机的这家工厂名叫科尔庭，位于巴伐利亚州基姆湖畔的格拉绍。当时该厂正陷入危机，于绝望中正在为自己寻找出路。涅克曼的出现对于他们犹如一根救命稻草，因此，涅克曼的权威性对于该厂来说毋庸置疑，并答应了涅克曼提出的所有条件。按照规定，涅克曼与该厂签署了合作协议，该协议里包涵了27条有关如何制作电视机的详细说明。工厂在涅克曼全新的领导下运转得不错，由一度面临倒闭的绝境中迅速回复，很快就发展成为涅克曼公司的主要供应商之一。到了1972年，受益于涅克曼提供的就业机会，整个基姆高地区"风景如画"。

---

[1] 德律风根（Telefunken）是德国一家收音机和电视机公司。公司于1903年成立于柏林，是两个大公司——西门子公司和通用电气公司的合资公司。其名称"德律风根"源于通用电力公司子公司，于1955年成立德律风根股份有限公司。——译者注。

第一个家庭电视节目

1954年9月29日，联邦德国电视台开始播放一档节目——《舒勒曼家》。它作为一档家喻户晓、极受欢迎的电视节目被载入了史册，同时这档节目使电视机的需求量直线上升。该电视节目所反映的生活有时轻松明朗，有时问题层出不穷，引起观众的激烈争论。联邦德国家庭日常生活通过这一节目得到了充分展示。

涅克曼家也不例外，这个节目成为他们家必看的节目，但是看电视的时间却做了严格的规定。"孩子们只允许星期三和星期天在大客厅里看电视，时间从晚上7点到9点，一分钟也不能多"，仆人克拉拉说道。当时，每个星期三是《舒勒曼家》的播放日。

联邦德国的电视台此时仍处在刚刚起步的阶段，要不要建立第二个电视频道，这一问题引发了激烈争论。约瑟夫·涅克曼支持建立第二个频道，他的主要理由是："有了第二个电视频道，我们就能像美国一样卖出更多的电视机了。"然而，即使他的直系亲属对此也持怀疑态度，甚至连一向支持他的妻子也表示："你不能拿德国跟美国比，涅科。"但涅科并没有因此而动摇，仍旧充满激情地开始筹划他的新方案。直到有一天吃早餐时，他突然大吼道："这是一个政治问题。我必须想个法子去找我们的总理谈谈电视的未来！"

这一愿望不难实现，约瑟夫·涅克曼有一个合适的人选为他搭建"桥梁"，这人便是路德维希·埃尔哈特。自1946年以来，涅克曼和埃尔哈特都是慕尼黑托尔戈尔餐馆的常客，此时二人的交往已渐渐频繁起来，约瑟夫·涅克曼几乎成了这位经济部部长的非官方顾问。1954年被宣布为"促进经济的一年"，这时，约瑟夫成为埃尔哈特经济政策目标的傀儡，而在这背后隐藏的不过是一个煞费苦心的竞选战略。

　　1954年，联邦德国有4个州在不同时期面临选举。6月，基民盟在北莱茵-威斯特法伦州失去了几个席位。8月，基民盟国会议员卡尔弗兰茨·施密特-维特马克议员的逃亡极大地动摇了民众对基民盟的信赖。施密特-维特马克议员是党内持不同政见的人士，他在民主德国的一次新闻发布会上谈到他这一行为的动机时说："阿登纳没有向联邦德国人民真正地公开该党政策的目的，他正暗中筹建一支80万人的武装部队。"此时，日内瓦会议正在就和平解决印度支那问题进行谈判，施密特-维特马克议员在新闻发布会上的言论给本来就极为敏感的议题带来了沉重的一击。

　　在这种情况下，为了让联邦德国人能保持好心情，埃尔哈特拟定了一个计划。对此，他的口号是"把昨天的奢侈品变成今天的消费品"。为了实施这个计划，他允许约瑟夫·涅克曼向位于波恩的经济部提交一份提案。约瑟夫这次没有孤身前往，他带了一些自己的服装样品和模特。在经济部，约瑟夫先是给各位官员呈上了有关生产成本和价格核算方面的报告，然后给他们做了一场特殊展示。"这是一种移动型的商品目录，我们向经济部部长展示了我们的服装款式，对于经济部来说，这是第一次可能也是唯一一次在办公室中举行的服装秀"，约瑟夫在他的回忆录中这样写道。让约瑟夫尤为感到自豪的是，"埃尔哈特充满感激地接受了我这份礼物，他把我称作是'超级涅克曼'"。

1954年10月31日，涅克曼公司推出了新的《涅克曼1954/55秋冬季产品目录》。目录上面写着："为了配合路德维希·埃尔哈特部长的决策，公司决定目录里的价格在6个月内固定不变。"在目录的封面上，约瑟夫·涅克曼也展现了"超级涅克曼"的智慧，他使用了联邦德国队以3比2赢得胜利的比赛中拉恩"黄金射门"那一刻的照片。"伯尔尼的奇迹"[1]大大刺激了圣诞节期间电视机的销售量，联邦德国因此迎来了电视时代。

阿登纳操劳的皱纹

为使"促进消费者的幸福和军队组建"达到一个相应的平衡，社会民主党人提出了他们的"德意志宣言"。

路德维希·埃尔哈特所倡导的"联邦德国涅克曼化"给联邦德国的局面带来了不小的良性推动力。凭借着这一前所未有的消费浪潮，1955年，阿登纳时代开始走向高峰，联邦德国回到了欧洲人民的怀抱，曾经在道德和经济上受到严重破坏的联邦德国在极短的时间内奇迹般地充满了新的生命力和希望。当然，这位"罗多夫[2]的老人"也并不是完全没有争议的，这与他固执己见的、独裁的执政风格有关。用一句他最有名的老话就解释了他对政治的理解："我们认识自己，我们帮助自己。"这个在历史上被称为"科隆帮"的制

---

[1]指1954年在瑞士首都伯尔尼举办的世界杯，联邦德国在这一届世界杯中夺得冠军。——译者注。

[2]罗多夫：阿登纳的家乡，莱茵河边的一个小镇。——译者注。

度在运行着，涅克曼的成功秘诀与之也十分相似，它被称为
"法兰克福的合谋"。

　　虽然康拉德·阿登纳并不喜欢看电视，但他确实为德
国电视二台的成立做出了贡献，约瑟夫·涅克曼也助了一
臂之力。1955年年初，路德维希·埃尔哈特在波恩总理府安
排了一次阿登纳与约瑟夫·涅克曼的会面。"阿登纳是个夜
游神，对他来说多晚都不算晚，凌晨3时左右，我想我终于
找到了阿登纳讨厌电视的原因了"，涅克曼在他的回忆录中
写道。

　　"谁想看我脸上的这些皱纹？"阿登纳突然叹了口
气。约瑟夫·涅克曼试图让阿登纳看到电视的优越性，使之
将电视作为其实现政治目标的宣传平台。而正是这点触动了
阿登纳的痛处："总理认为自己在摄影机前不够上镜。我向
他保证，每一个女人都会认为自己的皱纹是因为过度操劳而
长出来的。而总理先生，您是在为人民操劳，为他们的利益
而奋斗！"阿登纳的反应正如约瑟夫·涅克曼经常爱在自己
熟悉的小圈子里聊起的那样："总理微微一笑，对我说，
'你差点就可以成为一个耶稣会会员了'。"[1]

一个关于"法兰克福好商人"的童话故事

　　位于火车东站附近的涅克曼中心呈现出一副壮观的
画面。在最初建造的5层楼的建筑物背后耸立着另一栋细

---

[1]耶稣会：天主教修会，1534年由圣罗耀拉在巴黎大学创立，1540年经教皇保禄三世
批准。该会不再奉行中世纪宗教生活的许多规矩，如必须苦修、斋戒、穿统一制服等，而
主张军队式的机动灵活，并有所变通。——译者注。

长的12层楼建筑物。一楼是公司自己的邮局，上面的楼层是车间、办公室、实验室、航运和物流设施，在这里的员工有两千多人。公司的各直销分店也不断在增加，在法兰克福、柏林和威斯巴登分别设有两个直销店，在达姆施达特、杜塞尔多夫、哈瑙、卡塞尔、罗森海姆、斯图加特、特里尔和维尔茨堡分别设有1个直销店。在这总共14家直销分店里，人们可以将目录上的产品与实际产品进行比较。

一些经济学家分析了涅克曼的邮购商品和实体店商品定价相同的原因。他们发现，尽管长时间这样做会给涅克曼百货商店带来损失，然而这却扩大了涅克曼在生意上的声望。实际上，邮购商品和实体店商品的价格相同是不可能的。由于市内热门地区的租金较高，百货大楼的运营会大大消耗邮递直销商品给公司带来的利润。

消费者们对涅克曼忠心耿耿，一旦出现对他们"幸福消费教父"涅克曼的批评时，他们就会发起一波又一波的抗议浪潮。任何负面的标题，尤其是有关针对犹太人财产赔偿的报道引起更多顾客的抗议，他们在帮助涅克曼反抗"不公正"的待遇。约瑟夫·涅克曼享受着自己作为"小人物幸福的制造者"的这份荣耀，他为自己因此得到的恩惠而沾沾自喜，这一恩惠同时又激励着他去进行新的扩张，在涅克曼的名下什么都可以卖。

"涅克曼那儿的东西都很便宜"，"这个声誉只不过是一个广泛流传的童话故事"，"他在一件商品上没有亏损，只是赚得少一些，但他从卖出的其他几百件商品中赚回了这些钱，而这些商品并不比其他竞争对手卖得便宜"，经济学作家库尔特·普里茨科莱特这样分析道，按照他的价值评判，这位"法兰克福的好商人"与"心怀慈悲的人类幸福制造者"恰好相反。

凭借奢侈品赢得声望

1955年3月1日，一台半自动洗衣机出现在涅克曼公司目录的第一页上，在收音机、冰箱和电视机之后，成了联邦德国高消费的第四大热门商品。在此期间，对高消费商品的需求在不断增长，商品仅仅达到基本需求的水平已不能维持现状了。

约瑟夫·涅克曼注意到消费者购买行为的变化之后开始在广告知识上跟进。根据广告理论，人们所渴望得到的只不过是自信的提升。从1955年起，他在商品目录的第一页上开创了一个奢侈品板块，在洗衣机的旁边是豪华版的电视机，这台电视机跟一套用高度抛光的黑胡桃木制成的壁柜放在一起。

这期间，涅克曼的系列商品已经扩大到了2100个种类。在冰箱系列中，功能更为强大的冰箱已宣布即将上市。原来好用的老版熨斗被换成了功能更好的"可调节的熨斗"，家庭主妇们可以根据要熨的衣服的质料，如尼龙、丝绸或是棉花来调节熨斗的温度。涅克曼也开始经营地毯，这些物美价廉的地毯都是由一家在黑措根奥拉赫[1]的工厂生产的。工厂的主人是约瑟夫·涅克曼在

---

[1] 黑措根奥拉赫：巴伐利亚州中弗兰肯行政区埃尔朗根−赫希施塔特县的一个小镇。——译者注。

战争期间的一位老相识，名叫威廉·谢弗，约瑟夫与他曾在比亚韦斯托克的犹太人居住区筹建过缝纫厂。在纺织品中，新型混合的材料引起了人们的关注。新型的贝纶纤维[1]使棉花的弹性得到提升，看上去也更为别致。与此同时，有超过100种的服装款式供人们选择。

约瑟夫·涅克曼坚持要在新闻发布会上亲自介绍自己公司的商品目录。对于涅克曼来说，让大家知道自己是一个在节省方面的大师尤为重要。约瑟夫·涅克曼当时的体重不超过60千克，他深深地吸了一口气，为了能从自己瘦小的身躯中发出充满力量的声音，他说："与上一季度相比，价格部分有所下降，这一点请记下来，女士们，先生们。此外别忘了提到，在我们的地址档案卡中，我们已有160万个消费者地址，我们的商品目录发行量是230万份，拥有大约八百多万人的读者群。"

约瑟夫·涅克曼真的很陶醉于这些数字。正如他从前的榜样、希特勒的首席策划人汉斯·克尔勒那样，他举起自己的手指，好似要戳穿数字一样，随时都能够说出某种生产了1.5万件的毛衣在销售两周后的库存量是多少。一些行业专家们依然能回忆起约瑟夫·涅克曼当时的反应。他对自己在处理事情上很少会出现失误而感到自豪。尽管如此，为了在新闻发布会上向记者们阐述"邮递百货业务这项生意中隐藏着什么样的隐患"时，他还是很乐于说出自己曾经犯过的错误。

---

[1]贝纶纤维：尼龙的一种。——译者注。

炯尔诉讼案，三审

1955年，涅克曼邮递百货公司成立五周年。然而，一件意想不到时的事情给即将到来的好日子蒙上了阴霾。"对涅克曼提出起诉——美国人要求赔偿犹太人被掠夺的财产"，1955年1月15日，《法兰克福评论报》的头版标题这样写道。在约瑟夫·涅克曼被宣告无罪的5年后，65岁的卡尔·阿姆森·炯尔在纽伦堡菲尔特地区法院提起新的诉讼，提出向涅克曼掠夺财产的行为索要赔偿。

显然，约瑟夫·涅克曼早已将法官温和的态度理解为是对炯尔案件完全搁置不理。从1950年年底到1955年1月初，卡尔·阿姆森·炯尔在纽约干等着涅克曼的和解提议。此时的事态迫使炯尔意识到他不得不再次提起诉讼，炯尔的律师获得了法院一项新的文件：涅克曼必须立即提供100万马克作为炯尔合法索赔的抵押担保。炯尔向法院提出的第二份申请是立即对涅克曼邮递百货公司进行信托，这一申请被法院驳回，但是约瑟夫·涅克曼仍然十分担忧。他回忆说，1945年他被禁止工作、禁止进入他自己的工厂，他不敢想象，在如今公司的快速发展时期，如果他再次遭到这样的判决会导致什么样的后果。一想到明天会被禁止进入自己的办公室，他就难以入眠。

我们无法得知，此时的约瑟夫·涅克曼是否能站在炯尔的立场上感受一下炯尔于1938年在纳粹政党体制下经历了怎样一种残酷的种族迫害。约瑟夫只知道在他的回忆录中抱怨，炯尔以"难以忍受的方式"折磨着他和他的家人。1955年1月，约瑟夫·涅克曼在媒体发布会上正式宣称，他并没有任何罪恶感，当时他已经按条款规定将收购款转给了炯尔，具体数目他并没有提及。那么，为什么钱没有成功地转到炯尔的手中呢？对此约瑟夫这样解释说："这是1938年生效的纳粹外汇法所致。"他还补充说："我对此无能为力。"

此外，约瑟夫·涅克曼还宣称，炯尔其他所有的要求都是毫无依据的，他还说道："第二次世界大战后，根据当时的规定，炯尔在柏林的服装厂和邮递百货公司的资产在被美军查封以后，该企业便自然贬值，在资产返还后被转移到位于奥克森福特的工厂，在官方确定已毫无利用价值的情况下不得不关闭。因此，涅克曼邮递百货公司与炯尔位于柏林以及后来转迁到奥克森福特的工厂没有任何法律上、经济上或结构上的关系。"人们在法兰克福的所有报纸上都可以读到涅克曼的这一声明。

1955年1月25日，一项初步审判结果被公之于众。"经过7个小时的秘密协商之后，星期一傍晚时分，在炯尔起诉涅克曼赔偿案上双方已达成了协议。根据协议，涅克曼邮递百货公司承诺如数支付炯尔的所有补偿要求，具体补偿金额并未披露。如果双方在14天内对所达成的协议没有任何异议，该协议将具有法律约束力"。

此后，双方并未对该协议提出异议。尽管官方试图对赔偿金额保密，但是最终赔偿数额还是被公开——200万马克。当联邦德国《新闻杂志月刊》在1955年10月发行的月刊中公布了涅克曼邮递百货公司的结算报告时，炯尔给《明镜周刊》写了一封信，信中他泄漏了这一赔偿金额的数目。炯尔感到自己上当受骗了，信中他这样写道："在今年1月的起诉中，最终我同意了赔偿金额为200万马克的协议，因为当时约瑟夫·涅克曼先生证明了他的公司总资产的价值估算为几十万马克；此时我非常震惊地看到，仅仅9个月之后，几十万马克竟然增长到数百万马克！"

一封令人难堪的信件

这之后不久，卡尔·阿姆森·炯尔开始了新一轮对约瑟夫·涅克曼的清算。炯尔所获得的200万马克补偿金，较之涅克曼和纳粹给他的一生造成的伤害，只是一个微乎其微的安慰。这些钱来得太晚了，1955年，炯尔已经65岁了，他已没有余力再重新创业了。他唯一想要做的和能够做到的就是捍卫正义。作为一名商人，他在涅克曼的结算报告中看到了所有还未付清的账单。

确切地说，这关系到一笔数目为6.955万马克的款项。炯尔并不是要涅克曼来支付这笔款项，而是直接要哈迪银行来付。哈迪银行同样也是掠夺犹太人财产的受益者。1938年哈迪银行为炯尔设立了一个账户，这是该账户中的利息。根据约瑟夫·涅克曼的说法，他曾经把100万帝国马克汇入该账户中。为了证明这一点，炯尔让约瑟夫作为自己的证人出庭作证。

还在1955年1月时，法院就开始进行了一系列证据分析。当时的调查结果显示，炯尔的说法存在疑点，因此炯尔的诉讼遭到驳回。但1年之后，约瑟夫·涅克曼不得不再次出现在法兰克福地区法院的第十民事诉讼法庭上。这次要盘问的是，约瑟夫当时是用什么名字为炯尔设立账户的。约瑟夫对此的回答是："这个账户的详细名称我已经不记得，但是，我认为，账户应该是用炯尔的名字再加上某个内容组成的，比如说'炯尔的特别账目'。"

办理该诉讼案的地方法官怀疑，约瑟夫·涅克曼并没有为炯尔设立这样一个账户，反倒是约瑟夫曾为自己设立过。法院坚持要求约瑟夫做出更为准确的说明。作为证人的约瑟夫对此做出的最后陈述是："在我的记忆中，设立完这个账户之后，我再也没去关心过它。"

根据这一陈述，法兰克福法院驳回了炯尔对哈迪银行的诉讼。但是根据法院的这一判决和约瑟夫·涅克曼的证词，受害人炯尔可以立即对在1955年1月24日与约瑟夫达成的协议提出申诉，要求判定该协议无效。法院提出了以下依据：约瑟夫·涅克曼在法庭之外，在双方"充满相互信任"的谈判中"狡猾地欺骗了炯尔"。为此，法院发出了一个指控约瑟夫·涅克曼在整个过程中存在弄虚作假行为的公告。

1957年11月，约瑟夫·涅克曼再一次被传讯出庭。炯尔这一次的诉讼策略是基于这样的事实——1950年在纽伦堡，法官忽略了设立账户的问题——炯尔此时将自己胜利的希望寄托在这一点上。

证人必须纠正自己

这次案件由慕尼黑高级法院来进行审理。法官把注意力集中在两个关键点上：约瑟夫·涅克曼在1938年将100万马克转给炯尔的那个账户名称具体叫什么？谁对这一账户拥有监护权？

此时依然掌握着主动权的约瑟夫·涅克曼仍然坚持自己之前在法兰克福法庭上做出的陈述："我认为，这个账户是用炯尔的名字设立的。在我的记忆中，在设立这个账户之后，我就没有再过问这个账户。"

法官多次要求约瑟夫·涅克曼肯定这一陈述。这之后，炯尔的律师莱因哈德·冯·高丁男爵走向法庭主席台，向法官递交了一封信件。这封信按照诉讼程序规定被允许作为证据使用。紧接着，炯尔的律师被允许在法庭上大声宣读这封信，这封信是约瑟夫于1938年9月15日写给哈迪银行的："除了我现在的账户之外，如我们当面说好的那样，我在此请您帮我设立另外一个账户，这个账户名称为'约瑟夫·涅克曼制衣厂，炯尔的特别账目'。只要我不给您任何其他指示，这个账户都由我个人亲自监护。"

一名新闻记者写道："法庭上的钟此时被惊吓得不再运行。"证人约瑟夫·涅克曼这时满脸通红，他纠正道："看到这封信后，我的记忆力得到了一定的恢复，我必须纠正一下自己的陈述，账户确实是用我的名字设立的。"在场的记者们记录下了这一惊人的转折。

后来，约瑟夫·涅克曼尝试着为自己辩解，他解释说，这个账户之所以用"约瑟夫·涅克曼制衣厂，炯尔的特别账目"这个名称来设立，是因为"这个账户名称能避免纳粹的封查"。这个理由也并非是说不过去的，1938年2月8日，戈林发布了一项法令，根据该法令，所有被没收的犹太人资金都将从他们被冻结了的私人账户流入国库，约瑟夫也许没有拿到将钱汇到一个"外汇居民"[1]的外国账户上的许可，但是，这并不能完全解释他如此设立该账户的企图。看起来，应该是他巧妙地利用了炯尔当时的处境。在约瑟夫·涅克曼的回忆录中，他半真半假地为自己的行为道歉说："那时候的我太年轻，还很浮躁，也带有一点迷茫。"

在之前的审判过程中，约瑟夫·涅克曼一直都十分肯定地认为，哈迪银行的业务记录已全部在盟军对柏林的轰炸中付之一炬了。他感到自己是安全的，然而他做梦都没想到的是，哈迪银行柏林分行的几箱函件被转运到了该银行在汉堡的分行，这些函件中就包含了约瑟夫·涅克曼于1938年所写的那封信，而那封信居然在近20年后被从地下室里重新找了出来。

对于慕尼黑高级法院来说，这冗长的一天还未结束，有关账户的清单也被找了出来。1939年1月1日，约瑟夫·涅克曼把100万马克转到了"约瑟夫·涅克曼制衣厂，炯尔的特别账目"上，可是1个季度后，该账户上只剩415614.6马克。"然而证人约瑟夫·涅克曼却无法解释，那消失的约60万马克到哪里去了"，法官们对此斥责道。之后宣布休庭两小时，法官们需要商榷。

当法官宣布他们的决定时，约瑟夫·涅克曼感到世界坍塌了。法院撤销了之前所有的裁决，慕尼黑地区第一法庭的赔偿委员会被勒令重新审理炯尔的索赔一案。针对约瑟夫·涅克曼，主审法官一字一句地说道："按照心理

[1] 外汇居民：这里是指居住地在国外或者国籍为外国，在本国（德国）从事金融交易的居民。——译者注。

学的理论，过去发生的事，无论出于什么原因，如果对于某人特别重要，那么这件事中的每个细节都会被强烈地刻画在意识中，记忆力要再现这些画面并不难。"这一理论是完全符合当时约瑟夫的人生经历的，作为一个聪明的商人，青年时代的约瑟夫通过做生意挣到了上百万马克，这笔资金为他的存在打下了基础，也为他在生意上进一步的成功奠定了基石。他在自己一生中最好的几年里应该确切地知道，他是把100万马克的购买款汇到了卖家的户头上还是按照自己的需要汇到了一个特殊账户上。因此，约瑟夫·涅克曼有责任解释，为什么他之前的陈述会如此不合常理。

从法官的角度来看，约瑟夫·涅克曼撒了谎。而约瑟夫本人却再一次将自己视为一个受害者，他在自己的回忆录中怨声载道："……大家也看到了，这件事拖了好几年，它给我的家人、涅克曼邮递百货公司和我本人都带来了难以言说的巨大压力和折磨。"

1959年3月，约瑟夫·涅克曼有一段时间卧床不起——当他接到修订后的判决结果时，他的心脏病发作了，这是他第一次心脏病发作，这使他必须得在家中好好静养。这次他真的办到了不再吸烟——在接下来的3年内他戒了烟。约瑟夫的律师——君塔·罗斯纳博士因为有好消息要带给他，这才被允许跟他见面，纽伦堡最高赔偿法院的第三参议院在对炯尔诉讼案重新审理之后，完全推翻了慕尼黑地区法院的判决。法官们认为，约瑟夫与炯尔于1955年达成的赔偿200万马克的协议是合理的。约瑟夫后来在证词中的记忆漏洞和有关账户名称的错误信息被视为是该事件中的非重要因素，卡尔·阿姆森·炯尔和他的律师也已用尽了所有可行的法律途径。

在20世纪60年代中期，炯尔跟他的太太梅塔回到了联邦德国，尽管炯尔大部分亲人都在集中营里丧了命，但他还是希望能在纽伦堡落叶归根。1971年，他的太太去世，之后的10年，他大多时间都在一个以色列社区的退休老人之家度过。1982年11月4日，93岁的炯尔去世。炯尔的儿子赫尔穆特于1925年出生，1938年为了逃避纳粹的迫害跟父母一起去了美国，在美国，他将自己的名字改为"霍华德"，战争结束后他成了家。1949年5月9日，赫尔穆特的儿子威廉·约瑟夫·马丁（昵称为比利）在长岛的希克斯维尔出世。赫尔穆特曾想成为一名音乐家，比利为父亲实现了这个愿望。1974年，比利首次出版了自己作曲、演唱的专辑《钢琴人》，这是一张对美国小资阶层进行反讽的专辑，卖出了1亿多张。比利有一个于1970年在维也纳出生的同父异母的哥哥，名叫亚历山大，此人致力古典音乐的创作。1995年，他作为指挥家在纽伦堡歌剧院登台演出，他的祖父正是在这座城市里被疯狂的纳粹地区负责人、对犹太人怀着恶毒仇恨的尤里斯·斯特莱歇驱逐的。

第十九章　又是这个混蛋
——涅克曼与万乐的竞争

1955年6月11日，一张来自斯图加特三区地方法院的传票投进了约瑟夫·涅克曼家的邮箱。约瑟夫暴跳如雷，用他那可怕的、粗暴的方式吼叫道："又是这个混蛋！"约瑟夫的同事们早已习惯，这位绅士在激动时会从嘴中蹦出来这种"有失身份的脏话"。这次，约瑟夫是在臭骂他的竞争对手古斯塔夫·施克唐茨。

万乐邮递百货公司在斯图加特商会获得了一份商品限制令，这份商品限制令涉及此时涅克曼公司商品目录中的5项商品。这5项商品因为实际质量与目录中所描述的不相符而被禁止继续出售。涉及的相关商品如下。

第一，第71页中，商品编号为"2565"的睡衣，在目录中被描述为"是用精密、柔软的纯棉制成"，但实际质量不符。

第二，第111页中，商品编号为"3664"的名为"原野"的壁画，该画被描述为"棉织品"，但实际质量不符。

第三，第51页中，商品编号为"314"的运动鞋被描述为是用"全皮"制成，但实际质量不符。

第四，第4页中，商品编号为"397"的女式凉鞋被描述为"表面是用良好的羊毛密织而成"，但实际质量不符。

第五，第119页中，商品编号为"3664"的地毯，被描述为是"棉织地毯"，但实际质量不符。

该商品限制令用这样的语气禁止涅克曼邮递百货公司继续印刷和传播商品目录："涅克曼邮递百货公司有责任对客户所需商品的质量提供保障，该公司目录中所提到的质量标准应跟实际标准相符合。"

该商品限制令的内容只刊登在《法兰克福汇报》《德意志报》《斯图加特商报》上，这一点对无比愤怒的约瑟夫·涅克曼来说是一种安慰——涅克曼的顾客们从来不会去读这些报纸，他们和他们口中的"消费教父"涅克曼一样只看《图片报》。"那是他每天早晨的必读物品"，约瑟夫的儿子约翰内斯透露道，"《图片报》的读者们是典型的涅克曼的顾客，我父亲因此希望自己能尽可能多地出现在《图片报》上。在他看来，上报就是最好的广告。"

在涅克曼公司遭遇限制令后的几天后，双方的律师再次见面，涅克曼公司与万乐公司开展了一场无休止的诉讼。这一次，约瑟夫·涅克曼对万乐公司发行量为230万份的目录提起了诉讼，万乐公司的目录中包含了以下的内容："我们所有的纺织品都是经过海恩斯坦研究院的质量检验的，这为我们的客户提供了一个全新的质量保证，这一质量的检验使我们的顾客能够放心大胆地去购买我们的商品。"涅克曼公司对这一说法提出了14点质疑，经过几个星期的拉锯战，双方通过内容复杂的谈判达成和解。两家公司之间的多次诉讼并没有给他们的生意带来任何影响，反而助长了两家公司老板的野心和抱负，竞争使得万乐邮递百货公司和涅克曼邮递百货公司双双成为联邦德国邮递百货行业的顶尖公司。奥托邮递百货公司主导北方，这家公司靠的是顾客对其的熟悉度；位于上法尔茨威登的维特公司在该行业处于第四位，该公司日趋聚焦婚纱和新婚床上用品。万乐和涅克曼之间的竞争，关系到谁能成为这个领域的市场领头人。

黎明时分的魔法

浴室里，一切都已为约瑟夫·涅克曼准备好了。小盘子里装着剃须泡沫，刷子、剃须刀片和在剃须后用来冷却皮肤的"Pitralon"[1] 水都被一一排列好放在洗面池边上。更衣室里放着一件干净的衬衫，与之配套的是一条领带外加一套西装，这些行头都是安娜玛丽每晚为丈夫挑好的。鞋子则由仆人来负责，"每晚，鞋都要擦得锃亮，然后把鞋楦放进鞋里"，克拉拉这样讲道。她的职责之一是每天早上敲门叫醒老板。当被问及约瑟夫为什么不自己设置闹钟时，克拉拉回答说："他从来不用钟表。"

约瑟夫·涅克曼以惊人的速度开始每一天，每一分钟

---

[1] 德国当时的一种护肤水品牌。——译者注。

对他来说都很重要。"一旦老板进了浴室，我才开始烧水泡茶的话，那就太迟了。我得早一些准备好茶，让茶冷却到适合饮用的温度。只需5分钟，老板就能完成洗漱、剃胡子和穿衣服。在这么短的时间内完成这一切，真像使用了什么魔术似的。"克拉拉在回忆自己当年的仆人生涯时说道。他们这些仆人要很能吃苦，"从早上5点到午夜，我们马不停蹄地干，我从小生活在农庄里，对这一切已习以为常。我从来没有去计算过时间，10个、12个或是15个小时的工作时间对我来说算不上什么。"

那个时候，约瑟夫·涅克曼对"假期"这个词还没有什么概念，休息、放松对他来说是一种折磨人的状态。每天他只睡3—5个小时就够了，而他的妻子安娜玛丽生活得要悠闲一些，幸亏她有自己独立的卧室，能够晚点再起床，再来一杯咖啡，点上一根香烟，舒舒服服地开始新的一天。

安娜玛丽·涅克曼在家中起着双重作用。她的一面是一个照顾着七口之家的母亲，另一面是"老板"的顾问和精神上的支持者。与施克唐茨家相比大同小异，施克唐茨的妻子是一家之主，她同时还积极参与公司管理。在涅克曼公司里，老板太太只在头几年发表过一些意见，而这仅是当丈夫需要向她讨教有关时尚或人事方面意见时。安娜玛丽喜欢回复顾客的信件，每当圣诞节、复活节等节日到来时，她会寄出一箱箱自己写作的诗歌和歌曲，这些歌曲都是她用自己的钢琴曲谱写出来的。诗歌的韵律和内容适用于各种场合，下面来欣赏一首安娜玛丽的《婚礼进行曲》。

你们要相爱，要好好相处，要多生孩子，

为了使之更快一些，

我祝愿你们在这个过程中获得双胞胎，

对此我们都很期待。

给老板准备的多层蒸锅

"老板什么时候回来吃饭，我们从来不得而知，所以饭总是被数小时地放在一个多层蒸锅里保温"，克拉拉这样讲述道。通常，约瑟夫·涅克曼匆匆忙忙回到家中时已经是晚上10点了。回到家中并不是因为饥饿，而是约瑟夫想在家里换一个工作环境。他的饮食习惯非常糟糕，他一边翻看着当日的结算表，一边毫无食欲地用叉子在盘子里戳来戳去。

在涅克曼家，土豆盛放在一个精致的迈森瓷器里。涅克曼家的客人不多，极少的几位客人中就有经济部部长路德维希·埃尔哈特。在1955年至1956年间，埃尔哈特常来涅克曼家作客，饭间谈到的话题主要是因经济增长使物价不断升高的状况。

路德维希·埃尔哈特——这个社会市场经济的开拓人对涅克曼辉煌的崛起历程非常着迷。涅克曼对自己公司所采用的组织策略以及他对抗竞争对手所采用的方法都非常有效，其有效程度胜过联邦德国所能为之。因此，埃尔哈特十分乐意从这位邮递百货公司老板那里获取一些关于经济政策的建议。价格控制人埃尔哈特和价格制定者涅克曼似乎相处得很默契，这种默契在公开场合也有目共睹。《明镜周刊》的评论记者们惊讶地发现，"无数人等候在埃尔哈特的前厅，但只要一位来自法兰克福的、行色匆匆的、脸颊凹陷的男人一到，就能立刻获得这位胖胖的经济部部长接见"。克拉拉对此回忆道："路德维希·埃尔哈特来家作客时，我们的厨师晚上就得在厨房里待到凌晨两点。"

法兰克福美因河畔的家

在法兰克福市区里有一条远近闻名的"小吃一条街"，从那里飘出香肠、酸腌菜和苹果酒的香气。这条法兰克福的小吃街就像百老汇在纽约一样有名。约瑟夫·涅克曼想通过一个新的项目将国际大都市的气息带到法兰克福。看着自己的新项目，一想到自己的设计会让"法兰克福看上去像美国一样"，约瑟夫就激动不已。在1956年3月的开工典礼上汇集了来自贸易界、商界、政界的当地名流，其中就包括涅克曼的"赞助人"路德维希·埃尔哈特。

法兰克福市内依旧残留着轰炸的痕迹。歌剧院的废墟直到20世纪80年代还一直被当作游泳场使用，每一家闪烁着霓虹灯的新开店铺都引起了不少关注，如今，人们依然还能在德国各城市中心看到那些单调的建筑物，它们使得城市看上去非常沉闷，但当时这样的建筑形式被誉为是建筑艺术的进步。约瑟夫·涅克曼在Konsti[1]广场新建的

---

[1] "Konsti"是"Konstablerwache"的简称，是位于法兰克福市中心的一处广场，广场东面是步行街。"Konstablerwache"意为"坤斯提警站"，这是一座当时被作为警察检察站的建筑物。——译者注。

百货公司就采用了这种新型建筑的形式，它当时在联邦德国被看作是最现代化的。该建筑壳体封顶的完工时间创下了纪录：工人们每10天就建好1层，在基底奠定10个月后就举行了封顶庆典。"这是为了给竞争对手带来痛苦，给顾客们带来快乐"，正如1956年10月24日的《法兰克福汇报》所强调的那样，"这让抵制高价的经济部部长路德维希·埃尔哈特感到很高兴。"

置身于该建筑中，人们真的会觉得自己是在纽约。让人赞叹的是，该建筑的正面是由铝片做成的淡色百叶窗，在黑暗到来时打上的灯光使它们在落日中熠熠生辉。在大楼的内部，两台上下自动扶梯平行排列，所有空间都安装有中央空调系统，窗户清洁起重机在屋顶上滑动。四楼设置了餐厅，餐厅内出售的啤酒是由两家不同的啤酒厂提供的，这可以满足顾客们的需求。也许约瑟夫·涅克曼在业内可算是颇有争议的人物，但作为"老板"，他在自己的公司里十分受雇员爱戴。对待自己的雇员他像对待顾客一样细心，甚至还修建了屋顶花园供雇员休息。如果说在涅克曼那儿工资挣得不够多，但至少涅克曼公司的工作环境是一流的。

百货大楼的一楼拥有一个长达220米的橱窗，屋顶的走廊上安装了法兰克福第一批红外线加热器，在冬天这些加热器可供消费者们取暖。涅克曼用这样的广告来吸引顾客："来我们这里！在您观看我们的陈列橱窗时，温暖会包围着您。"像以往一样，约瑟夫·涅克曼还从美国那儿获得了灵感：百货公司设置了450种商品的自动售货机，这样顾客在商店关门后还能购买到这些商品，新闻界将其比喻为

"现代的蜂房"。利用这些自动售货机可以买到巧克力、香肠、女士长袜等商品——这些自动售货机风靡一时。

马的世界

约瑟夫·涅克曼将自己公司的具体业务委托给了其他人。受委托之人名叫库尔特·森格,由他来领导这座宏伟的消费者"神庙"。库尔特·森格是约瑟夫的秘书戈塔·森格的丈夫,他很早就是涅克曼公司的元老级人物,1950年以后,涅克曼公司所有的具体业务就由他来领导。

这样一来,尽管涅克曼的商业帝国还在不断发展中,但这位邮购帝国创始人还能找到足够的时间来从事自己心爱的运动——马术。创业阶段结束了,现在是该充分享受成果的时候了。每个礼拜天,涅克曼全家出动,他们一起来到练习场练习马术。随行人员有护工、护理人员和盛装舞步的老师,这些人员的数量日益增多。约瑟夫·涅克曼的女儿艾薇这时已19岁了,她得到了一匹自己的马,这是一匹红棕色的纯种马,6岁,他们为它取名为"伯爵"。在父亲眼中,女儿天生就是一个"骑马人",因此,父亲对她的要求和期望也相当高。艾薇说,当她在第一场比赛中错过了预期的胜利时,父亲就没放过她:"'没人能比你再笨了!'我父亲这样责骂我道,只是因为我出了一个错,他就会给我一巴掌。"约瑟夫·涅克曼在他的《骑在马上快步前行》一书中坦率地承认:"这一巴掌有损我作为一个耐心的教育家的声誉。"

约翰内斯·涅克曼回忆说:"马术在那时相当于今天

的赛车，奔驰在比赛跑道上的野马就如同世界一级方程式锦标赛的赛车，停歇下来后，接下来晚间就是喧闹的派对和舞会。"今天人们所谓的"赛车女郎"在当时被约翰内斯称为"橱窗模特"。

约瑟夫·涅克曼的两个儿子中，约翰内斯被认为是最有魅力的，而他的兄长彼得却被看作是最聪明的。约翰内斯在15岁时就经历了他的初恋，而彼得在20岁时才经历了自己的第一次失恋。然而不管怎样，两人最关心还是自己的身边是否有一个漂亮的女孩子陪伴。毕竟，涅克曼家族拥有竞争中的领头羊地位，涅克曼这个铿锵有力的名字就如同海因茨·冯·欧宝（欧宝汽车公司的继承人伊姆加德·冯·欧宝的儿子）这个名字一样。

1957年8月，约翰内斯改变了他的兄弟彼得的命运。为了寻找晚上合适的后备舞伴，他在赫尔伯恩[1]的比赛看台上来回晃悠。此时，"一个非常漂亮，受着良好保护的女孩"引起了他的注意。姑娘出乎意料地接受了约翰内斯当晚一起参加马术舞会的邀约。然而，当约翰内斯的"火一般的恋人"突然出现时，他就无暇去陪伴这位后备舞伴了。于是约翰内斯只得就势把他的这位"新熟人"引荐给哥哥彼得，当时彼得正独自愁眉苦脸地坐在一个角落里。

"这无疑是一见钟情。"约翰内斯后来强调道。仅仅几个星期以后，这个"新人"就被带到涅克曼家——一次，涅克曼一家在火车东站的住宅内举行家庭聚餐，彼得

---

[1]赫尔博恩：德国西部黑森州的城镇。——译者注。

乘机正式向家人介绍了他心爱的人："请允许我向大家介绍一下，这是来自维茨拉尔的尤塔·沃尔克。"彼得为自己选择了生活伴侣，当时他已年满22岁，正在法兰克福的约翰·沃尔夫冈·冯·歌德大学学习工商管理。3年后他获得了大学毕业证书，然后结婚。

奥林匹克的旧梦

在彼得·涅克曼爱上自己理想中的妻子尤塔的那一天，他的父亲也庆祝了他盛装舞步生涯的第一个胜利。1952年秋天，约瑟夫·涅克曼在威登拍卖会上买下了一匹棕色汉诺威马，名叫"道格拉斯"，并骑着这匹马在S级考核中获胜。道格拉斯当时的拍卖价为6200马克，这个价格在当时可谓是天价了，但是约瑟夫眼睛都不眨，一下子就把这匹马买了下来。道格拉斯是约瑟夫自己训练出来的第一匹能参加大奖赛的马。

当约瑟夫·涅克曼站在赫尔伯恩的领奖台上时，1936年那个魂牵梦萦的心愿又再次涌上心间：一定要亲自参加一次奥运会比赛！在那次柏林的奥运会上，坐在看台上观看盛装舞步比赛的他曾在心中暗暗发誓："总有一天我要代表德国驰骋在比赛场上！"

有志者事竟成。遵循这个座右铭，他开始为参加1960年在意大利罗马举行的奥运会做准备。为了获得参赛资格，他必须在规定的各项赛事中获得积分。从那时起，约瑟夫·涅克曼的工作重心就转移了。人们也可以在新闻报道中看出这点：有关约瑟夫的报道都从经济版面转到了体育版面。谁要想在涅克曼公司事业上有所成就，就得到马场上充当观众。在老板参加的所有赛事中，都会有一个为他组织的啦啦队。参加啦啦队的这些人手里拿着可以发出响声的东西，为老板摇旗呐喊。约瑟夫的秘书戈塔•森格还为此从教堂里买了一些牧师在复活节做弥撒时使用的摇鼓。

马厩中传来的死讯

1957年8月22日，星期天，兽医克勒特博士打电话给约瑟夫•涅克曼，简略地说："道格拉斯感到不舒服。"马上，吉森兽医大学的专家们被请来，他们怀疑道格拉斯患了肠扭转。为马做腹部手术在当时是不可能的，专家们试着用打针和灌肠来缓解大肠痉挛，但道格拉斯的状况并没有得到改善。约瑟夫•涅克曼在他的《骑在马上快步前行》一书中这样描述了当时的过程："道格拉斯腹部的积水严重地挤压了心脏，我们奋力抢救了17个小时，最后它还是死了。和我一同度过了5年时光的朋友死了，我再也不想骑马了。"

为了避免约瑟夫•涅克曼第二次告别马术运动，安娜玛丽和女儿艾薇想尽一切办法为约瑟夫找一匹新马。而约瑟夫却不停地责怪自己，他认为道格拉斯的死是由他而起，他让它过度劳累了："不规律的训练时间，有时在清晨，有时在深夜，经常打扰它的休息。像人一样，道格拉斯在极大的压力下患了胃溃疡。"道格拉斯最终的死因证实了约瑟夫的想法——道格拉斯死于胃穿孔。

1957年10月，传来了一个好消息，艾薇和她的长期伴侣汉斯·普哈特为父亲找到了一匹名叫"阿斯巴赫"的9岁深棕色公马。还在1954年时，艾薇就非常喜欢这匹马，但当时这匹马的主人不愿出售。当马的主人改变了主意决定出售这匹马的时候，艾薇试骑了一次，从马鞍上一下来，艾薇便兴奋地称赞道："这匹马很有个性！"父亲约瑟夫没有亲自试骑就毫不犹豫地把这匹马买了下来，他相信女儿的专业能力，豪爽地为这匹马付了两万马克。

在随后的赛马舞会上，约瑟夫·涅克曼为自己新买的马举行了庆祝会，可是在庆祝会上，约瑟夫很快发现有些人半带揶揄地祝贺他。约瑟夫感到奇怪，想知道原因。在接下来的时间里，伴随着香槟酒下肚，渐渐传出了有关这个问题的答案："阿斯巴赫是因为脖子短才被卖掉的，一匹马的脖子如果不够长，那么它就会缺乏在盛装舞比赛中成为佼佼者的先天条件。"约瑟夫并没有把这个失误看作是自己专业上的耻辱。反之，他急于要证明给大家看——恰恰相反，脖子短并不妨碍阿斯巴赫成为一匹顶级盛装舞步马。他不会再重复自己犯过的错误，"晚上不再去打扰马了"。从此时开始，他让克勒琴早上5点叫醒他。有时清晨非常寒冷，偶尔四处雾蒙蒙的，看不清，但大多时候都会出太阳。在这样的时候，约瑟夫总会说："在马鞍上开始的每一天对我来说都是美好的一天。"

第二十章 涅克曼帮你实现这个可能
——德国最著名的广告语

　　"还能更便宜些吗？"约瑟夫·涅克曼在生产期间不停地一页页翻阅着新商品目录，口中念道，这听上去好似约瑟夫是在跟自己讨价还价。约瑟夫能背下所有产品的价格，因为大多数产品的价格是根据他的核算来生产的，正因如此，一台在专卖店零售价格为1600马克的AEG[1]产的洗衣机，在涅克曼的商店里只需950马克就能买到，当然，产品的标志有所不同，这种洗衣机上有一个被星星围绕着的"N"，这就是涅克曼电器的标识。

　　1960年的春季，涅克曼公司把工作的重点放在庆祝公司成立10周年上。涅克曼公司的商品价格降到了一个最低点，优惠不仅涉及邮购目录中的商品，也包括涅克曼公

---

[1] AEG：德国家电公司，曾经是世界上最大的家电企业，于1887年在柏林成立。目前，该公司在德国各地、中国珠海和美国俄亥俄州的办事处正式更名为Hitec-Imaging。——译者注。

司25家实体百货店的商品，成批的客户来到卖场里大肆抢购。消费热潮也为销售额创下了最新纪录，涅克曼真的实现了他的目标，每天的营业额达到140万马克。

一位勇士

涅克曼邮递百货有限合伙制公司成立10周年时发行了一本节日手册，上面刊登了一位8岁顾客的来信。这个孩子想要在约瑟夫·涅克曼先生那里订购"一个新妈妈"，"因为我妈妈总是骂我"。确切地说，这体现了涅克曼公司提供的商品无所不有。

约瑟夫·涅克曼会收到成千上万封信件，这些人愿意与他分享自己在日常生活中的苦与乐，信中他们给约瑟夫描述他们一家人是怎样用"涅克曼的礼物"来庆祝生日和各种节日的。没有其他任何一家联邦德国公司的老板像约瑟夫这样受到人们的爱戴。约瑟夫从前曾用他的商品目录广告"接纳"了那些难民、重返家园的战俘、流离失所的人以及那些寡妇们，而这些人现在成了提高涅克曼知名度的中流砥柱。

路德维希·埃尔哈特自然也对此表示了祝贺："对我而言，您在过去的日子里是一个坦诚的对话者，我除了很乐意与您谈论时事，还很乐于跟您谈有关经济方面的问题。在公开场合您也从来不忌讳发表自己的观点，这种态度是一个勇士才拥有的。"1960年5月18日，联邦德国经济部部长在波恩这样写道。

建在哈诺尔公路上的新的涅克曼邮递调度中心被看

作是公司成立10周年的里程碑。该建筑的进展速度十分惊人，因此有关该建筑物已经完成的部分以及在建筑物里所使用的新技术几乎没有跟进报道。《法兰克福评论报》报道了另一方面的内容：外籍劳工在联邦德国的生活。这篇关于欧洲最大的施工现场之一的报道充满了"人情味"，读者们可以了解意大利人在周末是怎样做意大利面的："意大利面做好以后通常要在上面撒一些奶酪粉，而他们家乡的食物在这里却卖得很贵，所以这些工棚区常常收到来自意大利的包裹。"

　　《法兰克福评论报》还有这样的报道：在这座被誉为"我们这个时代的淘金者之城"的周围，有人察觉到，有些"特殊职业的妇女"每逢在发工资时就会在工地周围来回晃悠。这些不安的因素应由工程领导机构排除，因此，产生了一项禁止将妇女带入工棚的禁令。其结果是：谁要是不遵守这一禁令，谁就会被解雇。

　　然而，《法兰克福评论报》的报道引来了大量读者来信，信中有人写道："意大利人希望工作时间能更长一些。"此时工会才刚刚通过了每周工作42小时、周六休息的规定。这一规定将于1959年10月1日正式生效。有些读者来信还抱怨说，建筑行业每周45小时的工作时间是常态，而根据国家与国家之间的协定，外籍劳工每小时要比联邦德国工人多拿10便士的工资，即每小时2.71马克，而不是2.61马克。涅克曼公司的建筑工地因此便成为众矢之的，贸易和监管办公室不得不监督着涅克曼公司工地的新工作时间。"空闲时只会花钱"，来自里雅斯特的安东尼向记者抱怨说，"星期一得向公司预支5马克，因为工资都在周末那些'危险'的消费中耗尽。"

在涅克曼处购物会更好

这是涅克曼公司曾经在邮购目录上使用的口号。如果不是竞争对手对涅克曼公司这句口号提出异议，那么也许这句口号会一直保留下来。1960年年初，万乐以"反竞争比较广告"为由对涅克曼公司开始了新的一轮诉讼，诉讼使得涅克曼公司又遭遇了禁令。此时涅克曼公司已将大约90万份的邮购目录印刷完毕，大部分已散发出去，而这时公司被要求立刻停止该项事务，这一事件引发了极大的争议。

与预期相反，法院认为万乐公司的诉讼有理，万乐的律师收到的判决陈词如下："'在涅克曼处购物会更好'的这一说法是对竞争对手的贬低。"这就是一审结果。作为对万乐的回应，约瑟夫·涅克曼的对策是提出要求万乐公司赔偿造成损失的诉讼，强制中止目录发放给涅克曼公司造成了上百万马克的损失。在之后的二审中，法官们更倾向于调停双方的争执，在法官们明智的判决中这样写道："已发放出去的商品目录就不再追究。"而"在涅克曼处购物会更好"这句口号从现在开始禁止使用。

施克唐茨再次补充了上诉内容。他指出，涅克曼公司的广告在副标题中使用了"德国大邮购公司"这样的词，一家企业这样来形容自己，在法律上是不合理的，因此，法庭判决涅克曼公司取消这种说法。这使得涅克曼出于非常被动的境地。约瑟夫·涅克曼呼吁，这是对邮递百货王国的一个新的诅咒。马术体育界对约瑟夫的呼吁做出了相应的反应。为了得到奥运会参赛资格，约瑟夫几乎每个周末都在路上奔波。在慕尼黑郊区里姆的一次竞赛时，一位俊俏的金发女骑手向约瑟夫打了招呼，这位女士便是莉泽洛特·里涅巴赫，她是一位了不起的职业女性。20世纪70年代，她作为第一位名誉女领事，出入在慕尼黑的名人圈子里。她所代表的是绿色岛屿——爱尔兰，为了纪念爱尔兰民族圣人帕特里克，她每年都要举办一次盛大的庆祝活动，这一庆祝活动在巴伐利亚州首府慕尼黑享有盛名。这是一个许多名流都渴望在此露露脸的场所，以此让人们还记得自己。

1960年5月，莉泽洛特·里涅巴赫在法兰克福最大的广告代理公司麦肯（McCann）开始了她的职业生涯，她在国际部担任初级客户顾问。麦肯公司于1902年在纽约成立，自1928年以来，麦肯公司在柏林开了一家分公司，曾为宝莹洗衣液打响了名声，1936年也为在德国举办的奥运会出了一臂之力，该公司还为当时的万乐公司推出了卓有成效的广告口号"为您排忧解难"。

涅克曼公司在广告界被视为一条"大鱼"。对于广告公司来说，只要能拿下涅克曼公司的广告代理业务，根据当时的规定，广告代理公司会得到15％的报酬，那么广告代理公司一年从涅克曼公司那里大约就可以拿到500万马克的收入。广告代理公司每年支付给负责广告项目的员工最多50万马克，一位初级广告顾问每个月的工资为750马克。这样一来，再减去一些其他成本，广告代理公司每年的利润大约是400万马克，这种代理方式是广告界当时最快速赚钱的方法。

夜晚时分的小香肠

涅克曼公司急需一个新的且强有力的广告语，尽管这事迫在眉睫，但还是一直推到了1960年7月中旬。由于当时要筹备奥运会，寻找合适宣传语的工作被推到了最后一刻，时间非常紧迫。9月——这期间还有奥运会——涅克曼公司位于哈诺尔高速公路的新调度中心就应开始启用；10月，公司应发行新的商品目录，公司也将有史以来第一次投入电视广告。所有这一切的准备工作都在按部就班地进行——只是正如所说的那样，一个能够恰当传达涅克曼公司理念的宣传口号还未能出炉。

到了最后时刻，寻找合适的宣传口号的工作变成了一场漫长的马拉松赛。会议室里，约瑟夫·涅克曼作为广告委托人向十几位参会者说道："除非我们想出一个可以用的新口号，否则谁也别想离开这个房间。我需要一个能强烈打动人的口号！"

领导们都在抽烟，烟雾使会议室内的气氛变得更加沉重。几十个方案被一一讨论，一个个方案先是得到一阵赞同——就是它了——过了一阵很快又逐条被否定。否定的理由诸如"太长了""太短了""太苛刻了""太平庸了"。"约瑟夫·涅克曼本人在一旁并没有太过干预"，参与这次构思宣传口号的人——彼得·卡伦伯格回忆道，当时他还只是一个每月只拿750马克工资的初级广告顾问。

时间一分一秒地过去了。这个广告的构思会议此时已进行了10个多小时。"大家还有什么其他的构思吗？"麦肯创意总监之一诺伯特·卡尔·舒尔特痛苦地问道，然而没有任何突破。会议上，除了那些广告公司的榆木脑袋以外，涅克曼公司广告经理和采购经理也在座。"有时候，你会觉得大家在相互干扰，想比别人更好的心理在支配着每个人，每个人都尝试着用这样或那样的理由来否决别人的想法"，卡伦伯格回忆道。直到某处发出了肚子咕噜的叫声，这才让大家想起来，除了咖啡、少量的饼干和大量香烟以外，他们已经一整天没吃东西了。有人大声问道："可以在商店里买些三明治来吗？这至少在涅克曼商店里可以办到吧？"

于是一个年轻人跳了起来，消失在门口。当他再次出现时，他手上托着一个盘子，盘子里盛满了热腾腾的香肠，他欢快地大声说道："看这里！涅克曼帮你实现这个可能！"

"就是它了！"约瑟夫·涅克曼情不自禁地喊出声来。他喜笑盈盈地将手伸进自己的口袋里，涅克曼公司的所有员工都了解他的这个习惯——约瑟夫习惯用一个马克硬币来奖励好的想法或提议，他的钱包总是装着满满的硬币。这次，约瑟夫的硬币奖励给了这个创造了德国最著名的广告口号的人——"香肠使者"霍斯特·约阿希姆·威尔克。

与约瑟夫·涅克曼的期待相反，在他决定使用这个口号之后并没有得到大家的赞同，特别是麦肯的专家们，他们觉得自己被贬低了，因为威尔克不是他们团队的人，在整个会议中，他的表现只是一个沉默的旁观者。关于广告口号的争论一直持续到午夜过后，眼看着这场争论会持续到天亮，麦肯广告公司的人坚持他们的意见，认为："这句广告词不是标准德语，它只是俚语。它不会对消费群体有所触动。"麦肯广告公司第二天以书面形式向涅克曼公司提出警告："约瑟夫·涅克曼先生，使用这句广告语是一个完全错误的决定，它将会浪费您数百万马克。"因此，大家认为应该要做一次测试。这句新的广告语最先只用于一种名为"孔芙伦特"的新录音机。虽然这种录音机的销量没有上去，但新的广告语却反响强烈。"广告语立即引起客户们的强烈反应，很多人给涅克曼公司写信，表达了他们对这句广告语的赞赏"，彼得·卡伦伯格讲道，而接下来，麦肯广告公司也再没有多说什么。

在蔚蓝海岸度假

居住在维尔茨堡的涅克曼一家将注意力转到了生活中美好的一面：例如，到意大利的海边去度假。他们最喜欢的地方是托斯卡纳海滨地区的维亚雷焦，这个热那亚以南的繁华码头上停满了游艇，生气勃勃，宽阔的沙滩上放着无数的太阳椅和遮阳伞。20世纪60年代初期，人们在这里仍然能品尝到20世纪30年代的奢华。然而，对于年轻的"喷气机一代"来说，维亚雷焦的美丽沙滩、成排的游艇以及在船上一定要穿的白色晚宴礼服的规定，使得这一切从开始就已经显得过于狭隘、过于迂腐，令人感到万分无聊。年轻一代正尝试着为夏天的感受寻找一个新的定义，他们远离那些众所周知的度假地，去寻找一个新的充满阳光的地方。突然有消息传出，位于蔚蓝海岸的一个渔村风景如画，来自维尔茨堡的涅克曼一家也听说了这个名叫"渡塔希提"的小岛，很快他们便决定去那里度假。

休假期间，玛勒娜的父亲瓦尔特极为认真地做了自己的驾驶日志，日志上他记录了他们去过的所有地方和行驶的里程数。他驾驶着一辆产于1948年的深绿色别克，这是一款超级轿车，型号为"56S"。对于今天的收藏家来说，这款车是别克所生产的车中最令人印象深刻的车型。这种车型的外形个性十足，它的前面由一个巨大的半圆形镀铬支杆支撑着，看上去闪闪发光；散热器格栅安装在宽大的保险杠上，看起来就像咧开的鲨鱼嘴。这个"冷笑"着的怪物重达两吨，车身两米宽，5米长，在它的后面拖挂着一辆圆形的房车，房车是用发亮的不锈钢制成，它的制造符合空气动力学原理。

玛勒娜至今还对那次旅行心有余悸，那是一次充满危险的旅行。1960年夏天，他们开着车向意大利北部出发，途中他们得越过圣哥达山口，在下山时，这辆拥有三档自动变速器的别克重型车突然失控了。玛勒娜回忆道："当刹车突然失灵时，我的父亲脸色煞白，他大声叫道，'你们快把门打开，你们得跳下去'。""不知道是怎样做到的，父亲成功地让快速下滑的车停了下来，圣克里斯多夫[1]帮助了我们。"在他们的车中，守护神的照片被放在挡风玻璃后面。这次阿尔卑斯山之旅后，瓦尔特·涅克曼不再想挑战命运。他将自己的美国豪华轿车换成了联邦

----

[1] 圣克里斯多夫为天主教及正教会敬仰的圣人，亦翻译作圣基道或者圣基道霍，原名雪波布（英语：Reprobus）。有关他最有名的传说是他曾经帮助耶稣过河。他也是旅行者或游子的守护神。——译者注。

德国生产的汽车。此后，他总是驾着一辆最新型的欧宝，这辆车曾在维尔茨堡的圣地开普勒教堂让牧师们赐过福。

圣特罗佩的人鱼女妖[1]

1960年夏天，一大批摄影记者在圣特罗佩钻头觅缝，目的是得到几张美丽的"BB"[2]的照片，对于这个无忧无虑的度假胜地来说，金发的碧姬·芭铎就是最佳的广告。

一位名叫本诺·温思哈默的慕尼黑新闻界人士在圣特罗佩发现了令人兴奋的画面：一个身穿比基尼的16岁女孩。这位新闻摄影师曾因拍摄过玛丽莲·梦露的照片而闻名。就这样，他让这个女孩在沙滩上摆出各种性感姿势，为她拍摄了一系列沙滩照。君特·普林茨是德国第一本图画杂志《Quick》的传奇主编，这一杂志每周的发行量为100万份。当这位主编看到这些照片时，他不仅为图片上少女的曲线美而兴奋，而且还对这位年轻女模特的名字感到欣喜若狂，这个名字就是玛勒娜·涅克曼，这位年轻的美女立刻登上了杂志封面。

玛勒娜回忆道："回到维尔茨堡时，我几乎要晕过去了。我在封面上的照片被贴在所有的广告柱上，《Quick》在维尔茨堡很快脱销。"玛勒娜这下成了联邦德国士兵们在储物柜里贴的海报女郎中的第一个德国女

---

[1] 古希腊神话中半人半鱼的海上女妖，常用歌声诱惑过路的航海者而使航船触礁毁天。——译者注。

[2] 碧姬·芭铎，BrigitteBardot，法国电影女明星，昵称为"BB"。——译者注。

郎。法兰克福邮购中心的电话也不停地响起，这起源于这张广告照片下面的文字，"圣特罗佩的人鱼女妖：照片拍摄点所在的这个渔村正在觉醒，对年轻人来说，这个地方充满了魔力，该处的沿海地带被称为'诱惑的海滩'，理由十分充分，穿着比基尼的女孩们来到这里，满脸充满了迷茫，她们的头发被风吹得蓬乱，张开嘴大笑着，她们古铜色的皮肤和带蕾丝边的比基尼——照片上的这个女孩就是圣特罗佩的一个象征。此外她的名字是玛勒娜·涅克曼，是联邦德国邮递百货大王的侄女。她随同父亲、母亲和兄弟来到圣特罗佩度假。在他们待在圣特罗佩的4个多星期里，男人们蜂拥而至。然而这些哥们却都没有收获，玛勒娜在假期结束后心满意足地离开此地，就像那个诱人的、无法触及的人鱼女妖"。

玛勒娜当封面性感女郎？这怎么可能符合涅克曼家族虔诚信仰天主教的家风？"我召来了人们对我的指指点点，突然被看作是家族中的害群之马"，玛勒娜后来说道。玛勒娜在《Quick》上的首次亮相预示了这样一种结果：涅克曼家族新的一代会与其父母一代截然不同。

小汉斯的50朵玫瑰

1960年7月，约瑟夫·涅克曼的大儿子彼得来到他父亲的公司作为编外人员短期实习。他在公司里做的第一件事情就是对掌管公司货运的汉斯·普哈特说道："嗨！你听好了，你打算以后跟我妹妹怎么发展？你们已经谈了8年恋爱了！你有没有向她求过哪怕一次婚呢？"

"求婚？！一次？！"普哈特激动地大声说道，"我已经求了100次婚了！可她却说，'我们订了婚，这难道还不够吗？'"说完，汉斯气冲冲地转身离开了房间。

1个小时后，汉斯·普哈特办公室里的电话铃响了起来。打电话的人是彼得，他在那边说："她已经表示同意了。马上给她送50朵玫瑰来，赶紧跟我父亲商谈婚礼的事。"

普哈特按照彼得的指示，先惊喜般地给艾薇送上了一大束玫瑰，然后匆匆赶到她父亲那里去。约瑟夫·涅克曼的反应相当典型："我可没有时间去管这样傻事儿。"谁要想跟约瑟夫·涅克曼谈正事，就得去骑马场。每天早晨，约瑟夫来到法兰克福-尼德拉德联盟体育场后面，在此以盛装舞步的练习开始他的一天。小汉斯来到这里，在跑道和马厩之间找到了约瑟夫。"涅科，我想正式跟您谈一谈，这是一件很严肃的事情……"约瑟夫没等他说完，一边跑，一边对他咕哝道："上车。我们可以在去公司的路上谈。"

路上，这位邮递百货大王只向汉斯·普哈特——这位多年陪伴他们家的人，同时又是他的商业伙伴提了一个问题："你确定你能够养活我的女儿吗？"在确认了这一点之后，婚礼的时间就干干脆脆地定了下来。"我们8月16日结婚——这是我父母的结婚纪念日"，艾薇做了这个决定。至于该去哪里度蜜月，这也不用小汉斯操心了，从一开始，去罗马度蜜月就已经是决定好了的，没有什么地方会比那里更好，因为小汉斯可以跟岳母、两位兄弟等家人一起，在奥运会上为涅科加油。

第二十一章　如果还有人能在盛装舞步比赛中为我们国家拿到一块奖牌的话，那这个人只能是我
——罗马奥林匹克运动会

　　1960年8月25日，星期四，阳光灿烂，第十七届奥运会在意大利罗马开幕。这天，气温攀升至30度，涅克曼家族坐在看台上的阴凉处。1年前，约瑟夫·涅克曼的心脏病曾发作过一次，而今，钢铁般坚强的涅科最终放弃了在开幕式上与国家队一起步入会场。他双手紧紧握着妻子安娜玛丽的手，就像在1936年柏林奥运会上一样，约瑟夫对这个期待已久的机会到来感到十分高兴。涅克曼的一家人坐在他的身边：两个儿子彼得和约翰内斯、新儿媳妇尤塔、新婚夫妇普哈特一家——艾薇和小汉斯，约瑟夫的弟弟瓦尔特也来了。

　　在罗马，涅克曼家的女性们都打扮得时髦别致，就像好莱坞明星奥黛丽·赫本一样，她们都戴着丝绸头巾，并

把头巾的两端在下巴下方交叉后系在脖子后面。涅克曼家的男士们都穿着较薄的夏季西装，戴着领带坐在长椅上。约翰内斯后来回忆说："庆幸当时的流行趋势还没有落到都穿休闲T恤衫、短裤和运动鞋的地步。在奥运会这样的庆典上，我父亲是绝对不能容忍这样的穿着的。"约翰内斯作为家中被娇宠惯了的小儿子是当时唯一被允许穿短袖衬衫的人。

罗马这座古老的体育之城为竞赛规则提供了一个宏伟的背景，意大利的政治方针不仅体现在这次运动会的各方面组织原则上，而且也体现在开幕式的欢迎致辞上。罗马二十三世教皇约翰发表讲话，祝福各个国家的代表队能取得好成绩。令人惊讶的是，国际奥委会这次居然凭借自己的威望，在1956年墨尔本奥运会之后，成功地再次将分裂了的德国作为一个联合代表队参赛，在黑红金三色条纹上印有金色五环，这即是德国联合队的队旗样式。在颁奖典礼上，应播放每个国家选定的一段古典音乐，德国联合队选的是贝多芬的《第九交响曲》，它展现的是神圣的荣耀。

德国联合代表队登场了。在队伍的最前面，当时全世界跑得最快的人阿明·哈里手持队旗。哈里作为田径运动员，在100米赛跑中打破了世界纪录，创造了10秒的新纪录。赛艇运动曾是希特勒最喜欢的运动项目，这项运动和马术运动都是德国队的优势项目。在越野赛马项目上，弗里茨·蒂德曼、汉斯-昆特·温克勒和阿尔文·绍克穆尔等这样一些传奇人物都参与其中。在马术运动全能比赛中，德意志民主共和国的骑手们极具优势；而马术盛装舞步的比赛则由联邦德国的同僚们垄断了。参加这项比赛的有罗斯玛丽·斯普林格和约瑟夫·涅克曼，这两人都接受了已退役的装甲少将霍斯特·尼马克的训练。

涅克曼家族并没有住在奥运村里，他们住在威尼托大街附近的维多利亚酒店。透过窗外就能看到壮观的博尔盖塞别墅以及与之相连的奥运会赛马跑道。约瑟夫·涅克曼本可以每天步行10分钟去训练地，但他还是让人开着他的奔驰敞篷车接送他往返。黑色的"阿登纳车型"拥有国家级人物所使用的车型外观。有时，一个旁观训练的人在护栏外大声叫道："雇佣兵队长！"约瑟夫的司机瓦尔特·保尔听到这个词时也不知道究竟是什么意思，而他从那时开始就用这个词来称呼自己的老板。这个绰号听上去不错，很符合一个雕像般纹丝不动地坐在马背上的骑手，约瑟夫在竞赛中总是挺直着身板，威严得无可挑剔。

涅克曼一家人度过了一个轻松愉快的假期，直到涅科的比赛开始。在这10天中，他们每天走访观光了这座永恒的辉煌之城，日子过得无忧无虑。驾驶着敞篷跑车，他们参观了罗马斗兽场，去过了温泉浴场，也参观了梵蒂冈。他们的口袋里装着比赛的日程表，之前就订好了的奥运会入场券厚厚一沓，像一个小本子。在奥运会的比赛场内，一家人坐在看台上一边舔着冰淇淋一边观看比赛。他们在那里亲身感受到阿明·哈里和马丁·劳尔在跑道上那激动人心的冲击时刻的紧张，亲眼看到了"银牌女孩"尤塔·海涅以及被称为"黑羚羊"、后来的金牌得主威尔玛·鲁道夫的表现，这一切让涅克曼一家人久久难以忘怀。满怀着民族的自豪感，他们在为自行车、赛艇、游泳、五项全能、击剑、拳击以及足球等竞赛加油助威。

9月5日，盛装舞步的比赛在锡耶纳广场开始，这里景色秀丽，充满了浪漫的气息。在马术中心的屋顶后，柏树高耸入云，道路两旁生长着合欢树和松树，池塘边长满了蕨类植物。

在装甲少将的领导下

约瑟夫·涅克曼最终圆梦：涅科这回真的参加了奥运会。当他在奥运会参赛资格选拔中以最优秀的成绩获选后，1960年4月，他受邀来到瓦伦多夫参加奥运会集训。德国奥运盛装舞步队的领队是已退役的装甲少将霍斯特·尼马克，这个名字至今对战争史学家们还拥有无比威慑的力量，"他是一个蔑视死亡，总是第一个不顾一切冲出洼地的勇士，他总是能够激励他的将士们获取战场上的胜利"，德国国防军曾如此称赞他。

年轻的时候，约瑟夫·涅克曼也曾梦想像这位农民的儿子霍斯特·尼马克那样，作为一名骑兵军官干出一番成就。霍斯特·尼马克于1909年出生在汉诺威，高中毕业后就加入军队的骑兵团，做了队长。1938年，他被任命为汉诺威骑兵学校的校长。战争爆发后，他作为骑兵侦察部队的指挥官，起初在西线作战，之后被派到苏联。1943年，他被派去装甲部队，在德国国防军新豹式坦克部队重组时，他作为少将是该部队的组建人。1953年，尼马克获得了令人生疑的荣誉，佛朗哥授予他西班牙最高军事勋章——大十字勋章，以嘉奖他为德国和西班牙两国间的马术运动交流所做出的贡献。

本来约瑟夫·涅克曼此时应该关注他公司的新广告用语，但当他来到位于瓦伦多夫的奥林匹克训练村面对这位久经沙场的少将时，作为联邦德国的邮递百货大王，他压根就没敢问自己能否在训练中抽空去赴几个重要的商业约谈。来到训练营后，尼马克把记录着要完成练习项目的本子塞到约瑟夫手里，涅科讥讽地将这个本子称之为"尼马克法令"。约瑟夫被要求无论如何要改进步法，这位邮递百货公司的老板回忆道，"这位退役的少将在发出指令时，其声调让人感到谁要敢违抗指令就会被就地处决"。

对于这位少将来说，罗马奥运会无疑是一场新的战役：他们要在金牌的争夺上对抗苏联红军军官谢尔盖·菲拉托夫，击败他就是"德国荣誉"，这也符合当时的时代精神，奥运会上的对决实质上是冷战的延续。美国和苏联之间的"军备竞赛"也蔓延至体育运动方面。

为德国而赛

涅科的竞赛编号为11号，大约11时，当他在马鞍上为自己出战奥运会做好了准备的时候，他仰望天空，愣住了。乌云滚滚而来，远方响起了隆隆的雷声，当"预备"的指令声响起时，第一滴雨已经落下了。与此同时，整个体育场内发出了"沙沙"的巨大响声，看台上的观众们因为突如其来的雨点而打开了自己的雨伞。"每个有骑马经验的人都会立刻知道，这种状态对马来说意味着什么"，约瑟夫·涅克曼后来在描述这场比赛开始时的紧张局面时说，"通常一把雨伞打开的声音就足以使一匹马受惊。"

阿斯巴赫——那匹棕色的汉诺威马在这一刻展现了他的品质。"像我一样，它知道这在赛场上对我们来说意味着什么。"约瑟夫·涅克曼郑重地说道。可这些还不是他们所经历的一切，阿斯巴赫还没有真正开始跑起来的时候，一个白色的物体朝它飞过来。"一匹马自然不会立刻知道那只是一张报纸而已。"约瑟夫解释道。接下来发生了什么，人们可以在《法兰克福评论报》的报道中读到："这匹马无与伦比。阿斯巴赫尽职尽责，没有辜负它的主人，赢得了主人的充分信赖。尽管如此，这匹马还是未能完全克服天气和意外给它带来的干扰。约瑟夫的压力非常大，因为德国队在第一轮比赛中严重失误了，罗斯玛丽·斯普林格没有能进入决赛。约瑟夫被迫不仅要为自己着想，而且还要为德国队考虑。正如他强调的那样，'如果还有人能在盛装舞步的比赛中为我们国家拿到一块奖牌的话，那这个人只能是我！我必须要进入决赛。'"

涅科做到了，他进入了决赛，阿斯巴赫在比赛中使出了全力。第二天，9月6日，争夺奥林匹克最高荣誉的盛装舞步决赛在这天进行，约瑟夫·涅克曼向来难以摆脱这种赛前的极度亢奋。这种亢奋的状态不断地折磨着他，使他感到自己几近瘫痪。早餐时，他吃不下如何东西，只是喝了些蜂蜜茶。来到马厩时他开始恶心呕吐。他非常厌恶这种总是出现在自己身体上的状态，每次当他参加顶级锦标赛、世锦赛和奥运会比赛时，都会在赛前感到这种身体的极度不适。

有两种方法能够使约瑟夫·涅克曼重新平静下来。约瑟夫的小儿子约翰内斯回忆道："其中之一是我母亲在父亲的马靴上啐上一口口水，这被看作会带来好运。"还有一种是安娜玛丽快速地跑出马厩，跑到观众席上去占了一个第一排的位子。夫妇俩已约定好，只要约瑟夫骑着马上了跑道，他就会用眼睛去寻找太太的目光。当太太的目光犹如一根魔杖触动到他时，他的紧张感就会立刻消失，整个人就会安静下来。对于阿斯巴赫这匹马，安娜玛丽也有同样的魔力，涅克曼家中把这个称为"远程催眠"。

　　有5名骑手进入了决赛，首先是这个项目中早已赫赫有名的两位，他们在参加罗马奥运会之前就已经获得了各种竞赛奖牌，他们分别是苏联军官谢尔盖·菲拉托夫和仪表堂堂、穿着瑞士军服的古斯塔夫·费舍尔。即使是十分苛刻的约瑟夫·涅克曼，也很难从他们的竞赛表演中挑出瑕疵。约瑟夫是5名竞赛选手中唯一的非军方选手，还有两位分别是一名瑞典军官和一名来自哥萨克骑兵队的选手。

　　决赛后，奥运会评委要进行4天的讨论。《法兰克福评论报》说道："裁判们评判竞赛结果的过程缜密得几乎可以说到了自虐的地步。"此次奥运会第一次采用了摄像机，摄像机把整场盛装舞步比赛的过程记录下来。这种摄像机不是磁带的录像机，而是拍电影胶片的摄像机。要冲洗这些胶片就得花整整1天的时间。胶片冲洗出来之后，评委会要把每个参赛者的比赛表现过程用慢镜头的方式放一遍。这期间，约瑟夫·涅克曼如坐针毡，对于到罗马市区里去散散步也毫无兴趣。这4天里他把自己禁锢在维多利亚酒店中，不出门半步，他担心会错过评委会打来的电话。

罗马的桂冠

9月10日，约瑟夫·涅克曼终于从他的痛苦中解脱出来了。含着眼泪，作为第三名，他登上了奥运会的领奖台，领取了他所获得的铜牌。48岁的他，是这次奥运会德国代表队参赛者中最年长的一个。他感到他所有的梦想都实现了。在颁奖仪式上，奖牌的挂绳断了。约瑟夫用手捏着奖牌，将它紧紧地按在胸口部位，广播里响起了贝多芬的《第九交响曲》的第一节，以此来代替国歌，约瑟夫大声地一同唱了起来："全世界人民皆兄弟……"

如预期的那样，谢尔盖·菲拉托夫夺得了1960年罗马奥运会盛装舞步竞赛的金牌，银牌则由古斯塔夫·费舍尔获得，此人只比约瑟夫·涅克曼多5分，下一次的奖牌争夺战已定在东京[1]。约瑟夫·涅克曼，这个来自法兰克福的盛装舞步铜牌获得者，肯定是要在东京奥运会上再次参赛的。

9月12日，星期一，当约瑟夫·涅克曼从罗马归来时，整个法兰克福都沸腾起来，市长维尔纳·博克尔曼同一个由市议员、政治家和记者组成的代表团一起出现在机场，欢迎约瑟夫归来。第二天，法兰克福为参加罗马奥运会的运动员举行了欢迎会，金牌获得者阿明·哈里和铜牌获得者约瑟夫·涅克曼乘着敞篷的甲壳虫车，在一列车队的陪同下通过欢呼的人群。

德国民众士气高涨，欢呼雀跃——德国这次在奥运会上实现了他们所有预期的愿望，运动员们总共获得了10枚

---

[1] 1964年东京奥运会。——译者注。

金牌，在金牌榜上，德国队排在东道主意大利后面，赢得
了可贵的第四名；苏联队以43枚金牌占据首位；其次是美国
队，美国队对这次奥运会仅仅获得34枚金牌感到相当失望。

阿明·哈里——这位当时世界上奔跑速度最快的男
人，这次虽然没能在罗马奥运会上再次突破他自己的世
界纪录，但他以10.2秒的成绩夺取了金牌。而对于约瑟
夫·涅克曼来说，他所获得的铜牌价值超过了金牌。凭借
这枚奥林匹克铜牌，他印证了自己的新广告语："涅克曼
帮你实现这个可能！"

目录的价格之战

涅克曼公司新出的《1960/61年冬春季新目录》展
示了涅克曼能够实现的所有可能。来自考夫博伊伦的汉
斯·马格努斯·恩岑斯伯格是"睿智的批判"的代表人，
涅克曼的所作所为促使他写了一篇散文，在这篇发表于
《时代周刊》上的文章中，他把涅克曼的新商品目录称之
为类似文学作品的东西。在联邦德国，涅克曼这个名字开
始逐渐成为一种"邪教"般的信仰，这种影响力也开始向
美国蔓延。来自美国芝加哥的西尔斯·罗巴克邮递百货公
司甚至也表示有意在与涅克曼进行合作。美国人在公众形
象广告上早已领先一步，此时他们立刻认识到，一位奥运
奖牌的获得者作为一家公司的领导人能够为公司在市场上
所带来的形象："约瑟夫·涅克曼在马术运动上的成功意
味着他的公司的实力！"

然而，《时代周刊》的评论家汉斯·马格努斯·恩岑

斯伯格对此情况没有做深入了解。他谈到涅克曼公司在邮购目录的行文措辞中带有一种对消费者的鞭策。然而约瑟夫·涅克曼已经很久没有亲自撰写这些目录中的文字了，这项工作早已由公司内部的广告部接手，他个人仅仅关注的是定价。恩岑斯伯格应该询问的是，为什么目录虽然是整体彩印，但其中的价格却是用黑色打印出来的。约瑟夫一贯喜欢解答诸如此类的问题，这样做不仅是他个人的秘密，也是竞争中常见的做法："用黑色打印价格，是为了在印刷目录前的最后一分钟仍有更改的可能性。我们在开机印刷的最后一刻还在不断地调整价格，可能会将最重要的时令商品再调低几芬尼。"

为了竞争，各公司都或多或少地相互潜伏有商业间谍。"目录印刷当晚就像在作战。我们不停地打着电话，试图得知竞争对手对我们价格的调整做出了什么反应。我们这边也确切地知道，哪种东西在施克唐茨那儿卖多少钱，而他也总是能获悉我们是如何计算价格的。"约瑟夫·涅克曼这样透露道。为了使印刷这项工作进行得顺利，从1967年开始，他就在公司里安排了一个特别可靠的"跑腿人"，这个人随时准备着朝印刷厂奔去，确保价格更改后可以准确无误地打印出来。如果有必要，这个人可以亲自更换打印铅字，这个可靠的"跑腿人"就是约瑟夫的小儿子约翰内斯。

"雇佣兵队长"的阿尔罕布拉宫

哈诺尔公路上的涅克曼邮递调度中心开业庆典聚集

了一百五十多名记者，约瑟夫·涅克曼再次经历了类似罗马奥运会的荣耀，他站在高高的讲台上做开业演讲。"这个建筑是一座用混凝土筑成的、现代化的阿尔罕布拉宫"，记者们欣喜地报道，"它还是一座贸易的凡尔赛宫。"由混凝土筑成的位于大门外的露天楼梯呈现出闪电式的形状，楼梯折叠了4次，悬在空中，没有跟地面有任何接触。"对角线和垂直线"在倾斜和沉重的优雅中"舞蹈"。这种建筑形式呈现出英式"非常复杂"的理性审美，给人有点冷漠的感觉。

这种新的建筑形式的风格与约瑟夫·涅克曼在罗马获得的"雇佣兵队长"的绰号很相配，这个绰号也被他的贸易伙伴和经济记者们很乐意地采用了。这个绰号实际上很符合约瑟夫的领导风格，在文艺复兴时期，人们把这样的称呼用在那些桀骜不驯的骑士们身上。当时的意大利拥有许多小国家——米兰公国、威尼斯共和国等，热那亚和佛罗伦萨有时合并为一个国家，有时又分裂成相互敌对的国家。这些桀骜不驯的骑士们就被各个国家聘用为雇佣军的领袖，他们中间有一些人逐渐不满足于受人雇佣，在他们取得成就以后，就策划阴谋，与其他势力结成联盟。他们中最勇敢的人还建立了自己的王国，比如，弗朗切斯科·斯福尔扎颠覆了米兰共和国并成为统治者，乔凡尼·德·美第奇在佛罗伦萨市成为掌握大权的人物且建立了自己的王国。"对于这些历史上强大的人物来说，似乎没有什么事是不可能办到的。他们把攀登权力的巅峰看作是一场游戏。但他们并不是单独存在的！他们还必须要考虑到有其他领袖也像他们一样野心勃勃，强大并不代表一切。

这些野心勃勃的人还得在外交和政治上有灵活应变的能力，这样才有机会赢得最终的胜利！"历史学家评价道。

约瑟夫·涅克曼很快察觉到其他"雇佣兵队长"开始质疑他的势力。这些人的名字都非常响亮，如弗利克、赫腾、施克唐茨。约瑟夫此时要做的是怎样来捍卫自己的贸易帝国，怎样才能打好这场贸易战争。要想进一步扩大自己的生意，约瑟夫迫切需要资本，这是一个老问题。而在1960年除夕，他可以看到自己公司史无前例的资产核算报告。

圣诞节时，涅克曼公司出现了一个大规模的混乱局面，这个状况不仅彻底破坏了圣诞节的气氛，而且还差点就给涅克曼公司造成毁灭性的局面。涅克曼邮递调度中心当时正在跟IBM进行全新的数据中心合作，而这个中心的运作却失常了。

有人订购了1条裤子，但却收到了144双鞋；而订购了1双鞋的人则收到了3件衬衫。所幸的是物流专家伊翁·哈利通对这种"现代化的垃圾"抱着完全不信赖的态度，因此他还没有把旧电子打孔机撤出场地。全体员工不得不手工操作且无休止加班，希望改变这个混乱的局面。为了战胜这个灾难性的局面，来自美国IBM的专家们在圣诞节夜里还一直奋斗。桌上堆积着12.7万份订单未能发货，但鉴于在过去一年中所取得的巨大成绩，约瑟夫·涅克曼用一句德国古老而明智的谚语安慰自己："没有不带刺的玫瑰。"

第二十二章　诈骗犯、高利贷者、流氓地痞
——弗里德里希·弗利克

　　"在德黑兰[1]开一家百货公司！"约瑟夫·涅克曼和他的老朋友前帝国贸易集团负责人弗兰茨·海勒为这个即兴的想法蠢蠢欲动。波斯湾的石油生意正蓬勃兴起。礼萨·巴列维正处在权力的巅峰，这位伊朗的统治者被称为"坐在孔雀椅上的太阳君主"。巴列维和他的妻子获得了各方新闻的关注，新闻媒体把夫妇俩似乎炒作成了《一千零一夜》中的国王和皇后。

　　对于在德黑兰开百货公司这个计划还有一个加盟的第三方。这个第三方一直在为涅克曼的东方计划煽风点火，此人名叫特奥多·贝呈，自1948年以来他就在涅克曼公司担任高管。早在柏林的帝国贸易集团时，约瑟夫·涅克曼就认识了贝呈。中东对贝呈来说有着特殊的魅力，他学

---

[1] 德黑兰是伊朗的首都，同时也是德黑兰省省会，是伊朗最大的城市。——译者注。

过阿拉伯语，还通过了波斯语的考试。不仅如此，他还将
《古兰经》翻译成了德语。如果让他去担任德黑兰百货公
司的总经理，约瑟夫坚信这家百货公司绝对会成功。可是
这时贝呈已经73岁了，他也不知道自己的身体还能支撑多
久。"这计划因未能找到一位合适的总经理这个现实问题
而告终"，秘书戈塔·森格回忆道。

　　一个沉迷梦想的人往往会很快找到一个解决问题的
现实方案。自1952年以来，约瑟夫·涅克曼和海勒时常会
面。在此之前，海勒——这位原纳粹经济部的高级官员曾
在兰茨伯格监狱服刑。在他被释放后，这位前帝国贸易专
家就成为约瑟夫的私人顾问，这两个人在一起谈论得最多
的话题就是投资人。涅克曼的资本基础较为薄弱，为了使
公司的业务能够进一步扩大，他们一直在寻找资金来源。
1955年，弗里德里希·弗利克这个名字首次出现在约瑟夫
与海勒的谈话中。

　　在兰茨伯格监狱里放风时，海勒结识了弗里德里
希·弗利克。在纽伦堡的审判中，弗利克——这位德国经
济史上最大的金融玩家被判处了7年有期徒刑。他的罪行
是让数千名外籍劳工、强制劳工和集中营囚犯在他的矿场
和工厂里像牛马一样地工作。当时为了获得足够的劳动
力，他向党卫军行贿，这使得纽伦堡审判给他罪加一等，
弗利克认为对他的审判非常不公正并提出了上诉。在兰茨
伯格监狱服刑期间，他结识了前帝国规划师汉斯·克尔
勒，汉斯·克尔勒对弗利克也很感兴趣。从克尔勒那里，
弗利克了解到，由于自己的历史问题，他今后不可能在政
治上有任何发展的机会。1951年，汉斯·克尔勒被赦免，

提前释放，出来以后他就担任了弗利克的投资顾问。

弗利克这个名字对约瑟夫·涅克曼来说再熟悉不过了，在纳粹德国时期他们就认识了。这两个人当时都是为了能够把自己的生意做大而极力地去巴结那些有权有势的人。与约瑟夫相比，弗利克更加肆无忌惮。"他压根不在乎利润是源于枪支弹炮还是源于浇灌花园的橡皮管"，弗利克传记的作者君特·奥格这样肯定地说。这位古灵精怪的公司领导人擅长利用散播自己公司商业企图谣言的方法，迫使其公司不得不采取行动，从而清楚如何在这种情况中获利。"他狠狠地把国家、企业家和银行都欺骗了一番。"奥格这样写道。所以，1948年货币改革一结束，弗利克就很富裕——他拥有2.5亿马克资金。他出现在哪里，就会让哪里的人们对可能会发生的经济滑坡而担忧。

有一天，弗兰茨·海勒向大家提了这样一个问题："为什么弗利克不进入邮递百货行业？"通过弗利克的投资顾问汉斯·克尔勒，海勒了解到这位前任钢铁巨头弗利克的想法。早在20世纪50年代初，弗利克就发现，吃尽苦头的德国人强烈地渴求尼龙丝袜、肥皂和鞋子等这样一些商品以及消费品生意的利润会以什么样的速度直线上升。弗利克曾试图快速进入百货贸易行业——当然是大规模的投资，那是他一直以来的风格。很快，他就收到了一个来自海外的重要报价：1954年，纽约克罗苏斯百货公司的拥有人雅各布·迈克尔向他提供了该公司位于杜塞尔多夫的埃米尔·科斯特分公司的股份，该公司曾是德国最大的百货企业之一。然而，4000万马克的报价对于多疑的弗利克来说无疑是太高了。

弗利克万万没有想到，这件事越过了他们家的花园篱笆，给他的邻居带来了好处。弗利克住在杜塞尔多夫，这座城市被称作"百万富翁村"，这并不是徒有其名。弗利克家的隔壁邻居就是百货公司大亨海尔穆特·赫腾。在一次跟赫腾聊天时，弗利克愤愤不平地跟他讲起了那个纽约人怎么企图坑他。赫腾得到这个信息后立即跟雅各布·迈克尔取得了联系，表示对杜塞尔多夫的埃米尔·科斯特分公司的股份感兴趣，雅各布·迈克尔将股份价格提高了一半，成了6000万马克，但赫腾却毫不犹豫地买了下来。

这让农民的儿子弗利克从中学到了东西，他看到贸易行业中回报率的期待值应该是怎样的。在此之后，他暗中等待着机会，真正的机会到来还得持续一段时间。直到1955年，柏林贸易集团银行告知他以下信息：法兰克福的一家邮递百货公司正在寻求投资人。他的财务顾问汉斯·克尔勒向他极力推荐了这个投资机会，弗利克立即采取了行动。这位精明的投机人通过一家名叫因维斯提哈的可疑的金融公司在涅克曼公司投资了2000万马克。

在弗里德里希大街上的企业

在与约瑟夫·涅克曼的会谈中，这位当时已62岁的"老弗里茨"[1]明确地提出了他和涅克曼的具体合作条款。

首先，约瑟夫·涅克曼必须保证不让人知道弗利克

---

[1] 弗里茨：弗利克的别称。——译者注。

是因维斯提哈公司背后的投资人。这个保密协议的目的是不惊动那些"卡特尔局和联邦议院的狗"[1]。弗利克的投资在内部以"弗里德里希大街上的企业"这样的代号来称呼。

其次，涅克曼公司不允许再有其他合作伙伴。为了能够掌控局面，弗利克希望涅克曼公司所做的每个决定和步骤都告知他本人。

第三，涅克曼应收回法兰克福实业家威利·考斯在涅克曼公司的匿名股份。考斯对各种生意都很感兴趣，他本人与胡果·斯缇勒斯有着良好的关系，胡果也在资金操作方面为他提供了帮助。威利·考斯在涅克曼公司得到了很大的利益，他当时投资了400万马克，4年后，他得到了1120万马克。为了让资金方面紧张的涅克曼公司能够付出这笔资金，威利·考斯同意在弗利克不知情的情况下，为涅克曼这个摇摇欲坠的邮递百货公司拨付200万马克的新贷款。在这样的情况下，弗利克的2000万马克投资对涅克曼来说就相当昂贵了。

"每当弗利克来的时候，我们都要为他准备一种特殊的雪茄，这种雪茄每根30芬尼，其他雪茄他是不会抽的"，戈塔·森格回忆说。弗利克的每次到访都带有目的，从原则上来说，弗利克对邮递百货行业一窍不通，他越来越清楚地感到，这个领域对他来说似乎风险太大了点，让他感觉有些得不偿失，因此他常常规劝约瑟夫·涅克曼应该在"每一件衣服上加价1马克"。根据售出纺织

---

[1]卡特尔局：监督反垄断法执行的机关。——译者注。

品的数量，弗利克得出一个数据，在售出的每件衣服上
加价1马克，结果一针见血，"这样做，你立马能多赚
一百万"。

弗利克可不想去理会这个行业里的价格竞争，更不
用说去关心增加固定销售点的事了。他讨厌百货公司，
认为涅克曼公司的技术售后服务网不仅太过昂贵还很多
余。涅克曼公司要在柏林投资的计划激怒了弗利克，多
年来，他一直在尝试打消约瑟夫·涅克曼最想实现的愿
望——涉足旅游业："通过你的旅行社，50个人去到了
马略卡岛[1]，你能挣多少钱？"这个资本家！墨菲斯
托[2]如此呼喊道，尽管弗利克拥有金手指，但缺乏展望
未来的想象力。

彼得·涅克曼——一个能干的儿子

1962年秋，古巴危机爆发。强权国家的领导人玩弄权
术，将世界推向濒临核战争的边缘。现在回顾起来，我们
生活的这个世界在我们毫不知情的情况下经历了人类史上
最危险的一段日子。

涅克曼公司这边也爆发了一场危机。弗里德里希·弗
利克让中间人克尔勒和海勒转告约瑟夫·涅克曼，他不再
打算继续维持现有的"弗里德里希大街上的企业"形式。
有业内人士声称，这位怪诞的亿万富翁认为，约瑟夫致力

---

[1]马略卡岛：位于西班牙东部，是巴利阿里群岛中的最大岛。——译者注。

[2]墨菲斯托(Mephisto)： 这是歌德浮士德作品中的一个魔鬼，此人的性格特征是极为
睿智，但总是以一种魔鬼般嘲讽的口吻来表达自己的看法。——译者注。

马术比赛很是不妥，他身为一个邮递百货公司的老板应该把自己的注意力完全放在公司的业务上。据称，他甚至对约瑟夫发出了最后通牒："要么你停止骑马，要么结束我们之间的合作。"

涅克曼公司的财务状况一直不稳定：到1961年年底，1年内累计的短期债务达到1.177亿马克；1962年12月31日，债务增加到1.22亿；1963年5月2日，已经达到1.31亿。银行威胁要收回贷款，涅克曼公司只有在销量不断增加的情况下，才能实现贷款期限的延长。庆幸的是，公司财务还未出现赤字，销售额也在逐年稳定增长，银行因此延长了贷款期限，厂商们以赊账的形式继续向涅克曼公司供货。大家都相信，涅克曼公司最终是会付钱的。到了1975年，涅克曼公司的财务上第一次出现了赤字，但是，净利润与货物流通两者没有多大关系。1961年，涅克曼公司的净利润只有400万马克。

"没有人能理解，涅克曼公司是如何在资本基础如此薄弱而且负债累累的情况下运营的"。《法兰克福汇报》的专家们对此都感到惊讶，想知道其答案。这个秘诀便是：向供应商赊账。跟涅克曼公司有交易的厂家为了保证自己的生存，联合起来为涅克曼公司提供了所谓的"自筹资金援助"。

涅克曼公司年终结算报告如下：仅广告成本就占了总销售额的7%以上，目录又占了6%；销售额的三分之二是商品进货的流动资金；还要支付雇员工资、税收、租金、公司食堂餐费、维修费、利息等，这一切将净收入减少到销售额的2%—3%。

约瑟夫·涅克曼称这个问题为"成长的难题"。为了改善这种状况，约瑟夫成了真正的即兴大师。他下一个要解决的难题是：如何付清像弗利克这样的亿万富翁的债务而不会让自己破产？在这种棘手的困境中，他想起了自己在纳粹时期的另一位伙伴，"当时在柏林我曾与他合作过，这人便是百货公司之王海尔穆特·赫腾"。约瑟夫设想，要是能加入他的连锁店"赫腾-水星"就好了，这个想法暂时给他提供了希望。约瑟夫看到了联合采购、调度和销售的好处，但是在他的心里不断嘀咕着："赫腾是不是一个值得信赖的伙伴？"

公司里反对联盟的有这样两种理由。首先，弗利克偏爱联盟；其次，老狐狸赫腾曾在与雅各布·迈克尔的生意中对弗利克使用过计谋；此外，赫腾表现得非常独断专横。谈判还没正式开始，他就派他公司的人来到涅克曼公司进行审查，他们把涅克曼公司查了个底朝天。"很奇怪，赫腾公司的人穿着都是一样的，他们都穿着一种时髦的骆驼毛大衣，因此大家便给他们取了'骆驼'这样的绰号"，约瑟夫·涅克曼说。

在谈判中，约瑟夫·涅克曼被要求在合并后退居二线，并接受赫腾拥有组建合资公司领导班子的权力。这些要求当然难以让公司创始人约瑟夫接受，此时他掌控的股份已经下降了20%。在与弗利克打交道的过程中，约瑟夫已学到要一直保持冷静，像一个真正的"雇佣兵队长"那样利用外交手腕来处理这个局面。他打探了赫腾的国际关系，开始筹建自己的联盟。

约瑟夫·涅克曼首先与美国金融集团Jesup & Lamont

在巴黎的代理进行了谈判。从资本实力来看，这家投资公司认为涅克曼公司的实力过于单薄，但他们为涅克曼公司提供了与摩根信托公司直接沟通的渠道。这刚好在一个很有利的时间上，这家美国银行集团公司已经以整合人的身份出现在位于卡塞尔的亨舍尔集团公司[1]，此后他们购买了联邦德国最大的矿泉水配送商万乐－雷宁的大部分股份，并有意进一步在联邦德国投资。

现在问题就只有弗利克了！绝对不能让弗利克听到半点有关涅克曼公司正在尝试跟美国人绑在一起的风声。要是弗利克知道了此事，他就会立刻从涅克曼公司撤回自己的股份，这意味着涅克曼公司的提前倒闭。在这种危难之中，命运给约瑟夫·涅克曼送来了一名帮手，他就是涅克曼的长子彼得。刚刚进入涅克曼公司管理层的彼得从一开始就以他的见地让他的父亲刮目相看。此时，彼得将获得第一个能够证明自己是一位金融战略家的机会。

彼得·涅克曼的职业生涯给人留下了深刻的印象。与他的父亲一样，他在中学毕业后紧接着在法兰克福的高级私人银行阿尔文·斯特凡接受了商业学徒培训。之后他到纺织企业以及位于汉诺威的一家巴尔森饼干工厂实习，这些企业都是联邦德国在管理方法和组织系统上最先进的企业。这些经历激发了他要去大学进修的雄心。对于彼得来说，像他的父亲那样单枪匹马奋战的时代已经结束了。

就这样，彼得以最快的速度拿到了他的高中毕业证书，他刻苦提高自己的英语能力，之后在法兰克福的约

---

[1] 亨舍尔集团公司（Henschel—Werken 或 Henschel und Sohn）：这是一家德国机械制造和机动车制造企业。该企业起源于19世纪末的一家铸造厂。总部在卡塞尔。——译者注。

翰·沃尔夫冈·冯·歌德大学就读商业管理。刚毕业就有
严峻的考验在等待着他——他的父亲派他单独到纽约去说
服摩根信托为涅克曼公司投资。与此同时，为了不让弗利
克和赫腾对此有所察觉，约瑟夫留在了法兰克福。如果纽
约的谈判失败了，处于破产边缘的约瑟夫将别无选择，只
能与赫腾结盟。

彼得·涅克曼肩上托着重担，但财神这次是眷顾他
的。经过两天的商谈以后，摩根信托的总裁决定入股。摩
根信托对涅克曼公司不仅是在经济上参与，而且会派出他
们的专家为涅克曼邮递百货公司做出一个量身定制的方
案，这个方案关系到股份两合公司[1]的重组，并准备上
市。这一解决方案在各个方面都与约瑟夫·涅克曼的愿望
一致：从他个人的利益来说，他保留了自己无限责任、主
持日常工作的合伙人地位，而公司则将转变成为一个上市
的两合公司，涅克曼的家族企业即将得到拯救。要克服的
最后一道障碍是摩根信托的要求，涅克曼公司要将基础资
产从5500万马克增加到8000万马克。

"这个钱我没有。"约瑟夫·涅克曼在他的回忆录中
承认。但是他的儿子彼得又一次让他感到惊讶，他告诉父
亲："在纽约，他去见了世界著名的大通曼哈顿银行的董
事长，请求该银行以3年为期，给涅克曼家族贷款2500万
马克。"

约瑟夫·涅克曼把大通曼哈顿银行董事长的反应描述
为典型的美国式反应："纽约的董事长拿起电话，指令法

[1] 股份两合公司，是指由无限责任股东和有限责任股东共同出资组成，是介于无限责任公司和股份有限公司之间的一种股份公司。——译者注。

兰克福办事处的负责人立即给涅克曼先生开出一张2500万马克的支票——这样的办事风格对于任何一家欧洲的大银行来说是完全不可想象的。"

美国方面之所以慷慨解囊要归功于约瑟夫·涅克曼在罗马赢得的奥运会奖牌带来的影响。正如波士顿咨询专家所预测的："对于一个品牌来说，没有比奥运会上的获胜者更好的广告了。"在美国方面看来，奥运会是一场关于公司标志和品牌的斗争，而涅克曼公司完全符合这一新的趋势。除此之外，联邦德国驻华盛顿大使馆公布了十大最成功的联邦德国企业家名单——约瑟夫·涅克曼名列前茅。

随着彼得在纽约的成功，约瑟夫·涅克曼终于能够终止"在弗里德里希大街上的企业"。约瑟夫与他的儿子彼得一同开车去杜塞尔多夫，目的是跟弗利克进行一次面对面的会谈，在这次谈话中父子俩经历了老弗里茨有史以来最为愤怒的状态。较之针对涅克曼，他的怒火更多是针对那些美国人，他骂道："这些诈骗犯、高利贷者、地痞流氓。"海尔穆特·赫腾本来认为涅克曼已经在他的掌控中，这时也气得上蹿下跳。最让他恼火的是，在涅克曼公司上市之际，他却不能参与其中。

涅克曼的人间天堂

1963年2月15日，涅克曼公司的第一批股票进入交易市场。法兰克福证券交易所董事会没有让涅克曼公司的股票在证券交易所公开售卖，理由是涅克曼的这个新合资公司尚未进行工商注册。这样的疏忽大意实际上是有企图的，摩根信托已经为涅克曼公司第一批价值高达4100万马克的股票安排了一个选定好的投资群体。这些投资者主要来自苏黎世、布鲁塞尔和巴黎，联邦德国的各家银行从原则上来说并未参与电话交易，因此，第一批涅克曼股票只能通过海外进入联邦德国。此时，这些股票价值已翻了3倍。在实际的交易所交易中，这些股票的交易额被限制在所需购入的3倍以下。约瑟夫·涅克曼这下才明白过来，谁能在这笔金融交易中大赚一笔？那就是摩根信托公司。

"这是摩根信托为他们在欧洲信用良好的客户准备的股票礼物，同时这家强劲的投资集团也借此赚了一笔不小的数目。"约瑟夫总结说。这笔银行交易类似于用涅克曼在联邦德国的好名声玩的一轮赌博游戏。不过，这一次弗利克也该赚了一大笔钱，为了整合股份，摩根信托集团分公司摩根安茨有限公司（Morgan&Cie）必须要把弗利克所持有的价值3600万马克的名义上的有限合伙股份买过来，摩根安茨提出的收购价是弗利克投资的3600万马克的两倍多，即7380万马克，但这对弗利克这个"守财奴"来说似乎还不够。

弗利克提出，由于他所持有的股份价值在这期间有所增值，涅克曼得向他支付495万马克的差额。由于涅克曼公司此时没有这个财务支付能力，故而涅克曼不得不在弗利克的因维斯提哈金融机构借了为期4年的贷款，这笔贷款的年利息是6%。此外，弗利克还要求付给他涅克曼公司1963年在第一季度的利润分成，这笔利润分成约为200万马克。总而言之，弗利克在1955年为涅克曼公司投资了2000万马克，而他在8年内就赚取了近7000万马克的利润，这样的好运是由涅克曼这个名字赢来的，而这也可以为弗利克拓展一下自己的眼界。

在一次拜访涅克曼时的聊天中，弗利克了解到，约瑟夫·涅克曼期望自己能在德黑兰开设一家百货公司，弗利克于是就按照约瑟夫的这个思路探寻下去。1964年1月，大家突然听到传言，波斯沙阿[1]希望收购戴姆勒公司的大部分股份，他们已有意跟弗利克商谈。于是，受到惊吓的德意志银行被迫迅速采取行动，目的是拯救联邦德国之星——总部位于斯图加特的戴姆勒-奔驰公司。

当约瑟夫·涅克曼和弗利克的合作最终画上句号时，他总结道："总而言之，弗利克是一个很难相处的合作伙伴，但是，在我们合作关系持续的8年时间里，我从他那里还是学到了一些东西。"与弗利克相比，更让约瑟夫·涅克曼生气的是，在他的股价已经涨到了其票面价值的两倍时，他没有听取柏林法兰克福商业银行给他的建议，他们建议他："这时应该用500万马克来提高他公司的资本，这样一来基本成本的溢价[2]就可以由公司来涵盖。"约瑟夫这时不得不从自己的口袋里掏钱支付了这笔费用。在此之后，约瑟夫经常被迫出售自己的股票，以偿还高额的信贷负担。为了保持他的股份不低于能够拥有表决权的份额，他不得不重新贷款。很快，他就陷入了一个新的恶性循环。

---

[1] 沙阿是波斯语古代君主头衔的中文译名。——译者注。

[2] 溢价是指所支付的实际金额超过证券或股票的名目价值或面值。而在基金上，则专指封闭型基金市场的买卖价高于基金单位净资产的价值。——译者注。

但是，资金给他的压力越大，他给别人的印象就越像是一个幸福的人。《法兰克福汇报》做了以下恰如其分的描述："这个'纯粹的企业家'很少会担心失败。他相信自己的活动能力，也许还相信自己会有一点儿运气。他是一个天生乐观的人。由此来看，要这种人做出决定并不困难，涅克曼选择了更大的自由，而不是安全保障。未来会告诉我们，他的这个决定是否正确。"

坐收的好运

从目前的形式来看，约瑟夫·涅克曼的这个决定非常正确。此时他已经通过了第一次严峻的考验，尽管他现在得向他的股东们公开他的年终结算报告了，但他没有向任何人解释自己行为的责任，他可以爱干什么就干什么。约瑟夫是最先在联邦德国引进租赁方式的人之一，他出售私人住房，做旅游、保险、证券甚至汽油等生意。1升标准汽油的售价是47芬尼，一升特级汽油是54芬尼，涅克曼公司出售的每升汽油都比品牌汽油少10芬尼。涅克曼供应汽油的露天加油站也因此能够打败所有的竞争对手。在销售旺盛时期，大约两万名小股东每股能够得到24.5马克的红利。

就约瑟夫·涅克曼的私人生活来说，这段时间也犹如"人间天堂"。自1962年以来，他已是两个孙子的祖父，其他孙子也连连降生。约瑟夫最小的儿子约翰内斯正在准备去纽约接受一流的教育。在体育运动上，约瑟夫获得的荣耀也在延续着，从1962年开始，约瑟夫就把德国盛装舞步的冠军给包了；后来，约瑟夫·涅克曼甚至骑着他最喜爱的马阿斯巴赫赢得了盛装舞步世界冠军的头衔；1964年春天，约瑟夫的心里只有一个目标：参加东京奥运会。他此时不用再为公司操心，自1963年5月15日起，他的大儿子彼得就成了公司的法人代表，彼得开始像一个"工作狂"一样在办公室里不分昼夜地工作。

在这段成果累累的时间里，涅克曼家中发生了一件让家人万分悲痛的事：涅克曼的母亲"母奇"[1]去世了，这位母亲曾为教育培养自己的两个儿子使出浑身解数，丈夫去世以后，她曾掌管涅克曼家的煤炭生意长达几十年。去世前的最后几年，由于重病，她都是在轮椅上度过的。在夏天，她被她的孙子们推到涅克曼家的花园里，这个犹如公园的花园被取名为"小尼斯"，位于家乡维尔茨堡种植葡萄的山脚下，充满了田园诗歌一般的画面。许多维尔茨堡人出席了她的葬礼，人们仍然记得，1945年3月16日，涅克曼家族是如何打开他们的酒窖来为当地居民提供防空洞，从而挽救了超过2000人的生命的。

在飞往东京之前，约瑟夫·涅克曼还听到了一个消息，自己一直以来的竞争对手施克唐茨吞并了巴登大型邮递百货公司舍普林。在这样一个新市场的格局下，万乐在市场销售上占据了领先地位，其年营业额达12亿马克，而涅克曼为7.2亿马克。"然而却几乎没有人知道施克唐茨占据了这个顶尖地位，作为这个市场的引领人，施克唐茨被笼罩在他的法兰克福同行的人气阴影之下"，《法兰克福汇报》这样报道。

---

[1] 孩子们对祖母尤娜的昵称。——译者注。

这一报道也被拿到位于菲尔特[1]的万乐总部的会议上进行了讨论，施克唐茨闷闷不乐地问来参加会议的麦肯广告公司的人："先生们，你们能为我们做些什么？"在随后的讨论中，施克唐茨明显感到问题指向了自己，他带着哭腔说道："我希望你们现在要求我像约瑟夫·涅克曼一样去骑马。"

---

[1]菲尔特（Fürth）是德国巴伐利亚州北部的城市。——译者注。

第二十三章　考夫百货^[1]的人也已经在这儿了
——在东京的庆典

　　"他不动声色""他很受女性的青睐""在那里总会有这样和那样的事发生"，但却没人能具体确定这是一个丑闻，所有的只是谣言和八卦。有一个笑话完全说明了约瑟夫·涅克曼的喜好。这个笑话是这样的："从正面看，她像碧姬·芭铎，她有像吉娜·劳洛勃丽吉达^[2]一样的屁股，还有像玛琳·黛德丽^[3]那样的腿。这是谁呢？"答案几乎被骑手们的笑声淹没了："这就是涅克曼的'安托伊内特'。"

---

　　[1]考夫百货（Kaufhof）：成立于1879年，创建人是犹太人迪茨。1933年该公司上市，但接下来在纳粹的迫害下不得不将该公司出售，出售后改名为联邦德国考夫百货股份公司。到了1999年，该公司跟多家百货公司合并，成为一家集团公司。——译者注。
　　[2]吉娜·劳洛勃丽吉达：意大利女演员、摄影家、雕塑家，世界著名电影传奇人物之一。——译者注。
　　[3]玛琳·黛德丽：美国著名德裔演员兼歌手。——译者注。

1963年夏天，涅科用整整10万马克买下这匹名叫"安托伊内特"的银灰色母马。"这匹马从耳朵到尾巴都体现出它的与众不同，它就是一个真正的女王。"大家对这匹马都这样看。这匹马的前任主人叫汉斯·杜汀，此人是盖尔森基兴煤矿股份公司的首席执行官。马术一直是一项昂贵的运动，这种运动也带来不少乐趣。骑手们主要来自贵族和工业界，这些人诡计多端，地方报纸的体育版面总有关于他们的报道。有句话很说明一切："四五个盛装舞步骑手聚在一起时，没有律师在场，他们不会做任何交流。"

约瑟夫·涅克曼的马厩位于法兰克福尼德拉德的君特路上，这里的地形是传统的森林地带。记者经常被邀请来到这里，他们也很喜欢到这里来，因为约瑟夫总是在这里给他们惊喜。在启程到东京之前，他给媒体留下了一个谜："这次去东京参赛的是安托伊内特？还是阿斯巴赫？"两匹马都要和他一起飞往日本！马术代表队的运输费用再次成为德国奥运队最大的单项支出：国家奥委会为每匹马的运输支付了3万马克。

马先是坐着汽车和拖车到阿姆斯特丹，从那里乘上斯堪的纳维亚航空公司的飞机，经停安克雷奇飞往东京，飞行时间一共是27个小时。飞行员带着一把手枪，一旦马受惊乱跳起来很可能会导致飞机陷入巨大颠簸，甚至有可能导致坠机，带着手枪方便应对这样的突发情况。这样的担忧并不是杞人忧天，有一匹瑞典马3个小时里一直顽强地拒绝登机，其他的24匹马倒是都能保持安静。约瑟夫·涅克曼亲自监督他的安托伊内特和阿斯巴赫登机。新闻界这样报道说："为了马匹他们什么都能做！"

从京都到东京的贵宾

1963年9月10日，第十八届奥运会在东京开幕了。一条现代化的单轨道高架铁路疾驰穿过日本首都高楼林立的马路，参加奥运会的客人们都可以在极短的时间内顺畅无阻地从机场到达市中心，也可直接抵达体育场。各国代表队沿着各公司的广告横幅进入奥林匹克体育场。通过电视画面，人们了解到这里不仅有丰田汽车，像索尼、日立、松下或夏普等这样一些品牌，这些品牌的名字为约瑟夫·涅克曼带来了悦耳的新声。未来，涅克曼的纺织品应该像三洋那样，用他们的技术像台风一样冲击根德[1]。

体育和商业之间再也没有了界限。除了参加奥运会之外，约瑟夫·涅克曼计划一共在日本停留4周，目的是对当地产品进行全面了解和研究。这样做的人并不只他一个人。在长途电话中，他惊愕地告诉他在法兰克福的儿子彼得说："你想象一下，考夫百货的人已经在这里了！"施克唐茨此时正在香港，与此同时，为了建立一个新的运输中心，约瑟夫的女婿汉斯·普哈特也途经香港，在那儿停留。他们打算：涅克曼今后所有物美价廉的纺织品都要来自远东。

像上次参加罗马奥运会那样，约瑟夫·涅克曼和他的妻子安娜玛丽、女儿艾薇、女婿小汉斯在奥运村外面住

[1]德国家电品牌。——译者注。

宿。他选择了位于东京市中心的银座酒店。从酒店的窗外看出去是无边无际的楼房、一块又一块的街区，街道的排列为正方形，这一切呈现出一个无尽的城市网络。尽管酒店的设施很豪华，但房间却是日式尺寸，天花板很低，瘦高个的约瑟夫在房间里不得不弯着腰走路。

"在所有的奥运选手中，约瑟夫·涅克曼算是在东京这段时间中最忙碌的一个"，《法兰克福运动报》的记者埃里克维克这样报道，"他的工作和应酬多得让人摸不着头绪。星期一，他参观了京都和大阪。在东京，他拜访了纺织和光学公司，他还得在三井工程谈自己的感受、在时尚东洋人造丝有限集团公司发表演讲，晚上，他又去参加了一场有艺伎表演的晚宴。"

日本人的工作和生活条件令约瑟夫·涅克曼十分震惊。在工厂里，厂房简陋，很多人拥挤在一个狭小的空间里，厂房里光线不足，卫生设施条件不好，工厂里也没有食堂，工人们却不得不像"奴隶"一般辛苦工作。这一景象虽说触动了这位邮递百货大王的社会意识，但这位未来的买主也并没有把改善工作条件的责任承担起来。无论是约瑟夫、卡格·冯·海尔蒂还是施克唐茨，他们都对他们进口的亚洲产品是在什么样的生产条件下生产出来的不闻不问。

对于这些人来说，他们感兴趣的只是获取便宜的商品，让自己在竞争中获胜。在联邦德国，此时工资上涨、养老金增加，购买力也随之增长。联邦德国有68万个空缺职位，只有10万人失业。此时联邦德国在欧洲各地招募外籍工人——意大利人、南斯拉夫人、西班牙人、葡萄牙人和土耳其人纷纷涌入。这些外籍工人的居住条件十分糟糕，但他们却疯狂地购物：衣服和鞋子、收音机和电视机、洗衣机和冰箱。

雷雨中的金牌

东京的上空，昏暗的天际慢慢变黄了。闪电划过天空，一场巨大的雷雨近在咫尺。罗马奥运会上的天气状况又将重演，而这次事态却要比上一次更加糟糕。在约瑟夫·涅克曼即将开始盛装舞步比赛的那一刻，一名日本官员跑向他，慌乱地大喊道："地震了！"

地震了！警告！三级地震！约瑟夫·涅克曼接到了通知，要他在这种紧急情况下远离马厩和看台。霍斯特·尼马克仍然是德国奥运马术队负责人，他冲向审判团，抗议在这种状态下继续竞赛，这违背了竞争规则。可是一切都太晚了，约瑟夫·涅克曼已经骑着马冲向了跑道：在安托伊内特的背上！一匹新的马，一次新的好运。

马术比赛通过电视在全球进行现场直播，这是第一次五大洲通过卫星被联系在一起。但是坐在屏幕前入迷的电视观众们很难在转播中看清任何东西。在倾盆大雨中，他们只能很模糊地辨认马匹和骑手。裁判们是如何对这次赛事进行评分成为奥运盛装舞步历史中的奥秘，但对于德国队来说，这使他们在团体赛中得到了金牌！虽然约瑟夫·涅克曼在个人比赛中滑落到第5名，但在雷雨中他骑着自己的马为自己的国家取得了最高的荣誉。获得胜利后，约瑟夫绕道回国，他第一站去了中国台湾，与当地最大的橡皮艇制造商建立了联系，他的产品将成为涅克曼公司野营板块的新热销品。东道主徐先生在涅克曼参观他的企业时让一些孩子们挥舞着小旗子，"我们简直不敢相信自己的眼睛"，约瑟夫在他的回忆录中描述，"在孩子们挥舞的一些旗子上甚至还有纳粹的'卐'字符。"

参观了中国台湾以后，接下来是韩国，在此，约瑟夫·涅克曼为他公司以后的货源确定了方向。之后，他经过阿拉斯加飞往纽约。在纽约，他要见的人越来越多。一个奥运冠军能够亲临现场，这正合美国商界的胃口。多年来，约瑟夫在这里交了很多商界朋友：摩根信托的银行家、耶稣普-雷蒙特公司的金融经纪人和大通曼哈顿银行的董事长。约瑟夫还找到了新的合作伙伴，这家公司叫"全美互惠保险公司"。跟这家公司的第一次接触也是约瑟夫的儿子彼得主动找上门去的，他借参加一个纽约方面组织的关于联邦德国贸易的讲座之机办了这件事。通过跟这家美国保险公司建立起来的合作，涅克曼成为联邦德国提供最廉价汽车保险的公司。当然涅克曼汽车保险的条件也是最严苛的：不管是谁，即便是第一次酿成车祸，即便是轻微的擦伤，那么他的汽车保险合同就会解约。涅克曼引用了美国的惩罚规则，谁是肇事者，谁就会倒霉。

在拖拉机上萌发的爱情

在此期间，涅克曼的二儿子约翰内斯也开始对"大苹果"[1]熟悉起来。1962年，他进入著名的纽约大学商学

---

[1]大苹果：纽约的绰号。——译者注。

院学习。在回家探望父母时，他向他们介绍了他的爱人英格伦·默克尔（茵基）。约翰内斯的这段浪漫史始于一台拖拉机。在一次长岛举行的金色单身汉的农村派对上，这位来自比绍夫斯维森的高中毕业生、音乐专业的女大学生引起了约瑟夫·涅克曼的这个"穷儿子"的注意。约翰内斯真的一直把自己称作"穷人"，这是因为"我父亲对我管教很严，给我的生活费很有限，我住在莱克星敦街和第50街交界拐角处的一个小公寓，窗户面对内院，这个公寓最大的好处就是旁边就有卖酒的商店"，约翰内斯后来回忆道。

英格伦·默克尔被高级时装模特公司接到纽约发展。她的行李箱中装着皇冠、绶带和权杖。英格伦曾获得"1960年德国小姐""1962年欧洲小姐"的桂冠并因此代言着各种品牌广告。此时的约翰内斯身穿着一件有些磨损的斜纹软呢夹克，他对英格伦一无所知；而另一方面，茵基对涅克曼这个名字也毫无知晓，在这样的基础上双方才产生了感情——最起码，约翰内斯喜欢讲述这个版本的故事，"对茵基来说，她终于找到一个可以与她平常相处的人了，这个人就是我"。

约翰内斯的父亲约瑟夫·涅克曼一开始对英格伦持有偏见："一个美丽的女人天生也能够聪明能干吗？"约瑟夫后来在他的回忆录中承认自己曾有过这种想法。而约翰内斯不愧是家中的小儿子，只要他想要的，他都能得到。他的父亲最终还是同意了他们的婚事："我们的约翰内斯像巴洛克王子一样，身边站着一位选美王后。"

1966年5月，约翰内斯和英格伦举行了婚礼，这对夫妇驾驶着一辆用康乃馨装饰的凯迪拉克弗利特伍德轿车穿过法兰克福，这一切都很符合他们的身份。"任何人都可以去法兰克福大教堂参加这场婚礼，这很符合涅克曼家族的风格"，媒体这样报道，同时还带点讥讽的口气写道，"婚礼嘉宾的礼服都不可能是来自涅克曼商品目录上的产品，其中约瑟夫·涅克曼妻子身上的礼服最引人注目，涅克曼夫人身穿一条柠檬黄的裙子，带着一条托尼·希塞公司的瑞士高端头巾，新娘的母亲则穿着一件不显眼但非常优雅的褐色连衣裙。"

新娘戴着的首饰非常引人注目。"她在教堂里先是戴着一串珍珠项链和一块镶有祖母绿宝石的铂金手镯，后来在黑森州的宴会上，她又换了一条珍贵的祖母绿宝石项链，那是她丈夫送给她的结婚礼物"。值得一提的是婚礼的自助餐："餐桌长达9米，桌上摆满了鲟鱼、鱼子酱、三文鱼、鳟鱼、烤鸡、野味和其他肉类。大约有200位嘉宾受邀参加了这场婚宴，但社会名流们都没出席。"

全勤的员工

还没等到约瑟夫·涅克曼从东京回到法兰克福，从日本发过来的第一批箱子就到了。这是第一批"涅克曼环球牌"电视机。在拆包时出现了让人十分恼火的状况：电视上没有开机键，补上开机键的工费提高了电视机的价格。经过精确计算，得出这样的结果：每卖出一台电视机都会带来亏损。约瑟夫·涅克曼绝不允许这种事情在他这里发生，他毫不犹豫地让自己的技术人员飞往日本。

涅克曼公司的发展速度惊人，1965年，为了扩大自己的连锁店，涅克曼在柏林的康德路开了一家新的百货公司，跟弗利克合作的时候，这个项目曾一再被弗利克阻挠。涅克曼公司在法兰克福、达姆施塔特和埃森的服装厂一共雇用了14297人，在法兰克福调度中心的员工人数增至3811人。

在每年一度的庆典中，"全勤员工"的数量增加到262个。全勤员工是指那些在公司工作了10年，而且1天都未缺勤的员工。这些人1天都没有病过！在当时，这些人一定拥有如铁板般结实的身躯，他们中有断臂后一打完石膏就马上回到工作岗位上的人，这种情况很常见。员工们很在乎涅克曼公司的奖罚规则，害怕自己一旦失去1分后就会失去领取到忠诚奖金的机会。在年底的公司抽奖活动中，员工们可以抽到价值很高的奖品。在"全勤员工"中举行的抽奖活动里，头奖是一辆大众甲壳虫汽车。

去马洛卡岛屿[1]旅游

在1967年印发的约450万份夏季目录中，涅克曼提供了大约1万种商品。其中最受欢迎的是一份旅游报价：在马洛卡岛屿旅游3周的价格为747马克，这个价格包含机票、住宿以及一日三餐的费用。弗利克曾经对涅克曼进入旅游业的计划嗤之以鼻，但是预订度假旅行的人数很快就创下了纪录。

---

[1] 马洛卡岛屿位于地中海西部，是西班牙巴利阿里群岛的最大岛屿，著名的旅游目的地。——译者注。

1963年，约瑟夫·涅克曼第一次在一本6页的折叠小册子中提供了旅游行程报价。报价有乘飞机途经西班牙太阳海岸到马洛卡岛旅游，还有到南斯拉夫、罗马尼亚和突尼斯等地的旅游。从一开始，就有约1.8万人在涅克曼的目录中订了他们的理想假期的旅游地，因为没有其他旅行社能提供这样低廉的价格，也没有其他机构提供这种"全包"的旅行。价格范围从338马克的马洛卡两周游到425马克在罗马尼亚黑海边的马马亚食宿全包两周游。旅游业务刚开始就获得了总共800万马克的营业额。

联邦德国人很需要弥补。希特勒时代，旅游受到了限制，战后旅游业彻底崩溃。联邦德国政府于1954年开放了跨境旅游的交通枢纽。那时，人们可以兑换1500马克的外汇，于是人们争相涌向"美丽的意大利"，联邦德国将很快成为世界旅游冠军。联邦德国人不仅是借助汽车旅游，伴随着"我们乘飞机去度假"的口号，20世纪60年代，联邦德国的旅游热潮开始了。

为了与时代精神保持同步，1963年，涅克曼与汉莎航空的子公司神鹰公司签署了合作协议。从那时起，那些在西班牙、突尼斯或肯尼亚从英国飞机Vickers Viscount[1]上走下来的乘客摆脱了"涅克曼人"的绰号。这些联邦德国游客占据了太阳海岸的海滩，并将亚得里亚海沿岸变成了"日耳曼人的烧烤场"。想要和自己在民主德国的亲戚、老朋友以及熟人见面的联邦德国人，便将旅游地定在罗马尼亚的游泳天堂马马亚或在拥有"黄金海岸"之名的

---

[1] Vickers Viscount是英国维克斯-阿姆斯特朗斯公司（Vickers-Armstrongs）设计的使用中程涡轮螺旋桨发动机的客机。——译者注。

保加利亚瓦尔纳。

　　由于旅游业获得了巨大的成功，涅克曼的旅游部门便从公司里独立出来。1965年，涅克曼独立的旅游有限公司成立。那时，人们四处都可看到印有N-U-R[1]字样的旗子。黎巴嫩作为"中东的瑞士"成为人们下一个梦想的旅游地。从巴勒贝克地区[2]白雪皑皑的山峰直至地中海边令人眼花缭乱的黎巴嫩赌场里的肚皮舞者，这是一个如《一千零一夜》童话里的王国。自从航空公司引进了传奇的波音720机型以后，涅克曼的旅游业务扩展到埃及和肯尼亚。在这些旅游地，当地人对联邦德国游客的欢迎方式很是怪诞，他们在他们出售旅游纪念品的摊位上用一块木牌子写道"给小涅克曼的便宜的雅各布[3]"。在西班牙的超市里，写着这样的广告语："你不用去瞧涅克曼——我比他更便宜！"

　　"涅克曼人"的旅行热很快也带来了弊端，邮递百货公司老板在自己的回忆录中第一次这样写道："把到曼谷去的旅游完全与性旅游联系在一起，是非常荒谬的，这也是一种诽谤。"但这位"联邦德国旅游统帅"不得不承认，最初曼谷的旅游项目的确是针对那些——年轻、热爱旅行的单身汉们，对于这类人来说，曼谷无疑是最理想的度假胜地。这个项目的广告想法来自涅克曼公司的市场营销部门，经过调查，预订曼谷旅游的游客40％来自保龄球俱乐部以及类似的男性协会，他们的订购都是集体订购；

[1] N-U-R：德语"Neckermann und Reisen"的缩写，意为涅克曼和旅行。——译者注。
[2] 指"巴勒贝克神庙"，黎巴嫩著名古迹，位于黎巴嫩贝卡谷地外山麓。——译者注。
[3] "便宜的雅各布"是对以较低价格出售商品的商人的别称。——译者注。

另一方面，约瑟夫·涅克曼强调了他对于教养旅行的贡献："通过我们所提供的廉价旅行，大家都能够对印度、尼泊尔、泰国等文化有所了解，后来还能了解日本、中国台湾以及印度尼西亚巴厘岛王国的文化。"

你可以用极低的价格就能够了解到各路神灵、妖怪，亲眼观看到宝塔。只要你付1595马克，就可以要么在锡兰（今斯里兰卡）戏水，要么到印度去参观寺庙。涅克曼公司还更新了欧洲东部的旅游项目，你可以乘坐火车穿过苏联到波希米亚地区的卡尔斯巴德温泉、玛丽亚温泉去疗养。

"自己动手，邮递百货公司老板这么对自己说。"《图片报》写了一篇关于约瑟夫·涅克曼的假期的文章，他于1966年夏天和妻子安娜玛丽一起，带着自己的旅游公司飞到了特内里费。在一次简短的采访中，他表示："马肯定会留在家里，在休假中我不想见到它们。我也不会带上照相机，也不想去参观大教堂，我也不去参观游览——我只想游泳、休息，完完全全把我自己献给我的妻子。"

碧姬·芭铎的阳台

约翰内斯和茵基此时正在巴黎度蜜月。他们计划在巴黎待上1年。在第16区保罗罗杜摩尔大街的16号，他们租下了一套带阁楼的独栋复式住宅。对于极少有朋友和熟人来拜访他们，这对年轻的夫妇并不抱怨。他们的兴趣在于窗外的风景，他们观察到：在一个屋顶露台上经常有一个穿得很少的金发女郎出现——这位女郎就是美若天仙的芭铎。

除了参加众多派对以外，约翰内斯还在香槟王朝泰廷格和卢浮宫百货公司完成了他的实习。在百货公司里他担任衬衫销售员，他穿着最引人注目的衬衫，衬衫上面带着褶边，就像披头士乐队里的人穿的那样。1年后，"轻松自如的波西米亚人生活"结束了。1967年，约翰内斯加入他父亲的公司，最初他在父亲身边担任私人助理，后来担任了广告、营销总监。1967年9月24日，约翰内斯的儿子卢克出世。做了父亲的约翰内斯对他的妻子英格伦报以极大的信赖，相信她一定能胜任自己新的角色："她很高兴不用再忍受那些关于她个人和美丽外貌的评头论足，可以全身心地投入到家庭生活中。"

分红的魔法

涅克曼公司的元老在股东大会上接管了公布公司年终结算报告的任务。1966年，结算数字令人十分满意：公司销售额增加了两亿，达到13亿马克，其中，8.07亿是百货公司的份额。1967年，销售额又实现了1亿的增长。"销售额连年增长，这表明公司在壮大"，彼得·涅克曼强调说。在公司的新领域，收益相对薄弱：涅克曼旅游公司的销售额为8670万，新近成立的涅克曼私人住宅有限公司的销售额为1670万，奈库拉保险公司的保费收入为1070万马克。

与此同时，彼得·涅克曼提到："公司的逐步扩张需要增加额外资金的注入。"记者明确地把握了他这番话的意思，这就是：涅克曼公司迫切需要再次增资。因为尽管1967年的销售额达到了十多亿，但纯利润仅是1640万马克，比去年少了260万，其原因在于成本增加、利润率下降和邮资上涨。

尽管如此，涅克曼公司仍然支付给股东们12%的红利。"这纯粹是一种魔法。糟糕业绩的受害者不是股东，而是公司企业本身。"直到那时，《法兰克福汇报》的商业部记者才注意到这个事实。大多数观察员产生了这种怀疑：约瑟夫·涅克曼对于利润并不十分感兴趣。在商业伙伴的小圈子里，人们私下议论道，涅克曼只有一个目标："扩张并激怒竞争对手。"8500万的原始资金刚刚增长了2500万马克，他就开始再次扩张他的帝国：他扩建了他位于哈诺尔公路上的调度中心。在法兰克福西北部的中心位置，涅克曼又成立了一家面积为7万平方米的涅克曼百货公司，这是在法兰克福的第二家涅克曼百货公司。

涅克曼百货提供的商品价格狂跌：在涅克曼那里可以买到联邦德国最便宜的彩色电视机。你只要支付4750马克就可以买到摆在花园中的名为"休闲"的度假屋[1]。这种度假屋的面积为20平方米，是由一个组合起居室、卧室、带厕所的储藏室构成的，它拥有防寒功效，在冬天也可使用。"涅克曼考虑到了一切，考虑到了每个人"，《法兰克福评论报》写道。涅克曼公司甚至将猪肉邮购价格从每千克2.39马克降至每千克2.25马克。在涅克曼那里还可以订购联邦德国最便宜的貂皮大衣，只要4000马克，而不是像其他地方那样需要8000马克。

---

[1]度假屋，是专为用户度假而设的房屋，度假屋一般建于度假胜地，或者远离都市的郊外地方，可租住或自建。——译者注。

药剂师和牙医得到的红利

1967年9月1日，涅克曼公司也开始用自己的基金从事投资业务。在涅克曼新成立的投资顾问公司里，电话声响个不停。来自法兰克福的鲁道夫·莱曼记得："我当时正在大学里学习工商管理，想要赚点外快，听说涅克曼公司需要人手来通过电话销售基金和股票，干这活要求知道的东西不多，我们拿到了牙医和药剂师的名单，然后给他们打电话，告知涅克曼公司新出售这样的新东西，他们可以通过它赚到钱。这就够了。顾客疯狂地购买了这些股票。那时，一切打着涅克曼这个名字的东西都非常畅销。"

在伊比萨[1]岛上的度假房屋也在抛售。当鲁道夫·莱曼和一群医生、律师来到这个岛上时，他们准备在此待两天。此时莱曼都没有必要再亲自去建筑工地了。"我们去了一个酒窖，点了很多红酒。顾客们甚至没有看看图纸就不加考虑地购买了那些度假房屋。在两天内，整个地区所有的度假房屋和别墅都卖光了，我在两天之内就提成了3万马克，当时还是学生的我就购买了一辆保时捷，"涅克曼帮你实现这个可能！"

涅克曼这个名字代表着德国有史以来最大的贸易扩张。在第二次世界大战中战败后，上天似乎是用这个名字为德国做出了巨大的补偿。"就好像天堂把这个人派给了我们德国人一样。"一位名叫库尔特·迈尔的读者兴奋地写了一封信给《法兰克福评论报》。这是涅克曼的魔力。彼

---

[1]伊比萨岛，位于地中海西部，是西班牙巴利阿里群岛的一部分，位于主岛马洛卡岛西南88千米。——译者注。

得·涅克曼在股东大会和新闻发布会上谈到公司困难的经济状况，这之后，他的父亲充满激情地发表了自己的新观点，约瑟夫·涅克曼的这些新观点让听众听得头晕目眩。

当时，一些在场的见证人认为，约瑟夫·涅克曼这个人最适合当联邦德国的新领导人，他比那些只会无休止地辩论的政客们更强大、更充满活力。在1967年秋季的新闻发布会上，约瑟夫·涅克曼发言的那一刻令人难忘："我们拥有欧洲最大的邮购订单。在这个行业的历史上从来没有一家公司拥有过一本868页的商品目录，从会说话的鹦鹉到私人住宅，无所不有。"

"涅克曼系列"有自己的价格：单单是产品目录的制作，每份就需要8马克。一次发行500万份，总共花费约4000万马克，一年支出高达8000万马克。凭借这一巨大的发行量，即便是所有商家中最有影响力的人想要与涅克曼争夺市场的全面统治权也不过是一种妄想。在人们的心中，他俨然成了使一切成为可能的财富总理。涅克曼公司凭着严谨而全方位的思考和组织能力，在所有消费领域提供商品，包括一些边缘活动所需品：从数百万的投资业务到男性俱乐部的性旅游，这意味着一个长期战略的胜利，一个维尔茨堡煤商的儿子通过其低廉的商品价格最终收买了全联邦德国的民心。

第二十四章 为我的马术生涯加冕的最佳地点
——涅克曼为联邦德国申请奥运会的主办权

　　1967年5月26日，联邦德国体育援助会建立了。6月12日，该会在法兰克福选举第一任领导人，这次选举的候选人只有一位，这就是约瑟夫·涅克曼。乔治·冯·奥珀作为第二位要人退居董事会，此人过去曾属于联邦德国奥林匹克委员会，而这个委员会的任务已被计划在体育援助会的范畴内了。这是威利·道穆的主意，此人是国际奥委会的成员，自1961年以来担任联邦德国奥林匹克委员会主席，他的目的是使联邦德国在国际体育方面名列前茅。"凡是可能拥有天赋参加奥运会的人都应该得到鼓励，比如，这些人可以获得奖学金，拿到训练和参赛的补贴，如果这些人在训练中受伤，他们还可以拿到治疗费和误工费。

　　1913年，威利·道穆出生于上贝尔格的许克斯瓦根，此人曾是一名狂热的体育干部，这一点跟约瑟夫·涅克曼如同一个模子刻出，尽管他身材较矮小，但1936年他却在柏林代表德国参加了奥运会的篮球比赛。道穆在竞技上虽说没有多大建树，但他却在体育领域官运亨通。他报名参加了纳粹党，1937年5月1日获准入党，党证号为"6098980"。二战期间，他负责各项体育活动的顺利开展。那时德国的大多运动场被摧毁，但在这样的条件下他还组织比赛。在道穆的生涯中有一件不光彩的事情——在战争即将结束的前几天，他与其他几位帝国的体育干部曾命令年龄约在16岁的希特勒青年团成员们以及国家体育的新生力量去抵抗苏联对柏林帝国体育大厦的进攻，使得这些年轻人无谓地献出了自己的生命。但在投降时，道穆自己却成功地"消失"得无影无踪，一些历史学家为此挖苦说，他以此展现了自己在体育方面的巨大成就。

1949年，道穆作为德国手球联盟的主席再次现身。1950年他创立了德国体育联盟。此外他还作为实业家接手了一家位于多特蒙德港口的机器制造厂，这家工厂不久就为他带来了上百万马克的盈利。凭借他的野心，他为自己获得了各种官职，目的是有朝一日成为世界上最强有力的体育领导人。要达到这个目的，他需要来自工业方面的支持。1960年罗马奥运会后，他找到了约瑟夫·涅克曼，希望能够得到他的支持，听到他对自己热情的赞许。然而约瑟夫·涅克曼很着迷于马术运动，同时又忙于自己公司的事务，无暇顾及。但道穆却没有因此而放弃。"他需要约瑟夫本人和其生意上的关系来实现他的计划"，《法兰克福评论报》这样写道。

道穆是个极会利用关系网的人，同时也是一个极为虔诚的天主教徒。道穆的"魔法"确实产生了"巨大的效益"。1965年秋天，道穆与约瑟夫会面时第一次谈到了他的想法，约瑟夫——这位奥运会骑手立刻对他的想法表现出了极大的热情："要在联邦德国举办奥运会。"

从这一刻开始，重温往日柏林奥林匹克的凯旋这一强大的使命感将这两个人紧紧地结合在了一起。1965年12月30日，位于洛桑的国际奥林匹克委员会办公室收到了一份申奥书。5周后，71位国际奥委会成员、122个国家奥委会和40个国际体育协会都收到了一份完整的有关在慕尼黑举行奥运会的申报材料，同时申请的还有底特律、马德里、蒙特利尔，最终提案的决议在罗马进行。约瑟夫·涅克曼把这个地点看作是吉祥的象征。他向道穆保证："您等着瞧吧，我们一定能胜出！"1966年4月26日，在第二次投票中，慕尼黑的票数高于蒙特利尔，获得了1972年奥运会的举办权。

在联邦德国仅有部分人为这条消息而欢呼，与此同时也招来了警告的声音，评论家们认为："德国不应该再成为奥运会的举办者了，全世界都会把对德国的记忆跟1936年的柏林奥运会紧紧联系在一起。"道穆带着极大的热情开始召集所有顶尖名流，想要给慕尼黑营造一个良好的气氛。约瑟夫·涅克曼成了这项筹备活动的领头人，他毫不怀疑，"德国必定要在这个盛会上展现出一个强大民族的姿态"，他已经准备好为此全力以赴。威利·道穆搬到了慕尼黑附近的费尔达芬，为了在当地更好地开展活动，约瑟夫·涅克曼成了他在法兰克福的非官方奥运会"总督"，他支持并相信道穆的这一杰作会完美成功。

约瑟夫·涅克曼参与组织奥运会的动机是为了民族的

永恒而奋斗，他的思考格局如同瓦格纳，宏观地看待局势是他们的思维标准。德国应该像1936年那样，通过奥运会重新找回它的威严。体育上的成就会给德国带来精神治疗。约瑟夫向体育援助会的那些培训生们发出了口号："为了取得世界级的成绩，你们必须准备好付出更多努力。"

耳光和上勾拳

然而，体育援助会的成员会议就像一个阴谋。按照新的组织形式，以前的联邦德国奥林匹克委员会的权力要被削弱。哪些运动员有资格得到扶助金，约瑟夫·涅克曼决定后再与道穆协调。"此事关系到争取国家、民族的尊严和荣誉，对于道穆来说意味着对于祖国的责任和忠诚"，道穆的传记作者卡尔·阿道夫·谢尔这样写道。

乔治·冯·奥珀被选举为体育援助会的董事，他被看作是一个能对威利·道穆提出尖锐批评的人，其他体育干部一致认为，这种局面应该得到一定的控制。奥珀是奥珀汽车公司创立者的孙子，在他年轻气盛时曾在赛艇比赛中获得7次冠军，在东京的奥运会上他成为金牌得主。从1966年起直到1971年去世，他都是国际奥委会的成员。"因此，权力被削弱了的联邦德国奥林匹克委员会无论如何都想让乔治·冯·奥珀作为密探，活动在体育援助会里，这样他们就可以通过这个内应及时了解体育援助会的发展动向"，弗雷德·格尔玛是体育援助会的组建人之一，他这样讲述道。格尔玛是老的一批体育援助会董事中在约瑟夫·涅克曼时期唯一一位还活着的体育干部。

从1967年起，艰巨的任务落在了弗雷德·格尔玛的肩上。约瑟夫·涅克曼不断施加影响："大家都知道，格尔玛这个人非常慷慨大度，他对马术非常上心，恨不得把筹集到的捐款中的大部分都投入到马术训练中。很难阻止他这样做，因为他本人就是筹款人。尽管如此，也没听到有人对他恶言相伤。对我们来说，他就像一位极好的父亲。我们并不是在他手下任职，而是他的义务帮手。这其中包含着巨大的区别。"

约瑟夫·涅克曼专横的领导作风招来了许多争议。对待联邦德国的体育事业他非常苛刻。在一次公开场合上，他在台上公然指责一部分干部，称他们是"叫苦连天干不成事的人"。他以明确的方式表达了自己的愿望："我们不要被甩出世界体育大国的行列！要再次展开与民主德国的竞争！"

1964年东京奥运会奥运圣火熄灭时，来自联邦德国和民主德国的运动员们最后一次共同唱起了贝多芬的《欢乐颂》，他们共同赢得了50块奖牌，这是自1936年以来德国奥运史上取得的值得庆贺的巨大成功。然而，1968年，在参加墨西哥奥运会前，联邦德国和民主德国共同代表德国参加奥运会的政策结束了，在体育方面也出现了"冷战"的局面。他认为，奖牌的竞争关系着国际政治舞台的地位。

"当约瑟夫·涅克曼说'体育'这个词时，总带着弗兰肯地区方言的口音，他把这个发音拖得很长"，卡尔海因茨·克鲁格回忆道。此人是位于维尔茨堡的约瑟夫·卡尔·涅克曼煤炭公司代理经理的儿子。作为约瑟夫·卡尔·涅克曼在1905年创建的赛艇社团的成员，小克鲁格一直做到了联邦德国赛艇协会主席。在一次体育援助会的会议之后，约瑟夫·涅克曼充满信任地把他叫到一旁，干劲十足地对他说道："你得抓紧时机做出点什么了，现在赛艇运动员的问题不少。"卡尔海因茨·克鲁格对此十分了解，他补充道："对于约瑟夫·涅克曼来说，只要关系到体育的问题，他是绝对不会轻易放过谁的。"

在其他事情上，约瑟夫·涅克曼也从来毫不示弱。有一个关于约瑟夫·涅克曼开车方式的故事，这个故事很能说明约瑟夫为人处事的作风：约瑟夫开车总是风风火火，一次，当他被另一个飙车的人抢道超了车时，他就一直跟着这辆车直到两辆车都因红灯而停下来，这时他从自己的车中跳出来，跑到抢了他道的那辆车前，拉开车门就给了司机一耳光。

有关他的传奇故事还有一个，是讲约瑟夫·涅克曼给了为他养马的人一记上勾拳的故事。约瑟夫明确规定，他的马匹不能过木桥。可是一天，在一场暴雨过后，约瑟夫的养马人——这个不走运的家伙却违背了约瑟夫的规定，为了抄近道，他牵着约瑟夫昂贵的母马委内提亚走过木桥，委内提亚在潮湿的木板桥上滑倒了，弄伤了踝骨。约瑟夫没有责骂，而是挥臂一拳击倒了对方。那位养马人被打倒在地上，但是没有被解雇。约瑟夫对此表示说："他再也不敢违背我的规定了。"

体育之神的宝塔屋顶

1967年10月13日，联邦德国财政部部长弗兰茨·约瑟夫·施特劳斯、慕尼黑市市长汉斯·约亨·福格尔和奥运会组织者威利·道穆齐聚在慕尼黑市政厅长长的会议桌旁，桌后面聚集着一大批新闻记者。在会议桌的中间放着一樽拥有未来主义风格的建筑模型，看上去像一条飞翔的龙，这条龙围绕着一座高220米的高塔，这座高塔属于为慕尼黑奥林匹克运动会计划修建的建筑物之一。埃贡·艾尔曼曾是涅克曼公司法兰克福运输中心的建筑设计师，此次是奥运会建筑评审委员会的主席，他全力支持斯图加特君特·贝尼诗建筑公司的设计。约瑟夫·涅克曼也为这种大胆的设计感到兴奋不已，他是最先举双手赞成这个设计的人之一，这种设计形式不禁让他想起了自己在日本看到的建筑物。"这个宝塔的顶部看上去就像远东神祇的寺庙一样"，他认为，"这就是为我的马术生涯加冕的最佳地点。"

　　埃贡·艾尔曼此时属于涅克曼商界圈中的好朋友。1963年，涅克曼私人住宅有限公司成立，这家公司设计了第一批预制装配房屋的草图。在此之后，房屋构图设计也逐年优化，安装也逐步完善。1967年，"帕克林奢华房型"横空出世，这种房型的建造速度打破了以往的纪录。一队受过特殊训练的房屋建造工人和水电工可以在8小时内完成一栋200平方米房屋的组建。在1972年举办奥运会的这一年，涅克曼公司预制装配房屋的销售创下了历史新高：5500套。让约瑟夫·涅克曼感到非常高兴的是："在买房屋的同时，人们当然也会在涅克曼百货公司购买装饰品、厨房设备、洗澡间用品、地毯、瓷砖和家具等。"

在成就的巅峰上

当一个人的梦想接连不断地实现以后，就会很容易失去对现实的洞察力。成功使约瑟夫·涅克曼如坐云端。55岁的他已有三十多年的丰富贸易阅历——这一阅历刻画了他个人的特性。约瑟夫的许多非传统解决问题的方法以及他巨大的成功为他的专制思维奠定了基础。他认为，在处理问题方面只有一个人的方法是正确的，这个人就是约瑟夫·涅克曼。每天都踏入犹如现代金字塔的宏伟邮购中心的确不容易，要在这个邮购中心里像法老还活着的时候一样确保自己永久的名望并且同时还要听取别人的建议就更难了。约瑟夫是一个大集团公司的总裁，这个集团里包括邮购公司、百货公司、服务公司、金融公司、保险公司、筑房公司和旅游公司等，尽管财政时常处于紧张状态，但他永远处于不败之地。是约瑟夫创建了这些公司，现在它们自行运转着。

那么还有什么该去做的呢？约瑟夫·涅克曼想要为国家增强体育上的荣耀。要把德国推向奥林匹克运动会的顶端，这对于约瑟夫来说是更上一层楼。《明镜周刊》这样写道："骑手、体育援助会的领导人涅克曼，不再用更多的时间来为自己的企业工作……涅克曼，这位集团总裁，早上用骑马开始自己的一天，接下来的时间是埋头处理公司的各种事务，到了晚上，庞大的体育援助会又让他忙个不停，他管理体育援助会的各项事务，这是他的业余爱好。"

一开始就有一项艰巨的任务要去完成。这个任务就是新的组织需要一个管理委员会，管理委员会成员的名单关系到为体育援助会拿到上百万马克的募捐。"我动用了我的各种关系，亲自上门去邀请这些要人"，约瑟夫·涅克曼在他的回忆录中这样写道，"我给这些要人写信，每天跟他们通上数小时的电话，向他们讲解这其中的重要性，去说服他们加入。如果这一切都还不奏效，我就重新使用我劝说的本领，从头到尾再来一遍。"

通过艰辛的历程，一个德国慈善史上高质量的委员会最终组成了。委员会的最高领导人是拳击偶像马克思·施梅林和20世纪30年代的传奇——"网球男爵"戈特弗里德·冯·克拉姆。委员会的成员中有各行业的重要人物，如埃贝哈德·冯·布豪西彻、出版商弗兰茨·布尔达、《明星周刊》的发行人亨利·南恩、欧洲最大的电台和电视大王马克思·格林迪西、保险帝国王朝的汉斯·格尔林、百货商场之王的海尔穆特·赫腾、西门子集团公司老板皮特·冯·西门子、轮胎巨头维利·考斯等，此外，奥托邮递百货公司的维尔纳·奥托，甚至连约瑟夫的宿敌古斯塔夫·施克唐茨也加入了委员会，涅克曼与施克唐茨两家公司多年的不和就此结束。

该委员会的成员有宝马、戴姆勒-奔驰、大众、拜耳、赫希斯特、汉莎航空、赫伯罗特船舶运输公司、德意志银行、德累斯顿银行和德国商业银行等企业及金融机构的领导人们，他们与联邦德国总理库尔特·乔治·基辛格、联邦德国总统海因里希·吕布克、财政部长弗兰茨·约瑟夫·施特劳斯、内务部长保尔·吕克和国防部长格哈德·施罗德一同在忙着奥运会的筹划准备工作。工会的领导人和协会的主席也齐心协力地努力，这可是德国有史以来最得力的委员会了。约瑟夫·涅克曼笑着说道："具有国家代表性的任务已经转移到体育上了。"

最先得到资助的运动干将之一是一位年轻的女孩子，她叫海德·罗森达尔，出生于威利·道穆的家乡胡克斯瓦根，就读于科隆才建立起来的体育高校。在一次德国电视二台的访谈中，这个女孩讲述了体育援助会是怎样进行运作的："中午，我们的午饭定在学校旁边的一家饭店，给我们的早餐和晚餐是一包食品，就是这些了，但是这对于我们来说已经很多了。这一切让我们感觉到，有人在关心我们，我们并不是在孤军奋战。"这个"有望参加奥运会"的田径运动员，在1972年的慕尼黑奥运会上充分发挥了自己的长腿优势，比其他人都跳得远，她以6.78米的出色成绩获得了跳远金牌。8天后，这个女孩作为联邦德国4×100米接力赛中的最后一棒，以0.14秒的优势领先民主德国运动员蕾娜特·施泰谢，和队友们一起创造了该项目42.81秒的奥运会最新纪录，为联邦德国赢得了金牌，也达到了自己事业的最高峰。德国电视二台对她采访时，她回顾道："在1964年的奥运会上，我还是一个坐在看台上的观众，当时的气氛极大地鼓舞了我，当时还是17岁的我就说过，'无论如何都要加入比赛的行列'。从体育运动的角度来说，我有很棒的父母，拜耳集团是我的母亲，涅克曼集团是我的父亲……"

第二十五章 反对紧急状态法和涅克曼
——奖牌的背面

1968年10月12日，墨西哥城奥运会开幕。在马匹乘机从墨西哥城返回的路上，有两匹参加过奥运会的马因为在飞机上烦躁不安而不得不击毙，这也是为了防止它们引起其他马匹的不安。幸好这两匹极其昂贵的黑马不是约瑟夫·涅克曼的。此时56岁的约瑟夫已是联邦德国队参赛者中年纪最大的了，他刚经历了自己人生中的第3次奥运会。在奥运盛装舞步团体赛中，约瑟夫·涅克曼、莉泽洛特·临泽霍夫和赖讷·克利姆克3人组队，成功战胜了苏联队，再次获得该项目的团体赛金牌。

在个人计分中，约瑟夫·涅克曼输给了苏联的骑手伊万·基斯莫夫。最气人的是，约瑟夫本在第一轮比赛中以40分领先，但在后来的跳跃赛中爱马玛利亚诺却失误了。

约瑟夫·涅克曼不厌其烦地向新闻记者解释背后的

原因："马厩离墨西哥的赛马体育场坎普玛特太远，决赛的时候，不知什么原因，运输上出现了问题，马匹到比赛开始的最后一分钟才抵达场地。一开始，我们就没有足够的时间进入'准备起步状态'——正如马术专业用语说的那样，起步状态是为了让马匹放松。"此外，玛利亚诺在运输过程中还出现了肌肉痉挛："它在比赛前都无法排便。"这样解释太富有人情味了。约瑟夫还强调："当它在变速奔跑失误时，我就在马鞍上感觉到了，这次我们是赢不了。"

约瑟夫·涅克曼在奥运会上的失利演变成了国际性的政治事件。"装甲少将"霍斯特·尼马克，这位坚不可摧的联邦德国马术队首领以极其尖锐的形式表达了自己的批评态度："我们看到，苏联马术的训练方式是杂技似的，而在今后，这项盛装舞步的贵族运动正受着苏联的威胁。"来自列宁格勒（今圣彼得堡）的金发奥运会盛装舞步获胜者伊万·基斯莫夫轻松地回应了尼马克的批评："在苏维埃共和国没有等级差异，因此也不存在享有特权的体育运动形式，谁有天赋，就会有机会得到资助并参与。"他的回应激怒了约瑟夫，此时约瑟夫把体育援助会看成是一个主要的促进联邦德国马术运动的工具，体育援助会的成员弗雷德·格尔玛眼下棘手的任务就是要阻止"涅克曼把大部分资金用于马术队的训练"。

在墨西哥城的那场记者招待会上，法兰克福盛装舞步三人组还明确表示，"跟苏联相反，在联邦德国，我们的盛装舞步马术运动是靠个人推动的。每个骑手都拥有自己需要训练的马匹，这些骑手拿不到外面的资助"。这种说法对约瑟夫·涅克曼很有利，他此时正计划为有天赋的骑手购买好马匹——这笔钱从体育援助会的捐款中支出。

奥林匹克的咖啡和点心

回国后，一向谨慎的约瑟夫·涅克曼在公开场合下用严厉和充满激情的言辞要求给予联邦德国运动员更好的待遇。在回国的航班上，约瑟夫就已准备好要在法兰克福机场召开的盛大欢迎会上的演讲稿："现代奥林匹克竞赛的发起者皮埃尔·德·顾拜旦曾说，'参与比取胜更重要'，但是他进一步解释道，'运动员们是为他们的国家、种族和国旗的荣耀而战斗'，在奥运旗帜的五环之下，涉及的是国家的威严，运动员成了其国家的代表，每个民族都想通过奥运会奖牌来证明自己。"

凯旋的车队从机场穿过整个法兰克福市，一直把约瑟夫·涅克曼送到他位于哈诺尔公路上的公司总部，四千多名公司职员向他们的老板高呼万岁，约瑟夫的大儿子彼得发表了欢迎词。他的父亲约瑟夫像一位军官般向大家致敬，他两脚一并，宣布："完成任务！"同时微微一笑。

值得一提的是，这次欢迎会不再是在市政厅举行，而是在涅克曼公司总部。市长威利·布恩德特不得不尽力讨好这位邮递百货大王，来到涅克曼公司总部表达自己对他的祝贺。"在放着咖啡和点心的巨大圆桌旁坐着各路要人"，《法兰克福评论报》这样写道。这些人享受着约瑟夫·涅克曼带来的荣耀，是约瑟夫使"法兰克福成了联邦德国最有成就的城市"，法兰克福市市长在欢迎词中这样说道。作为纪念，约瑟夫将他的战马的奥林匹克锦旗送给了这位市长。

1968年

1968年是所谓的"反对派之年"，反对派强烈地动摇了老式的传统原则。比亚法拉的种族屠杀等一系列事件震惊了世界，世界不再平静。在联邦德国，大学生们举行了反对越南战争和政府联盟政策的示威游行，这场抗议的范围扩大到针对联邦德国的社会关系。慕尼黑的一场反对派的集会造成了两人死亡，暴力四处蔓延。安德烈亚斯·巴德尔和古德龙·恩斯林在两家法兰克福的百货公司内纵火，尽管这两家百货公司都不是涅克曼旗下的公司，但是涅克曼应该很快就会感受到时局变动带来的影响。

新一代的顾客成长起来。1945—1948年之间是出生率高峰期，这个时期出生的孩子逐渐成为消费的主力军，涅克曼的神话对于他们这代人来说已不具有什么意义，这一代人完全不想跟他们父母那一代人，也就是"老纳粹"扯上任何关系。1939年，约瑟夫·涅克曼还给修建西部防御工事的工人们提供过羊毛毯；1942年，他还给纳粹德国国防军配置过冬季制服；谁要是想到这些事儿，就不会再到涅克曼的商店里购买冰箱，这样下去涅克曼很快就会成为"穷人的百货商场"。然而涅克曼公司却创下了营业额记录，这些记录能让涅克曼得到暂时的慰藉。

一如往常，约瑟夫·涅克曼还是按照他的经商理念来做生意："数量决定收入。"所有的努力都指向一个目标：提高营业额。但是公司的营业额与利润形成了鲜明的对比，开销如脱缰之马，得不到控制；竞争也提高了投资的压力。举个例子：当万乐成为创新领先者——联邦德国第一家丰富冷冻食品邮购提供商时，涅克曼公司马上也提供了自己的冷冻食品服务，顾客所订购的冷藏食品会免费通过冷藏车送到家门。但这项服务成果平平：在第一年，该服务的总营业额只有560万马克，这关系到威望，但是在约瑟夫看来，跟万乐保持步调一致是重要的，因为顾客对涅克曼不再像以前那样忠诚。顾客们根据季节减价品下订单，大家都在对比价格，维持着自己公正的形象。公司正在不知不觉中走向衰亡，然而约瑟夫对此暂时还没有察觉，这位奥林匹克骑手有其他太多的事情要做。

墨西哥奥运会一结束，约瑟夫·涅克曼就搬到了新的官邸，新的官邸展示出一个资本家的宫殿所该有的庸俗格调。在法兰克福郊外的别墅区，约瑟夫让人在一处巨大的花园中建造了一栋宽阔的单层平顶楼房。别墅的所在地离他位于格茨海茵的新马厩很近，为了能够更快地去到他的马厩，约瑟夫·涅克曼让人砍掉了沿途巨大的橡树，建造了一条乡间小路，还给它铺上了沥青。这项修建工程的申请得到了乡镇处的同意，之后约瑟夫自己承担了所有费用，当地消防队成员组成的乐队还为这次隆重的乔迁演奏了音乐。自此以后，女仆克勒琴也跟着享受着这一奢侈的住宅。按照老规矩，她住在安娜玛丽的母亲、被大家称为"女王妈妈"的阿克内斯·布吕克内旁边。这位八十多岁的高龄老妇人还定期阅读《法兰克福汇报》。不久，这家报刊就开始发表一些对"涅克曼帝国"现状进行批评的文章。每天早晨读完报纸后，约瑟夫的这位丈母娘习惯坐上车，坐在司机旁边。为了使大家不会忘记她，她把自己称为"4711"（总是带在身边），这是大众熟知的科隆香水的广告语。

在位于格茨海茵的训练场地，约瑟夫·涅克曼拥有一个自己的马厩。这间马厩用灰色石板瓦来搭建屋顶，狭长的马厩能够安放11匹马，各家受邀的报社记者们在此常常能观看盛装舞步的教学。在此期间，约瑟夫的马厩侍从也不可避免地被记者们注意到，此人便是弗里茨·巴兰诺夫斯基，是约瑟夫在马术方面取得成功的真正开拓人。在马术人圈子里，大家都知道，是谁把约瑟夫的马匹护理得如此精心，是谁日夜待在马厩里枕戈待命。约瑟夫总是很乐意向外透露有关他的马厩的信息，而且还很自豪地向别人展示他的整个马队，它们是维兰特、吉甘特、弗赖赫尔、冯克托姆、多卡托、普克等，其中一匹银灰色的马是女主人的。

安托伊内特——约瑟夫·涅克曼在东京奥运会的首席明星母马在此期间迁居到女儿艾薇那里去了。而那匹在罗马立下战功的英雄老马阿斯巴赫仍在约瑟夫处。作为一匹马，它已经28岁高龄，按照约瑟夫的说法，现在阿斯巴赫的任务就是当"保姆"，用它来看管那些年轻的马。约瑟夫还应该为慕尼黑奥运会再购买两匹新马，这两匹被看上的马分别叫"范·艾克"和"委内提亚"，在墨西哥获得银牌的玛利亚诺用来作为替补马匹——这匹14岁的银灰色马已经过了能取得最佳成绩的年龄，尽管玛利亚诺积极地参与所有的训练，但是用马泽帕来替代它也在考虑的范畴内。马泽帕这匹马看上去极有性格，它屹立在骑手身旁，一身棕色的毛发就像铜灌注的一样。约瑟夫只要把手伸进自己的口袋，这匹马马上就会活泼起来，"一有糖吃，就表示它一天的工作结束了"，马的主人这样解释道。

涅克曼邮递百货公司的生意在大儿子彼得·涅克曼和13个授权人的领导下几乎可以自行运转。他的父亲如果不是正好在马厩里，就是在忙于组织大型慈善活动。单单为了请赫伯特·冯·卡拉扬在法兰克福剧院为一次慈善募捐演奏一场音乐会，这就够约瑟夫·涅克曼耗费足够多的时间，光是写信和打电话还不够，约瑟夫还必须亲自到萨尔茨堡请这位音乐大师。1967年，这位音乐大师在萨尔茨堡创办了自己的固定音乐会。会见卡拉扬的日期是在卡拉扬夫人被体育援助会的重要性说动了以后才定下来的。卡拉扬夫人金发碧眼，从前是迪奥的模特，名叫艾丽特·莫莱特。卡拉扬夫人身兼的任务是为她的丈夫——忙碌的世界著名音乐大师——处理一些公关上的事务。在卡拉扬最终接待约瑟夫时，两人一见如故，对于他们来说，在追求完美和成就上都能把握原则，并将完美和成就视为美德的最终核心。

反对涅克曼的骚乱

在慕尼黑奥林匹克运动会举行之前，受资助的运动员已将近600个，体育援助会筹集了超过130万马克的捐赠。反对派激进分子们此时也开始找上约瑟夫·涅克曼的麻烦，由于举办卡拉扬的音乐会预示着联邦德国经济和政治的高峰，因此1969年1月30日，即这场盛会举办的当晚，爆发了一场巨大的示威游行。护送贵宾的车队以步行的速度穿过愤怒的示威游行队伍。

"……反对紧急状态法！打倒涅克曼！"示威群众高喊着这样的口号，一位带着麦克风的发言人呐喊道："高层权力的统治者们被迫利用有名的运动员来确保人民对他们的拥戴。"约瑟夫·涅克曼在从墨西哥奥运会返回的途中曾发表过这样的言论："每个民族都想通过奥运会奖牌来证明自己。"发言人的驳斥是对约瑟夫的言论最好的回应。

联邦德国总理库尔特·乔治·基辛格在这场约瑟夫·涅克曼举办的体育盛会上是顶级贵宾。在这个寒冷的傍晚，当他从他的车中下来时被扔了一身鸡蛋。声名狼藉的基辛格因为其纳粹背景，在1968年的基民盟代表会上就已被人称"纳粹战犯缉捕人"的贝阿特·克拉斯菲尔德公开打了一记耳光。此时，众人聚集在法兰克福剧院前，骂他为"剥削运动员的资本家"。另一位贵宾也遭到示威游行队伍的攻击，此人便是戴姆勒-奔驰公司的董事会成员、曾担任过金属工业联盟主席的汉斯马丁·施莱耶尔。施莱耶尔因为过去跟纳粹的瓜葛被反对派看作攻击对象，这个从前的纳粹党党员和党卫军成员在1977年被杀害，而在那次盛会上，示威者们用铁棍毁坏了他的汽车，可是施莱耶尔既没有被吓住，心情也没有因此变坏。戴姆勒-奔驰公司提出了对奥运会八人划桨队的赞助，他们的赞助总额没有公开，只限业内人士知晓，为1年10万马克，他们用以下说词阐述了他们赞助的理由："八人划桨是德国人最喜爱的运动。"几位公司老总显然还记得，在1936年柏林奥运会上，阿道夫·希特勒也不想错过观看这个项目的比赛。当划桨赛开始时，希特勒和戈林一同坐在看台上，在颁奖仪式举行时，希特勒却十分恼火地走掉了，因为德国队排在美国和意大利后面，才获得了第3名。在双人和四人划桨赛中，无论有没有领航人，他们取得的成绩都让领队感到满意，德国获得了4块金牌。赛艇也是约瑟夫的父亲在维尔茨堡时就已经推动的运动，就这点而言，他的儿子对该项运动的协会也尤为关心。然而令约瑟夫感到极为不舒服的是，戴姆勒-奔驰公司总是我行我素，约瑟夫因而大声吼叫道："以后这样的决定必须事先跟我商量！"

约瑟夫·涅克曼举行的这次盛会纯收益约有34万马克，被约瑟夫称为是购买"一头小牲畜"的钱，到年底应该还能拿到约150万马克的募捐。从1969—1972年，约瑟夫煎熬在奥运会前的持续"高烧"中。他的小儿子约翰内斯声称："我们在家从不谈论政治，只谈论体育。"因为对约瑟夫来说，体育等于政治。

快速上涨的价格

20世纪70年代可以被看作是一个物价普遍上涨的时期。路德维希·埃尔哈特已经在1966年就辞去了在联邦德国政府中的职务。1967年，他还辞去了基民盟主席一职，他的辞职象征着经济奇迹的时代过去了。

从1968年起，涅克曼的团队在联邦德国的营业额约为每年16.5亿马克，拥有18145位职员，这个企业被视为联邦德国最重要的贸易、服务企业。涅克曼公司的商品目录有838页，提供近4.2万件不同的商品，发行量达到500万册，连锁直销处扩大到34个商场和90个销售点，还新开了一家食品超市，建立了111个顾客售后服务站，共有1700位技术人员为这些服务站工作。

涅克曼旗下的旅游公司自创立以来，5年就发展成了联邦德国提供航空旅游服务的最大公司。1967年11月1日到1968年10月31日间，在涅克曼各旅游分公司订购旅游服务的就超过了23万人次，这相当于1.45亿马克的营业额。成果最顶尖的还是1963年成立的涅克曼私人住宅有限公司，通过该公司提出的"无缝隙项目"，两千五百多个联邦德国家庭能够搬进他们的私人住宅。在1968年里，有504户建好的新房交付给使用者，该业绩跟1967年相比上涨了64%。奈库拉保险公司的业绩也同样增长了，在市面上共有52家运营的保险公司，投保人数位列联邦德国第6位，1967年，保险费收益达到3390万马克。

同样，涅克曼的投资顾问公司第1年的年度结算报告也出来了，这项金融服务也是通过商品目录推荐到各家各户的，顾客们可以从来自国内外的9个持有投资证书的投资公司中选择自己的投资项目，同时，涅克曼公司也提供了自己的投资基金作为选择。这家投资顾问公司所签署的合同总金额共计1.56亿马克，其中有约34%作为股本存入。该公司的业绩还有上涨的趋势：单是涅克曼公司提供的新投资基金项目，到了1968年12月31日，合同金额就已达到1.058亿马克，而这些证券的投资资金达到4458万马克。涅克曼的投资顾问公司最好的成果还体现在两家公司的成立上：位于荷兰许尔斯特的N.V.公司和位于法国斯特拉斯堡的法国分公司，这些都是约瑟夫·涅克曼这位巨人在历史上留下的最后业绩。实际上，就该荷兰公司的规模来看，近似于涅克曼公司的一家小型余款投资公司——在许尔斯特的这家公司资本仅有75万荷兰盾，也仅有15万荷兰盾作为账上的原始资金，实际上，该公司根本谈不上资本覆盖。涅克曼公司的扩展只是建立在贷款债务的基础上。

约翰内斯·涅克曼于1969年5月开始参与企业管理，他接管了市场销售和顾客咨询这一领域。在商品目录方面他的贡献特别大，为了做好商品目录这项工作，他夜以继日地忙碌着。约翰内斯·涅克曼喜欢用烟斗吸着烟，他性情活泼，乐于社交，对马术毫无兴趣。在体育方面他没有任何进取心，但他很乐意去"绿山"，在那里参加拜罗伊特音乐节。约翰内斯的妹妹艾薇却相反，她此时正加紧练习马术，她心中的梦想就是拿到参赛资格，与父亲一起参加慕尼黑奥运会的盛装舞步比赛。

威利·勃朗特时代

1969年10月，威利·勃朗特作为第一位联邦德国社民党的政治家当选为联邦德国总理。他对约瑟夫·涅克曼也颇有好感，毕竟在1964年，当约瑟夫在东京奥运会的雷电雨中竞赛时，勃朗特作为西柏林市市长为涅克曼公司位于坎特街新开的百货大楼剪彩。勃朗特也很支持约瑟夫为体育援助会举行的各种活动。诚然，他们之间的关系并没有像约瑟夫跟阿登纳或埃尔哈特那样紧密。前任总理们都以涅克曼商品目录中所提供的商品来衡量自己的政绩，而这位干练的社民党总理与他们不同，他不需要涅克曼的冰箱来为自己的政治营造良好的气氛，时代变了。

此时，约瑟夫·涅克曼全身心投入到那个名为体育援助会的"新公司"，经营援助会他同样也得像经营他的公司那样去竞争。援助会也需要选购不少东西，比如纪念硬币，奥运奖牌，受欢迎的明星如凯瑟琳·瓦伦特、希尔德加特·克内夫、佩吉·马尔希以及弗朗斯·加尔等人的慈善演唱唱片。曼努埃拉穿着迷你裙主持唱片首发式，约瑟夫在镜头中满意地微笑着宣布：每张唱片的收益有3马克归体育援助会所有。

当时，谁要是急着去邮局，就会听到这样的话："要买特别发行的体育邮票。"邮票的第一系列是一版四联的纪念邮票，第一次印刷为7500万张，图画是由日本艺术家康平杉浦设计的。埃尔哈特·科勒尔曾在1968年奥运会上获得滑冰的金牌，在德国电视一台体育节目的采访中，他说道："如果没有体育援助会，就不可能有我创下的世界纪录。"他的这一说法引起电视观众的关注。通过这套邮票的发行，在1个月内就筹集到了1100万马克，其中300万马克直接拨给了威利·道穆的奥林匹克组织，800万用到了"运动员的肌肉牛排"上了——人们这样幽默地称呼体育援助会。这样一来，埃尔哈特·科勒尔的说法也得到了进一步证实。后来，科勒尔在札幌冬季奥运会上用他的"长款滑刀"再次获得了一枚金牌。

处在激烈竞争中的联邦德国奥林匹克委员会越来越多地接到对约瑟夫·涅克曼的质疑，这些质疑大多是在谴责约瑟夫的领导风格和经商模式。约瑟夫觉得自己没有责任向任何人做任何解释，只要不合他的意，他就会对拨款资助的请求置之不理。要他参加会议商讨计划，他就会把这看作是浪费时间，他只要结果。当约瑟夫开始发行有关奥运会的书籍和纪念邮票时，对他的抨击声变得鲜明起来：联邦德国奥林匹克委员会感觉自己受到了欺骗。"我们明明是跟涅克曼先生说好，他仅仅负责筹集资金"，新任联邦德国奥林匹克委员会主席弗里茨·迪茨这样抗议道，此人也是法兰克福批发商联合会和黑森州工商业联合会的主席。

这些对于约瑟夫·涅克曼来说不是话题：在联邦德国奥林匹克委员会中的这种竞争在他看来是多余的。正像在他的经商生涯中一样，他只知道一点：要击败竞争对手。事情从开始对他来说就是如何把体育援助会的基金利用得更有效，按照他的格言，那就是："无论你做什么，都要全力以赴。"联邦德国奥林匹克委员会不久就屈服于约瑟夫，不得不接受退居二线的现实。

在下一轮的募捐战役中，约瑟夫·涅克曼获得了一个新的头衔：丹麦政府赋予他"皇家筹款大使"的称号。这样一来，约瑟夫将来在邀请别人参加他的活动时会拥有更多的光彩。约瑟夫自然也没有忘记把他的募捐口袋向他的新大使朋友打开——所有的一切都是为他所钟爱的"体育"。威利·道穆可以为自己感到庆幸，他为奥林匹克组织找到了一个拥有丰富想法的"世界冠军"。

《幸运螺旋彩票》的抽奖这个想法来源于放烟花。1969年11月6日，这档节目在电视台正式播出，这是一档国家奥委会和彩票协会联合举办的节目，获利颇丰，也是一种为慕尼黑奥运会筹集资金的有效途径。这档节目也成了维姆·柯尔特的跳板，使他从一个体育解说员成为联邦德国收视率最高的节目的主持人。

1970年，约瑟夫·涅克曼终于举办了他的首场体育舞会。这个舞会从一开始就成了联邦德国社会名流必须出席的活动。对于弗里茨·迪茨和联邦德国奥林匹克委员会来说，要是他们以后想参加由约瑟夫举办的体育舞会，那么就得与约瑟夫·涅克曼和平相处。迪茨祝贺他的竞争对手，但要他压抑自己的嫉妒他却办不到，"要做到公平真的很难"，他抱怨道。对此约瑟夫回应道："在理想者的俱乐部里，舞台上只有一个位置，竞争者都是专业强者。"

第二十六章　奥运会该怎么办

——涅克曼在世界大事之外的抗争

　　1972年4月15日，星期六，上午约10时，约瑟夫·涅克曼正在去他位于格茨海茵的马场的路上，突然，他被人叫回家中去接电话，电话是约瑟夫在维尔茨堡的弟媳艾莉莎打来的。艾莉莎在电话中声音哽咽，她用微乎其微的声音告诉涅克曼："瓦尔特死了！"

　　这个消息来得实在太突然了，瓦尔特要到1972年5月才满58岁，他们还打算一起庆祝。瓦尔特的死在重复着一个家族悲剧：与60岁就撒手人寰的父亲约瑟夫·卡尔·涅克曼一样，瓦尔特也是死在家中起居室的沙发上。早上8时，瓦尔特在起居室的沙发上躺下，希望自己左胸部位针刺般的疼痛能够有所缓解，他尽可能安静地躺在那儿，小心翼翼地呼吸着。他犯了一个错误，1年前他就知道自己的心脏有问题，可就是没有去治疗。

瓦尔特不信赖医生，也极其厌恶医院。一次他因为急性肺炎被送进医院，大夫诊断出他患有肺气肿，民间把这种病称为"吸烟人的肺"，可瓦尔特对这个诊断却置之不理，他觉得这并不是一种什么罕见的病，死不了人。就这样，瓦尔特继续大量吸烟，因此使他的病情恶化。他的肺已不再是一块细润的海绵，而成了一张布满漏洞和气泡的网，他的呼吸功能因而下降，心脏得不到足够的供养，这种状况还伴随着头昏目眩的症状。

就在上一个星期六，瓦尔特一早到家对面教堂旁的施菲尔面包店去买新鲜小面包时，他就感到不舒服。走在大街上，他突然感到一阵虚脱，不得不在墙角坐下来休息，这样的事不是第一次了。当时路过的人想把他送到医院去，但他却拒绝了，他回到家中，妻子艾莉莎还在睡梦之中。瓦尔特并没有叫醒她，而是自己在沙发上躺下。医生们熟悉病人的这种反应：病人在这种情况下担心自己会喘不过气来，于是就让自己躺着不动。这次也是，玛勒娜回忆道："当母亲在沙发上发现他时，他的心脏已停止跳动，死于急性心肌梗死。"瓦尔特·涅克曼——这位阿登特别行动中的无名英雄，在和平时期却将自己的生命看作儿戏，他拿不出意志力来停止吸烟。

约翰内斯的妻子英格伦·涅克曼在葬礼举行的头一天抵达维尔茨堡，为了陪伴和安慰玛勒娜。在瓦尔特的葬礼上，涅克曼家族的人算是都到齐了。瓦尔特被埋葬在父亲约瑟夫·卡尔·涅克曼、母亲尤娜、祖父彼得·涅克曼和祖母芭芭拉旁边。约瑟夫·涅克曼为他的家人早已安置好这块能永远安息的地方，这块地在法兰克福。在这一刻，家族中因财产争端带来的不和已被忘记。玛勒娜悲痛万分，在此之后她已想不起那天葬礼的具体细节。参加葬礼的人后来讲述道，在葬礼举行中发生了一件令人百思不得其解的事，这事来得很突然，约瑟夫·涅克曼走到弟弟坟墓上方，低下头，蠕动着嘴唇，好似在对着棺材咕哝。所有来参加葬礼的人都大为不解，只有约翰内斯·涅克曼相信自己了解这层意思："在父亲年幼时就跟他的弟弟说好，谁要是先死，就会被另一个活着的吐唾沫。"

害怕兔子

瓦尔特葬礼的几天之后，约瑟夫·涅克曼第一次骑着爱马范·艾克到郊外，此时已是4月，马匹关在马厩里的季节已结束。约瑟夫心里已做出一个决定，他要带着这匹新买的8岁汉诺威公马去参加奥运会。马术专业报纸也报道过这匹马的矫健步履，约瑟夫的女儿艾薇也对此马赞赏不已，只有安娜玛丽对此马有所保留，这是因为有一次在约瑟夫还骑在这匹狂野矫健的马上时，它竟然在花园里越过了坐满宾客的桌子。

作为一个有丰富经验的骑手，约瑟夫·涅克曼清楚，第一次骑着一匹新马到大自然中去会有什么样的危险，得万分小心！春天的悸动！马匹会欢欣雀跃，难以控制！约瑟夫能够想象，像范·艾克这样一匹充满血性的公马会有怎样的表现。约瑟夫小心地骑着这匹马，环视着周围，让它顺着位于格茨海茵的林荫大道快步前行。约瑟夫万万没想到，就在此时从树丛中突然跑出一只小野兔，范·艾克被吓住了，它抬起前蹄，就像人们通常说的那样，这匹马仅用后腿站立。约瑟夫为了使自己不摔下马背，用双手紧紧地抱住马脖子。可是就在这时，尽管他的经验丰富，却犯了下了一个错误，正如约瑟夫在他的《骑在马上快步前行》一书中所描述的那样："我没有想到要去惩罚这匹马。为了在马背上保持平衡我用尽了自己吃奶的力气。我此时还在想，不会有事的。可是我错了。范·艾克再次立起前蹄。本来此时我该从马鞍的一侧跳下，可是我不但没跳下，还试图催马前行。这匹马第三次立起前蹄，这一次它几乎在地上都快站成一根直线了，就这样我失去了平衡，摔倒了。"

范·艾克也倒在地上。约瑟夫·涅克曼及时地把自己的脚从范·艾克身下解脱出来，滚向一侧。也就在此时，范·艾克的铁蹄踏在了他的背上，这一击可谓是力大无穷，正好是范·艾克用尽全力奋力站起来又猛然下立的时候踏上去的。范·艾克随后跑掉，疼痛使约瑟夫短暂失去知觉，他清醒过来后，不得不求救，靠自己已站不起来了。马厩的看守人迅速赶到，他们在约瑟夫的身上盖上了一条毯子，让他躺在草地上等待医生到来。救护车到达后，约瑟夫被担架抬上车送进了医院。

医院得出的诊断结果并不太好：约瑟夫·涅克曼两根肋骨骨折，第三腰椎骨折。不幸中的万幸是约瑟夫的脊髓没有受伤，否则他就会落到坐轮椅的地步。当约瑟夫在病房里醒来时，第一个念头就是"奥运会怎么办？"医生要求他在医院里静养，静养时间需要1个月，这些医生可不了解约瑟夫，此人可不是一个听话的病人。他苛刻地要求医生为他打上石膏，然后让他出院，当然，这个责任由他自己来承担。

"就我的情形而言，我现在最不需要的是媒体用头版这样报道——涅克曼骑马时身受重伤。我不能让别人发现我受了伤。"约瑟夫·涅克曼在他的回忆录中这样写道。最让人担心的是，约瑟夫可能不能参加奥林匹克运动会的竞赛了。当拥有"铁人"般意志的约瑟夫于1972年6月6日出现在克隆贝克城堡酒店时，没让人看出一点破绽，该酒店是他最喜欢举行节日庆祝和家庭庆典的地方。这一次，为了庆祝约瑟夫的六十大寿，在此处聚集了比以往都要多得多的嘉宾。

夜晚即将来临，亲爱的涅克曼……

联邦德国总统古斯塔夫·海涅曼同总理威利·勃朗特给约瑟夫·涅克曼发来了贺电，贺电中内务部部长汉斯-迪特里希·根舍也加上了自己的名字，表示一同祝贺。根舍用丰富的语言特别表达了约瑟夫为整个联邦德国体育发展所做出的贡献。当约瑟夫出来亮相时，天色已暗下来，聚光灯被打开。10位优秀的运动员采用乌多·尤根斯的曲调，唱起了祝贺约瑟夫生日的歌。

夜晚即将来临，亲爱的涅克曼，请对我不要无情，让我搬进一栋你的小房子里，我什么也不想从你那儿获取什么，也许来几只"小老鼠"。我已疲乏于骑马，已疲乏于奔跑，如不能成为你C级的资助对象，我就买不起牛肉饼。

在接下来的歌词中还押韵地唱道："我的骨头已腐烂，如不能成为你A级的资助对象，我就买不起保时捷。"再接着是："也许来一点啤酒，我们已疲惫于郊游，除此之外，我们不比别人差。"

这首歌的歌词以一种极简短且嘲讽的形式，阐释了约瑟夫·涅克曼定的体育援助会资助的基本条例。这些条例将运动员所做出的成就按A、B、C分级，不同的成绩得到相应的资助。约瑟夫正努力为今后的歌词增加内容——他着力为那些"体育老板"搞到退休金，这引发了众人的不安和费解。

正像涅克曼邮递百货公司内部所采取的一些措施一样，1972年奥林匹克运动会这一年，约瑟夫·涅克曼在体育协会和国家奥委会上执意贯彻了自己的发言权，但他四处招来反对意见。领导班子为了不让约瑟夫得逞，时时忙得团团转。在奥运会最后准备的冲刺中，道穆和约瑟夫都接受了电视采访，采访中他们强颜欢笑，目的是让电视观众以为他们合作得"非常友好"。

第二十七章　比赛一定会继续进行下去
——体育运动的大杂市

慕尼黑很久没有出现过如此炎热的夏天了，每天气温都会上升到摄氏30度，但约瑟夫·涅克曼却似乎不惧炎热。在奥运会比赛开始的前几天，他就抵达位于慕尼黑利姆的训练场地。在烈日炎炎下，他每天都在练习着。"所有的马都在出汗，只有带着黑色头盔的涅克曼不出汗"，约瑟夫的马夫弗里茨·巴兰诺夫斯基这样讲述道。1972年8月26日，各个国家进入了具有未来主义建筑风格的慕尼黑奥林匹克体育场。第二十届奥林匹克运动会将是一场盛会，它与1936年在柏林举行的奥运会完全不同，联邦德国向世界展现了一个全新的形象。

在训练期间，人们就会看到在观看台第一排坐着一位十分显眼的年轻女士，这位女士看上去魅力十足，她长发披肩，红润的嘴唇向上微微翘起，一双麋鹿般的眼睛闪烁着迷人的光芒，她就是约瑟夫·涅克曼的侄女玛勒娜。玛勒娜毕业于慕尼黑艺术大学，住在慕尼黑韦斯滕特城区的一个大学生住宅区里，这个城区被称为"小伊斯坦布尔"，不算什么好区域。出于无奈，玛勒娜住到了这样的地方，因为她的母亲是一位极为省钱的人，她看上了这套便宜的出租屋，这使得有些人觉得她很吝啬。无论怎样，玛勒娜的住宅地址有一个响亮的名字"冈赫夫大街6号"。然而，奥林匹克运动会结束之后，玛勒娜会得到一套位于奥林匹克村中的三居室，这套住房是玛勒娜的父亲为她买的，因此，她就为了"住在斯瓦宾的人"[1]，也得到了一个"奥林匹克玛勒娜"的绰号。玛勒娜是一个自由艺术家，她为儿童图书做插图，同时也用画笔为男性杂志如《花花公子》《阁楼》以及《Lui》绘出一些男人梦寐以求的性感画面。

此时，玛勒娜的大伯约瑟夫·涅克曼来到了慕尼黑，住进了高档的巴伐利亚庭院酒店。大伯每天早晨5时就要起床训练，玛勒娜也得在这个时候起床，目的是6时能赶到训练场观看大伯训练。玛勒娜的马术生涯因为就读慕尼黑艺术大学而不得不中断，但她对马术的钟爱却没有减少，她不想放弃这个能从她大伯那儿偷学到几招驭马技术的机会。有关他大伯的盛装舞步技巧，专业杂志对此报道不少，比如裁判米歇尔·普茨在《骑马观察》里这样称赞道："涅克曼的马都是些被呵护得极好的马，这一点从马的嘴上就看得出来。"他称赞的意思是，约瑟夫的马在嘴

---

[1]慕尼黑的一个城区，这个城区一直都是作家、艺术家聚集之地。——译者注。

上都看不到有缰绳勒过的印迹，这说明在骑它们的时候主人从来没有强力拉过缰绳。

大伯约瑟夫·涅克曼一直支持玛勒娜发展自己的天赋。在涅克曼家族里，除了艾薇，她是第三个爱马如命的人。在她13岁时，大伯就送给她一匹经验丰富、受过良好训练的马，此马名叫"晨辉"。骑着这匹马，16岁的玛勒娜参加了法国青少年盛装舞步比赛，获得了冠军。该赛事3个月后，那匹马在森林里折断了一条腿，它的腿粉碎性骨折。第二天，人们不得不让这匹马安乐死。大伯约瑟夫紧接着又给了她一匹新马，可是玛勒娜拒绝收下这匹马，"我还处在晨辉的吊丧期。我的大伯生气了，此后他再也没有送过我一匹马。"玛勒娜后来回忆道。

而如今大家欢聚慕尼黑，不计前嫌，抛去了以往的不愉快。大伯对刚去世不久的弟弟的这个女儿充满关爱。每天晚上，她都跟着大伯约瑟夫·涅克曼和伯母安娜玛丽到慕尼黑最高档的餐厅吃晚饭，她还被一同邀请出席盛大的招待会。在一次庆典上，玛勒娜还有幸同摩纳哥亲王夫妇以及他们可爱的孩子莱利尔和卡西亚有过亲密接触。"可惜这次相遇太早了一点"，玛勒娜很是惋惜地说道，"那个王子当时才11岁，穿着一条半截裤，此外她的姐姐精心地照看着他。"在这样的场合中，玛勒娜对富人的华丽社会有了一定的了解，这为她今后的"狂野岁月"奠定了基础。慕尼黑在奥运会期间充分地证明了它拥有联邦德国"派对之都"的声誉。瑞典国王古斯塔夫在此地结识了当时在奥林匹克运动会上做向导的塞尔维亚·索梅拉赫，后来这位女士成了国王夫人。85岁高龄的国际奥林匹克委员会主席艾弗里·布伦戴奇也就此机会"再年轻了一把"，娶了联邦德国的罗伊斯公主为妻。作为涅克曼家的人，玛勒娜很受欢迎，她还属于能量很大的图恩和塔克斯侯爵集团。因此，大家还能看到许多即将发生的好事，而这些都是约瑟夫·涅克曼所发挥的作用。

跟"爱给人压力的艾弗里"的冲突

约瑟夫·涅克曼差一点就没能参加慕尼黑奥运会的比赛！这并不是因为他受了伤，为了恢复旧伤，他一直悄悄地穿着钢制胸盔。国际奥林匹克委员会主席艾弗里·布伦戴奇想亲自将约瑟夫的名字从奥运会参赛运动员的名单上除去，事发原因说起来有些小家子气，这源于一张登在《图片报》上的约瑟夫·涅克曼的照片。在这张照片上，约瑟夫这位联邦德国体育援助会会长为了募捐，跟联邦德国流行歌手乌多·尤根斯肩并肩地站在台上。有许多知名人士都参加了这次活动，目的是提醒那些爱好体育的人们，他们对这次在慕尼黑举办的比赛所负有的捐款责任。"爱给人压力的艾弗里"是国际奥林匹克委员会主席艾弗里·布伦戴奇的绰号，他看到这张照片后很生气，他的绰号诠释了这是为什么：他严格要求参加奥运会比赛的运动员都要是业余运动员。为了在他主政的时期留下他的足迹，他想再一次清除那些所谓的"表象业余运动员。"[1]约瑟夫·涅克曼和在报上刊登的募捐活动的照片这下就成

---

[1] 因为约瑟夫·涅克曼以联邦德国体育援助会的名义资助了许多运动员，在这位奥委会主席的眼里，被资助的运动员不能被算作是纯粹的业余运动员。——译者注。

了这位奥委会主席的靶子。他要求联邦德国奥运委员会主席道穆立刻将约瑟夫——这位邮递百货大亨的名字从奥运会参赛运动员的名单上除去。慕尼黑奥运会早已谈不上是一场"干净"的体育盛会，就说它的电视转播权，在当时一开始就抬到了令人咋舌的1300万美元，这个创纪录的数目意味着体育营销新时代的来临。随着慕尼黑奥运会的举办，未来奥运会规模大型化的趋势也在直线上升，电视转播权逐渐被炒到了10亿美元以上的天价。

约瑟夫·涅克曼不得不跪地向国际奥委会主席求饶，一直到这位主席心软为止。最终他又回到8000位参赛运动员的行列中，和他们一起为慕尼黑奥运会的奖牌而战。这次慕尼黑奥运会的参赛运动员人数是有史以来最多的一次，四千多位记者、摄像师和解说员也参与了这场体育盛会。

百万富翁之间的争斗——盛装舞步

在1972年的慕尼黑奥运会上，约瑟夫·涅克曼最主要的竞争对手要算莉泽洛特·临泽霍夫了。这位女士是国际汽车电器机械测速有限公司的继承人，该公司属下有海内外员工五千多人。众所周知，约瑟夫和临泽霍夫这两位竞争对手互相充满了敌意——这种状况已持续两年多了，它的产生始于一个新马术协会的建立，这个协会名叫"盛装舞步行动组织"，临泽霍夫是该组织的一把手。成立这一组织的目的在于不接纳约瑟夫·涅克曼成为该组织成员并提高对盛装舞步骑手资助的水准，其后面的动机是为了反对约瑟夫僵硬的、只把成绩作为资助标准的方法，这种方法据说给运动员们带来了极大的心理压力。"一旦达不到成绩上的要求，运动员就会拿不到支票，支票就会一直待在法兰克福"，《法兰克福汇报》这样报道。临泽霍夫属于1968年反权威的一代，她在马术运动上找到了自己的道路。

这次，在慕尼黑奥运会上将决出谁能获得今后联邦德国盛装舞步的王冠：它属于莉泽洛特·临泽霍夫还是约瑟夫·涅克曼呢？临泽霍夫是第一位参加马术比赛的女运动员，1956年，她曾在墨尔本奥运会获得盛装舞步的单项铜牌、集体银牌，而约瑟夫曾获得过单项铜牌和银牌，还获得过两枚集体金牌。除此之外，约瑟夫在1966年获得过盛装舞步世界冠军以及欧洲盛装舞步冠军。1972年对于临泽霍夫来说是一个不错的时节，她开始受到欢迎。在奥运资格赛中，因为她遥遥领先的成绩所以不用再继续参与竞赛，而约瑟夫却要不断地为他的奥运资格出战。身穿着类似骑士的装备，约瑟夫苦不堪言，可是他最终仍抵达了他的目的地。

黑色星期二

1972年8月30日，正式的考验开始了。约瑟夫·涅克曼骑着他的委内提亚参赛，委内提亚被称作"常年盛开的花朵"，而那匹野性十足的范·艾克被留在了马厩里。约瑟夫穿着钢制胸甲，它非常贴身，内部是用上好的丝线连缀，丝线下面衬着棉花，十分精致，从外面一点都看不出来。约瑟夫在比赛中的所有动作毫无瑕疵、灵活自如，他作为联邦德国的盛装舞步运动员进入了决赛。

决赛的胜负已落幕——9月5日，一个星期二，早上大约9时，莉泽洛特·临泽霍夫快步进入了比赛场地，她在比赛中所获得的分数令人赞叹，联邦德国队的金牌近在咫尺。就在此时，传来了在奥运村出现枪声的消息，具体发生了什么事大家还一无所知。

约瑟夫·涅克曼的比赛本来定在16时，大约中午时分，所有奥运会比赛停止，也包括在宁芬堡宫殿举行的马术比赛。此时新闻报道宣布了所发生的事件：8个恐怖分子冲进以色列队的居住地，杀害了以色列摔跤队教练莫舍·崴茵贝格以及摔跤手约瑟夫·罗马诺。此外，这些恐怖分子还将9位以色列运动员作为人质带走，作为释放人质的条件，他们要求释放关押在以色列的一些恐怖分子。

在全球的关注下，联邦德国的政治家们开始跟这些蒙面的恐怖分子谈判。以色列政府拒绝了恐怖分子提出的要求，谈判进行了20个小时，最后，该事件以血腥的结局而告终，9个以色列人质、5个恐怖分子以及1名联邦德国警察身亡，这次恐怖袭击前后一共夺去了17人的生命。在这期间，国际奥林匹克运动委员会闭门就奥运会怎样继续进行的诸多问题进行了激烈讨论。在人质被绑架的当天15时30分，国际奥林匹克委员会主席艾弗里·布伦戴奇毅然宣布："比赛一定会进行下去。"

9月6日，星期三，众人为受害者举行了6个小时的哀悼仪式后，慕尼黑奥运会继续进行，所有的旗帜都降了半旗。按照计划，铁人涅克曼将参与的团队比赛被推到了第二天下午16时。在比赛中，当他正在进行换步奔跑时，感到自己的一条大腿钻心疼痛，这疼痛让他感觉好似有人用刀刺进了他的大腿。约瑟夫·涅克曼在《骑在马上快步前行》一书中回忆道："当时我还以为是马镫上的刺扣环自动脱开了，我真的很想立刻就从马鞍上下来，去把我的马夫狠狠地教训一顿，但我若这样做，我们的金牌就这样泡汤了，这一点我清楚！"比赛持续了7分钟，一共比试24项技能。当约瑟夫·涅克曼从马上下来时已气息奄奄。给他造成难以忍受的疼痛的并不是马镫上的刺扣环，而是他左大腿上的肌肉撕裂拉伤。约瑟夫带着剧痛在双重障碍竞赛中所获得的分数最终为全队获得团体银牌做出了重要贡献。尽管约瑟夫又负了新伤，但他两天后又以坚强的意志参加了个人单项比赛。此时，他看到莉泽洛特·临泽霍夫获得这次盛装舞步单项金牌已成定局，他没有可能再超过她。

在这种巨大的心理压力下，约瑟夫·涅克曼，这位曾经的欧洲冠军感到更应该为自己的荣誉去拼搏一番：他不想以这次慕尼黑奥运会中的一无所获来结束他的马术生涯。在这次奥运会上获胜算是他一生中最重要的目标之一，也是对他没能参加1936年柏林奥运会的弥补，他与柏林奥运会上的马术精英们失之交臂。

与约瑟夫·涅克曼深交的人都猜测，约瑟夫的心灵深处藏着一个愿望：向他的父亲证明自己的实力。约瑟夫跃上马背，开始了他具有历史意义的拼搏。委内提亚在走完最后的步法时，约瑟夫的胸甲把他的后背磨出了血，血从约瑟夫骑服的缝隙中流出，人们在电视中能看到红色的印迹，然而裁判们却不为所动。《图片报》将裁判冷漠的判决视作一桩丑闻，用头版头条刊登了来自斯堪的纳维亚半岛的裁判约罗伦对约瑟夫做出了不公平判决的新闻："那个瑞典人在约瑟夫所得的分数判决上作弊了。"而约瑟夫本人对于自己在这种状况下还获得了铜牌已然感到无比庆幸。

约瑟夫·涅克曼错失了奥运会盛装舞步竞赛单项冠军这一最高桂冠，他沉着冷静地接受了这个事实。尽管他在记者招待会上一再强调瑞典裁判的不公，但是，在最后的结束语中他还是把这一不公放下了，他说道："幸福就是放下不可逆转的事实。"在随后的新闻发布会上，约瑟夫也放下了与莉泽洛特·临泽霍夫不愉快的过往，衷心地祝贺她在奥运会上取得的巨大成果。

在暴风雨来临的前夕

第二十届奥运会结束了，约瑟夫·涅克曼对自己所取得的成绩感到满意。若以德国整体而言，他们在慕尼黑奥运会上成了体育的第三大世界强国——民主德国位列奖牌榜第3位，联邦德国则位列第4位。民主德国和联邦德国获得的金牌加起来和美国一样多，共33块，其中，民主德国获得20块。这次奥运会的最大赢家是苏联，他们一共获得了99块奖牌，其中50块为金牌。

好似体育真的反映出了政治形势，威利·勃朗特在其针对东方的政策上引起了风波。在庆祝慕尼黑奥运会结束不到两个星期，联邦议院于9月20日宣布解散。由于众多的社会民主党和自由民主党议员都倒向了基督教民主联盟，勃朗特因而在政府中失去了大多数人的支持。在新一轮的选举中，社会民主党意外地获得了45.9％的选票，而基督教民主联盟却只获得了44.8％，这是社会民主党第一次成为联邦德国的第一大党。

尽管情况如此，但整个现状还是不稳定。联邦德国该何去何从？在第二次组阁后，威利·勃朗特发表的言论动摇了民众对至今政治体制的信赖。他在他的讲话中宣称道："谁要想多挣钱，就得更加努力工作。"他的话究竟是什么意思？削减联邦德国建国以来财产继承人的利益？取缔企业？遏制邪恶的交易？或是想要实行高收入高税收？是要耗尽投资力量？将企业国企化？一切都有可能。

消费热情此时冷却，购买力随之下降。1973年，物价上涨了3％，营业额持续下降的危险无所不在。约瑟夫·涅克曼继续扩大自己公司的经营范围，他将商品目录中的商品提高到4.2万种。为了能顺利地提供廉价商品，他想开辟新的进口渠道。在从日本、韩国、新加坡和中国台湾等国家和地区进口之后，他开始考虑从巴西和印度进口。他同土耳其建立了新的贸易联系，在苏联也发现了"具有吸引力的购买市场"。对他的供应商，他采取了公司有史以来"最严厉的核算"。

约瑟夫·涅克曼的大儿子彼得此时努力使公司的资本不断提高，只有如此才能保证公司的投资能力。银行贷款所应支付的利息耗费了公司许多资金，而这一切对于"奥林匹克爸爸"（彼得这样称呼自己的父亲）来说早就习以为常。"在暴风雨中，船长在指挥台上证明自己"，约瑟夫总是习惯这样说。

第二十八章　再次尝试去做不可能的事时所面临的绝望
——周年店庆促销的结果

　　涅克曼公司有这样的传统——每逢举行股东大会时，都会雇用30个人作为大会的司仪站在公司行政大楼的走廊上面带笑颜为来宾引路。这些女司仪一律身穿涅克曼公司商品目录上所提供的最新服装款式。此时，灿烂的金黄色是这个时节的时尚颜色。短袖上衣穿在身上显得苗条，带皱褶的短裙完美地展示出腿部的流畅线条。这些女司仪们满脸洋溢着灿烂的笑容，因为大会结束以后，她们可以保留这套衣服。约瑟夫·涅克曼把这个称作"一个小小的谢礼"，他向来很重视自己企业良好工作氛围的营造。

　　如果说，在20世纪70年代初，联邦德国还呈现出一个良好的或是时而有些不明朗的经济气象，那么到了1973年，联邦德国的经济政策将整个国民的经济气象带入了一个低谷，这种情况主要体现在购买力上，而且越来越严重。

四处传来企业倒闭的消息。1973年6月，联邦德国最大的私立建筑企业破产，该公司每年的营业额本来为3亿，此时以6.8亿的负债宣告破产。这种经济衰落的现象无处不见：德意志联邦银行制定了限制性政策，提高了贷款利息；原料价格尤其是石油价格都攀升到天文数字。1973年8月6日，约瑟夫·涅克曼召开了股东大会，在会上股东们对前景都忧心忡忡。然而，在涅克曼公司，没有人能够破坏大家的好心情。

像以往一样，涅克曼公司的营业额总是让人印象深刻。但是自1972年下半年以来，回报率只增长了0.74%。从大厅里发出的一些言论把股东们的不满推进了一步，有人认为涅克曼邮递百货公司里的服务质量在下降，"顾客购物时要不停地恳请售货员"，一位股东这样抱怨道。

一位在证券所有保护协会工作的博士，此人名叫赫恩姆瑟，也跟着抱怨道："涅克曼旅游有限公司自报营业额为9600万，说是增长了25%，但如同去年一样，实际收益仅保持在200万。"

彼得·涅克曼此时以一贯的乐观态度反驳道："事实的确如此，但这些却不足以让我和企业的领导班子辞职，我们都在为企业的发展而奋斗，我坚信，我们会找到一个发展企业的最好路子。"但彼得的父亲约瑟夫·涅克曼却小心翼翼地看待儿子的誓言，他说道："如今这个时候比以往任何时候都要难做出预测，因为我们中没有任何人能够明鉴今后的政治、经济尺度，这些尺度很可能会摧毁所有已设想好的方案。"

禁止在星期日开车外出

1973年11月25日，约瑟夫·涅克曼所担心的事发生了，政府宣布禁止在星期日开车外出。当第一个禁止开车外出的周日到来时，高速公路上荒无人烟。石油输出国组织限制了石油的开采，同时提高了石油的价格，而联邦德国75%的石油都来自石油输出国组织中的成员国，自1945年以来，德国就出现了能源短缺的危机，汽车行业和运输行业损失惨重。涅克曼邮递百货公司经历了自公司成立以来最萧条的圣诞节市场，但公司的创始人依然保持着积极的心态，将自己全身心地投入其中。当《法兰克福汇报》《商业报》《明镜周刊》的经济专家们后来想要在僵化的、父权式的专制领导中寻找企业危机的因素时，他们的分析陷入了错误的思路。约瑟夫在公司内部表现出了惊人的灵活性，而他的儿子彼得比他更看重回报率。作为一名工商管理专业的毕业生，他能够坚持自己对将陷入困境的公司进行改组的意见。彼得在银行家和股东们那里都获得了很高的声望，由他领导的涅克曼旅游有限公司利润丰厚。

奥芬巴赫足球俱乐部的教父

约瑟夫·涅克曼在1974年5月提出了一项体现自己行事风格的解决方案：与一位建筑大亨合作。这位建筑大亨曾在约瑟夫43岁的生日庆典上充满激情地献上了他的贺词。"愿上帝保佑永远伴随你"，他表达的这个愿望可以说在约瑟夫和他这里实现了，尽管这个愿望的实现并非在一个虔诚信仰的基础上。建筑商卡尔-海因茨·利瑟多年来暗中通过一些中间人购买了涅克曼公司的大量股份，到了1973年，他手中拥有的涅克曼公司的股份已占25%。

此时，利瑟手中所持有的涅克曼公司股份价值已达到8000万马克，而他的不动产总资产已达到5亿马克。正如1974年5月《法兰克福汇报》所报道的那样："这一年来，彼得·涅克曼和约瑟夫·涅克曼几乎每4个星期都要在涅克曼邮递百货公司总部与利瑟会面。"按涅克曼的标准，利瑟是理想的合作伙伴吗？

卡尔-海因茨·利瑟出生于1923年，父亲是一个制造商。利瑟是20世纪50年代的传奇人物之一，战争给他们家带了损失，自1945年起，他开了一家小商店，在这家小商店里出售自家工厂制作的皮制商品，生意不错。这个精打细算的人将他卖皮带、皮手套、钱包、皮钥匙包和皮鞋赚来的钱投资到购买位于奥芬巴赫市中心的废墟地皮以及法兰克福郊外工业区的地皮上，那是一个非常有利的投资时期。当时，投资2000万马克就可以盖起一栋拥有300套租赁公寓的大楼。利瑟的这些投资犹如雨后春笋般增加，其最有代表性的3个投资项目是3个中心，即奥芬巴赫购物中心、城市中心和公园中心。在奥芬巴赫的购物中心，涅克曼也是利瑟的租户。利瑟靠着自己这些越来越多的资本无止境地扩张着。在特内里费岛上，他将位于拉克鲁斯港湾地带的一座混凝土城堡装修成酒店，为近万名游客提供服务。

与此同时，利瑟的私生活也令人眼花缭乱。对于约瑟夫·涅克曼来说，体育舞会在他的生活中很重要，而对于

这位地产大亨来说，在叙尔特岛上举行的派对是他生活的
兴趣所在。每当约瑟夫为了募捐想要将社会名流聚集在一
起时，利瑟就会花上一大把钱来筹办派对，目的是跟名流
共度几个小时的时光。在这样的派对上，他筹办的自助餐
相当奢侈，有香槟酒、鱼子酱等。除了自助餐，利瑟还习
惯与尤根·德瑞斯一起请来汉佛莱斯歌手乐队助兴。而每
当大家把食物一扫而空，乐队停止演唱时，这位奥芬巴赫
的"君王"就会独自一人坐在桌旁，这种状况早该在约瑟
夫那里敲响警钟。然而，因为利瑟资助奥芬巴赫的足球协
会，故约瑟夫觉得利瑟是个好心人。约瑟夫也许这样想：
只要谁为体育做出贡献，那么就都跟我一样。如果当时对
利瑟的信用进行调查的话，马上就会发现利瑟用涅克曼公
司的股票在银行抵押了6500万马克。

　　1974年5月，约瑟夫·涅克曼在股东大会上宣布了利
瑟将与本公司合作。新的合作计划包括旅游项目：利瑟负
责接管特内里费岛机场的扩建，机场扩建会很快使岛上的
旅游业收入翻倍。今后，涅克曼将会输送更多的游客，当
然这些游客会下榻到利瑟在该地新建的酒店。为了推进该
项目，利瑟在涅克曼公司的监督委员会里安插了自己的审
计师。《法兰克福汇报》无不讽刺地指出："从利瑟住的
带游泳池的顶层公寓里，他可以从60米高的大楼顶部清晰
地洞察位于美因河对岸的涅克曼总部大楼。"这个时期，
涅克曼家族只持有自己企业40%的股份，25%的股份在利瑟
手中，其余股份分在小股东们手里，这些小股东们的情绪
波动随时都有可能引发不利因素，可以说约瑟夫·涅克曼
此时已处在危险一触即发的境地。

一次尴尬的周年纪念会

为了"给股东们增添信心"，约瑟夫·涅克曼在《1974/75冬季商品目录》发布会上宣布，涅克曼公司在未来将与日本合作。为了支持米多利亚有限公司扩建邮购交易网络，涅克曼公司把自己经销的各种产品拿到米多利亚百货商店去销售。为了与时代并进，从1974年起，作为一种最新潮的模式，涅克曼公司向顾客们提供简便的贷款付账服务，顾客购物时可以不当场付账，而是之后分期付款。为了这项贷款服务，涅克曼公司不得不自己先在法兰克福的BHF银行的分行贷款。关于得到这笔贷款的条件，彼得·涅克曼在股东大会上公布如下：年利息为15.7%—22.8%。他话音刚落，从听众席上传来的嘟囔声便朝他扑面而来。有人叫道："他们这是把奈库拉的股份白白送人。"

接受这笔贷款本来是不错的办法，至少通过它可以摆脱亏损。《明镜周刊》的经济学专家维尔纳·迈尔拉森在他名为《企业家的末日》一书中这样分析道："通常的解决办法应该是关闭几乎所有亏空的百货公司，因为在石油危机后，这些百货公司都出现了赤字。此措施有可能意味着企业规模的缩减，所以对于约瑟夫·涅克曼来说，这绝对不在他的考虑范围内。"开倒车确实并不是约瑟夫·涅克曼的行事风格，他只是选择了一条返回的路，这就是：利用一切可能来平衡事态，用周年纪念来掩盖危机。

"太棒了！涅克曼公司的25个周年纪念日来啦！涅克曼，是的，就是这个涅克曼。涅克曼帮你实现这个可能！"1975年新发行的春夏季商品目录中写着这条庆祝的广告语。在目录上，"25"这个数字向顾客们展现出客气的微笑，这个数字在一个用黄色、红色、粉红色和橘黄色组成的花篮上闪闪发光，这个花篮看上去令人心情无比愉悦，是由石楠花、玛格丽特花、绣球花、雏菊和白色勿忘草组成。

"鲜花能够唤起人们的情感。"负责这次周年主题广告的公司负责人麦康这样保证。另一个重要的数字用黑色打印出来，这个数字是10，它表示在1975年4月25日至6月10日期间，所有4.4万种商品全部有10%的优惠。本来公司没有计划这样大规模的庆祝，这些特价活动是由涅克曼的晚辈们策划的。最初只是计划在商品目录中夹带一个小册子，在这份随手可带的小册子上有部分促销减价的商品。

"而我们的法务部门却横插一杠"，当时领导市场销售团队的约翰内斯说道，"我们周年售卖的小册子已经设计完成，但他们却让我们停了下来。根据当时的竞争规则，部分商品折扣是不允许的。要么是给所有的商品打折，要么就一件都不打。我们的时间不够了——直到父亲做出决定：好的，那么我们就把商品价格打折扩大为整个商品目录上的商品。"

可是，这次整个商品打折活动让约瑟夫·涅克曼这个领头人耿耿于怀。在他的回忆录中，他承认："遗憾的是我的直觉很灵光，而我却没有尝试坚持按照自己的直觉行事，没有认真严肃地去反对我那些年轻的、受过高等教育的管理接班人。"

同样，约翰内斯也记得父亲是怎样告诫自己和他的哥哥彼得的："我的立场跟你们的一样，你们应该去找法务部门弄明白事情的缘由。"也许这就是错误所在，"从前我父亲总是在一切准备完毕以后，让律师们面对这些已完成的事实，一旦遇到不测，律师们的任务就是收拾残局，这是我父亲的风格"，约瑟夫·涅克曼的小儿子约翰内斯这样讲述，接着他咒骂道，"我的父亲对这些律师们总是很生气，他把他们称作'柩车的刹车人'。"

最后的开始

周年纪念活动引发了"地震"，人们冲进34个涅克曼分店疯狂抢购，几天内，所有的高档电器销售一空，商品越高档，通过折扣省下的钱就越多。在商品目录中提供的电视机销售价格为2390马克，10%的优惠就让每个顾客节省了239马克；目录中所提供的冰箱此时也不比专卖店卖得便宜。总之，这次的周年打折活动给涅克曼公司带来了不小的损失。这次最让约瑟夫·涅克曼痛心的是波斯羊皮大衣。本来这种大衣的价格已优惠得差不多可以说是白送了，可是再通过打折还要减少大约70马克。联邦德国的一群女性以荒谬的低价为自己实现了百万富翁般奢侈的梦想。由于目录中没有写上"只要库存足够"的备注，所以订单只有走正常程序，即所有的订单都会得到处理。这样一来，涅克曼公司就不得不在最短的时间内订购大量的大衣。诚信对于涅克曼来说是首要的，"最好的周年纪念就是不失去顾客的信任"，约瑟夫这样解释道，"再次尝试去做不可能的事是令人绝望的。"经济学专家维尔纳·迈尔拉森如此概括道："这次的周年活动，涅克曼干的无非就是给那些本来要到其他地方去购物的人呈上了礼物。"

公司本来的愿望是通过这次周年打折活动扩大客户群，但这依然只是一个幻想。对于1968年反对派一代的人来说，涅克曼已被他们定格为"卖便宜货的雅各布"。这样的周年打折活动所获得的结果是令人尴尬的，企业的营业额由1974年的29亿美元增加到35亿美元，但涅克曼每进账1马克就要损失1芬尼，积少成多，这两个星期的营业额是4亿马克，损失了一共400万马克，这些亏损却无法通过其他领域产生的利润来使之平衡。

这位以低价格发家的邮递百货大王起初对公司的这笔账目并不担心，他那个毕业于工商管理专业的大儿子彼得把这笔亏损干脆就称为"投资成本"，它是一项为了增加额外营业额的投资。通过活动，涅克曼公司获得了不少新的顾客地址，公司打算将单一商品销售转型为多样商品销售，这个转型可以提高30％的商品销售量。这个变化让约瑟夫和他的儿子从中看到可以缩减分支广泛、成本高昂的邮购机构。不管怎样，没有比以下更好的说法了——约瑟夫·涅克曼用400万马克买了4亿马克的营业额。

这样的结果给这个家族企业打上了没落的烙印，这个家族企业从挣扎到最后不得不放弃，还坚持了一段时间，这个时间是利用德国古老传统的勇敢口号为自己不断打气。约瑟夫·涅克曼，这个"雇佣兵队长"，在一次《商报》对他的采访时还不断地为自己的营销战略辩护着，他说："如果涅克曼能够在其25年的历史中成功地应对经济上的所有变迁，能够将一些挫败转换成胜利，那么它就会在自己不断取得的成就上充满自信，就能够再次去迎接争取消费者的战斗。"

　　不管怎样，在年度新闻发布会上，周年活动的成果被拿来好好地庆祝了一番："我们使得我们的营业额增长了4亿马克，通常情况下——如果没有周年活动——那么我们仅仅能做到在我们的账上增加1亿马克的营业额。"这种自我安慰听上去实在太无力，而更重要的是它不真实。

　　约瑟夫·涅克曼此时真正地为卡尔-海因茨·利瑟感到极为担忧，关于这位地产大亨破产的消息突然出现。在记者招待会上，约瑟夫简明地说："利瑟所占有的股份已经从25%下降到18%。"他此时只希望没有人会再对此事追问下去。是谁购买了利瑟的股票？这个人就是约瑟夫，但他并没有将这事对外泄露。涅克曼股票的行情此时还保持稳定的状态，因此，约瑟夫出现在位于法兰克福的德意志银行的董事会上。不可否认，资金的筹集问题此时已经成了生存问题，这个家族企业现在面临一个问题：不成功便成仁。

第二十九章 活在消费者的梦幻世界里
——从罗宾汉到唐·吉诃德

凌晨时分，当最后几位嘉宾欢快地离开体育援助会举办的舞会后，足球明星佩乐、乌维·瑟勒、弗兰茨·贝肯鲍尔、贝昂特·赫尔芩拜因以及世界著名拳击手穆罕默德·阿里等人对这次舞会邀请的回绝已差不多被遗忘了。八十多万马克的入场费收入，外加来自义卖的28万马克收入都到了体育援助基金会的账户里。在一天里就成功地获得这样的净收入，这对于涅克曼公司来说是可望而不可即的梦想。

无论竞争中所有产品的销售倾向如何，无论这些产品是否按照更高质量还是更有利可图为基础来进行转型，但涅克曼都坚持以突破市场价格为基础，在竞争中向顾客提供最理想的价格。尽管万乐的销售利润达到12%，奥托达到18%，但涅克曼却仍在炫耀着他的战绩：在东京、汉城

（今首尔）、中国台北、中国香港、新加坡和马尼拉的18个采购办事处中，涅克曼公司雇用了一百多名员工，他们几乎每天24小时地工作着，奋力为涅克曼公司购进价格低廉的产品。涅克曼公司所提供的商品中有超过35%来自远东，中国大陆也即将作为供应商加入。在《商业报》中，约瑟夫·涅克曼富有先见之明地说道："在我个人不断上升的需求中，我看到一线光明的生机。"

与此同时，四处都在传涅克曼家族在自家企业中只占有25%的股份，最多不过30%。1976年4月，《法兰克福汇报》就此话题发表了评论："约瑟夫·涅克曼不是通过股份合资来控制公司，因为他是唯一的责任股东。他代表着无形的商誉，在资产负债表中是重要的无形资产。没有他，任何负面影响都有可能使集团变得更加脆弱，不堪一击。直到如今，涅克曼集团还处于一个较稳定的局面，这完全是他一个人的功劳。"

此后不久，约瑟夫·涅克曼宣布他有意参加自己人生中的第5次奥运会。"进军蒙特利尔"——这是他提出的战斗口号。然而1周后却传来令人震惊的消息："约瑟夫住进了医院。"症状表明，他得了病毒性肾功能衰竭。因此，在1976年5月1日于勒沃库森举行的奥运会盛装舞步资格赛约瑟夫没有参与，但是约瑟夫·涅克曼的名字却还是经常出现在各家报纸的新闻头条。

1976年7月1日，出现了有关涅克曼公司的第一次爆炸性新闻。法兰克福商业银行的发言人宣布，涅克曼公司接下来必须要增资3500万马克，该公司到现在为止的原始资金为12.24亿马克。为此涅克曼公司需要有一个拥有潜力的伙伴加入。卡尔斯泰特百货和奥托集团在公开场合表示有兴趣与涅克曼的合作。所有贷款银行强烈要求涅克曼公司扩大该企业的高级管理层，取消该企业创始人在公司的领导权。

本来在1976年7月7日召开的全体股东大会上首先要做的是商讨关于增持的方案，然而，在股东大会前召开了记者招待会，会上彼得·涅克曼宣布了让所有人都感到无比震惊的决定："卡尔斯泰特将会成为我们新的大股东。"约瑟夫·涅克曼在他的回忆录中讲述了这一消息的背景："自1976年2月以来，彼得·涅克曼和卡尔斯泰特的总裁瓦尔特·多伊斯已经就两家企业的合并进行了秘密谈判。早在1973年，彼得就已经尝试与卡尔斯泰特百货公司的董事会取得联系。当时卡尔斯泰特董事会粗暴地拒绝了他。按照所有的征兆来推测，卡尔斯泰特公司的这些董事们是想等涅克曼公司的状况进一步恶化。显然，他们对合作并不感兴趣，而是从一开始就只对收购感兴趣。"

在谈判中所采用的战术就是双方怎样用计谋使对方屈服。1976年年初，卡尔斯泰特的高管层开始同意接受涅克曼公司的要求，接受涅克曼邮递百货公司作为独立的个体与卡尔斯泰特公司合作。此时已64岁的约瑟夫·涅克曼同意退居到监事会中去，约瑟夫的大儿子彼得和小儿子约翰内斯在卡尔斯泰特-涅克曼合作企业中仍保留以往的高管位置。在资本的重新部署方面，涅克曼公司希望卡尔斯泰特公司购进本公司价值为3580万马克的股票，即以每股95马克的价格买下每股原价值只有50马克的股票。在接下来的谈判过程中，在重重压力下，约瑟夫·涅克曼不得不将股票价格从每股95马克降至75马克，家族董事会的成员们咬牙切齿地同意了这个条件。"能够保证公司存活下去，这是我的最终的目标"，约瑟夫·涅克曼在自己的回忆录中这样写道。

年迈的印第安人

两家公司正式合作的新闻发布会在涅克曼公司总部的高管楼层召开，发布会上提供了香槟酒和洋蓟拌虾供来宾食用。新闻发布会以一段对约瑟夫·涅克曼的赞美讲话作为结束。审计师马克思·克莱菲尔斯将公司的这位一家之长形容为是"一个伟大企业家的最好表率"。约瑟夫·涅克曼深感痛苦，但却竭力挤出一副笑脸。在场的记者汉斯约阿希姆·诺阿克在《法兰克福评论报》上用充满文学性的辞藻描述了这一情景："这位一家之长看起来就像一位年迈的印第安人。他的表情时而生动，时而又充满个性，充分地展现了他个性中所包含的骄傲和随和，犹如一位酋长，他那种一贯为顾客着想的心态此时也充分显露出来。"

1976年7月的股东大会主要是要得到股东们对增持以及跟卡尔斯泰特合作提议的同意。在此之后，决定涅克曼公司命运的4个月开始了，在这4个月的时间里，联邦卡特尔局本应该会批准"这两个拥有平等权利的合作伙伴"的合并，可是，联邦卡特尔局没有做出任何反应。而卡尔斯泰特公司也不闻不问，让时间就这样流逝。约瑟夫·涅克曼如坐针毡，对于联邦卡特尔局来说要做出决定并不容易：是法律阻碍了公司和市场地位的发展。根据竞争法，有必要防止"一种特定类型的产品占据市场的30%，两种到三种特定类型的产品占据市场50%的现象出现"。商界记者一致表示："这种说法存在失误，这种规定仅应针对大型制造商，而对企业不具备任何效力，因为它关系到的不是商品的市场份额，而是营业额的市场份额。"

连续不断的负面报道给顾客们带来了极度不安，他们不再在涅克曼公司购物。1976年，涅克曼公司出现了有史以来最严重的赤字，总营业额下降了7.7%，邮购交易减少了5%，固定商店的销售率下降9.4%。涅克曼私人住宅有限公司在盈利，生意扩大了42%，但所涉及的营业额也仅是3.37亿马克。涅克曼旅游有限公司的营业额也增长了9.6%，即7.48亿马克；另一方面，涅克曼公司的银行债务增长到4.1亿马克，这样下去，预计涅克曼公司的银行债务还会增加1.2亿马克。

生死抉择的时刻

1976年11月19日，涅克曼公司召开了马拉松式的会议，这个会议牵动着所有参会人的神经。大家坐在会议室里等待着本周五联邦卡特尔局开会将要做出的决定。这个决定关系着涅克曼公司的命运，如果联邦卡特尔局不批准卡尔斯泰特公司与涅克曼公司的合并，那么涅克曼公司就不得不在下周一申请破产，涅克曼公司将被肢解变卖。万乐董事会已对涅克曼公司的顾客地址垂涎欲滴，对涅克曼旅游有限公司感兴趣的也大有人在。这所有的一切都意味着，涅克曼的名字将在未来的市场上消失。

约瑟夫·涅克曼神经高度紧张地坐在长长的会议桌旁，一根接着一根地抽着烟，心烦意乱地咬嚼着自己的领带。联邦卡特尔局在柏林召开的会议是被全盘封锁的，会议持续的整个夜晚都没有听到任何风声。大约凌晨4时，涅克曼公司会议桌上的电话响了起来，对方告知："合并被批准了！"

这样一来，涅克曼公司得救了，但是之前达成的合约条件此时已不再有效。德国商业银行的立场是，这项收购是对涅克曼公司的拯救，而不是正常情况下的收购。在这样的情况下，卡尔斯泰特获得了财政方面的优势，给涅克曼公司贷款的各家银行也已经宣布同意给予涅克曼公司债务上的减免和利率上的优惠，这些银行的反应是在政治家、工会领袖以及行业巨头们共同施加的压力下做出的。

银行将可能变为事实

在此之后，没有任何人责怪约瑟夫·涅克曼在管理上可能犯的错误。约瑟夫·涅克曼，这位"雇佣兵队长"，因为自己在奥运会上取得的成就而享受着特殊待遇，媒体对此也竭力谋求公平。此后人们能读到的对涅克曼公司的评价说词摇摆在对罗宾汉的赞美和对唐·吉诃德的抨击之间。但是所有这些评价中有一个点是相同的，这就是："涅克曼活在消费者的梦幻世界里。"这种情况的结局必然是惨败，原因在于"赚钱赚得太少，而顾客一旦减少，便难以为继。这样一来，银行不得不核算得更加仔细"，

1976年11月发表于《时代周刊》的文章这样写道。

银行最后还是做到了。11月29日，在法兰克福商业银行总行就涅克曼公司的诸事宜召开了最后一次会议，会上做出了一项毁灭性的决定：涅克曼家得从他们的公司产业中分离出来。在他们拥有的3400万马克个人资产中，他们将失去2900万马克。这是因为约瑟夫·涅克曼和彼得·涅克曼是公司唯一的责任股东。与原来达成的协议相反，父子俩必须让出他们在公司高层的领导职位，企业将会雇人接替他们的位置。

彼得·涅克曼在这种境况中是受害最深的一个。在原本的协议中他的职位是首席财务官，年薪50万马克。而如今这个协议已成了一张废纸，他此时的处境糟糕到连自己在公司里的养老保险都保不住。父亲约瑟夫·涅克曼的处境相对要好一些：作为监事会成员，他在两个公司合并的1年后能拿到20万—25万马克的年薪，在退休以后，卡尔斯泰特承诺每年支付约瑟夫15万马克的退休金。银行协助实行这个解决方案，"由于涅克曼家的大宗股票已被抵押，以至涅克曼家有个人破产的可能"，《法兰克福汇报》的内部知情人透露道。

涅克曼家的个人破产被阻止了。与此有关的银行，特别是BHF银行仍要求索赔1.8亿马克。他们承诺，作为卡尔斯泰特公司的信托资产管理人，他们会保管涅克曼家26.1%的股份。通过这样的方式，卡尔斯泰特公司与涅克曼就不会面临破产。一小部分股票价值的损失由小股东们来承担，这些小股东在这种境况中是最大的输家，但是他们的怒火并没有针对涅克曼家。

约瑟夫·涅克曼的反应仅限于温和的评论："我的感觉是，有人就是想要看到我的公司崩溃，目的是能为自己从废墟里挑选出合适的有价值的财产。"然后，他用略带一些自嘲的意味补充道："要是我知道这一切会怎样结束，那么我就会及时地去加紧训练，为参加1976年在蒙特利尔举行的奥运会而奋斗，我在这次奥运会上有获得奖牌的机会。"

"爸爸多伊斯"的统治时代

1977年6月1日，在涅克曼总部召开了最后一次历史性的股东大会，会上约瑟夫·涅克曼和彼得·涅克曼还是按照老传统，由模特引导入场。这些模特都穿着商品目录中的夏季时装新款系列，这个系列由4个部分组成，名为"仲夏劳伦系列"，时装上印有红白花卉的图案，定价为79马克。卡尔斯泰特企业的高管们已经坐在长桌的最顶端一侧，他们此时代表着欧洲最大的百货公司，其年营业额高达77亿马克。

端坐在中间的是卡尔斯泰特强势的总裁瓦尔特·多伊斯。据说他在1994年收购了赫尔蒂百货公司，1997年，他带领卡尔斯泰特集团向万乐百货公司挺进。由于此人一贯专制的领导作风，因此获得一个名为"爸爸多伊斯"的称号。多伊斯的结局也并不光彩，2000年秋季，他因为信任危机而引咎离职，就此获得了第二个绰号"卡尔斯泰特的苦难"。2005年，德国经济处于紧张状态，那症状正像涅克曼所处的危机时期一样。多伊斯指责他的同行，他说："德国董事会的绅士们变得越来越少了。"多年来，在这位"公司翻新的奠基人"的领导下，该企业财政面貌只是赤字。他很可能已经忘记了他的乡绅出身，忘记了自己年轻时是怎样土里土气地实行自己的管理方法的。瓦尔特·多伊斯有一个在德国商业银行监事会当主席的父亲，他叫汉斯·多伊斯，其所在的银行是卡尔斯泰特的大股东，而这个股东一直在支持着瓦尔特·多伊斯。德国商业银行正是促使涅克曼公司步入没落的银行，正是这家银行向涅克曼提出缴械投降的条件。

在涅克曼的告别会上，瓦尔特·多伊斯像盛装舞步比赛中的裁判一样愣头愣脑地坐在那里，他不动声色地观察着约瑟夫·涅克曼这位黄金骑手的最后一次登场，这位骑手在商界的行事规则下变为一个失败者。这位骑手出场时，脸上布满红斑。他最初随意的讲话并没有构成任何威胁，约瑟夫——这位失败的一家之长将造成这场"灾难"的责任归咎于联邦卡特尔局，然而，有那么几个持有自己看法的股东却指责道："目前拥有的2.29亿马克的亏损，到了明年就会增加到3.5亿马克，这不仅是市场的影响，管理上明显的失误还会继续造成亏损。"《法兰克福汇报》这样报道："有一部分人指责约瑟夫·涅克曼，认为他活在一个消费者的梦幻世界里，让股东们的钱打了水漂。"尽管存在着这样一些指责，但在董事会的选票中，涅克曼父子还是获得了41.1%的支持票，反对票仅占2.4%。

工作岗位的流失

作为合并公司的第一个措施，新的领导人们首先废除了"涅克曼帮你实现这个可能"的口号。形势究竟会如何，这要在以后才能看清。复杂的整顿工作持续了近11年，到了1987年，涅克曼公司才实现盈利。约瑟夫·涅克曼在这个时期早已与这个公司没有了关系，但是这家公司却依然还用着他的名字。这家公司的财政支出巨大，在初期，损失近10亿马克，因此，要不是像卡尔斯泰特这样的公司和德意志银行在后面撑着，公司本身是承担不起这些债务的。没有任何一个人或者任何一个家族企业能够筹集到这么多资金，能够花费这么长的时间去等待收益。之后有人责难瓦尔特·多伊斯，他是这样为自己的谋略进行辩护的："总的来说，这项交易是值得的。我们起初认为，我们会进入一个企业的完整整合状态。但不幸的是情况并非如此。"

涅克曼的没落所牵涉的方面越来越广，一些之前涅克曼公司的供应商陷入困境。在众多的例子中要提及的是名叫科尔庭的电视机制造厂，这家制造厂曾传奇般地制造出"涅克曼的全球视野"品牌电视机。位于格拉绍的这家工厂不得不宣布缩短工作时间，在基础建设薄弱的基姆湖畔地区，很快就有一千三百多名员工失去了工作岗位。卡尔斯泰特也在暗中陆陆续续削减了大约2000个工作岗位，首当其冲的是涅克曼公司的用户售后服务，这一点大家都心知肚明。售后服务网络变得越来越稀薄，到了后来干脆就终止了。

经济学专家维尔纳·麦尔拉森总结道："涅克曼原本是把希望寄托在循环增长上。然而，数字的无限只存在于数学和上帝的爱中。但对于涅克曼来说，这两种都不是。卡尔斯泰特的高管们并没有要拯救涅克曼公司的想法，而只是想为自己着想，利用不多的钱来保证营业额的增高。只有将庞大的管理缩小才能给公司带来利润。"

大型的整顿终究还是背着员工们开始了。尽管1978年的年营业额达到了35亿马克，但其中23亿分给了董事会成员，公司的财政状况还是深陷于赤字当中。到1978年10月底，1.8万名员工中，只有8500名员工保住了自己的饭碗，其余的工作岗位都被裁减，而这样的裁员还会继续进行下去。卡尔斯泰特打算最后留下不超过5500人。这样的大规模裁员只给政治家霍尔格·伯尔纳带来了积极的影响：此人把联邦州的政策变为了国家政策。1976年10月12日，在涅克曼处于危机时，他当选为黑森州部长，原因是他掀起了一个为捍卫工作岗位的运动——涅克曼帮你实现这个可能——之后，伯尔纳作为一州的高级领导人而享有10年的任期。

洛克菲勒式的慈善家

前任公司领导约瑟夫·涅克曼搬进了一个新的办公室，这个办公室位于汉堡大街2-10号奢华的摩天广场大楼里，这座大楼的斜对面就是法兰克福展会区。虽说地址是新的，但周围的环境对于涅克曼来说并不陌生。房间里的家具、挂在墙上气派的马匹油画以及书桌上的白色瓷马等等都从他以前的办公室搬了过来，并且每天早晨，约瑟夫的秘书戈塔·森格都会亲切地问候自己的老板，一切都跟从前公司发展得很好的时候那样。

约瑟夫·涅克曼此时把整个身心都投入到了体育援助会的工作中。他每天给企业家和明星们打着电话，邀请他们来参加体育晚会，向秘书口授请求募捐的信。要是事情没能如他的愿，他就会对那些保守的干部们大动肝火，也会生自己的气。无论是向对方先采用警告或教训的方法，还是最后给对方下最后通牒，约瑟夫都从来没有放弃过。他做了很多别人感到十分麻烦的小事，做这些事让他感到振奋。他从一个德国贸易历史上最大的孤独奋斗者变成了一个最大的募捐筹集者。也许，在他的内心中已不再为失去的商品帝国而感到悲哀。拥有财产对他来说已成为了负担，此时他自由了，他可以另谋途径去筹集数百万马克，这些钱是他的公司从未能赚到的。他可以把这些钱分给他要保护的体育健将们去使用。约瑟夫成了一位献身于运动的慈善家。在他的职业生涯结束时，他以一种意想不到的方式，向他的偶像洛克菲勒靠近了不少。沐浴着行善者的光芒，内心充满了幸福感，约瑟夫·涅克曼前所未有地容光焕发。

黑暗的一年

涅克曼一家觉得，既然他们已被卡尔斯泰特排挤出了公司，就不会再有比这更可怕的命运降临到他们的头上了。他们感到自己已经受到了更高权势的充分"惩罚"。

然而事情出乎他们所料。

约翰内斯·涅克曼是涅克曼家唯一一个能在涅克曼总部保留自己职位的人。他做着自己一向熟悉的工作，即商品目录制作。约翰内斯在拍摄完1977—1978年的秋冬季广告照片后，搭乘涅克曼旅游公司的神鹰航空从突尼斯返回法兰克福。抵达法兰克福机场时，约翰内斯看到自己的母亲和姐姐在机场等候他，两位女士都穿着黑色丧服。"我只问了一句：是谁？"约翰内斯这样回忆道，"我的母亲把我拥抱在怀里，泪如雨下，她哽咽地说道——茵基！"

第二天，所有的报纸都报道了这一事件："英格伦·涅克曼不幸死亡！"德意志新闻社这样报道："在法国发生的一起交通事故中，前邮递百货公司老板约瑟夫·涅克曼最小的儿子约翰内斯之妻遇难。那时，她独自开着一辆黄色的宝马车行驶在高速公路上，从巴黎返回德赖艾希-布赫施拉克，涅克曼家在此处有一套房子。正午时分，由于雨天路滑，她的车在高速公路上打滑，与一辆迎面而来的卡车相撞，她当场死亡。现年36岁、曾获德国小姐与欧洲小姐殊荣的她为丈夫约翰内斯留下了3个孩子，他们是卢克（10岁）、尤莉亚（8岁）和卢卡斯（2岁）。"

茵基常常开车去看望她在巴黎的兄长伍尔夫，她的这位兄长是一位银行家，还在巴黎经营批发贸易，在尼斯和伦敦还各有1家酒店，是一个有能力积累财富的人。

经过这次打击以后，约翰内斯再也没有兴致在卡尔斯泰特干下去。1978年8月底，约翰内斯这个最后的坚守者也离开了卡尔斯泰特公司，在重新选择自己的职业时，约翰内斯不畏风险，尝试着用他的爱好来挣钱，他的爱好就是艺术。约翰内斯一向对公元1700年前后时期的罗马艺术学派着迷。在他18岁那年与父亲一同参加罗马奥运会时，他就发现了这个时期罗马浪漫风景画的魅力。约翰内斯的母亲很喜欢瑞士画家赫尔曼·鲁迪赛伊（1864—1944年）的新古典主义绘画笔触。这位被遗忘画家的作品当时的收购价格非常便宜。多年来，母亲安娜玛丽买了不少鲁迪赛伊遗留下来的画，她把这些画送给了她的儿子，让儿子用它们作为自己私人画廊开业的基石。在第一次艺术展览会的开幕式上，约翰内斯邀请了一些潜在买家来到他在法兰克福附近的别墅。从这时起，就形成了一个固定的聚会日期，每逢这个日期，约翰内斯就会邀请人来参加这一令人兴奋的晚间艺术鉴赏聚会，会上提供各式小点心供大家食用，能参加他的聚会在当时是一件很荣幸的事。

1979年6月，约翰内斯再次结婚，对方是他父亲以前公司的职员莉耶娜·斯托亚诺维奇。一开始，她在涅克曼公司的包装部门工作，凭借着自己掌握的塞尔维亚语，她被调入公司的市场销售部门工作，负责与南斯拉夫的贸易事务。婚后，她接替了约翰内斯3个孩子的母亲的"职位"。

涅克曼家族的3个继承人爱娃-玛丽亚、彼得和约翰内斯此时都正准备迁居美国——仅仅是因为交税的原因。他们觉得，涅克曼家剩余的一小部分财产不应该再被国家征收税金了。

用打字机进行谋杀

英格伦·涅克曼车祸身亡的1年后，涅克曼一家再一次面临灾难。1978年，约瑟夫·涅克曼17岁的外孙约瑟夫-约翰内斯·普拉赫特[1]（昵称悠悠）在一个下雨天不幸遭受了厄运。当时，他骑着轻型摩托车在一个弯道上打滑，紧接着就滑到了一辆对面开来的混凝土搅拌车的轮胎下，搅拌车从他身上轧了过去。在医院的手术中，医生无法挽回悠悠的一条腿，这条腿必须从膝盖以下截肢。

悠悠的祖父约瑟夫·涅克曼在回忆录中写道："悠悠以此证明了自己是个真正的战士。他之后练习带着假肢打网球、滑雪。他甚至尝试去做足球运动中的守门员。他没有停止练习，一直练习到别人看不出他的腿是假肢为止。"据约瑟夫说，在这段艰难的时期里，无论悠悠出现在哪里都成为媒体追逐采访的对象，他成了"涅克曼有名的外孙"，这种状况让他难以忍受，因为他不能只是约瑟夫-约翰内斯·普拉赫特了，涅克曼这个名字让他感到窒息。"

悠悠出事6年后，涅克曼家准备筹办一次盛大的宴会来庆祝一大喜事，这就是：1984年8月16日——约瑟夫和安娜玛丽的金婚纪念日。也就是在同一天，悠悠的父母——涅克曼的女儿艾薇和她的丈夫小汉斯也将庆祝他们结婚24周年的纪念日。在克隆贝克城堡酒店的楼梯上，涅克曼一家一起站在那里，摆好姿势，留下了一张历史性的家族合影。

这是最后一次，这个家族如此和谐，如此美好。祖父母约瑟夫·涅克曼与安娜玛丽想再次登上婚礼圣坛，重温

---

[1] 约瑟夫-约翰内斯·普拉赫特，昵称悠悠，是艾薇的儿子。——译者注。

当年的结婚典礼。这一天阳光灿烂，牧师已经站在白色乡村教堂的大门前，这个教堂位于法兰克福附近的基希博尔恩，足足200名嘉宾等待在那里，他们等候着门德尔松的《婚礼进行曲》奏起，音乐一旦响起，他们就会加入到这对金婚夫妇的队伍里去。涅克曼家族巨大的聚会少了一个人，这就是涅克曼最疼爱的孙子悠悠。悠悠因为着急去看牙医，遗憾地无法出席聚会，但是他说，他最晚会在晚餐的时候到达。

中午12时整，当教堂的钟声响起时，涅克曼家接到了一个高速公路交警打来的电话。交警通知他们说："23岁的约瑟夫-约翰内斯·普拉赫特从法兰克福通往迪伦堡的高速公路上的一座大桥一跃而下，结束了自己的生命。"涅克曼的脸变得僵硬，他马上取消了整个庆典，并立刻同悠悠的父母赶往出事地点。在公路的一个转弯处，悠悠灰色的欧宝曼塔规规矩矩地停在那里，车门紧闭，警示灯亮着。在副驾位置上放着一份《科隆快讯》，上面的头条写着"涅克曼的孙子——带毒的鸡尾酒——女朋友躺在医院里"。

约瑟夫·涅克曼的孙子毫无生气的身子躺在37米高的大桥下，被砸得散了架。在悠悠的公寓里发现了一封告别信，警方没有向报社透露任何细节，因此引发了各方媒体在接下来几天里的报道。约瑟夫严厉指控，称媒体要对自己孙子的死负很大责任。在他看来，罪魁祸首是《科隆快讯》和《莳萝报》，这两家报社都曾多次详细报道了有关有毒的鸡尾酒会以及它的后果。问题是："是开玩笑还是攻击？"就此，检察官开始调查。

此案要从20岁的大学生瑟克尔·D.被送进迪伦堡医

院的急诊部说起。瑟克尔是涅克曼孙子悠悠的前女友，她在1年前要求跟悠悠结束恋爱关系，悠悠在失恋后痛苦万分，据说，悠悠因此开始跟前女友最好的朋友密切交往，以此来安慰自己。然而不久后，他再次感到离不开他那"一把火"似的前女友，他此时的新女友便心怀嫉妒——当时的新闻就报道了这些。

这种情况日益加剧，在一次派对上，有人偷偷地往瑟克尔的饮料里倒入了硫酸铜粉末，瑟克尔喝了杯中的饮料后全身痉挛倒在地上。在医院里，医生为她洗了胃。这事发生后，虽然瑟克儿放弃了控告，但是她的父母执意雇了一名律师，他们想要针对这次事件指证一人为凶手，这人就是约瑟夫·涅克曼的孙子悠悠。他们希望律师对悠悠进行起诉，并要求赔偿，赔偿数额非常高昂。起诉过程既耗费自己，又消磨大家的神经。据说，悠悠也因为他妹妹玛蒂娜在马术上所取得的成功而备受折磨，他的妹妹已经作为骑手崭露头角，她更多地展现出承袭了涅克曼家的传统基因。因为自己腿部的残疾，悠悠不再具备比赛的能力。"没有了一条腿的涅克曼就不再是涅克曼了"，涅克曼家的养女克里斯蒂娜·朗这样看，她还强调说，"在涅克曼家，生活在同情之下是件很糟糕的事。"悠悠觉得自己是一个一事无成的人，这时被指控，让家族为他支付高昂的赔偿金，这一切让这位年轻的继承人难以忍受，就此结束了自己的生命。

家族元老约瑟夫·涅克曼把责任全部归咎于媒体——"不负责任的报刊就像秃鹫一样，紧紧地追逐着悠悠，使他看不到出路。是那些新闻记者蜂拥而至杀害了这个孩子，他们利用新闻自由、报道需求，不负责任地一味追求轰动新闻……"约瑟夫愤愤地说道。

《明星周刊》认同约瑟夫·涅克曼的说法，开始将这个指控指向《科隆快讯》，指责同行"用打字机进行谋杀"。《科隆快讯》的总编辑在《科隆快讯》上刊登了自己的立场和态度："谁要是指责我们'用打字机进行谋杀'，那么就等于他把所有的编辑看作是凶手。"他这句话产生了效果，汉堡地方法院禁止《明星周刊》继续采用这样的措辞。

第三十章　当白丁香再度盛开

—— 涅克曼的隐退

　　68岁的老战士约瑟夫·涅克曼打算再次参加莫斯科奥运会，盛装舞步委员会已经将他提名。然而正像1976年一样，他再次因卧床而错过了这次奥运会的资格选拔赛。当时他正好染上了肠胃病毒性感冒。此后，约瑟夫决定，在自己"精力最旺盛之时"隐退。1981年6月28日，在亚琛举行的一场比赛中，伴随着观众的欢呼喝彩，他宣布了自己的隐退。约瑟夫在现场流下了激动的泪水，为此他并没有感到不好意思。当他的两匹马：杜罗和桑尼男孩在倾盆大雨中像祝贺者一样朝他跑去的时候，这幅景象跟那次他与联邦德国队的队友们在东京夺得团体金牌时的情景很像。

　　在亚琛，整个看台都坐满了人，4.5万人为约瑟夫·涅克曼同时欢呼，回顾他的马术生涯会让我们感到震惊：从1956年到1981年，约瑟夫·涅克曼在333次锦标赛中取胜，参加过4次奥运会并赢得过铜牌、银牌和金牌。他的马"杜罗"赢得了65次胜利，是约瑟夫所有的马中成就最高的。

　　1980年，居住在法兰克福的涅克曼家族放弃了在德莱艾希-基希博尔恩那栋修建得非常宏伟的房屋，他们在附近的德莱艾希海恩找到了一栋新房子。约瑟夫·涅克曼让人在花园里放置了一把休息用的长椅，但这把长椅他并没有时常使用。他先后在多个贸易组织担任过名誉职位，在活动中也非常活跃。为了帮助朋友，他在叙尔特岛开办过一次艺术展览，他也到慕尼黑去参加过花花公子杂志社举办的派对。在冷盘自助餐上，他见到了他那位作为情色画家的侄女玛勒娜。无论约瑟夫·涅克曼在哪儿，他都是人们关注的中心人物，他总是被熟人、崇拜者和漂亮的女人们包围着。

　　在约瑟夫·涅克曼的生活中几乎总有庆祝不完的事。"生活从他75岁的时候才开始"——1987年，联邦德国奥运会的精英选手们为涅科录制了一首曲子，他们在这张唱片中这样唱道。这首曲子本来是乌多·尤根斯一首很受欢迎的曲子，后来被弗兰茨·兰勃特改编成了生日贺曲。兰勃特是联邦德国体育比赛场中激情洋溢的管风琴演奏者，在此期间，他成了约瑟夫的固定演凑人。无论是在约瑟夫的儿子约翰内斯的婚礼上，还是在孙子克里斯蒂安的婚礼上都少不了他的演奏。应约瑟夫的女儿爱娃-玛丽亚的邀请，这位演奏家飞往多伦多为一场骑手庆典会增添欢乐的气氛。他演奏的曲目中有《起来，跳布吉舞吧》。如今，只要弗兰茨·兰勃特回忆起那些体育晚会时，他的双眼就炯炯发光。在这样的晚会上，他总是在前厅里为迎接客人而演奏，他说："约瑟夫·涅克曼把所有的人都带到我演奏的管风琴前。这些人有卡斯滕斯、谢尔、魏茨泽克、勃朗特、施密特和科尔等。"之后，这样一些顶级的贵宾在德国慈善会上再也没有出现过。

汉城奥运会

1988年，约瑟夫·涅克曼作为联邦德国官员前往韩国汉城（今首尔）参加在此地举行的奥运会，这是他最后一次重要的旅行。在摄影师面前，他欢欣鼓舞地与代表联邦德国获得盛装舞步金牌的女孩们摆姿势合影，这些女孩们便是莫妮卡·特奥多雷斯库、妮可尔·乌普霍夫、安-卡特琳·克洛特和伊莎贝尔·维尔特。当然，这些女孩们都得到过体育援助会的资助。

21年来，这个联邦德国体育援助会在约瑟夫的领导下创造了惊人的成绩。他们募捐了大约2.3亿马克，其中约9000万马克来自私人捐赠，用来资助了约1.65万名运动员。在20世纪70年代，资助金额达到了每月650马克，运动员们拿到的资助金平均为每月200马克。在筹集捐款时，约瑟夫·涅克曼精神焕发地说道："不要祈祷！要的是钱！"

一些运动员把体育援助会主席约瑟夫·涅克曼视作他们的成功之父。奥运会游泳冠军米歇尔·格罗斯对约瑟夫怀着"永恒的感恩的心"。"如果没有约瑟夫·涅克曼，我是永远都不可能赢得金牌的"，他在电视节目的采访中曾多次表达对约瑟夫的感谢。如此之类的告白温暖着约瑟夫铁一般坚硬的心，他的这颗心脏此时已做过3次搭桥手术，由一个起搏器支撑跳动着。这一切都是对他失去了自己企业的补偿。

1988年年底，约瑟夫·涅克曼离开了体育援助会主席的位子，威利·道穆从1989年1月1日接替了他，作为该会的临时主席。一个真正能像约瑟夫这样的领导者此后没有再出现，体育援助会失去了它曾拥有的光环。

永恒的荣誉之位

在涅克曼家，玛利亚·恩格尔贝蒂接替了克拉拉的仆人工作。克拉拉在涅克曼家工作了30年，退休后她拿到了一份相当丰厚的退休金。新来的仆人与克拉拉完全不同，此人来自慕尼黑施瓦宾，她沉默寡言，身体很结实，陪伴从前的邮递百货公司大王和夫人度过他们人生的最后一个阶段，对她来说是一个极其艰难的任务。20世纪80年代中期，安娜玛丽患上了癌症。在过去的7年中，她一共经历了14次手术，整个人变得骨瘦如柴。"在母亲生命最后的时期，是玛利亚抱着她上下楼的，因为她实在太虚弱了。"女儿艾薇这样讲述道。1989年5月16日，安娜玛丽生命的最后时刻到来了。"我的父亲和兄弟们在重症病房陪伴着她。我从加拿大飞回国，上午9时在法兰克福机场降落，随后立即乘出租车赶往医院。当我见到母亲时，她说，'我就等你一个人了'。"当天，大约12时，74岁的安娜玛丽·涅克曼辞世。

安娜玛丽的葬礼在法兰克福的公墓进行。大约40年前，市长沃尔特·科尔布就为涅克曼家准备好了这片墓园。科尔布当时也是在考虑法兰克福的永恒声誉，这片墓园重新做了翻修，专门用来安葬名人。科尔布在伟大的哲学家亚瑟·叔本华的墓地附近为涅克曼家族留了一个位置，离涅克曼家族墓园的不远处安息着另一个法兰克福的知名人士，这个人也像约瑟夫·涅克曼一样曾在法兰克福定居，他就是阿洛伊斯·阿兹海默[1]，那位发现"遗忘之旅"的医生。

在这片家族墓园里已安息着安娜玛丽的父亲理查德·布吕克内（1885—1955年）和她的母亲阿克内斯·布吕克内（1885—1978年）以及安娜玛丽的儿媳英格伦·涅克曼（1942—1977年）等。安娜玛丽·涅克曼被葬在她的妹妹莉泽洛特·布劳尔旁边一个安静的地方。

1991年夏天，艾薇的丈夫汉斯·普哈特在夫妇俩共同选择的第二故乡加拿大去世，他也是在8月16日这个命运注定的不幸之日离她而去的，这个日子对艾薇来说是一个命运中发生重大事件的日子：她自己和父母的婚礼都在8月16日，她的儿子悠悠在这一天结束了自己的生命，最后这个日子又是她丈夫离去的日子。小汉斯患上了肺部纤维化病症，这是严重吸烟人的慢性病。小汉斯对马厩里的灰尘过敏，由此引发了慢性肺炎。"他不能控制自己，发着高烧，他还要去看自己心爱的马匹，这种责任感无处不体现在他的生活中"，失去丈夫的艾薇叹息地说道。

---

[1] 阿尔茨海默是一种疾病，也被称为老年痴呆症。这个病是以发现它的医生的名字命名的。——译者注。

狩猎结束了，哈拉利[1]的号角声响起

1991年冬天，艾薇在达沃斯租下一间小公寓，这样便可以跟父亲一同度过圣诞节。"然而爸爸却躁动不安。'我得回去了'，他着急地说道。我看他那不适的样子，所以就决定跟他一起走，留在他身边。"艾薇回忆道。这是父女俩在一起度过的最后的4个星期——回想起来，艾薇甚至觉得这4个星期是"一段美好的时光"。

约瑟夫·涅克曼的健康状况每况愈下，他的病情日益恶化。约瑟夫此时患有大腿外侧静脉曲张，从曲张的静脉中生长了恶性肿瘤。他突然就卧床不起，不能站立。在德莱艾希海恩的别墅里，他的卧室都拉上了窗帘。时而他会偷偷地抽上一两支烟，这样的事是医生严令禁止的。"在一个寒冬的下午，我突然看到，外面阳光灿烂"，爱娃-玛丽亚讲述道，"这时我拉开了窗帘，在床上，在爸爸的身边躺下，跟他一起看电视节目，当时正在播放滑雪锦标赛，马库斯·瓦斯麦尔突然出现，他正准备开滑，下坡时瓦斯麦尔失误了，这让父亲很生气，他气愤地责骂这样的失误。"

当天晚上，也就是在1992年1月13日，约瑟夫·涅克曼静静地睡着了，然而，第二天他再也没有醒过来。死亡释放了他，在他生命的最后时刻还是只有体育让他激动不已。在生命的最后几个小时里，约瑟夫依然无法宽容别人在体育上的不良成绩。

---

[1] 哈拉利是在打猎中用牛角吹响的号声。打猎开始和结束时都会响起。——译者注。

　　1992年1月20日，在法兰克福公墓举行了国葬规模的隆重葬礼，葬礼仪式的过程是由约瑟夫·涅克曼本人之前确定好的。在牧师祈福时，演奏了一首名为《当白丁香再度盛开》的曲子。坟墓旁，一次次响起了疾驰的马蹄声："狩猎结束了，哈拉利的号角声响起！"这时，莱茵-美因地区狩猎时吹响的号声被吹奏起。

　　葬礼上发表讲话的人中有瓦尔特·多伊斯，这个人是约翰内斯·涅克曼最想亲手扭断其脖子的人。多伊斯是卡尔斯泰特公司的董事长，与涅克曼公司合并后把约瑟夫·涅克曼从老总的位置上赶走。直至今天，每当约翰内斯·涅克曼想起这事，依然会愤怒得面红耳赤："我的兄弟彼得·涅克曼是负责组织这次葬礼的人，他怎么能邀请这个叛徒、这条毒蛇来参加我父亲的葬礼呢！"

　　多伊斯这次能来参加这个葬礼是非常重要的。他的演讲内容包含了证实约瑟夫·涅克曼伟大个性的信息："在企业收购过程中，约瑟夫一直保持着一个企业家的自我形象，尽管企业的收购给他带来了无比的伤痛，但他却把这种伤痛与独特的自我原则联系在一起。除此之外，我要对我自己说，尽管我们之间的友谊因此蒙上了阴影，但约瑟夫却懂得不把友谊与之混为一谈。我对此心怀感激，在我们最后一次会面时，他以一种慷慨大度的姿态向我证明了这一点，他深知，我们以后再也没有机会见到对方。"

　　彼得·涅克曼接受了这样的和解，但他的弟弟约翰内斯却拒绝接受。兄弟俩中约翰内斯更重感情，他向父亲的墓中扔进了一枚硬币。

　　歌德并没有长眠在法兰克福的公墓中。如今，如果有人到此地去拜访公墓，那么大多都是出于对约瑟夫·涅克曼的缅怀。在那里没有陵墓，也没有纪念碑。墓园的红砖墙上，只挂着一块简单的灰色花岗石板，上面刻着这样的字句："涅克曼，是的，就是那个涅克曼。"1960年，这个广告句子首次出现在电视上，它成了一种永恒的追随。同样，"涅克曼帮你实现这个可能"这个口号也成了世代相传的名言。

结束语 继承人
——彼得·涅克曼，一个王位继承人的悲剧

彼得·涅克曼出生于1935年，1980年移居美国。他就职于美国全国保险公司，该公司的总部位于俄亥俄州，短短的几个月后，他就升职为该公司的副总裁。1963年，以涅克曼公司与美国全国保险公司的合作为基础，奈库拉保险公司在联邦德国成立，这主要还是彼得·涅克曼的功劳。1975年，在与卡尔斯泰特合并前，奈库拉保险公司就将920万马克的股份转入了美国合作伙伴的手中。

彼得·涅克曼的妻子尤塔是一名室内设计师，同样在俄亥俄州工作。彼得每个月都在进行宏观经济研究，作为经济学专家，他在国际经济学领域中已为自己赢得了声誉。此外，他还在俄亥俄州立大学获得了博士学位。1998年6月，他退休了。此时他作为经济预言专家在世界各地进行演讲。在日本进行了几次演讲之后，彼得·涅克曼回

到家中，身体变得极度虚弱。"他以为，这是病毒性感染的结果，他也没有好好地去检查确诊。做过的一些检查表明，这只是一种药用细菌感染，用抗生素可以治疗"，他的弟弟约翰内斯这样解释道。

1998年4月26日，星期日，彼得还与妻子尤塔通了电话，妻子当时在佛罗里达州的疗养地。之后，他整个人就完全不行了。在他还处于半清醒的状态下，他唤来他们家的女管家，女管家叫来了家庭医生。傍晚时分，彼得被送进了哥伦布市的河滨医院。

之后发生的事情令约翰内斯·涅克曼感到非常愤怒，他讲述道："大家都要警惕在周六或周日生病，尤其是在美国。在星期日的检查中，值班的助理医师因为误诊耽误了及时治疗。彼得的身体状况突然恶化的真正原因在24小时后才得到确认，是可能会致命的脑血栓。"

这种脑血栓的起因是长时间拖延治疗的心脏瓣膜炎，一块血管纤维脱落并进入了血液循环系统中。"通常这种异常的现象会以引起腿部血栓，如此而已"，约翰内斯详细地解释道，"但是我哥哥彼得的情况却是，这块血栓在脑部阻塞了动脉。大脑瘀血导致了语言障碍、吞咽困难、右眼失明和偏瘫。因为没有得到及时抢救，我的哥哥成了一个坐在轮椅上需要护理的病人。他的状况至今没有得到任何改善。为了让他能够得到比在美国更好的照料，'彼得家'——我们在家中这样称呼彼得和尤塔这对夫妇，在2004年夏天搬回了特格尔恩湖。"这个地方曾是涅克曼家于1943年躲避柏林大轰炸的避难处。约翰内斯讲述道："我的哥哥成为自己身体的囚犯，嫂子尤塔以非凡的勇气在心理和身体两方面精心地护理着她的丈夫。"

"彼得家"的大女儿苏珊娜出生于1961年。她与作为纺织商人的丈夫亚历山大·梅德尔在纽约一同生活。受她祖父约瑟夫·涅克曼的影响，她也步入了纺织行业，与她的丈夫成了德国与法国高级定制服的主要经销商。苏珊娜的弟弟克里斯蒂安出生于1964年，在康涅狄格州担任企业顾问。1994年，克里斯蒂安与达利安·海勒结为夫妇。令人遗憾的是，约瑟夫·涅克曼没能亲身经历这一切，因为达利安是前纳粹德国商业总裁弗兰茨·海勒的孙女。

爱娃-玛丽亚·普哈特，爸爸的"心肝宝贝"

在约瑟夫·涅克曼家的3个兄弟姐妹中，艾薇跟父母度过的时间最多，尤其是跟她的母亲。1960年，当她与她多年的朋友汉斯·普哈特结婚时，她并没有随他搬到迪伦堡或海格尔去，小汉斯当时在这些地方经营他的运输公司，小汉斯被要求搬到法兰克福去。这对年轻的夫妇住进了小汉斯在肯尼迪大街的公寓，这个公寓离父母在克里伯尔克大街的公寓仅有一步之遥。在邮递百货王国没落后，艾薇和她的丈夫移居到了加拿大。

对于他们来说，失去儿子悠悠的伤痛从未愈合。在这场家庭灾难的4年之后，艾薇-玛利亚·普哈特实现了自己多年的愿望：像爸爸一样，她代表加拿大参加了盛装舞步的比赛。在1988年的汉城奥运会上，她为加拿大赢得了史上第一枚盛装舞步的铜牌，她的父亲见证了她的荣耀，父亲作为联邦德国体育援助会的主席坐在看台上。在约瑟夫·涅克曼的自传《骑在马上快步前行》中，他谈到了自己那次在汉城奥运会上的感受："父亲和女儿都能在奥运会上带上闪闪发光的奖牌，这样的情况并不多见。我能不能够冒昧地希望我们的孙女玛蒂娜能在将来的奥运会上捍卫我们的家族荣誉？她是有这个天赋的。"

尽管约瑟夫·涅克曼不能再亲身经历，但是他的这一愿望也成真了：他的孙女玛蒂娜出生于1964年，在1992年巴塞罗那举行的奥运会上，她代表加拿大参加了盛装舞步的集体竞赛。这一家三代创下了一个记录：一个家族的三代人都参与了奥运会的盛装舞步竞赛，这在马术运动史上可谓独树一帜。在加拿大，玛蒂娜嫁给了一位知名的德国驯马师，他的名字叫尤根·冯·布特拉。约瑟夫·涅克曼的两个儿子彼得和约翰内斯曾在20世纪60年代早期在比赛中与尤根的父亲相遇。

约翰内斯·涅克曼，家族中的巴洛克王子

在约翰内斯年幼时，就享受着严父的慈祥目光。父亲觉得，他这个儿子身上有种"巴洛克王子"的风范。出生于1942年的约翰内斯不属于涅克曼严格家教中的孩子，约翰内斯嘴上喜欢叼着英国高档的烟斗。1981年，这位受过良好教育的烟民迁居到了美国。

通过艺术交易和股票交易，他在经济上有了保障。他在缅因州的纽波特先成立了一家农场管理公司，自己做起了葡萄栽培顾问。在这方面他拥有法国颁发的响当当的资质证书。1966年，他曾在"香槟王朝"泰坦瑞实习，来自

博若莱的大人物查尔斯·皮亚特将他收入麾下。四十多年来，约翰内斯为自己赢得了诸如"勃艮第小银杯骑士会长官"的称号，这是一个充满荣耀的称号，他还获得了美国及意大利葡萄协会会长的头衔。

2001年，他搬到纽约州舒勒湖畔风景如画的山谷，山谷四周树木郁郁葱葱，湖泊连绵。在他的乡间别墅的墙上，他挂上了自己的家族徽章，这个徽章是一个拿破仑式的缩写"N"做成的，徽章四周环绕着月桂叶。在车库里停着他的法拉利，还有一辆黄色的欧宝。在约翰内斯眼里，这辆欧宝比其他任何车都更具有价值，因为这款时尚的雪茄型跑车能让他想起自己的青年时代。

约翰内斯的续弦妻子莉耶娜出生于1950年，她几乎将一生的时间都用于瑜伽的练习上。她是一个严格的素食者，大多时间都在坐禅中孤独度过，这是她逃避现实的方式。她越来越少地陪伴在丈夫约翰内斯身边。莉耶娜喜欢孤寂，喜欢加勒比海的白色海滩，每年她都要在那儿消磨几个月的时光，她选择的地方是巴哈马一个偏僻的角落，约翰内斯觉得那里很无聊。作为瓦格纳的狂热崇拜者，他一直在追逐瓦格纳《尼伯龙根的指环》的新排演，他会前往拜罗伊特、多伦多或者纽约观看这些演出。当别人听到他的评论时，都会为之感到惊讶。约翰内斯会这样说道：在新奥尔良上演的瓦格纳歌剧《莱茵的黄金》也还凑合。

他是涅克曼家兄弟姊妹中唯一一位有3个孩子的人。与莉耶娜的第二次婚姻中，他们没有孩子。长子卢克出生于1967年，后来回到了德国，与妻子克里斯蒂娜一起。卢克在柏林经营一家施瓦本电子公司的分公司。约翰内斯的独生女尤莉亚出生于1969年，也同样嫁回了德国，她与丈夫格奥尔格·罗斯勒尔住在施瓦宾的一个小社区里。格奥尔格的父亲曾为涅克曼邮递百货公司提供过床单和毛巾，而他的儿子则涉足电子行业。约翰内斯最小的儿子卢卡斯出生于1975年，在2004年夏天娶了科杜拉·亚当麦克为妻，科杜拉是丁格芬宝马工厂设计师的女儿。卢卡斯毕业于纽约斯特恩商学院，在德国开始发展自己的事业。2004年，他作为安联保险公司董事会主席米歇尔·迪克曼的助手首次在公开场合出现。

"朗家"——涅克曼家收养的孩子们

1948年，涅克曼的姐姐玛丽亚-芭芭拉在高速公路上与她的丈夫不幸因车祸身亡，他们身后留下了3个女孩，这3个女孩被收养为涅克曼家的孩子。她们的青年时期部分是在法兰克福度过的，另一部分是在维尔茨堡度过的。命运给她们带来的是被忽略，得不到亲生父母的关怀。三姐妹中过得最不好的要算朗家的二女儿尤拉·玛格丽特·朗（昵称尤莉）。在她的一生中，她曾做过裁缝、幼师、木匠。她还是一个单亲母亲，自己一人带着两个孩子生活。最终，她仅靠微薄的养老金生活，在第二次心脏病发作时她便早早地离开了人世。

朗家最小的女儿，爱娃-克里斯蒂娜（昵称蒂尼或克里斯汀）出生于1942年，她使自己的名字适应于生活的各个时期，之后她上了大学，学习艺术史，毕业后自愿担任广播电台和报社的记者。在她实验性的人生道路上，她结过4次婚，有两个孩子。好似命运的安排，在她的第4次婚姻中，她幸运地遇到了自己理想的伴侣：汉斯·尤根·科莫莱尔，与这位柏林的建筑摄影师、艺术品商人一起，克里斯蒂娜开启了自己生活中意想不到的可能性。与丈夫一起，他们在柏林一起成立了建筑艺术论坛，位于柏林哈克森庭院的取名为"东艾德思"，位于萨维尼广场的取名为"西艾德思"。克里斯蒂娜在此担任编辑、建筑评论家和兼职馆长。她成功受邀加入了享有盛名的建筑竞赛的评审团，参加了诸如洛杉矶西门、奥林匹克绿色北京以及重建法兰克福采儿大街等项目，在这条采儿大街上，1955年，联邦德国最现代化的百货公司在此建成，当然这个百货公司就是涅克曼百货公司。

2001年，克里斯蒂娜因为在"多方沟通"的领域里做出了卓越的成就而荣获了联邦十字勋章。在她众多的出版作品中，她致力介绍著名建筑师如阿克瑟尔·舒尔特斯、丹尼尔·里伯斯金等建筑设计的美学插图。在自己所拥有的位于托斯卡纳的一栋房子里，克里斯蒂娜度过了她业余的时间。

一位媒体关注的侄孙

克里斯蒂娜的大姐玛利亚-芭芭拉·朗（昵称"乌诗"），出生于1932年。1953年，她作为裁缝学徒出师后上了在慕尼黑创建的时装职业学校。毕业后的两年，她嫁给了一个水管工，名叫约亨·霍姆，此人后来接管了父亲位于奥伯乌瑟尔的一个中型设备安装公司。他们的3个孩子中最小的一个叫弗洛里安，1959年生于巴特洪堡，是父母最宠爱孩子。11岁时，他在暑假期间就能去建筑工地上打工赚零花钱。他帮别人跑腿去买啤酒，帮助其他人把水龙头和浴缸拖到楼上去，他的高个头使他很显眼。那时他就自豪地声称自己是邮递百货大王约瑟夫·涅克曼的侄孙。有些人根本就不相信他说的话。以后，这个姓霍姆的人向所有怀疑他的人证明了这一点。

高中毕业后，弗洛里安进入哈佛大学学习。在学校里，因为他两米高的个头成了篮球精英，赚到了自己真正的第一笔钱。18岁时，他创建了自己的第一家投资公司，在40岁时，他成了德国《明镜周刊》关注的人物。作为有争议的对冲基金专家，弗洛里安·霍姆为Sixt汽车租赁公司的上市下了很大赌注。在霍姆推动的上市失败后，Sixt汽车公司的创始人埃里希·斯科斯特起诉他。起诉中争论的焦点关系到"健全的财务制度"。知情人私下议论，说霍姆想要诈取Sixt公司的钱。

2004年，弗洛里安·霍姆在他位于马洛卡的避难所里接受了德国八卦新闻《多彩画报》的采访，他向该媒体展示了他"天堂般的生活"。《多彩画报》用了整整5个版面来报道他的生活，从他房屋的露台上看出去的全景能让读者们嫉妒万分。接下来还有更多的细节，他拥有劳斯莱斯敞篷跑车、私人喷气式飞机等常人难以拥有之物，还有一个具有异国风情的妻子，来自里约热内卢。其他媒体曾用头条新闻报道说，"他现在要动用10亿马克"，这个报道的起因是鲁西亚多特蒙德传统足球俱乐部被收购。自2004年以来，弗洛里安·霍姆拥有该俱乐部25%的股份。

尖锐的《多彩画报》专栏作家保尔·萨内尔以带有挑衅意味的提问开始了对弗洛里安·霍姆的采访："您常被称作秃鹫，对吗？"弗洛里安没有打断他的话，他早已习惯了媒体对他采用诸如此类的用词，比如"捣毁者""价格杀手"等。

他详细地向《多彩画报》解释了他在远房老舅爷那里学到的东西："他的绝对信条是，让你的生活如火如荼。他渴望生存，追求平等，认为要在生活中寻找快乐，寻找到自己钦佩的生活形式，把自己与它等同起来。他的话所要传递的信息很明确，这就是，正确地去做事，行动起来！全身心投入，走你自己的路，不要动摇，找到能够使你快乐的东西。平庸不属于他生活中的话题，彻彻底底的糟糕都要比平庸好。"

煤炭商瓦尔特妻儿的归宿

1933年，在维尔茨堡施泰茵巷3号举行了动工仪式。48年后，这个地方留出了一块可建筑的空地。在这块空地上曾屹立着涅克曼家的房子，涅克曼家三兄妹——芭芭拉、约瑟夫和瓦尔特曾与父母生活在这里。二战时，这幢房屋在轰炸中被摧毁。如今人们重新开始在这里建起一幢3层高的小楼，楼下是商店，楼上是办公室和住宅。多年前，一家之长约瑟夫·卡尔·涅克曼在这里创建了自己的公司。多年后，一家新公司的总部在这里又一次建立起来。涅克曼家位于希特勒内环6号的屋子被一个工会组织收购了，收购价达到380万马克。房屋后面的花园被一块巨大的褐色混凝土给毁了。在施工期间，起重机挖到了香槟酒酒窖，在酒窖里，曾经有两千多名维尔茨堡人在维尔茨堡遭到可怕的大轰炸时躲藏在里面。

出生于1915年的艾莉莎·涅克曼是约瑟夫的弟弟瓦尔特的妻子，是玛勒娜的母亲，在土地售出后，艾莉莎实现了自己的梦想——同富人和美人们生活在蒙特卡洛，那里她拥有一套带大阳台的海景房。玛勒娜的弟弟彼得退出了涅克曼煤炭贸易公司，常常喜欢乘着自己的私人飞机飞往大加那利岛。此外，他喜欢穿上太太安妮塔为他准备的昂贵皮毛衣服，作为维尔茨堡狂欢节的王子狂欢。而到了最后，从前享有盛名的煤炭商瓦尔特·涅克曼的儿子沦落到在维尔茨堡政府部门当职员，他所在的部门是发放驾照的部门。像他的父亲和祖父一样不幸，2001年夏天他死于心肌梗死，享年59岁。在他去世的半年前，艾莉莎·涅克曼也在2000年的圣诞节前离开了人世，享年85岁。

涅克曼再次使可能成为现实

1996年，涅克曼J. C.煤炭贸易有限公司陷入流动性危机。该企业在最后的危难之际被玛勒娜多年的生活伴侣迪特尔·海瑟希进行了重新整顿。这也许是家族企业的传统，某个时刻就会有一位家族之外的人在危难中撑起大局，成为家族企业的救星。海瑟希的企业拯救方案是在管理方面进行彻底改变，他把公司掌握的约5000名燃油客户的信息交给法国的埃勒夫-阿基坦掌管。涅克曼J. C.煤炭贸易有限公司的前景是涉足环保、再生能源领域。就这样，1998年，维尔茨堡的涅克曼家族企业成了为柏林德国联邦议会大厦提供生物柴油的供应商。这个供应商的任务具有象征性的价值意义：早在100年前，玛勒娜的曾祖父彼得·涅克曼就已作为议员在当时的议会大厦拥有一席之位。

涅克曼J. C.煤炭贸易有限公司在1999年作为可靠的供应商保证了欧洲委员会实行的"石油民主"的计划。欧盟主席罗马诺·普罗迪授权涅克曼公司向塞尔维亚151个城市中的医院、学校和公共办公大楼输送燃油。在1999年这个严寒的冬天，涅克曼做到了让前南斯拉夫这个国家的人少受严寒的侵蚀。运输到该国的燃油量相当于3750辆油罐运输车的总载量，涅克曼在两个月内完成了这个运输任务，这在物流界可算是一项宏伟的成就。当涅克曼J. C.煤炭贸易有限公司在科索沃成立分公司的时候，玛勒娜·涅克曼在开业典礼上作为希望的承载者受到了大家的衷心问候，他们对她说：他们对涅克曼这个名字的记忆此时被重新唤醒。接下来，一些国家对涅克曼的生物柴油项目表示出了极大兴趣，从匈牙利到乌克兰，双方的合作谈判正在进行中。

在传统企业涅克曼J. C.煤炭贸易有限公司成立110周年之际，该企业赢得了德国生物柴油供应商领头人的荣誉。2004年，该企业在哈勒建造了一家生物柴油生产厂，2005年，在林茨附近的恩斯又签订了建造第二家生产厂的合约，生物柴油的推广成为可能。自2004年以来，玛勒娜·涅克曼再次展出了自己的画作。玛勒娜又开始骑马了，在她的马厩里，有一匹瑞典公马名叫"翁德林"，除此之外还有一匹野性十足的马，名叫"彩虹·瓦瑞尔"。

出生于1944年的玛勒娜于60岁时宣布，要像她的大伯约瑟夫·涅克曼一样参加盛装舞步和障碍赛。在她与其生活伴侣迪特尔·海瑟希的共同努力下，筹划了一部国际联合制作的电影《情欲克林姆》。这部电影的剧本来自德国，导演是来自智利的拉乌·鲁兹，拍片的资金来自奥地利，片中的画家克利姆特由来自美国的约翰·马尔科维奇扮演，维罗纳·费瑞尔则扮演克林姆特的妻子，"艾米丽是一位现代女性。她接受了克林姆特的各种绯闻，她生活在没有嫉妒的爱里"。这位非凡的女性与玛勒娜之间有不少相似之处，玛勒娜·涅克曼与海瑟希的关系在早年的动荡时期也是如此，他们共同的朋友都这样认为。2005年，《情欲克林姆》电影首映式在威尼斯国际电影节上举行。在威尼斯，约瑟夫·涅克曼曾与安娜玛丽度过了他们的蜜月。玛勒娜和海瑟希的下一部电影素材会是这个吗？

涅克曼家族的第四代——菲利普·莱昂哈德·涅克曼

涅克曼家族中有一个不错的老传统，就是在年轻时就涉足生意场。菲利普是玛勒娜和海瑟希的儿子，出生于1982年，18岁就拿到了驾照。菲利普与女友海勒娜一起前往塞尔维亚，他开着自己的一辆旧沃尔沃车，要把电脑送到塞尔维亚的学校去，这是涅克曼公司的私人援助行动。菲利普常常陪同自己的父亲去科索沃这个不太安全的地方谈生意，他们也常在科索沃部队的军营里过夜。菲利普还参与了父亲与银行家、石油业公司高管和各国部长间的重要谈判。

在学校里，菲利普经常旷课，但老师和同学们都对此表示理解，他们认为菲利普得"尽社会义务"。2002年，菲利普在维也纳歌剧院举行的舞会上首次亮相，他的华尔兹舞跳得非常出色——他身着该场合要求的燕尾服，打着蝴蝶结领带，脚上穿着一双黑色皮鞋。在备受赞誉的摩纳哥"玫瑰舞会"上，他坐在时尚大亨卡尔·拉格斐和摩纳哥王子恩斯特·奥古斯特的旁边。

2004年，菲利普在海德堡大学开始学习商业管理，此时他已拥有了丰富的实践经验。涅克曼公司这时是一家由10家公司组成的拥有复杂局面的企业。该企业在维尔茨堡、埃内斯海姆、哈勒、萨拉热窝、贝尔格莱德和林茨附近的恩斯都设有分公司，菲利普在其中4家公司拥有24%的股份。2007年，涅克曼公司在生物柴油方面达到4亿欧元的营业额，菲利普在这样的局势下是否还能保持自己单身汉的身份？

2005年春天，涅克曼公司与美国埃索-埃克森美孚石油集团展开谈判，目的是要在因戈尔施塔特的炼油基地直接建立一家涅克曼分公司。菲利普此时正承受着考试的压力，这位青年不得不在2005年7月抽出1天时间来参加谈判，他还得陪同父亲去参加庆典——萨克森-安哈尔特州经济部部长霍斯特·雷贝格尔主持了庆典，庆典上宣布涅克曼公司获得了约2200万欧元的政府资助金。因为传统的涅克曼煤炭商业帝国"J. C."已扩展了自己的格局，成立了维滕堡涅克曼再生能源有限公司。他们在位于前民主德国皮斯特立兹的化工地区为当地人提供了126个工作岗位。

就像菲利普的舅爷约瑟夫·涅克曼在创立邮递百货贸易初期时一样，竞争非常激烈：生物柴油实际上是无数生产商的游乐场，对补贴的争夺会演变得更加激烈。然而涅克曼家族企业能够通过美国的技术稳定自己在这个行业的地位：他们从美国进口油菜籽碾磨现代化技术，可以把当地农民的"黄金收成"加工成生物柴油，这种能力对获得政府补贴具有决定性的意义。当然，对于州政府来说，"涅克曼"就是他们的经济项目的强力担保人，涅克曼的座右铭是："我们比别人起得更早！"

涅克曼的新崛起使人们想起了以约瑟夫·涅克曼为代表的那个英雄时代。在这个时代，人们凭借着面对风险的勇气，利用自己的全部能量和坚守的原则以及广告宣传上的巧妙方法，将自己的企业又重新引到了一条成功的大道上。涅克曼家族中，无论是父亲还是儿子，他们用一种意味深长的方式表示，"其他人得到的是钱，而我们得到的是名声。'涅克曼'品牌所散发出来的光芒是无价之宝"——至少是涅克曼这个名字。